国家图书馆馆史资料征集、整理与研究项目成果

赵万里传

刘波 著

国家图书馆出版社

图书在版编目（CIP）数据

赵万里传 / 刘波著. — 北京：国家图书馆出版社，2021.7
ISBN 978-7-5013-7165-5

Ⅰ.①赵… Ⅱ.①刘… Ⅲ.①赵万里（1905—1980）—传记
Ⅳ.①K825.41

中国版本图书馆CIP数据核字（2020）第262305号

书　　名　赵万里传
著　　者　刘　波　著
责任编辑　许海燕
封面设计　翁　涌

出版发行　国家图书馆出版社（北京市西城区文津街7号　　100034）
　　　　　（原书目文献出版社　北京图书馆出版社）
　　　　　010-66114536　63802249　nlcpress@nlc.cn（邮购）
网　　址　http://www.nlcpress.com
排　　版　九章文化
印　　装　北京武英文博科技有限公司
版次印次　2021年7月第1版　2021年7月第1次印刷

开　　本　710×1000　1/16
印　　张　27.5
字　　数　400千字
书　　号　ISBN 978-7-5013-7165-5
定　　价　98.00元

自 序

2010年我有幸加入中国国家图书馆副馆长张志清先生组织的《赵万里文集》编辑团队，参与《文集》的整理编辑工作，从此走近了赵万里先生的世界。《文集》出版后，又花了一些业余时间，主要是2013—2014年在哈佛燕京图书馆访学期间的晚上和周末，基本完成了《赵万里先生年谱长编》的编撰。《年谱长编》按时日系事，富有资料性，但同一件事往往列在多处，缺乏呼应与联系，有零散之弊。因此我一直在考虑，有必要为赵先生写一部传记，系统地叙述他的生平与事业。

当时《年谱长编》的框架虽已成型，不过仍在陆续补充资料，还有一些比较重要的资料我没能看到，传记的撰写自然没能提上日程。2014年秋天回国后，正好赶上国图研究院组织"馆史资料征集、整理与研究项目"的申报，项目计日程功，需按期结项，这是一个督促自己尽快完成这项研究的机会，于是以"赵万里传"为题申报一般项目，不料获批为重点项目（课题编号：NLC-GS-2014008），受宠若惊的同时也倍感压力。两年间，我去过北京师范大学档案馆、清华大学档案馆、北京大学档案馆，分别查阅赵先生在各校兼职授课的情况；去过上海图书馆，查阅刘承幹的日记、信稿等；去过台北的"中研院"史语所傅斯年图书馆，查阅史语所档案和傅斯年档案中的赵万里书信等资料。这几个机构都非常友好，每次外出都有所得，甚至有意外收获。很多前辈和朋友，也在查找资料方面给予我很多支持、帮助和指教。

在资料掌握比较全面的基础上，传记的撰写过程进展比较顺利。我把赵先生的一生分为七个阶段，分别将《年谱长编》所涉及的材料按类编排，以事为纲，拟出章节。每天孩子入睡后，写上两三个小时。虽然不停有别的事情插进来，耽误几天甚至一两个月，不过只要别的事告一段落，便又马上回到这个题目。就这样写写停停，一年多之后竟然便完成了全稿。

每一章动笔之前，我先把同一事件的材料汇聚到一起，这样就能很容易地发现《年谱长编》编排方面的一些问题。传记的撰写，客观上提供了一次综合校验《年谱长编》的机会，对提高《年谱长编》的质量有不少帮助。这是一个意外的收获。——2018年秋《年谱长编》出版后，我在修订本书的过程中，又发现了一些错误，比如1965年"5月，赴沪"条，应排入1955年，编排错误以致谬以千里；1954年"9月3日，遇顾廷龙"条，应为顾颉刚，张冠李戴，贻笑大方。这类错误，每一念及，则汗流浃背，惭愧无地。师友们指出的各种错误，包括错字、标点，还有不少。这几年，我还陆续读到了一些新资料。希望若干年以后，能有机会将《年谱长编》修订再版。

本书采用以时段分章、以专题分节的结构，总体上以赵先生的生命历程为论述顺序。每一个专题大体上以所在时段为论述范围，不过有的为了保持专题的完整性，也不拘泥于时段的限制，因此体例方面并不划一。我曾将书稿改为评传体，即以生平、事业、学术、交游等专题分章，结构颇为整齐。然而最终又改了回来，主要考虑是：赵先生成年之后虽然一直生活在北京，工作稳定，没有经历过多少坎坷曲折，但渡过了几个迥然不同的时代，1949年前有北洋政府时期、国民政府时期、八年沦陷时期、抗战胜利复员时期；进入新中国，又在几次政治运动中受到不公正对待，熬过十年浩劫最终看到了拨乱反正与改革开放。每一个时段，他的事业与学术各有不同的成就，呈现出不同的风貌和鲜明的特点，能否有所作为、能有何作为都与历史进程密切相关，比如抗战期间为文献保存同志会购书、新中国成立初期大举扩充北图善本馆藏、1949年前后文风的差异，等等，都打下了深刻的时代烙印。评传体虽然整齐，但分专题将不同时代的事件连贯叙述，不易让人看到时代背景，反而对理解赵先生不太有利。因此，两稿比较，考虑再三，还是改回了以时段分章的结构。这样做，也许缺少一点"学术性"，但或许有益于知人论世。孰是孰非，请读者朋友们不吝赐教。

书稿完成之后，曾呈送张志清、林世田、张廷银、刘进宝、刘东、俞国林等先生求教，国图研究院邀请陈力、王余光、倪晓健、郑建明、肖希明等五位先生出席了结项鉴定会，前辈们给予拙稿很多鼓励和教正。最近几年，沈津、陈麦青、俞国林、艾俊川、李经国、柳向春、雷强、刘鹏等先生，或指正拙撰《赵万里先生年谱长编》中的疏误，或提供新资料。这些批评指教对本书的撰写也有很大的帮助，在此一并致谢。

惭愧的是，我缺乏文学训练，写不出生动的文字。生涩平实、毫无波澜的文笔，实在无法展现赵先生精彩人生的千分之一，唯有尽我所能，力求下笔均有出处，不作向壁虚造的浮言。成稿之后搁置了几年，期间虽然时不时地做些修改补充，但是始终不能满意，看来短期内它在我手里也很难提升到更高的程度，索性就拿出来请师长们、同好们批评。我也衷心期望，以后能有富于才情的大手笔，写出更精彩的赵万里先生传记。

赵深先生一直关心本书的写作，花费巨大精力整理家藏资料，毫无保留地供研究和插图使用。我满以为，这本小书能给赵先生的晚年生活带来一点宽慰。可惜成稿之后，出版过程延宕了三四年。如今出版计划已定，稿子也即将提交，却听到了赵先生不幸于4月1日去世的消息。放下电话，我头脑中一片空白，半晌没有回过神来。我实在愧对赵深先生。如今只能以这本迟来的传记，告慰赵先生的在天之灵。

刘波

2020年4月4日

目　录

第一章

从海宁到南京：
1905—1925

"南渡世家"

光绪三十一年（1905），清王朝正处在内外交困的境地，整个国家风雨飘摇。这一年，日俄在中国的土地上展开激战，清廷无奈地宣布局外中立，东北百姓深受其害；清廷派出五位大臣出洋考察宪政，做出政治改革的姿态；中国同盟会在日本东京成立，革命力量进一步整合，孙文在同盟会机关报《民报》发刊词中提出"民族""民权""民生"三大主义，建立现代化新国家的思想趋于成熟；延续了一千多年的科举制度，也终于在这一年废除；三年前恢复办学的京师大学堂，破天荒举办了第一次运动会。中华大地风雨如晦，列强环伺的压力、新思想的激荡，都加速着旧制度的毁灭和新时代的来临。

社会大变革的前夕，钱塘江边的江南小镇——海宁县（今海宁市，下同）盐官镇，一如既往地平静安宁。这一年的农历四月初四日（公历5月7日），盐官镇长生弄赵家诞下一个男婴。家人对他寄予厚望，取名赵万里，字斐云。后来赵家还育有另外两个男孩，分别取名为赵万鹏、赵万程，兄弟三人的名字合起来，就是"万里鹏程"。这三个名字，特别真切地表现了赵氏家族望子成龙的殷切心情。

据说海宁赵氏先世为宋代皇室宗亲，靖康之变时南渡，定居盐官镇。赵家珍藏着旧时名家篆刻的"天水扶风氏"和"南渡世家"两方印，是为家族历史的见证。又有"燕懿王孙"一印，似乎表明他们是宋太祖赵匡胤次子燕懿王赵德昭的子孙。另有"松雪后人""清献后人"二印，松雪为元初书画家、诗人赵孟頫（1254—1322）的号，清献则为宋代"铁面御史"赵抃（1008—1084）的谥号，这两方印章反映了赵家对本族先贤的景仰。家族归属感也影响了赵万里，数十年后，他撰写《赵韶事实考证——北朝定州之新史料》一文，考证河北定县赵村所出赵韶墓志涉及的史事，恐怕与自幼耳濡目染家族荣光不无关系。

赵家算得上是书香门第，赵万里的父祖两代均在上海谋生。祖父赵承鼎，字鉴斋，号耐庵。他本是县学廪生，因挚友陈陆笙的劝说，深感仕途艰危，绝意仕进，不应科举，以坐馆授徒为生，寓居上海多年。他喜爱篆刻，擅长书法，家乡海宁不少街道桥梁的牌匾都出自其手。父亲赵宗孟（1881—

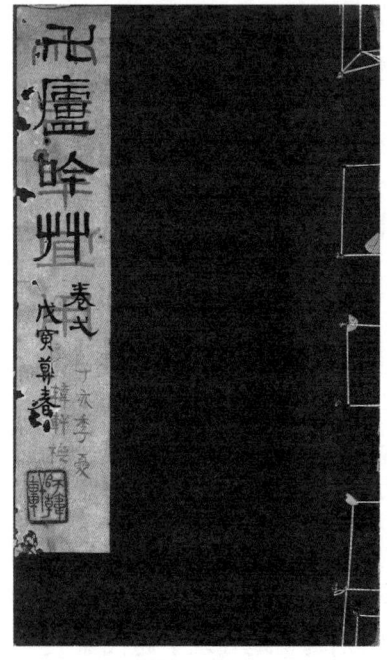

赵宗孟《卍庐吟草》稿本

1955），字纯夫，号尘俯，室名吟秋草堂、卍庐。他在上海商界任职，民国初年做过上海华丰面粉公司的职员，分到一些利润，得以负担赵万里就读大学的费用；后来面粉公司停业，收入大幅减少，好在那时赵万里已经成年，可以分担家庭的重任，我们从他给父亲的信中可以读到"邮汇大洋三十元""稍迟再补寄以纾家用"①之类的语句。赵宗孟以书法著称，尤擅隶、行二体，书法作品近年仍见诸拍卖会；喜吟诗，著有诗集《卍庐吟草》（又署《尘俯诗钞》）六册。母亲张顺媛（1882—1961），海宁县硖石镇人，能识文断字，堪称女流中的翘楚②。

---

① 1933年5月12日赵万里致其父赵宗孟函。见于西泠印社拍卖有限公司2018年秋季拍卖会"中外名人手迹暨戊戌变法120周年纪念专场"（2018年12月16日）。图版见：http://www.xlysauc.com/auction5_det.php?ccid=1087&id=163338&n=2364［2018.12.18］。

② 赵芳瑛、赵深：《赵万里先生传略》，载《赵万里文集》第一卷，上海：上海科学技术文献出版社，北京：国家图书馆出版社，2011年12月，第1页。

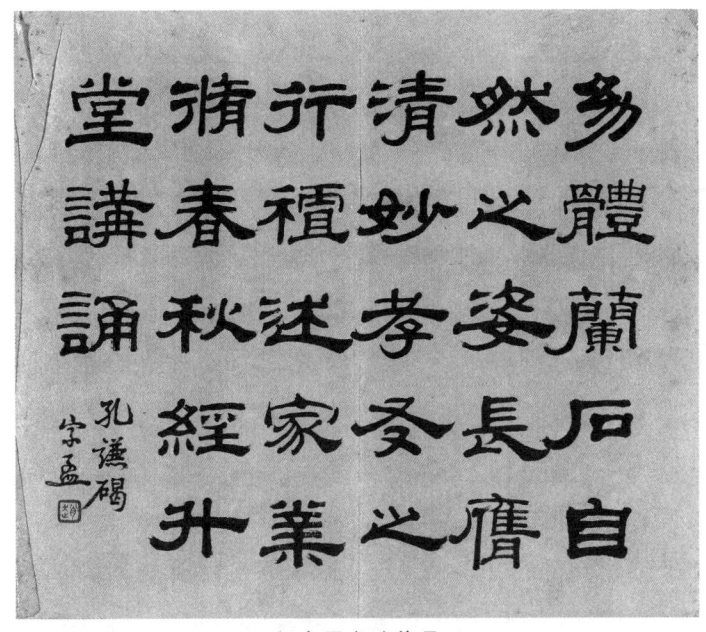

赵宗孟书法作品

赵万里出生的赵宅啸园，本是江南名园——安澜园的一部分。这所园林位于海宁县盐官镇北侧，历史颇为悠久。据［民国］《海宁州志稿》记载，它本来是南宋安化郡王王沆的宅邸。北宋末年，金兵南下，建武军节度使王禀（？—1126）镇守太原，援绝断粮，困守250余日，城陷犹力战，身中数十枪，最后投河而死。南宋高宗建炎四年（1130），追封王禀为安化郡王，召其孙王沆袭爵，赐第盐官。王国维便是王沆的二十九世孙。明朝中叶，这个园子为太常寺少卿陈与郊（1544—1611）所得，命名为隅园，方圆20余亩，有竹堂、月阁、流香亭、紫芝楼、金波桥等名胜。后来，成为大学士陈元龙（1652—1736）的别墅，扩充为60余亩，取名遂初园，筑有环碧堂、静观斋、天香坞、潊月轩、赐安堂、九曲梁、十二楼等，"泉石深邃，卉木古茂，为浙西园林之冠"。乾隆二十七年（1762）三月，清高宗临幸海宁，驻跸园内，赐名安澜园，题诗六首及匾额、对联若干。乾隆三十年，清高宗再次临幸安澜园，再次题诗、题联，一时传为佳话。圆明园的四宜书屋，即仿安澜园建造。咸丰七、八年间（1857—1858），花园毁废，南宋所遗千年古树砍伐殆尽^①。

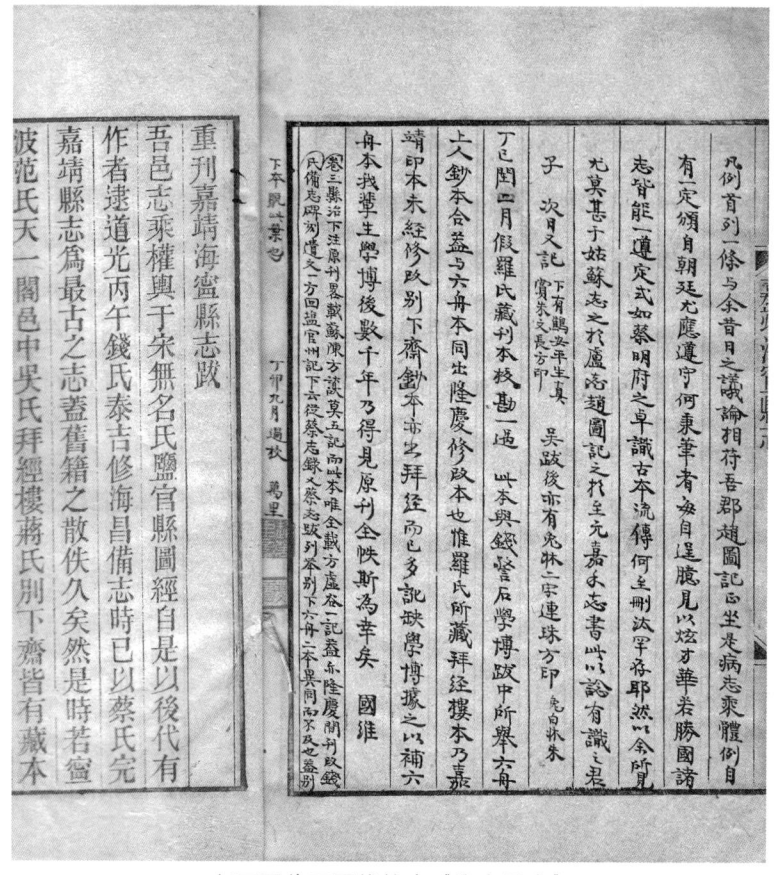

赵万里临王国维校本《海宁县志》

到赵万里出生时，安澜园荒废已久，不过仍种植有许多花木，房舍前后还有不少桃树和十多株枇杷，草木繁盛。这种环境培养了他对植物的浓厚兴趣和深深爱好，经过多年积累，他认识了许多植物，能随口说出其名称、科属。上小学之后，赵万里到处采集植物，分门别类制作标本，积累有数百

---

① 〔清〕李圭修，〔清〕许传霈纂；刘蔚仁续修，朱锡恩续纂：〔民国〕《海宁州志稿》四十一卷，民国十一年（1922）铅印本；此据《中国地方志集成·浙江府县志辑》第22册，上海：上海书店，1993年6月影印本，第243页。

种，曾经送到学校参展。后来，这些标本全部赠给海宁县中山中学，作为教学参考资料。这所学校后于1932年与海宁商校合并为海宁县立初级中学（即今海宁市高级中学前身），抗战中不幸被毁，赵万里捐赠的植物标本也荡然无存[1]。

赵万里对植物的爱好延续了一生。他的儿子赵深回忆说，到了中年，"他仍喜爱植物，在庭院里种植了果树盆花。在早晨他常哼着吟诵调漫步其间，听鸟唱枝头、赏红梅报春、杏花天映、海棠红绿交织、榴花似火、紫藤低重、枣花飘香、秋实累累。……假日，他喜欢带家人去公园小坐品茗，观古木名花"[2]。

初露头角

母亲张顺媛是赵万里的启蒙老师。入学之前，他已在母亲教导下认识了千余汉字，能背诵唐诗几十首。宣统三年（1911）秋天，年满六岁的赵万里进入海宁达材小学堂就读，接受新式学校教育。

达材小学堂校址在盐官镇西北隅。光绪二十七年（1901），清廷下诏兴学，海宁人钱鸿宝等劝集商捐，于次年创办该校。到宣统三年，这所小学已经延续了十年，有学生70人。当时，海宁州城共有三所小学，另两所是光绪十九年创办的四城小学堂（初等）和光绪二十八年由安澜书院改建的海宁州小学堂（官办）。赵万里上小学一年级期间，辛亥革命爆发，帝制结束。1912年，遵照中华民国南京临时政府颁布的《小学校令》，学堂一律改为学校，达材小学堂改名为县立第一高等小学校[3]。

---

[1] 张劲先：《赵万里》，《海宁人物资料》第1辑，1985年，第280页。
[2] 赵芳瑛、赵深：《赵万里先生传略》，载《赵万里文集》第一卷，第18页。
[3] 《海宁市教育志》编纂委员会编：《海宁市教育志》，杭州：浙江教育出版社，1995年11月，第65、69页。

在达材小学，赵万里读书十分用功。他每天很早就离家去学校，这一度引起祖父赵承鼎的怀疑。有一次，祖父悄悄尾随他上学，见他到校后从缸中取水，开始磨墨习字，方才放下心来。祖父是廪生，以坐馆授徒为生，自然非常关心赵万里的教育。他常常教赵万里读"四书"，培养他对传统学问的兴趣。

赵万里少年时颇为聪慧，走过几遍街道，就能把两旁商店招牌暗暗记住，背诵出来[1]。他的文章也写得非常出色。海宁地处钱塘江北岸，唐宋以来盐官镇便以第一观潮胜地著称于世，潮水涌起时，如万马奔腾，如雷霆轰鸣，动人心魄。他曾经写过一篇题为《海宁观潮记》的文章，将平日常见的钱塘潮盛景形诸笔端，国文老师称赏备至，在文后写了长篇评语[2]。

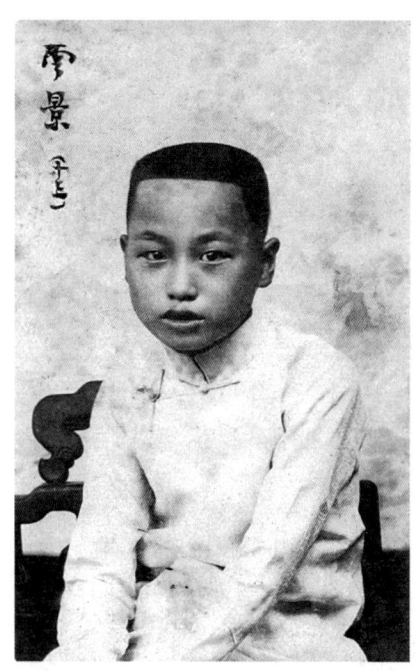

1918年7月摄于海宁啸园，时年13岁

1917年，赵万里小学毕业，以优异成绩考入浙江省立第二中学。这所学校位于嘉兴，距离海宁盐官镇40余公里。12岁的赵万里离开家乡，踏上了通往广阔天地的大道。中学期间，他继续用功学习，各门功课都名列前茅。

当时在浙江二中任教的，不乏硕学之士，比如陆祖谷、刘毓盘等[3]。陆祖谷（1874—1944），字文达，号颂襄、仲襄，浙江嘉兴人。清末拔贡。通经学、算学，自清末起便在嘉兴等地的学校任教。民国初年，受聘任浙江省立第二中学国文及文字学教员，前后历时15年。1919年当选嘉兴教育会会长，1923年5月当选嘉兴平民

① 戴逸：《初进北大》，《光明日报》1998年2月4日第7版。
② 张劲先：《赵万里》，《海宁人物资料》第1辑，1985年，第280页。
③ 虞坤林：《赵万里先生活动简表》，《出版史料》2006年第1期，第104页。

教育会会长，是近代嘉兴教育界的元老。他还在1915年出任嘉兴图书馆馆长，主持馆务至全面抗战爆发。晚年致力于整理乡邦文献。编有《浙江省善本书类要》，撰有《浙江省图书馆善本书目题识》《周礼札记》《汉书霍光传补注》《字例大凡》《正弦表》《八线图解》等。

刘毓盘（1867—1928），字子庚，号嚵椒，浙江江山人。刘履芬（1827—1879）之子。清末拔贡。民国初年执教于嘉兴省立第二中学、浙江省立第一师范学校。1919年秋转任北京大学国文系教授。精通词学，著有《词史》《中国文学史略》《诗心雕龙》《词话》《词学斠注》《词律斠注》等，辑有《唐五代宋辽金元名家词集六十种辑》，词作结集为《濯绛宧词》。

在陆祖谷、刘毓盘等老师的引导下，赵万里对中国文学与史学产生了浓厚的兴趣。他和同学唐兰、王蘧常经常出入嘉兴图书馆。唐兰专攻金石文字之学，王蘧常钻研子部、史部典籍，赵万里则认真以工楷誊抄《康熙字典》，见者往往窃笑，但他由此积累了深厚的语言文字学功底[1]，为日后从事版本目录学研究与文献整理打下了坚实的基础。赵万里对词尤为钟爱，这可能与词学名家刘毓盘的影响有关。十年以后，刘毓盘在北平逝世，赵万里特撰《悼江山刘毓盘先生》一文，刊载于《大公报·文学副刊》第

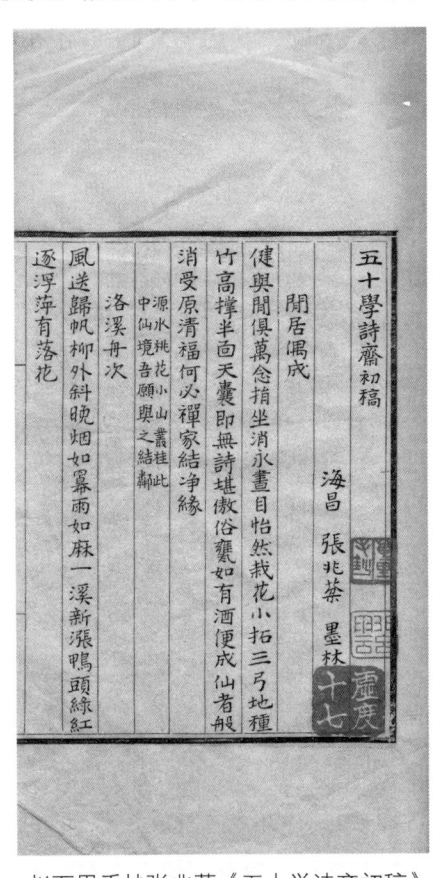

赵万里手抄张兆棻《五十学诗斋初稿》

---

① 盛巽昌：《赵万里：当之无愧的善本目录学大师》，《出版人：图书馆与阅读》2011年第7期，第2页。

43期（1928年10月29日），表达哀悼之情。

中学时代的赵万里，没有多少余钱买书，他便借书抄书。早年所抄的书，现在不少仍然存在赵府，总数不下20种。有的书还写有批语校语，比如1921年抄的张兆楶（墨林）《五十学诗斋初稿》《味诗草堂稿》[①]，行间便有批校多则，具见少年赵万里读书的精勤细密。

赵万里不仅抄读诗词集，还抄过大部头的巨著，比如《康熙字典》与《三国志》。没有超越常人的毅力和耐心，抄录篇幅如此巨大的书籍，是不可能完成的，其用功之勤可见一斑。说到《三国志》，还有一件趣事。一个星期日，他借到一部《三国志》，高高兴兴地捧着往家走。当时下着雨，他不小心摔了一跤，左侧眉心都磕破了，倒地时仍把书高高举着，没有让它受损[②]。爱书、护书的情结，从少年时代起便深深地埋在了赵万里的心底。

负笈南京

1922年8月，赵万里考入国立东南大学国文系。新生名单在《申报》8月29日、30日、31日第1版连载三日。同届同学有浦江清、陆维钊等。这年夏秋之交，17岁的赵万里来到六朝古都南京，开始了大学生活。

国立东南大学（简称"东大"）源于1902年5月张之洞、刘坤一创建的三江师范学堂。1906年5月，两江总督周馥根据《奏定学堂章程》，将校名改为两江优级师范学堂。辛亥革命前后，政局动荡，两江师范于1912年停办。两年后的1914年8月，在两江师范原址筹建南京高等师范学校（简称"南高师"）。1920年4月，校长郭秉文提出在南高师基础上创办一所国立大学。1921年7月，教育部核准《东南大学组织大纲》，东南大学正式成立，郭秉文

---

① 这部抄本卷首钤有"万里手钞""斐云""虚度十七"朱印三枚，可知是1921年所抄。

② 张劲先：《赵万里》，《海宁人物资料》第1辑，1985年，第280—281页。

为首任校长。起初，东大与南高师共享同一校园，至1923年7月撤销南高师，并入东大。

东大是一所开风气之先的高等学府。1918年10月，任鸿隽、秉志、赵元任等留美学生发起成立的中国第一个现代科学学术团体——中国科学社迁回国内，社址即设在南高师。中国科学社的主要成员多在南高师、东大任教，他们建立了中国最早的现代科学研究实验室，是将西方现代科学系统引入中国的先驱。在中国的国立大学中，东大率先实行男女同校、选科制、学分制。1921年10月，柳诒徵、刘伯明、梅光迪等人成立学衡社，次年1月创办《学衡》月刊，展开中国文化复兴运动。西学与国学，都在东大的校园里传播弘扬。赵万里后来力图以科学方法保护古籍、研究版本，与在东大的教育背景恐怕不无关系。

在旧学新知兼容并蓄的东大，赵万里继续勤学苦读。入学不久的1922年10月13日，东南大学国学研究会成立。该会系教授指导学生成立，担任指导员的有国文系教授陈钟凡、顾实、吴梅、陈去病和历史系教授柳诒徵。他们的主要活动有：组织演讲，编印演讲集；举办佛学课、歌曲班；刊行《国学丛刊》；整理出版国学著作，如俞樾的《古书疑义举例》、刘师培《古书疑义举例补》等，并计划出版刘师培遗著《左盦遗稿》。赵万里是国学研究会的成员，较多地参加了该会的活动[1]。1922年12月7日，柳诒徵在国学研究会的演讲《汉学与宋学》，便由赵万里与王汉担任记录，讲稿刊载于《国学研究会演讲录》第一集[2]。赵万里从事刘师培著作的整理，大约也与该会有关。

大学一年级结束之际，赵万里便在东南大学《国学丛刊》第一卷第二期发表了平生第一篇论学文章——《述"录""方"二字义》。这篇文章转述了东大顾实（1878—1956，字铁僧）教授的观点：金文"录"与"方"上部写

---

① 《国学研究会记事》，载《国学丛刊》第一卷第一期（1923年），第147—149页。

② 东南大学、南京高师国学研究会编辑：《国学研究会演讲录》第一集，上海：商务印书馆，1923年8月，第84—90页。

法相同，"'方'为刻画以象四方，'录'亦与同意，则上盖象方版，下盖象刻画之器，旁四注者，象镌刻之文字，'录'实'录'之古文也"，许慎《说文解字》训"录"为"刻木录录也"，原因是"录"与"克"古文下半相似，故同训刻木，"训刻木良不误，然于字形则无所说明也"；"方"下部从刀，"上盖象用刀规画四方之形也，故方之本义当训四方"，许慎《说文解字》训"方"为"并船也"，原因在于"'方'、'并'声训，是以'方'、'并'为古今字也，然实假'方'为'并'为'竝'耳"，另有"汸"字，当为训"并船也"之专字，许慎误将"方""汸"混而为一①。这篇文章不是原创性的学术论文，只是"述"而不是"作"。不过从这里可以看到，赵万里大学时期仍致力于文字声韵之学，延续了中学时期手抄《康熙字典》的精勤。

赵万里不仅利用学校的资源，还千方百计寻访图书。他曾经费了一番周折，获得前往丁氏八千卷楼看书的机会。为了节省时间，中午不再返校吃饭，只带一两个炊饼充饥，就这样坚持了一年②。

赵万里研读古代典籍，采用传统学者常用的校读法。即读书时搜罗某一书的多个版本，校其异同，由此入手，发现并解决问题，达到理解古书原意的目的。赵万里大学时代校读过很多古代典籍，赵府至今还留存着不少当年的校本：

如光绪三年（1877）浙江书局刻本《文子缵义》，以《群书治要》所引校，卷末有题识："甲子八月六日以《群书治要》校《文子》，竟日而毕，间有所订，亦附见焉。万里记，时年二十。"甲子八月六日即1924年9月4日。

又如光绪十八年思贤讲舍刻本《晏子春秋》，校读于1925年1月中下旬，卷末有题识："甲子冬十二月下旬圈读一过，时江浙方有事，小楼冥坐弄铅丹，殊无聊也。万里记，时年二十。"在喧嚣扰攘的世界中独坐校书，可略见

① 赵万里著，冀淑英、张志清、刘波主编：《赵万里文集》第二卷，上海：上海科学技术文献出版社，北京：国家图书馆出版社，2012年9月，第443—444页。
② 丁瑜：《悼念赵万里先生》，《北图通讯》1980年第3期，第14页。

赵万里当时的心境。

再如光绪十七年思贤讲舍刻本《方言》，从《刘端临先生遗书》中迻录刘台拱校记多则，校读于1925年5月下旬至6月中旬（农历夏四月）。

从这些校本可以看到，赵万里在1924至1925年间，已开始进行校勘学实践。有的书此后还多次重校，如《方言》，1925年11月中旬至12月中旬（农历冬十月）又迻录洪颐煊《读书丛录》（九）校记，后来又迻录王国维校语。赵万里壮年以后能在校勘、辑佚等方面有重要贡献，实根基于此。

大学时期，赵万里服膺刘师培（1884—1919，字申叔）的校勘学成就。刘师培是刘文淇（1789—1854）的曾孙，承续家学，在经学、史学、文学上均有卓越成绩。赵万里入大学时，刘师培已故世。他赞赏刘师培校订经史的著作，一一手自抄录，或将其校语迻录在自藏书籍上。比如1924年5月19日前后，就在自藏民国十二年（1923）商务印书馆铅印本刘文典《淮南鸿烈集解》之上，迻录刘师培校语，作为研读的参考，并在书前签条上写下识语："《刘氏遗书》卷五《淮南子补校》（卢校庄本），今移录于眉端，以便省览。甲子四月十六日。"

赵万里这一时期手抄的刘师培古籍校订著作，现仍保存完好，计有9册，所抄为《公羊解诂误字》《周明堂考》《群书治要引贾子新书校文》《贾子新书佚文辑补》《校雠通义笺言》《春秋繁露斠补》《荀子斠补》《晏子春秋校补》《白虎通义斠补》《墨子拾补》《老子斠补》《庄子校补》《扬子法言校补》《周书补正》等14部书。这批抄本的书眉，又往往有赵万里自己的批校，可见其研读之功。1928年12月，赵万里在《北平北海图书馆月刊》第一卷第六号发表《刘申叔先生著述目录》，在多个条目下注明"余录有副册"，指的就是这批抄本。

后来赵万里曾与周作人谈起这批书，告知为"昔年在南京据刻本移写者"①。用作抄录底本的"刻本"，即《左盦丛书》。这是刘师培早年的文集，

---

① 周作人：《左盦诗》，载钟叔河编订《周作人散文全集》8，桂林：广西师范大学出版社，2009年4月，第821页。

流传不广，刻本现在已很难寻觅，即使中国国家图书馆也只存有《周书略说》《周书补正》两种，另有《老子斠补》抄本一种，合计不过三种。因此，赵万里遵照原书行款迻录的这批抄本，也不失为难得的资料。事实上，这批抄本在保存刘师培著作方面确曾有过不朽的贡献。

1934年，南桂馨出资刊印刘师培著作，委托郑裕孚校勘、吴晓芝印销，刊成《刘申叔先生遗书》。经黎锦熙介绍，钱玄同参与搜集、编纂等工作。钱玄同与赵万里有戚谊且熟识，编校过程中多次得到赵万里襄助。钱玄同曾给郑裕孚写信说："《左盦集》弟所见者，亦只有张伯英重刻本，其原刻本弟从未见过。阅赵万里之目，彼似曾见之，不知彼有此书否，请一询之何如？"①另一函则谓："赵钞《老子校补》与《墨子拾补》一本，先遵示奉还，即希检收为荷。……《白虎通义校补》（摘录，未完）全书凡二卷，赵万里先生有钞本。"②据他们二人的通信，《刘申叔先生遗书》所收的《老子斠补》《墨子拾补》《白虎通义斠补》等书，就是用赵万里手抄本为底本校排的。另外，《刘申叔先生遗书》丙类"群书校释"诸书中，《晏子春秋校补》《荀子斠补》《群书治要引贾子新书校文》《春秋繁露斠补》等，也注明以抄本为底本或底本之一，所用抄本应当也是赵万里抄本。另据周作人所记，《周书补正》的校刊底本，也是赵万里抄本。

提供抄本之外，赵万里还协助《刘申叔先生遗书》的校对工作。钱玄同1935年3月22日写给郑裕孚的信函中说："正拟修书，忽得手教并刘著四本，敬悉。此四本经赵先生再四校阅，误字已改正不少。"③这里提到的"四本"，具体是哪四种书已不可考，不过可以佐证钱玄同等所用赵万里抄本远不止《老子斠补》《墨子拾补》《白虎通义斠补》等三书，《晏子春秋校补》等书也应在内。

从1923年春开始，赵万里着手编辑刘师培著述目录，最初收录的是《国

① 钱玄同：《钱玄同文集》第六卷，北京：中国人民大学出版社，2000年8月，第186页。
② 钱玄同：《钱玄同文集》第六卷，第200—201页。
③ 钱玄同：《钱玄同文集》第六卷，第219页。

粹学报》所载文章。后来，友人陆紫萍赠送北京大学《国故杂志》，又从陈中凡处借得刘师培未刊稿录副；1925年北上，容肇祖协助购得《中国学报》，又在伦明处见到《四川国学杂志》残本，据以补订，目录逐渐完备。到1928年秋，编成《刘申叔先生著述目录》，登载在《北平北海图书馆月刊》第一卷第六号。后来钱玄同等编印《刘申叔先生遗书》，这份目录是重要参考资料。

这份目录分"收各杂志者""全书有印本者""稿本未刊行者"三类，著录刘师培著作二百余种。收录的主要是刘师培的经学、史学论著，政论则多未著录，这体现了赵万里本人的学术兴趣。赵万里在这份目录的跋语中写道："先生末齿之年仅三十有六，而著书之多有如此，求之近代，实无其匹。因忆往岁乌程刘氏校印《通义堂集》后，将继是而谋刊先生之书，为某氏所潜，事不果行。今《左盦集》虽有重刊本，然大抵为先生少作，其晚岁定稿，若《礼经旧说考略》《周礼古注集疏》二巨编，竟无传本，然则书之显晦，亦有幸有不幸欤！"寄寓了很深的感慨。

赵万里对词的喜爱，在东大得到进一步的培养与提升。当时吴梅（1884—1939，字瞿安，号霜崖）教授在东大执教。吴梅是20世纪中国最有成就的词曲学者，著有《词学通论》《顾曲麈谈》《曲学通论》《中国戏曲概论》《元剧研究》《南北词谱》等；且擅长词曲创作，作有《霜崖诗录》《霜崖曲录》《霜崖词录》，又有《风洞山》《霜崖三剧》等传奇、杂剧十余种。吴梅也是词曲教育家，唐圭璋、王起、陆维钊、胡士莹等多位词曲研究名家都出自他的门下。

就在赵万里考入东大的同时，即1922年秋，吴梅开始担任东大教授，一直任教至1927年春。在东大的三年间，赵万里得以师从吴梅研习词曲。王起曾回忆："有一次，我向先生呈上一篇习作，不久，先生将作业还给我，打开一看，只见上面批下这样一行字：自万里（赵万里）、雨庭（孙雨亭）、维钊（陆维钊）之后，复得斯才，我心喜极。"[①]吴梅将赵万里列在东大得意门

---

① 王季思：《回忆吴梅先生的教诲》，载王卫民编《吴梅和他的世界》,石家庄:河北教育出版社,2002年10月,第119页。

生的首位，可见他很得老师的器重。

1924年3、4月间，吴梅在东大组织了一个词社——潜社。当时吴梅开设词选课，选修的学生大多不会填词。为了增加学生们的练习机会和写作兴趣，吴梅在一个星期天下午把学生们召集到他的寓所，准备了一些茶点、瓜子，拿出一本归庄（玄恭）的《万古愁》曲本给大家看。又出了一个题目让学生试着作词，还取出万树（红友）《词律》、戈载（顺卿）《词韵》供大家翻检参考，最后每人填成一阕。下一个星期上课的时候，便有学生提议吴梅定期组织填词练习，还有同学主张组织词社。

吴梅答应下来，并确定社名为潜社。用"潜"字作社名，寄寓了潜心修习的意思。吴梅有感于当时东大教授中有借学术组织作其他企图的，故而用这个社名告诫学生们不要涉入政治漩涡。潜社有社规三条："一、不标榜；二、不逃课；三、潜修为主。"潜社延续了五年，"月二集，集必在多丽舫，舫泊秦淮。集时各赋一词，词毕即畅饮，然后散"[1]。

赵万里是潜社的主要成员之一，其他还有陆维钊、孙雨霆、王起（季思）、王玉章、袁鸿寿、唐圭璋、张世禄、叶光球、龚慕兰、周惠专、濮舜卿等。到了1929年，美吉印刷社曾印行《潜社词刊》，不过这部词集载录的是丙寅年（1926）潜社的词作，当时赵万里已经离开东大，因而没有词作收入。

有名师的引导，有朋友的砥砺，这一时期赵万里创作了不少词。他对填词的爱好，几乎到了痴迷的程度。即使假期在家，也常常绕着桌子边走边吟，反复推敲。读完大学之后，赵万里在词曲方面的兴趣转入研究，不再从事创作。留存下来的词都是少年之作，不过，其不凡造诣仍可略见一斑。如1923年春所撰《鹧鸪天·癸亥春感》二阕：

　　　　暂借花阴作翠屏，未须金弹打流莺。那知雪夜琼宫里，已有霜天晓

---

① 吴梅著，王卫民编校：《吴梅全集·日记卷》，石家庄：河北教育出版社，2002年7月，第28页。

角声。　　风悄悄，雨泠泠，洞箫零乱可曾听。绝怜衾冷阑干热，春占
窗纱第几棂。

未负灯华划地寒，梦回翠羽说春残。尊前还有飘裙路，袖底终无息
影阑。　　明镜里，两眉弯，红桑不许度屏山。餐霞休问人间世，到处
斜阳作意难。

这两首词后来发表在《学衡》第四十六期（1925年10月）。又如1924年
春所作《鹧鸪天·甲子二月稿》：

一片笙歌散绮尘，孤明楼角也曾春。谁知翠锦帘前水，辜负红罗梦
里人。　　云有信，月无痕，东风难得小温存。明朝陌上花应发，知否
斜阳直到门。

赵万里的词作只有少数曾刊登于报纸杂志，大部分生前没有发表，也没有
结集印行。所幸稿本基本保存完好，2012年国家图书馆编印《赵万里文集》，
将这些词作编为《斐云词录》收入第二卷。

三年的大学生活，赵万里与同学浦江
清、陆维钊、赵思伯、孙雨霆、胡士莹等结
为好友。他们都是诗词爱好者，屡有互相赠
答之作，交游也常形诸笔墨。赵万里与陆维
钊的词作交流尤多，可见其交谊之笃。赵万
里曾作《鹧鸪天·用元韵奉答维钊》一首：

迢递春程忆别时，玉珰缄札护新
词。而今思与花俱发，西北高楼梦岂知。
尘漠漠，泪丝丝，夕阳琴语下帘
迟。荒江杜若无声老，空谷灵均莫自痴。

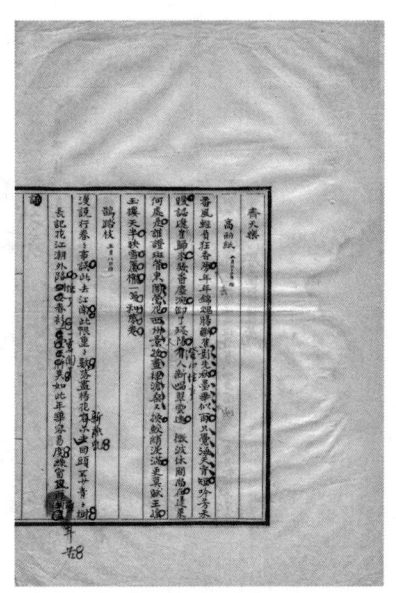

《斐云词录》手稿

又曾作《寿楼春·和维钊》一首：

招西园客魂，叹嫣香落尽，空翠烟昏。休旁乌衣归去，梦秋先春。还记否，搴芳人，寄绛裙、天边王孙。怎燕草微茫，楚云狼藉，心事一椶尘。　　西洲恨，飘青尊。问回波可念，风雨当门。前度香兰如笑，玉珰谁温。流不尽，襟题痕。况白苹，潇湘愁恨。甚杜宇声声，斜阳半身，红满巾。

陆维钊的诗词作品中，也屡见与赵万里同游名胜时的抒怀之作，如《与孙雨廷（为霆）赵斐云（万里）登鼓楼畅观阁》诗：

楼外山光接市尘，楼前孤月大于轮。一春自爱天容净，词组谁怜国是新。论世讵能甘愤愤，著书今已愧陈陈。从知怀抱消磨尽，那向桃源说避秦。

又如《浣溪沙·与斐云自台城信步至覆釜山下一路多旧苑遗踪赋此志慨》：

寂寞山邻又水邻，萧萧红叶女郎坟，来年声似曲中人。　　蘲露自伤寒食雨，宫花如说秣陵春，铜仙成梦泪成尘。

又如《浣溪沙·与斐云宛春游东湖》：

万感今年履此洲，推窗面面水悠悠，夕阳呼月共西流。　　梦偈当歌和泪涌，知交成恋尽情留，后期能得果来否。

再如《卜算子·与思伯斐云合摄一影即题其后》：

生计酒杯宽，形影今年又。漫怨韶华惯弃人，先睹谁消瘦。　　一样笑啼难，那问交新旧。化得真吾作幻吾，此意人知否？

同学聚会时，也有联句之作。如《寿楼春·思伯自扬州来余与维钊雨廷江清小叙莫愁湖上昔年朋旧今日主宾江南江北落絮飞花无限惆怅也倚此题壁并送思伯归》一首：

拍湖心间鸥（思伯）。共平量棋局，凄宴层楼（维钊）。槛外垂杨如许，有谁临流（雨廷）。春老矣，春知否（江清）？况故人烟花扬州（万里）。早试酒情荒，调莺语涩，犹自暗绸缪（思伯）。　　长堤路，今淹留（维钊）。指雕梁燕子，曾伴清游（雨廷）。可念落梅风里，笛中西洲（江清）。君欲去，思悠悠（万里）。更夕阳，三山云浮（思伯）。空目断江南，青青陌头（维钊）。无莫愁（雨廷）。

又如《浣溪沙·鸡鸣寺联句》之一：

楼外青山似画裙（万里），夕阳钟定上方云（维钊），香添佛国又成春（祥瑷）。　　未必慈航能普渡（祥瑷），也曾观世作情僧（维钊），拈花草草是尘根（万里）。

再如《浣溪沙·衫青闸与维钊联句》：

录曲阑干燕景凉，层层花雨湿斜阳（钊），玉河清浅是他乡。梧井西风人似雁（里），云亭秋梦月如霜（钊），旧家池馆孰栖香（里）。

他们的友情、才情，在这些诗词作品中展现得淋漓尽致。此后虽然历尽劫波，老朋友们天各一方，然而各自内心都存念着对方，仍然不时书信往来、问讯致候。

创作之外，赵万里也留意寻访词曲文献。1923年秋，赴江南图书馆观览书籍，读到旧刻残本《元明杂剧》二十七种，叹为秘籍，立即手抄全书目录。后来又对各剧详加考订，撰成《旧刻〈元明杂剧〉二十七种序录》一文，1925年刊于《清华学报》第二卷第二期。1924年夏，他校读过明崇祯毛氏汲古阁刻《宋名家词》本《小山词》一卷，并题赠表妹张劲先。

大学期间，赵万里养成了爱书藏书的癖好。他生活十分简朴，节省零花钱用来买书，几年间所得已颇丰。每次回家，都带回不少线装书，后来卧房几乎成了小书库。此外手抄的书也为数不少。书越积越多，排列更井然有序[①]。可惜的是，这些早年积累的藏书，大多在抗战期间散失无遗。

东南大学"易长风潮"

在东南大学的三年，赵万里学业上突飞猛进。然而，1925年初发生的"易长风潮"，打破了校园的平静，并彻底改变了赵万里的人生与学问之路。

东大首任校长郭秉文（1880—1969），早年毕业于上海清心书院，年近30赴美留学，1914年在哥伦比亚大学获博士学位，论文题目为《中国教育制度沿革史》，是我国最早获得教育学博士学位的留学生之一。毕业前，他便接到正在筹备中的南京高等师范学校校长江谦的邀请，担任该校教务主任，次年回国上任。1919年9月，郭秉文接替江谦担任校长。1920年提议创办东南大学，次年东大正式成立。郭秉文还活跃在国际教育界，1923年3月以中国首席代表身份参加第一次世界教育会议，被推选为世界教育会副主席兼亚洲地区主席，后连任两届。1926年5月，郭秉文与门罗（Paul Monroe）在纽约创立"华美协进社"（China Institute in America）并任社长。

---

① 张劲先:《赵万里》,《海宁人物资料》第1辑,1985年,第281页。

1931年以后，历任国民政府工商部国际贸易局局长、财政部常务次长兼中央贸易协会主任、联合国善后救济总署副署长兼秘书长，在政界也有不俗成就。

郭秉文主持下的东大，借鉴美国大学模式：建立董事会，作为学校的最高决策机构；提倡学术自由，主张学术远离政治。短短几年间，东大便成为国内瞩目的重要学府。为筹措办学经费，郭秉文与军政各界周旋，东大图书馆即由江苏军阀齐燮元捐建，因此他被视为直系人物，引起国民党等其他势力的不满。1925年1月6日，北京政府教育部次长马叙伦发布训令，免去郭秉文的东大校长职务，由上海大同大学校长胡敦复接任。此举在东大引发了轩然大波。

1月7日晚，东大设在上海的商科大学学生召开全体大会，决议致电质问教育部免职理由，要求取消成命；教职员也召开联席会议，反对撤换校长。1月8日，东大南京本部发布《东南大学全体学生宣言》，指教育部罢免校长"事出无端，理无所据"，"绝难承认"。东大行政会、毕业同学会等，也发出通电，要求教育部收回成命。1月12日，东大董事会决议坚决否认免郭令，并组织临时委员会维持校务。社会各界，甚至包括江苏省省长韩国钧在内，都对教育部的指令表达了质疑。2月23日，郭秉文受东大董事会委托，出洋考察教育。

到了3月7日，马叙伦再次发布训令，指令东大"克日成立评议会"，学校董事会"应即暂行停止行使职务"。3月9日，胡敦复在学校各重要职员拒绝到校办公以示抵制的情况下，赴东大就职视事，在图书馆楼下张贴就职视事通知和视职宣言。数百名学生群情激奋，包围校长办公室，破窗而入，打伤胡敦复，迫使其交出校长印信，写下"以后永不就东南大学校长之职"保证书后，从后门离开。这就是"三九事件"。

东大教师对事件各有主见，大体上可以分成拥郭、拥胡两派。"三九事件"使得两派教授的矛盾升级。汤用彤、叶企孙等16位教授发表声明，指责教职员会议盗用全体名义妄发通电，批评徐则陵、陆志韦二教授"首先倡祸";拥郭的33位教授随后发表声明,批评胡敦复违背诺言突然到校,激起风潮。与此同时,部分教授罢教。

与之相应,学生们也分成两派,各有主张。3月11日,张宗蠡等25位学生联名致函东南大学紧急维持委员会,要求解释3月9日骚乱处置不力之故:

> 诸君屡次宣言对内对外担负责任,三月九日之暴动,腾笑中外,贻耻士林,同人有请贵会答复之必要。当日暴动,贵会委员临场主持是何理由?经过多少人之具名负责?如贵会无法制止,则何不宣布真相,惩办暴徒,为学校雪此奇耻?而借全体同学名义,发电欺人,欲盖弥彰,耻上加耻,究何居心?同人等爱校心切,求学情殷,不忍以十年令名败于一旦。请贵会收到之后,于十二小时内明白答复,是所至盼。[①]

赵万里是联署此函的25位学生之一。这份公开信在《申报》上发表,表达了部分学生"爱校心切,求学情殷",反对暴力的态度。3月15日,《申报》再次刊登《东南大学学生厉德寅等之启事》,批评暴力驱离胡敦复的不当行为,指责东南大学紧急维持会以全校学生名义发布通电滑稽无耻,并提出四点声明:

> 自校长问题发生之后,意见纷歧,是非混淆,同人疾首未发一言,非徒自好,诚恐治丝而益棼也。乃不意怪剧丛生,愈演愈烈,长此以往,不知伊于何底。同人受良心之驱使,不能不为同学诸君一陈之。三月九日胡敦复先生贸然来校,意见不同,拒之可也,但必为轨内之行动。乃一二教授及少数同学纷拥至校长办公室,拳足交加,唾骂备至,胡敦复、胡刚复二先生一并受伤。遂勒令签字,威逼指印,强拍照相,复燃边炮,驱出后门,以示侮辱。当时同人以势甚汹汹,不可理论,未能制

---

① 《东大学生张宗蠡等致东大维持委员会书》,《申报》1925年3月14日第12版。

止，心窃耻之，以为非身授教育者之所为，而乃出于自称最高学府之东南大学，岂不令人齿冷。昨阅沪报，记载本校维持学校委员会通电，强词掩饰，行同滑稽，举动无耻，于斯已极。遂致教授解体，示不合污，哲学系主任汤用彤、教授蔡瑞岐，数学系主任熊迪之、教授段调元，地学系主任竺可桢、教授徐韦曼、徐渊摩，化学系主任王季梁，物理系主任胡刚复、教授叶企孙、熊正理，历史系主任柳翼谋、教授刘金波等诸先生，纷纷宣布罢教，停止授课，孙洪芬先生不负文理科责任，过探先先生辞去农科副主任，任鸿隽先生辞去校长办公处主任，生物系主任秉农山先生亦不到校。同人等负笈东南，原以求学为前提，今既如此，校将不校，同人等天良未昧，义难缄默，谨陈四端，希垂察鉴：（一）三月九日之暴动，乃一二教授及少数同学之所为，同人等未与其事，其余同学之不与其事者，请各自为表白。（二）根据自治会会章第五五条，同人等反对百零二票通过之不法议案"以全体学生名义致函柳翼谋、胡刚复、萧叔绚三教授请其自动辞职"；（三）诚意挽留辞职诸教授，必达目的而后止。（四）自三月九日起，任何团体之行为及文电假借全体同学名义者，同人等一概否认。①

此启事联署者57人，赵万里与陆维钊、郑鹤声均在列。接连两次联署反对暴力驱胡声明，表明赵万里对此事的态度无疑与拥郭派有明显不同。从这两份声明看，他们的出发点不是简单的拥郭拥胡，而是着眼于学校的秩序。他们的主张要点有两个方面：一、抵制胡敦复任校长，应当以"轨内之行动"，反对暴力行为；二、反对以全体学生名义发布文电、采取行动。赵万里等学生基于"负笈东南原以求学为前提"，在"校将不校"之际表达的持重主张，与群情汹汹的拥郭拒胡论调相比，恐怕只是少数派，而有被舆论孤立的可能。

---

① 《东南大学学生厉德寅等之启事》，《申报》1925年3月15日第12版。

4月18日，北京政府国务会议再次决定聘胡敦复为东大校长，"易长风潮"又一次升级。在校64位教授中的48位罢教，并通电指斥"教育行政长官颠倒是非，舞弄法纪"；学生则宣言罢课，300余名学生于22日上午游行至省府请愿。此后东大陷于瘫痪状态。

"易长风潮"前后绵延年余，使得东大多位教授离散，学校秩序混乱，校园不得安宁，教学陷于瘫痪状态。扰攘不宁的日子里，赵万里仍然不懈攻读。1925年1月中下旬（农历甲子年十二月下旬），他校读光绪十八年（1892）思贤讲舍刻本《晏子春秋》，并在卷末写下识语："甲子冬十二月下旬圈读一过，时江浙方有事，小楼冥坐弄铅丹，殊无聊也。万里记，时年二十。"5月下旬至6月中旬（农历夏四月），又校光绪十七年思贤讲舍刻本《方言》，并将刘台拱校记迻录其上。一句"小楼冥坐弄铅丹"，道尽赵万里这时的心境。

面对学业难以为继的局面，心无旁骛、专心攻读的赵万里，难免会感到失望，因而心生退志，另谋出路。

第二章

清华园:
1925—1928

王国维的助教

在"易长风潮"的激荡中，东南大学已不再是理想的问学场所。赵万里遂于1925年夏前往北京，拜王国维为师。王国维也是浙江海宁人，赵、王两家有亲戚关系。王国维的第二位夫人潘丽正，是赵万里母亲张顺媛的表妹，赵万里应称呼王国维表姨夫。不过，两家各处一方，平时往来并不多。

1923年农历正月（公历2月中下旬），王国维因事回故乡，赵万里便在亲戚家拜见王国维，向他请教治学门径。王国维告诫大一学生赵万里，"治学必先通《说文》，而后治《诗》、《书》、三《礼》"[①]。

赵万里能成为王国维入室弟子，得益于多位师长的力荐。吴梅曾写信给王国维，推荐赵万里。此外，1925年6月19日（农历闰四月二十九），王国维的族叔祖王豫熙也给他写信推荐，信中对赵万里的性情学问介绍颇详：

> 赵君万里为鉴斋兄之孙，年二十岁，文采斐然，现在东南大学国文系肄业，十一二岁时即见其肆力读书，近于词章、经术、小学均有门径，为吴瞿安诸君所深赏。现因东南学校风激，颇思北游，欲就学于我贤。此优秀分子为家乡所不可多得。如能长侍左右，日后成就必可观。且赵君小楷诸好而速，曾见其以课余时间，仅二十黄昏钞《庄子》一部，可谓勤矣。日后抄写文字、检查书籍，亦著席间一极快乐之友生也。[②]

---

① 赵万里：《王静安先生年谱》，载《赵万里文集》第一卷，第49页。
② 国家图书馆古籍馆编：《国家图书馆藏王国维往还书信集》，北京：中华书局，2017年10月，第467—469页。

大约在这一年的7月，赵万里在北京登门拜访王国维。当时王国维就任清华学校研究院导师不过四个月，住在清华西院。据蒋复璁回忆，首次登门是他陪同去的，"拿了两条大前门香烟，进门就叩头行礼"[①]，正式确定了师生关系。王国维的女儿王东明曾回忆赵万里初次拜见老师的情形："他毕恭毕敬远远地站在父亲面前，身体成一百五十度向前躬着，两手贴身靠拢，父亲说一句，他答一句是。问他什么话，他轻声回答，在远处根本不知他说些什么。话说完了，倒退着出来，头也不抬一下。"[②]对潘夫人，赵万里也不称"表姨母"，而是恭恭敬敬地称"师母"。

赵万里北上拜师，原本与清华学校没有关系，起初王国维命赵万里"馆于其家"[③]。到了8月，王国维的助教陆维钊因祖父病重南下还乡，赵万里便代理了他的职务。办理相关事务的，是清华学校研究院筹备委员会主任吴宓（1894—1978）。吴宓1921年在哈佛大学比较文学系获硕士学位，旋即回国任东南大学文学院教授，在东大执教四年；1924年转任东北大学外国文学系教授，1925年2月担任清华学校研究院筹备委员会主任。吴宓在东大任职时间较长，着意栽培东大学子。他为清华学校研究院四位导师聘请的助教，如王国维助教陆维钊、陈寅恪助教浦江清，都是东大学生。他们二人也是赵万里的好友。

据吴宓日记，赵万里于8月21日到校。9月1日，即新学期开学前四天，吴宓会晤校长曹云祥，报告以赵万里代替陆维钊职务，获得批准[④]。吴宓乐于安排赵万里接替陆维钊，除这时他已是王国维入室弟子之外，与他出身东大可能也有一定关系。

半个月后，9月14日晚，赵万里向吴宓"细述陆维钊之身世情形"，吴宓

---

① 蒋复璁：《追念逝世五十年的王静安先生》，载陈平原、王枫编《追忆王国维》，北京：中国广播电视出版社，1997年1月，第145—146页。

② 王东明著，李秋月整理：《王国维家事》，合肥：安徽人民出版社，2013年3月，第67—68页。

③ 赵万里：《王静安先生年谱》，载《赵万里文集》第一卷，第55页。

④ 吴宓：《吴宓日记：1925—1927》，北京：三联书店，1998年3月，第64页。

于是"决即永远留赵，命陆不必来此，所谓两全其美也"①。这天所谈的"身世情形"，陆维钊晚年曾对他的子女回忆过："我是遗腹子，在我出生前四个月，父亲便不幸患伤寒病逝，我是祖父一手抚养大，也是祖父手把手教育成长的。祖父病重，我必须回来服侍；祖父病故，我必须留下守孝。否则，我将内疚一辈子，后悔一辈子。"②吴宓考虑的"两全其美"，一则为成全陆维钊的孝道，二则给予"馆于其家"的赵万里以清华正式职位，解决了王国维身边缺少助手的问题。

吴宓"永远留赵"的决定，使陆维钊失去了助教职务，也失去了继续随侍王国维的机会，这是他终生抱憾的事。他的子女在陆维钊年谱、回忆中，多次以遗憾的笔法回忆事情经过："临行前，他请南京高等师范学校的同班同学赵万里暂时代理助教之职。当时两人约定，待祖父病情稍有好转，他便返回学校。但后来他接到赵万里来信，告知教职已由赵正式接替。"③甚至对赵万里颇有微词，称教职为赵万里所"夺"。从情理上推测，"夺职"的说法恐怕不一定符合事实，因为助教为清华公职，并非私聘，这一职务由谁担任，身为教授的王国维本人应有选择权，管理者吴宓的意见也很重要，最终须校长批准方能定案，不可能由两位年轻人私相授受，年方二十、甫入观堂门墙的赵万里恐怕也没有能力凭空"夺"下他人的助教职位。况且陆维钊回乡探病、守孝，短期内不可能北上，而王国维教学研究都需要助手协助，助教职位不可能长期虚席以待，清华必定聘人接替，无论接替者是赵万里或者其他人，都不能改变陆维钊失去这个职位的结果，在当时这是无可挽回的事情。

---

① 吴宓：《吴宓日记：1925—1927》，第71页。

② 陆昭徽、陆昭怀：《书如其人——回忆父亲陆维钊》，上海：上海书画出版社，2013年11月，第84页。

③ 陆昭徽、陆昭怀：《书如其人——回忆父亲陆维钊》，第82页。

清华学校研究院导师与助教合影
（前排左起李济、王国维、梁启超、赵元任，后排左起章昭煌、赵万里、梁廷灿）

事实上，在此之后陆维钊与赵万里之间仍互有往来，更不乏诗词赠答，他们的友情看不出明显的裂痕。比如1931年，陆维钊曾寄赠赵万里等《金缕曲·九一八后觉明江清斐云碧湘先后枉过松江寓庐别后成此分寄》一阕，从标题可知，赵万里在这年秋天前往松江陆维钊寓所探望。词中有"丝竹中年胸怀恶，枉高轩、谁是知音者，更谁慰、漫长夜"句①，友爱之情跃然纸上。

朋友们之间通信往来，他们也常问起对方。抗战胜利后，浦江清于1946年12月23日致函陆维钊，提到"觉明兄在城中尚未晤到，斐云已晤并道及足下"②。1949年1月，北平处于解放军包围中的紧张时刻，赵万里曾给陆维钊写信，告知"燕京、清华皆已解放，教授薪水提高，折合金圆八千元"③。赵万里1955年7月10日致函胡士莹，信末问道："钊兄情况如何？甚念甚念！"④

① 陆维钊：《陆维钊诗词选》，杭州：西泠印社出版社，2005年6月，第76—77页。

② 浦江清：《生命无涯：浦江清随笔》，北京：北京大学出版社，2009年1月，第182页。

③ 夏承焘：《天风阁学词日记》，载《夏承焘集》第7册，杭州：浙江古籍出版社、浙江教育出版社，1997年，第38页。

④ 虞坤林惠示。

关切之情溢于言表，可见历经沧桑之后，他们的友谊始终深厚。

赵万里住在清华西院第12号，当时王国维住在第16、18号，距离很近，随时可以请教。王国维有事，派人去叫赵万里，片刻便能到。赵万里敬业而勤奋，老师交代的事情，他都做得很好，因此很受器重，成为王国维晚年最得力的助手，也是受益最多的学生。

作为助教，赵万里协助王国维处理教学与研究事务。王国维的著作，都由赵万里"录副，界抄胥，使誊写印行，而藏弃其手迹"[1]。姜亮夫回忆，他投考清华学校研究院的时候，便是赵万里在王国维与梁启超之间传递信息，商量录取与否[2]。

清华学校研究院的购书事务，是赵万里协助王国维处理的另一项重要工作。清华学校为补充国学书籍，辅助研究院教学研究，于1925年设"国学书籍审查购置委员会"，以王国维为主席，吴宓、吴汉章（清华图书馆代主任）等为委员。学校为此特拨购书经费二万元，数额比同年清华学校图书馆的一万二千元还要多。研究院的购书事务，便由王国维主持、赵万里协理。此后1926年6月2日，梅贻琦主持清华学校研究院第十次教务会议，决定购置图书的手续：学生介绍的书籍由导师审定，书局送来的书单则由王国维决定购置与否并批价。

赵万里到任之后不久，1925年9月13日便随王国维、吴宓至琉璃厂购买中国旧籍，踏访文友堂、薄玉堂、中华书局等多家书肆，所购大多是教学必需参考书，包括十三经、二十四史等，共花费二百二十四元五角六分[3]。留下记录的购书还有多次。比如11月20日赵万里向吴宓开出金石书单，

① 唐兰：《古史新证序》，载《唐兰全集》第1册，上海：上海古籍出版社，2015年11月，第411页。

② 姜亮夫：《忆清华国学研究院》，载《姜亮夫全集》第24卷，昆明：云南人民出版社，2003年1月，第71页。

③ 吴宓：《吴宓日记：1925—1927》，第71页；《添购书籍》，《清华周刊》第24卷第3号，1925年9月25日。

价值约四百元①。同年12月5日，赵万里再次随王国维、吴宓入城，至琉璃厂文德堂、述古堂、文友堂等书肆选购书籍，得十余种②。由于王国维等极力搜购，两年间新购图书数量众多，图书馆人手不足，为此增加编目及誊录各一人、书记二人，又特请研究院助教赵万里、梁廷灿、浦江清及柳哲铭四人协助编目。

王国维在版本目录学方面造诣精深，这方面的著作有《传书堂藏书志》《五代两宋监本考》《两浙古刊本考》等。赵万里在王国维指导下选购旧籍，不仅接受了最佳的版本目录学教育，而且积累了购置与整理古籍的实践经验。此后赵万里主管北京图书馆的善本古籍工作长达40年，研究院购书经历为他打下了毕生事业的基础。

协助王国维整理论著，是赵万里的另一项主要工作。1926年夏，清华学校研究院印行王国维所撰《圣武亲征录校注》《长春真人西游记注》，赵万里负责校对刊行事务。不久又见王国维案头《蒙鞑备录》《黑鞑事略》二书，也有密密麻麻的批注笺释，蝇头小楷，篇幅不下万余字。鉴于这两部书没有校勘精善的版本传世，而王国维的笺证博大精密，远远超出清代学者李文田的研究，因此赵万里征得王国维的同意，将它们整理出来，合编为《蒙古史料四种校注》，一并刊行，供元史研究者参考③。

这一时期王国维的论文著作，多由赵

赵万里1926年留影

---

① 吴宓：《吴宓日记：1925—1927》，第98页。
② 吴宓：《吴宓日记：1925—1927》，第105页。
③ 赵万里：《〈蒙古史料四种校注〉跋》，载《蒙古史料四种校注》，清华学校研究院，1926年。

万里核查资料、誊清文稿。《金界壕考》便是显著的一例。这篇文章原名《金长城考》，赵万里曾为查找资料写信给时任燕京大学《燕京学报》主编的容庚："《满鲜历史地理报告》如已借来，请即派人带下为叩。王先生《金代长城考》一文须俟参考《满鲜史地报告》后再行誊出也。"[①]这封信中提到的《满鲜历史地理报告》，即《满鲜地理历史研究报告》，是日本东京帝国大学教授、日本东洋史学泰斗白鸟库吉主持的满鲜历史地理调查部（南满洲铁道株式会社附属机构）的出版物，前后出版十二卷。赵万里找容庚借这部书，正是为王国维研究金代长城参考用。这篇论文最终在1927年2月完成，王国维逝世前未及刊行，后由赵万里补入《观堂集林》。

1926年初，有关清华学校研究院定位与发展方向的矛盾逐渐激化。吴宓力主研究院应以国学为研究范畴，强调它的独立与纯粹。而清华学校大学部教务长张彭春则主张，研究院应该是多学科的，且应与大学部相衔接。张彭春的观点，得到钱端升等部分新派学者的热情支持。这年1月5日，清华校务会议否决了吴宓有关研究院的各提案，校方倾向于使研究院此后只做高深专门研究，教授一概不增聘，也不对学生讲授一般国学，而成为"二三教授潜修供养之地"[②]。研究院的教授们，对这一问题的观点也各不相同。1月7日上午研究院召开教授会议，赵元任、李济支持校务会议的决定，王国维默不发言，只有梁启超侃侃而谈，但寡不敌众，结果研究院即遵照校务会议的决议调整发展方向。此后吴宓还就这一问题向校务会议提出过意见书，但不被接纳，遂于2月11日辞去研究院主任一职。

与吴宓辞职时隔不久，张彭春也因与校长曹云祥观点不一致，辞去教务长职务。这年4月，梅贻琦接任教务长。到了1927年，梅贻琦重新调配清华学校大学部及研究院师资，王国维任研究院暨国文系教授，赵万里则任研究

---

① 广东省立中山图书馆编：《广东省立中山图书馆馆藏名人手札选萃》，北京：商务印书馆，2002年11月，第185页。

② 吴宓：《吴宓日记：1925—1927》，第121页。

院暨国文系助教。同年5月出版的《清华大学一览》，教师名录中记载赵万里为国文学系讲师①。这表明赵万里在清华两年的服务，得到了校方的认可，职务得到提升。

痛失导师

在赵万里进入清华园将近两年的时候，发生了一件大事：王国维自沉颐和园。关于王国维自尽的原因，90余年来有很多解读，众说纷纭，莫衷一是，这里不作过多引申。据接近王国维的弟子们的回忆②，1927年春末夏初，因国民革命军北伐节节推进，工农革命热情高涨，北平气氛颇为紧张，对当时仍留着辫子的王国维，有非常强烈的刺激。

王国维的自沉，无疑是他深思熟虑的结果。自沉之前，他的生活一如平日，没有什么特别的征兆。前一天夜里，王国维披阅学生试卷，撰写了遗嘱，揣在身上。6月2日清晨8点左右，他离家前往清华学校研究院教授室，又到研究院办公室，与事务员侯厚培交谈，向其借纸币5元。随后步行出校门，乘人力车赴颐和园。10点至11点之间，至排云殿以西的鱼藻轩附近，"临流独立，尽纸烟一枝"③，随后跃入昆明湖中自尽。附近的清道夫急忙赶往救援，落水处其实很浅，水只有二尺，王国维扑下去，头先落水，口鼻窒息，赶来救助的清道夫并不懂急救术，故而几分钟内便气绝身亡。王国维未归家午餐，

---

① 齐家莹编撰：《清华人文学科年谱》，北京：清华大学出版社，1999年1月，第48页。

② 详见赵万里：《王静安先生年谱》，载《赵万里文集》第一卷，第59—60页；柏生（刘节）：《记王静安先生自沉事始末》，载陈平原、王枫编《追忆王国维》，第207页；戴家祥：《王国维先生》，载《戴家祥集》，杭州：浙江古籍出版社，2010年12月，第217—218页；张旭光：《回忆王观堂先生的自沉》，载《追忆王国维》，第274—278页；卫聚贤：《王先生的死因，我知道一些》（卫聚贤致王东明函），载《追忆王国维》，第300—301页。

③ 赵万里：《王静安先生年谱》，载《赵万里文集》第一卷，第60页。

起初其家人因当时学校请客较多，并未生疑。到午后3点尚未回家，开始起疑，其三子王贞明四处寻找，4点左右追踪到颐和园，始得噩耗。消息传回清华园，已经晚上7点。

与王国维家人一样，当日下午赵万里也为寻找王先生四处奔走。吴宓日记载，当天晚饭后赵万里曾到其住宅，当时已知道王先生去了颐和园，但还没有得到确切消息①。有一份资料需要略加辨析。卫聚贤回忆，午后王国维家人打电话到办公室，问王先生为何还没有回家吃饭，当时赵万里急忙前往门口问讯，有黄包车夫告知王先生坐车往西走了。赵万里和卫聚贤等立即去追，到达颐和园，门房告知有一位老人跳湖自杀，进园后看见王国维的尸体放在湖边亭子下②。据卫聚贤的说法，似乎最先找到王国维遗体的是赵万里和他，这与赵万里所撰《王静安先生年谱》、吴宓《王国维在颐和园投河自尽之详情》及王贞明致王仲闻（即王高明）函中所述不一致，应有记忆失实之处。据柏生（刘节）的回忆，在王贞明之后赶到颐和园的，是清华学校研究院事务员侯厚培，卫聚贤将赵万里与侯厚培二人混淆了。

据刘节、戴家祥回忆，当天傍晚浙江同乡会在清华学校工字厅设宴欢送毕业同人，席将散时，传来王国维自沉的消息，举座皆惊。当时离席探听消息的戴家祥、刘节、吴其昌等，路遇赵万里，从赵万里处得知确切消息，数人悲从中来，放声大哭。遂一同赶到校门，与其他师生一起乘校车前往颐和园。经再三交涉，只有校长曹云祥、教务长梅贻琦和校警获准进园察看③。

当晚清华师生回校开会，组织治丧委员会。戴家祥等便在赵万里的宿舍，刻蜡纸写讣告。赵万里拟了一份给罗振玉的电报稿："师今晨在颐和园自沉，

---

① 吴宓：《吴宓日记：1925—1927》，第344页。

② 袁英光、刘寅生：《王国维年谱长编：1877—1927》，天津：天津人民出版社，1996年10月，第502页。

③ 柏生（刘节）：《记王静安先生自沉事始末》，载陈平原、王枫编《追忆王国维》，第207页；戴家祥：《王国维先生》，载《戴家祥集》，第217—218页。

请代奏。"由清华学校邮政局发去①。罗振玉得电后，即上奏清逊帝溥仪。

次日，王国维家人及清华教职员、学生数十人入颐和园。等候至下午，检察官方来验尸，从王国维的内衣袋中取出遗嘱一纸。入殓毕，移柩清华园以南的刚果寺，已是晚上9点。

王国维的自沉，在学界及社会引起了很大震动，各大报纸纷纷刊载消息，各界人士多有撰文致悼者。6月17日，浙江旅京人士于全浙会馆举行公祭。日本桥川时雄主编的《文字同盟》刊发报道："坛中置先生遗照，并陈遗嘱。哀哀遗族，侍于其侧。挽联满座，四壁香花。罗雪堂先生等又自津来京治馆。赵万里先生等因同乡及师弟之关系，周旋悲伤惨安之场，应酬甚力。吊客中有清使，有遗老，有新旧学者、教授、官吏，有日本欧美之故人，颇极一时之盛。"②同年8月14日，王国维葬于清华园东二里西柳村七间房。次年冬，清华学校研究院立碑纪念王国维，师生纷纷解囊襄助，赵万里捐资20元。

王国维遗命"书籍可托陈吴二先生处理"，陈即陈寅恪，吴即吴宓。他们和中华教育文化基金会（简称"中基会"）1926年创办的北京图书馆副馆长袁同礼商量，将王国维藏书作价一万圆售与该馆，以免散失。袁同礼以其中一部分为通行本且馆中已有复本为由，提议剔除，出价五千圆。陈寅恪裁定，袁同礼先选定该馆所需，剩余部分由研究院同人及王国维亲友选购留作纪念，不管剩余部分售价多少，北京图书馆负责补足万元之数③。北京图书馆后来在1928年改名北平北海图书馆，1929年并入国立北平图书馆，这批书至今保存在中国国家图书馆④。

---

① 戴家祥：《王国维先生》，载《戴家祥集》，第217—218页。

② 《悼惜》，《文字同盟》第四号（1927年7月），第8页。

③ 卞僧慧纂，卞学洛整理：《陈寅恪先生年谱长编》，北京：中华书局，2010年4月，第102页。

④ 高山杉：《王国维旧藏西方哲学书十种》（《南方都市报》2015年7月19日第GB15版）、《王国维西方哲学藏书拾遗》（《南方都市报》2015年7月26日第GB15版）、《在寻找王国维时遇上严复》（《南方都市报》2015年9月13日第GB14版）、《国图的王、钱外文藏书再拾遗》（《东方早报》2015年11月22日第B13版）诸文揭出的王国维旧藏西文藏书,应即是此时入藏北京图书馆的。

陈寅恪、吴宓把整理王国维遗稿的事务委托给赵万里。很短时间内，赵万里便整理出两份目录。其一为王国维著作目录。这份目录最初名为《王静安遗著目录》，1927年7月载于《文字同盟》第四号，著录"已刊行者"29种、"已写定未刊者"2种、"未写定者"14种、"补遗"3种，共计四类48种，搜罗并不齐备。当年年底，又以《王静安先生著作目录》为题，刊载于《中华图书馆协会会报》第二卷第五期，著录"已刊行者"30种、"已写定未刊者"3种、"未写定者"14种、"补遗"3种，共计50种，较《文字同盟》第四号所载增补2种，另附《观堂集林补编子目》及赵万里《观堂集林校记》。后来，《王静安先生著作目录》又刊载于《史学与地学》第三期（1928年7月），内容与《中华图书馆协会会报》所载相同。

其二为王国维校本批本目录。该目最初以《王观堂先生校本批本书目》为题，载于北京述学社《国学月报》第二卷第八、九、十期合刊（1927年10月），收书155种，每条下注明版本、册数、所用校本及批注等情况。赵万里在文后识语中写道："观堂先生逝世后，里为整理遗书，因检出手批手校各书，凡一百五十余种，并草此目，以备检索。会《国学月报》索稿甚亟，即以此付之。假后归校，又检出三十余种，合第一次检出者，排比入《国学论丛》中刊之，而此目排印将成，已不及补正矣。"可知《国学月报》刊出者只是初稿。

该目最终编成，时间在1927年12月8日（农历十一月十五日），定名为《王静安先生手校手批书目》，以四部分类法排列，收书凡192种，较初稿增补37种。从该目可见，王国维所批校的书籍，遍及四部，范围广泛。诚如赵万里在该目后的识语中所说，这些批校本"实皆先生毕生精力之所在也。盖先生之治一学，必先有一步预备工夫。如治甲骨文字，则先释《铁云藏龟》及《书契前后编》文字。治音韵学，则遍校《切韵》《广韵》。撰蒋氏藏书志，则遍校《周礼》《仪礼》《礼记》等书不下数十种。其他遇一佳椠，必移录其佳处或异同于先生自藏本上。间有心得，则必识于书之眉端。……先生于词曲各书，亦多有校勘。如《元曲选》则校以《雍熙乐府》，《乐章集》则校以宋椠。因原书早归上虞罗氏，今多不知流归何氏，未见原书，故未收入"①。这份目录及识语，是研究王国维学术的重要参考资料。

1927年9月20日，清华学校研究院1927—1928年度第二次教务会议决定，《国学论丛》第一卷第三号辟为"王国维先生纪念号"，由陈寅恪主持，赵万里承担具体编辑工作。这一期刊物于1928年4月出版，卷首登载王国维照片、遗墨，前有梁启超序，刊载了《轵軤考》等王国维遗著六种，以及吴其昌《王观堂先生学述》、吴其昌《王观堂先生尚书讲授记》、刘盼遂《观堂学礼记》等文章，附录陈寅恪《王观堂先生挽词》。

赵万里为这一期"王国维先生纪念号"提供了三篇文章，即《王静安先生年谱》《王静安先生著述目录》《王静安先生手校手批书目》。其中，《王静安先生手校手批书目》已见前述；《王静安先生著述目录》与前述刊载于《文字同盟》《中华图书馆协会会报》《史学与地学》的《王静安先生著作目录》体例完全不同，此目不分类，罗列62种，各条下多有叙录，所论列包括各书内容、撰作缘由、刊印情况等，颇有助于查考王国维著作。

《王静安先生年谱》撰成于1928年1月2日（丁卯年十二月十日），系应梁启超、陈寅恪之命而作。文末跋语谓："《国学论丛》将刊行王先生纪念号，新会梁先生、义宁陈先生均以里与先生有戚谊且侍先生讲席久，知先生学行或较他人为多，因嘱草《年谱》以实之。里辞不获命，以一月之力，写为此编。"②此文为王国维的第一部年谱，缕述王国维生平志业、著述思想，不少资料得自本人见闻，为他处所不可得，具有不可替代的价值。后出的王国维年谱、传记，无不以此文为基础或主要参考资料撰成。

1928年6月18日，时当王国维逝世一周年之际，吴宓主持的天津《大公报·文学副刊》第24期，刊登了一组纪念文章，有浦江清《论王静安先生之自沉》《王静安先生之文学批评》（均署名毅永）、张荫麟《王静安先生与晚

① 《国学论丛》第一卷第三号；《赵万里文集》第一卷，第96页。
② 赵万里著，冀淑英、张志清、刘波主编：《赵万里文集》第一卷，第61页。

清思想界》（署名素痴）及赵万里《王静安先生之考证学》（署名蠡舟）。赵万里文论述王国维戏曲史、古文字学、古史学、目录学等方面的研究经历、著述及成就，谓"先生考证学以史学为最精，而史学中尤以古史上创获为最多，而古文字学、古器物学实乃先生治古史学之先导，版本、校勘诸学于先生之学中又为副产物，盖先生殊不欲以此见长也"，又谓"先生治学首重阙疑"，"罗叔言君序《观堂集林》，云先生之治学由博以反约，由疑而得信，务在不悖不惑，当于理而止，斯言也，庶可得先生之微旨矣"[①]。后来，这四篇文章又转载于吴宓主持的《学衡》杂志第六十四期。

在清华园以外，学界也有纪念王国维之举，赵万里多有襄助。他也不失时机地向书店、出版商介绍王国维遗著的情况，游说他们为之刊行。1927年6月22日，他写信给上海大东书局发行所所长陈乃乾，寄送王国维著作目录，告知《哀挽录》与《王忠悫公遗书》的整理出版进展，又说道："静师校本书用力最深者为《水经注》《唐六典》《广韵》《元朝秘史》等，尊处如能影印，亦盛事也。"[②]影印王国维校本书的提议虽然没有实施，但此后陈乃乾发表《关于王静庵先生逝世的史料》一文，又于1930年编集影印《观堂遗墨》二卷（又名《王忠悫公遗墨》），都与赵万里的推动有关。

王国维的好友、亲家罗振玉，对整理其遗著最为热心。他在天津组织《王忠悫公遗书》刊行会，以商衍瀛、金颂清、罗振玉、赵万里等为董事，罗"总任校理一切事"，赵"任检查书籍及校理各事"，商衍瀛等任"评议"，金颂清"任南方售书事"。罗振玉组织募集刊印股份，"共收二千一百元，初集印费三千一百余元，除敝处捐任校理写定一切费用外，净垫印刷纸张（内有预买印二集纸张）等费一千七百余元"[③]。1928年1月2日，刊行会在天津集

①　赵万里著，冀淑英、张志清、刘波主编：《赵万里文集》第一卷，第146—147页。

②　陈乃乾：《关于王静庵先生逝世的史料》，载《文学周报》第5卷，上海书店，1984年影印本，第56—57页。

③　1927年12月8日罗振玉致赵万里函。赵深惠示。

议，赵万里曾赶往赴会①。

赵万里校定了王国维的多种著作，如《观堂外集》等。罗振玉多次与他通信，商议文章去取、分集篇目、逐录校订等事宜。其一称："《别集》补遗重劳搜集，至可佩。昨已检阅一过。内有潘君墓碣乃哈同夫人之嬖悼姬某之父，沈夫人志则哈同夫人之母，二文不可存，年谱幸勿及之。……其他不得已而应酬之作，亦将删略为合。"又一函谓："昨定《遗书》为四集，今复审，又改第二集末之《庚辛读书记》入初集中《观堂外集》，而以《观堂译稿》入二集。《译稿》中敝处但有《流沙访古记》一篇，其它各篇望早日检寄，以便校写。至四集八种，请吾兄校理赐下，以便付印。大约明春寄下不迟。至三集中之《水经校记》，务请将足下移录本见借，即觅友移写，之后即奉完，不必俟再校《大典》本矣。行纪四种，亦请速寄下，以便校写，至盼之至。忠悫《乡亭考》《元秘史地名索引》等为未完之作，此刻不能印行也。"②有关经学、文字训诂部分，赵万里曾请戴家祥协助校对③。

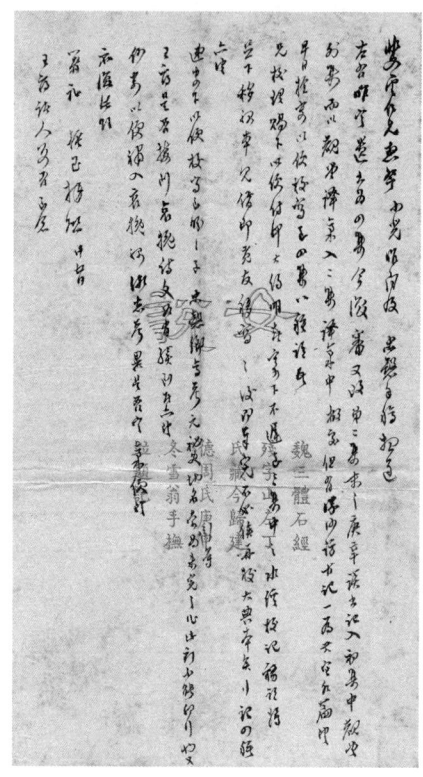

罗振玉致赵万里函

王国维去世后仅半年，《海宁王忠悫

---

① 浦江清1928年1月1日日记载："下午赵君斐云来闲谈。彼于明日须往天津出席罗振玉等所办之《海宁王忠悫公遗书》刊行会。"（浦江清：《清华园日记　西行日记》（增补本），北京：三联书店，1999年11月，第3页）

② 以上二函今存赵府。赵深惠示。

③ 戴家祥著，王文耀整理：《戴家祥学述》，杭州：浙江人民出版社，1999年3月，第13页；戴家祥：《戴家祥自传》，收入《中国当代社会科学家》第六辑，北京：书目文献出版社，1984年，第378页。

公遗书》初集便于1928年初刊行，年内陆续刊印后三集，完成全书四集。全书收录王国维著作43种：初集收《观堂集林》《观堂别集》《观堂外集》《尔雅草木虫鱼鸟兽释例》《两周金石文韵读》《观堂古金文考释五种》《史籀篇疏证》《校松江本急就篇》《唐韵佚文》《唐写本唐韵校勘记》，二集收《殷礼征文》《联绵字谱》《补高邮王氏说文谐声谱》《释币》《简牍检署考》《魏石经考》《汉魏博士题名考》《清真先生遗事》《耶律文正年谱》《五代两宋监本考》《两浙古刊本考》《宋代金文著录表》《国朝金文著录表》，三集收《古本竹书纪年辑校》《今本竹书纪年疏证》《古行记校录四种》《蒙鞑备录笺证》《黑鞑事略笺证》《圣武亲征录校注》《长春真人西游记校注》《乾隆浙江通志考异残稿》《观堂译稿》，四集收《唐五代二十一家词辑》《后村别调补遗》《人间词话》《录鬼簿校注》《宋元戏曲考》《唐宋大曲考》《戏曲考源》《古剧脚色考》《优语录》《录曲余谈》《曲录》。《海宁王忠悫公遗书》囊括了王国维的大部分主要著作，但编印比较仓促，有的文章未能收入，留下了不少遗憾。

　　为了弥补这些遗憾，赵万里于20世纪30年代初便与王国维之弟王国华合编《海宁王静安先生遗书》，委托商务印书馆出版。"一·二八事变"之后，张元济曾于3月28日致函赵万里，催询编辑进展："敝馆此次被日军炸毁，损失殊重，唯对于旧日商妥承印各书，若能复业，仍想勉力设法出版。前承惠允整理之静安遗集，关系学术甚巨，愿早日出书，未知何日可以就绪？"[1]此书20世纪30年代中后期编成并交给商务印书馆，最终于1940年在长沙印成。

　　全书收王国维著述43种：《观堂集林》二十四卷、《观堂别集》四卷、《庚辛之间读书记》一卷、《苕华词》一卷、《静安文集》一卷《续编》一卷、《尔雅草木虫鱼鸟兽释例》一卷、《两周金石文韵读》一卷、《观堂古金文考释》五卷、《史籀篇疏证》一卷、《重辑苍颉篇》二卷、《校松江本急就篇》一卷、《唐写本唐韵残卷校勘记》二卷《佚文》一卷、《殷礼征文》一卷、《联绵字谱》三卷、《补高邮王氏说文谐声谱》一卷、《释币》二卷、

---

　　① 　张元济：《张元济全集》第十卷,北京:商务印书馆,2007年9月,第414页。

《简牍检署考》一卷、《魏正始石经残石考》一卷又《附录》一卷、《宋代金文著录表》一卷、《国朝金文著录考》三十六卷、《汉魏博士题名考》二卷、《清真先生遗事》一卷、《耶律文正公年谱》一卷《余记》一卷、《五代两宋监本考》三卷、《两浙古刊本考》二卷、《古本竹书纪年辑校》一卷、《今本竹书纪年疏证》二卷、《古行记校录四种》一卷、《蒙鞑备录笺证》一卷、《黑鞑事略笺证》一卷、《圣武亲征录校注》一卷、《长春真人西游记校注》二卷、《乾隆浙江通志考异残稿》四卷、《观堂译稿》二卷、《人间词话》二卷、《宋元戏曲考》一卷、《唐宋大曲考》一卷、《戏曲考源》一卷、《古剧脚色考》一卷、《优语录》一卷、《录鬼簿校注》二卷、《录曲余谈》一卷、《曲录》六卷。

此书不仅收录范围大于1927至1928年罗振玉主持编刊的《海宁王忠悫公遗书》四集，而且在文字上多有订补，很长一段时期内成为王国维著作集最为通行的版本，影响甚广。直到1976年，台湾大通书局出版《王国维先生全集》，才在收录范围上超过此书。大陆方面，上海古籍书店于1983年、上海书店出版社于1996年两次以《王国维遗书》为名，影印此书，几十年间一直是最为通行的王国维著作集。直到2010年，浙江教育出版社、广东教育出版社联合出版20卷本《王国维全集》，方才有了更完整的本子。赵编本行用长达70年，对传扬王国维学术居功至伟。赵万里可谓善尽弟子之责。

当然，这部《海宁王静安先生遗书》并不是王国维的"全集"，王国维早年所作文章以及《传书堂藏书志》等，均未收入。其中比较重要的是《古史新证》。该书原是1925年王国维在清华学校研究院讲授"古史新证"课程的讲义，最初油印分发给学生使用。后来刊登在《国学月刊》第二卷第八、九、十号合刊《王静安先生专号》（1927年10月）及《燕大月刊》第七卷第一、二期合刊（1930年2月）。此书手稿由赵万里保存，1935年他委托北平来熏阁影印行世。赵万里后来在《续修四库全书总目提要》的《古史新证》条中说："此编作于乙丑之秋，时先生方就清华学校研究院之聘，任经史小学导师，每周为诸生讲授古史一小时，此即当时讲稿也。初印于《国学月报》中，以多误字，读者苦之。此据海宁赵氏藏原稿本付印，以校《月报》本，不可同日语矣。"①可见影印本远较《国学月报》本为佳。可能是因为《古史新证》的手稿本新近已影印，赵万里没有将其收入《海宁王静安先生遗书》，这一点还招致了王国华的不满。1943年王国华曾对夏承焘批评赵万里"印静安全集时，不收《古书新证》讲稿，又匿《教育世界》静安各文不肯出，皆无学人风度"②。

此外，赵万里还刊行了王国维的一些其他著作。如1928年2月9日辑成《〈人间词话〉未刊稿及其它》一文，据王国维手稿、书籍眉批、扇面及赵万里日记所载王国维论学语等，辑录《人间词话》未刊稿、《文学小言》及其他有关论述。该文刊于《小说月报》第十九卷号外（1928年3月）。此后的《人间词话》整理本，都将此文所辑条目收入其中。

赵万里广泛搜罗王国维遗文手迹。他在《国立北平图书馆月刊》第三卷第一号（1929年7月）、《图书馆学季刊》第三卷第一二期合刊（1929年）分别刊登《征求王静安先生遗文手札启事》，谓"现因重订先师王静安先生年谱及完成《观堂别集》，深惧遗漏，凡海内外学人与先生有旧，藏有题跋手札，不论已刊未刊，恳求借钞或惠借，均所盼祷"③。这则启事是否得到广泛响应，目前没有看到相关记述，不过至少表明，赵万里曾多方设法搜集王国维资料。赵家现存1923年王国维致张尔田函一通④，可能便是那一时期从张尔田处征集到的。

抗战胜利之初的1945年秋冬，赵万里前往南京探望王国维夫人潘丽正。这次赵万里取走王国维往来书札，据说有一千余件，准备代为编辑成书⑤。可

---

① 赵万里著，冀淑英、张志清、刘波主编：《赵万里文集》第一卷，第106—107页。

② 夏承焘：《天风阁学词日记》，载《夏承焘集》第6册，第455页。

③ 赵万里：《征求王静安先生遗文手札启事》，《国立北平图书馆月刊》第3卷第1号（1929年7月），内封页。

④ 刘波：《王国维致张尔田函考释》，《文献》2016年第6期，第108—114页。

⑤ 王东明：《怀念我的父亲王国维先生》，载陈平原、王枫编《追忆王国维》，第489页；蒋复璁：《追念逝世五十年的王静安先生》，载陈平原、王枫编《追忆王国维》，第146页。

惜此事没有完成，书信则全部存于今中国国家图书馆。王国维的手稿，则在 1950年由王仲闻捐赠北京图书馆，此事仍由赵万里经手办理。他在《〈永乐大典〉展览的意义》一文中，述及新中国成立初期全国藏书家"自发自愿地捐献珍贵图书文物，风起云涌，无形中形成一个巨大的运动"，所举事例便有"王仲闻先生捐赠的王国维先生全部手稿"[①]。

搜集、整理、刊印王国维著作的工作，可以说贯穿了赵万里本人的全部学术生涯。陈乃乾日记中，记载了20世纪50年代后期《观堂集林》重印的一些细节。1957年7月4日，时任古籍出版社编辑的陈乃乾访赵万里，"谈北大丛书及静安文集事"，这里所谓"静安文集"便是《观堂集林》；当月17日，陈乃乾赴北京图书馆，于赵万里处取《观堂集林》，至古籍出版社交予徐调孚[②]。不久，古籍出版社并入中华书局，《观堂集林》遂由中华书局于1959年重版。

到了1962年，中华书局拟出版王国维著作集，请赵万里统筹拟定编订方案，拟收录的包括收藏在北京图书馆的王国维稿本《元朝秘史地名索引》，早年发表在《盛京时报》的王国维笔记《东山杂记》《二牖轩随笔》，以及其他散见的王国维书籍题跋、零星佚诗，后附赵万里所撰王国维年谱。全书预计200万字左右，拟由中华书局编辑童第德、以临时工身份在中华书局工作的王国维之子王仲闻承担断句、校对工作，原计划在1963年出版[③]。可惜的是，这部书没能如期出版。直到2010年浙江教育出版社印行20卷本的《王国维全集》，王先生的著作才有了更完整的整理。

整理导师著作之外，赵万里还分担了一些王国维的家庭事务。其中比较重要的是1927年至1928年间，教授王国维长女王东明古文。王东明回忆："他替我准备了一部《古文观止》，先选较易懂的，再读较艰深的。他讲解得很清楚，每教一篇，第二天要背，要回讲。他上课时板着脸。我怕在外人面前

---

① 原载《文物参考资料》1951年第9期；此据《赵万里文集》第一卷，第197页。
② 陈乃乾日记。稿本存海宁市档案馆。
③ 齐浣心：《赵万里与古籍整理出版》，《中华读书报》2020年6月17日第7版。

失面子，因此用心听讲，用功熟读，直到有了把握，才放心去玩。"这样持续了一年，"一部《古文观止》，倒也选念了数十篇文章"[1]。

初识学术门径

在王国维门下耳濡目染两年，赵万里饱受熏陶，学问精进，稳步踏入了学术之门。诚如王东明所言，赵万里是王国维得力的助手，也是受益最多的学生。由于这层渊源关系，伦明《辛亥以来藏书纪事诗》中咏王国维的诗，便同时言及赵万里："绝代蛾眉王静安，赵商传业郑君门。手中何限名山副，眼底无涯沧海观。"自注中说："十余年来，故都言国学者靡不曰王静安，几如言汉学者之尊郑康成、言宋学者之称朱子也。然君读书最精细，凡过目者多有精密校本，所纠讹文、阐新义多谛当。海宁赵斐云万里亲炙静安久，凡静安手校本多迻录存副，屡次南下为图书馆访书，又得造天一阁观其所藏，宜目无余子矣。"[2]

伦明特别强调"凡静安手校本多迻录存副"，揭示了赵万里从王国维问学的一个重要方法：临王国维校本古书。王国维也是校读法的实践者，平生所校书籍极多。他每进入一个学术领域，必"有一步预备工夫"，进行资料搜集、文献考证工作，比如研究音韵学，首先校《切韵》《广韵》；撰写《传书楼藏书志》时，遍校《周礼》《仪礼》《礼记》等数十种。遇到善本佳椠，必校其异同，录于自藏本上，读书心得则书于眉端。据赵万里所编《王静安先生手校手批书目》，所校不下二百种，可谓其"毕生精力之所在"[3]。

早在大学时代，赵万里便投入不少精力校书。进入王国维门墙后，他继续以校读法研习古书，同时迻录王国维校语于自藏本之上。略举数例如下：

---

[1] 王东明著，李秋月整理：《王国维家事》，第68页。
[2] 伦明著，雷梦水校补：《辛亥以来藏书纪事诗》，上海：上海古籍出版社，1990年9月，第68页。
[3] 赵万里：《王静安先生手校手批书目》，载《赵万里文集》第一卷，第96页。

1917年商务印书馆铅印本《韩诗外传》，卷末录王国维跋："癸亥八月朔日读一过，凡有韵处，皆规其外以识之。观翁。"后有赵万里题识："丁卯十月八日以一夕之力手录于此本上（王先生依《四部丛刻》景明本）。"

清光绪刊本《名原》，卷末有题识："此书王先生有眉识数处。丁卯十月初七日漏下三鼓录毕。万里。"

清光绪十七年（1891）思贤讲舍刻本《方言》，继1925年夏录刘台拱校记之后，同年冬在清华又迻录洪颐煊《读书丛录》（九）校记，此后又迻录王国维校语。

清乾隆丙子（1756）雅雨堂刻本《匡谬正俗》，卷首题名下录王国维题识："戊午腊月国维读于海上寓居之永观堂并订正诸题。"后有题识："丙寅十月，万里假录。"

明末清初毛氏汲古阁刻本《史记索隐》，卷末有题识："丁卯岁不尽三日漏二鼓过校毕。万里。"

清光绪间成都尊经书院刻本《国语补音》，卷末有赵万里跋："戊辰正月九日游厂甸，遘得是册，乃吾乡钱铁江大令在蜀中为盱眙吴制府校刊者。以校孔氏微波榭本，凡孔本谬误处，此均已据明本改正，其所谓明本殆即王先生所校之嘉靖本也。翌月过校王先生校本毕并记。万里。"并录王国维题识二则："正月廿三日校毕。观堂。""旧音备见贾唐孔三注，必唐初人所为，惜所存异文不多耳。"

清光绪二十九年说剑斋刻本《洛阳伽蓝记》，卷首有题识："偶阅杨惺吾《晦明轩稿》，有《伽蓝记跋》，云隋费长房《历代三宝记》卷九载此序，因检释藏迻校其异同如左。丙寅仲冬万里记。"

明万历刻本《水经注笺》，临王国维校本。王国维校此书用力甚勤，"校江安傅氏藏宋刊残本（此明文渊阁藏，共存残本十一卷有奇，即前沈乙盦先生所校者，但沈氏仅校一卷半耳）、孙潜夫校本、海盐朱氏藏明钞本及吴琯《古今逸史》本，又录旧校《永乐大典》本及黄省曾本校语于眉端，计前后所校凡六本，《水经》异本，毕具于此矣。惟先生旧校《永乐大典》本及黄本，颇多遗漏"。赵万里于1926年冬临校王国维校本，又"颇思再假蒋氏旧藏《大典》本及黄本勘之，以毕全业"[1]。1927年3月21日（农历二月十八日），王国维为赵万里临校本撰写题跋一则，历述其校《水经注》经过，末谓："门人赵斐云酷嗜校书，见余有此校，乃觅购朱王孙本，照临一过，并嘱识其颠末。余近岁方治他业，未能用力此书，忆初校此书时，距今才六阅寒暑，而人事之盛衰、交游之存亡聚散、书籍之流转，已不胜今夕之感。然则斐云以数月之力，为余校本留此副墨，亦未始非尘劫中一段因缘也。"[2]

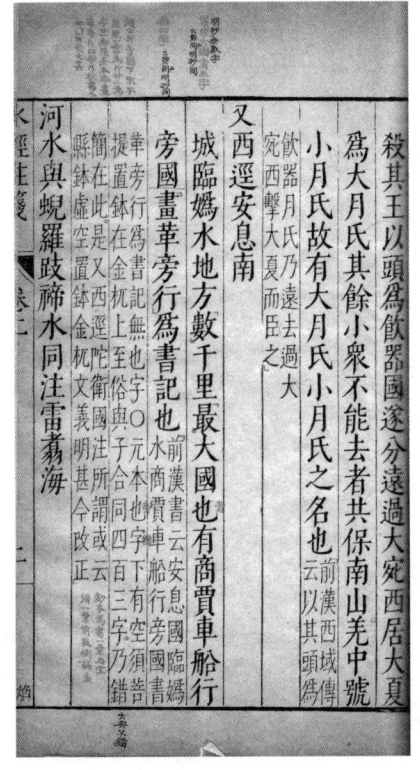 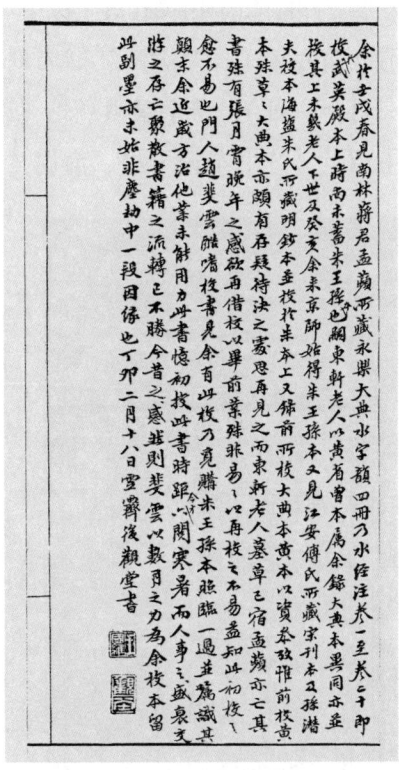

赵万里临王国维校本《水经注笺》　　《水经注笺》临校本王国维题跋

《适园丛书》本《千顷堂书目》，王国维校本"校乌程蒋氏藏吾乡陈仲鱼

---

① 赵万里：《王静安先生手校手批书目》，载《赵万里文集》第一卷，第82页。

② 此跋收入《观堂别集》卷三，拟题为《水经注笺跋》；书影载《赵万里文集》第一卷，第4页。

旧藏钞本。陈本较此本多出数百条，均于眉端录之；又以《明史·艺文志》校之，其见于《艺文志》者，以朱笔为识，复据乌程蒋氏密韵楼所藏书比勘其书名卷数异同，丹黄满卷，自为先生手校书中之最精者"。此本眉端、行间以朱墨二色迻录王国维批校，后录王国维跋三则，又有赵万里跋："丁卯岁不尽二日，临观堂先生校本毕。自夏徂冬，中又别治他业，时作时辍，然终得校成。感岁月之侵寻，叹华年之非昔，掩卷喟然，为之歔欷。万里谨记。"

《四部丛刊》影印明翻宋本《孔子家语》，卷末有题识："丁卯九月望日过校。万里。"并录王国维题识："庚申短至以日本宽永活字本校一过。国维。"

清光绪元年（1875）浙江书局刻本《贾谊新书》，1925年12月26日（农历十一月十一日），着手录洪颐煊《读书丛录》（卷五十）校语，此后又陆续迻录王绍兰《读书杂记》校、俞樾《诸子平议》校、孙诒让《札迻》（卷□）

赵万里临王国维校本《千顷堂书目》

校、刘师培《贾子新书校补》校。

《四部丛刊》影印明初刻本《邓析子》，卷末有题识："丁卯岁不尽三日，万里迻校。"并录王国维题识："癸亥正月明初黑口本校。观翁。"

清乾隆五十九年（1794）扫叶山房刻本《容斋随笔》，卷末题识："戊辰正月初三日黄昏临校此十三卷毕。万里。"

清道光间东莱翟氏《五经岁遍斋校书三种》本《穆天子传》，此本卷首钤"桂顾"朱印，盖为陈桂顾旧藏而为赵万里购得者。王国维校本录有卢文弨校，赵万里临校本连同卢文弨校语、题识一并迻录，书后赵万里题识："丁卯七月十七日，万里过校，时客沪上。"

《四部丛刊》影印金刻本《李贺歌

诗编》，卷端有赵万里题识："临王先生北宋刊南宋剜改本校。郭茂倩《乐府诗集》（汲古阁本）校（乙丑仲冬月校毕）；《唐文粹》校；明刻《文苑英华》校（丙寅清明后一日校毕）。"丙寅清明后一日，即1926年4月6日。此本卷末录王先生跋多则。此书眉端、叶脚、行间并有朱墨批校、校字，墨笔为临王国维校，朱笔为赵先生校；书后据《乐府诗集》补《少年乐》《静女春曙曲》二首。

清光绪二十一年渐西村舍刻本《湛然居士文集》，后有赵万里题识："丁卯八月朔日，万里过录。"此本现藏大连图书馆[①]。

《四部丛刊》影印明弘治本《秋涧先生大全集》，书后有赵万里跋："戊辰闰二月，假海盐朱氏校慈溪冯氏醉经阁藏旧钞本临校一过，补脱文数千字，秋涧之文庶几可读矣。朱氏于《中堂事记》《乌台笔补》《玉堂嘉话》及碑、传均详加勘正，余篇仅补缺字，安得以元刊原本补之，俾成善本耶。万里记。"[②]

清康熙四十一年（1702）席启寓琴川书屋刻本《唐诗百名家全集》，存六种[③]：《姚少监诗集》十卷，据黄丕烈跋宋刻本校，并抄录陆西屏、黄丕烈跋文，末题

赵万里临王国维校本《元朝秘史》

① 翟艳芳：《赵万里过录王国维批校之〈湛然居士文集〉》，《图书馆学刊》2014年第6期，第122—124页。

② 赵万里：《〈四部丛刊〉影印明弘治刻本〈秋涧先生大全集〉跋》，载《赵万里文集》第二卷，第332页。

③ 此本见于北京德宝国际拍卖有限公司2008年春季艺术品拍卖会古籍文献专场、2017年夏季拍卖会古籍专场。图版见：http://www.dbpm.cn/auction/sdetail.asp?id=78898&cid=159。

"辛未三月上巳后四日临于喜福堂之东庑";《孟东野集》十卷,据南宋刻本、明嘉靖秦禾影宋刻本及汲古阁本校,末有跋文一则;《温庭筠诗集》七卷《集外诗》一卷《别集》一卷,据傅增湘藏明弘治刻本、明刻黑口本及《才调集》中相关内容校,卷一末题"十月初七夜校明刻黑口本讫,万里";《张司业诗集》七卷《联句》一卷,以明正德十年刘成德刻本校;《羊士谔诗集》一卷,卷末题"辛未三月十二日校明活字本毕";《台阁集》一卷,卷末题"辛未三月校明铜活字本"。

从上举数例看,赵万里这一时期校勘、临校的书籍,遍及经史子集四部,范围甚广。受王国维影响,赵万里还关注西北出土文献,如敦煌遗书中的资料。他在1925年重阳前后,校过罗振玉辑《敦煌石室碎金》之《毛诗豳风残卷》《汉书匡衡张禹孔光传残卷》《春秋左传昭公残卷》等三篇①。此外,王国维在自著书上写下的题识批校,赵万里也往往迻录于自藏本。如:

民国三年(1914)罗振玉宸翰楼印本《流沙坠简》,卷末有赵万里跋:"王先生于此书成后,续有补苴,已刊《补正》一卷,入《广仓丛刊》中。继又修订若干篇,别出为《汉晋木简跋》,入《观堂集林》。此依先生原本眉注过录,字句则与《补正》稍异,盖《补正》为写定本,此尚是第一次底稿也。丙寅十月万里录毕谨识。"

民国十五年(1926)清华学校研究院《蒙古史料校注四种》本《圣武亲征录校注》《蒙鞑备录笺证》《黑鞑事略笺证》。《圣武亲征录校注》卷末有题识:"丁卯六月十八日假忠悫师重订本补录一过。万里。"后二书合订本卷末有题识:"丁卯七月初五日录毕,时距忠悫师之没已两月矣。万里客硖川舅家时记。"②由此可见,临校王国维校语,不仅是赵万里研习文史的读书方法,也是寄托对静安先生思念之情的一种方式。

---

① 李经国惠示。

② 《赵万里校本批本目录》,载《赵万里文集》第三卷,上海:上海科学技术文献出版社,北京:国家图书馆出版社,2012年9月,第583页。

在清华服务的三年，是赵万里学术上的积淀期。他在王国维身边工作，为之校订文稿、查抄资料、整理书籍并处理教学事务，在研究方法、资料积累等方面，都有了质的进步。两年的熏陶，赵万里已经登堂入室，踏进了学术殿堂的大门。这期间，他发表了多篇论文，涉及戏曲研究、古籍校勘、文史考证等多个学术领域。

戏曲研究方面有《旧刻〈元明杂剧〉二十七种序录》一文，刊载于《清华学报》第二卷第二期（1925年12月）。该文为江南图书馆（即今南京图书馆古籍部）所藏旧刻残本《元明杂剧》27种之叙录，考订该书所收27种杂剧之作者、内容，比勘不同剧集的收录情况，便利杂剧研究者参考利用。其书原为钱塘惠嘉堂丁氏旧藏，所收元杂剧中16种见于臧晋叔《元曲选》，文字往往有差异，足资校勘；其他五种均为海内孤本，对于元杂剧研究极具文献价值。卷首未署撰辑人，且无序跋，赵万里据其中所收叶宪祖（1566—1641）杂剧二本，指出其编刻之年当与叶宪祖同时或更晚；又据其刊工精致，而序次人名往往前后颠倒讹谬，推定其为崇祯间（1628—1644）坊刻本，正当江南刊曲之风全盛时代。

该文揭示的杂剧，是赵万里大学期间前往江南图书馆阅书时所见。文前小序谓："癸亥（1923）秋，余观书于江南图书馆，开卷即惊为秘籍！……吾乡杨梓《豫让吞炭》一剧亦在焉，即手写其目以归。"当时赵万里正随吴梅研习词曲，对词曲文献颇感兴趣，兼之书中有乡邦文献，遂抄录了所需资料。有鉴于该书"丁氏藏书志不著录，世遂少知之者；及归江南图书馆，又提入善本书中，虽稍稍传钞，而见之者独寡"，赵万里趁在清华之后"旅居多暇"，厘定此前所抄资料，整理成文[①]，向学界作一详细介绍。

古籍校勘方面有《唐写本〈文心雕龙〉残卷校记》一文，刊于《清华学报》第三卷第一期（1926年6月）。所校即英国国家博物馆藏Or.8210/S.5478号敦煌唐写本《文心雕龙》（今藏英国国家图书馆）。赵万里用于校勘的照片，系1925年秋得自容庚："余既假友人容君校本临写一过，以其有遗漏也，复

---

① 赵万里著，冀淑英、张志清、刘波主编：《赵万里文集》第二卷，第152页。

假原复印件重勘之，其见于《御览》者亦附著焉，即以三夕之力，汇录成校记一卷。"[①]成文时间是1926年3月25日（农历二月十二日花朝节）。

此文发表，引发了一场小小的波澜。原因是赵万里从容庚处借到的校本、照片，是容庚从黄文弼处借来的；而"黄君此书乃托友人于伦敦博物馆几经交涉，始得摄影"，得来颇不容易。黄文弼本人有对其详加校勘研究的计划，"曾校宋本、元本、明本及何义门、顾千里、谭复堂诸人手校本，与类书所引合校全书，业已脱稿，付印有日，并拟将唐本另用珂罗版影印流传"。赵万里事先并不知晓照片来历原委，更不知道黄文弼的研究计划，兴奋之下，遽然撰成校记并刊出，对黄文弼研究成果的发表自然有很大的影响。该文刊出后，想必黄文弼或容庚有所表示，赵万里同月便在《清华周刊》刊登消息一则，表示"良用歉然"，又称"想黄君全书出后，于学术界当更有绝大之贡献也"[②]，对黄文弼的研究计划表达了期待之情。

遗憾的是，此后不久黄文弼便"参加西北科学考察团的考察活动，长期从事新疆考古及所获资料的整理研究，校勘《文心雕龙》的成果未暇定稿刊布"[③]。而赵万里此文作为敦煌文献校理方面的代表性作品，长期深得学者们称道，先后收入甘肃文化出版社1999年出版的《中国敦煌学百年文库·文学卷（一）》，及国家图书馆出版社2009年4月出版之《民国期刊资料分类汇编·敦煌学研究》。

文史考证方面有《〈永乐大典〉七皆台字韵残帙跋》《王子高芙蓉城故事考》二文。前者撰成于1928年3月3日（农历二月十二日花朝节），发表于《国立中山大学语言历史学研究所周刊》第二集第二十三期（1928年4月3日）。该文所跋《永乐大典》七皆台字韵残帙系傅增湘旧藏，为卷二六一〇

---

① 赵万里：《唐写本〈文心雕龙〉残卷校记》，载《赵万里文集》第二卷，第358页。

② 《杂闻》，《清华周刊》第25卷第16号（1926年6月11日）。

③ 王世民：《所谓黄文弼先生藏唐写本〈文心雕龙〉究竟是怎么一回事》，《文物天地》1990年第5期；又载王世民《商周铜器与考古学史论集》，台北：艺文印书馆股份有限公司，2008年3月，第668—669页。

至二六一一，载《南台备要》《乌台笔补》二书。傅增湘跋文以为二书作者无考，但赵万里考定《南台备要》为刘孟琛纂，"世无他本，乃考有元官制者所不废，其可贵固在《笔补》上矣"。《乌台笔补》则出于元人王恽（号秋涧）之手，可补充弘治本《秋涧先生大全集》之脱文，并正其讹夺数十处，内中夹引许有壬《上都分台题名记》《敕赐重修陕西诸道行御史台碑》二文与许氏《至正集》卷三十六及四十五所载亦有异文，可资校勘。这篇文章也是赵万里发表的第一篇《永乐大典》研究论文，此后数十年，赵万里始终致力于搜集、研究《永乐大典》，并从中辑出为数众多的古佚书籍。

后者载于《国立中山大学语言历史学研究所周刊》第二集第二十四期（1928年4月10日）。该文博引胡微之《芙蓉城传》、苏轼《芙蓉城》诗与王安石和诗、孔毅父《呈王子高殿丞绝句》、张耒《王子开朝散早年以疾病谢事还江阴求诗为别》、王明清《玉照新志》、赵彦卫《云麓漫钞》、叶梦得《避暑录话》、吴文英《惜秋华》（木芙蓉）词等诗词笔记，考证王子高芙蓉城遇仙传说的流传演变。

这两篇论文刊发在《史语所周刊》，建立了赵万里与傅斯年主持的史语所之间在学术研究上的联系，这也是他们此后20年合作的先声。

在清华的三年，赵万里与北京文史研究领域的学人们，建立了比较密切的联系。这一方面是协助王国维工作之需，另一方面也是由于赵万里在学术研究上已开始崭露头角，初步为学术界所接纳。清华学校研究院的教授、同事、学生们自不必说，此外如梁漱溟[1]、顾颉刚[2]、朱希祖[3]、杨树达[4]等，都是在这一时期结识的。

交谊最深的，要数浦江清、朱自清二人。1925年清华增设大学部，刚从

① 吴宓：《吴宓日记：1925—1927》，第69页。

② 顾颉刚：《顾颉刚日记》第一卷，台北：联经出版事业股份有限公司，2007年5月，第678、751—752页。

③ 朱希祖：《朱希祖日记》，北京：中华书局，2012年9月，第1465页。

④ 杨树达：《积微翁回忆录》，上海：上海古籍出版社，2013年9月，第38页。

南方来到北京的朱自清,受聘为中国文学系教授。赵万里和朱自清一样,在当年的夏天搬进清华园。他们二人都住在清华西院,居处临近,且都未婚,交往甚密。据顾颉刚日记,他们曾一起游览圆明园①。后来,朱自清作有《赠斐云》诗:"听子一神王,滔滔舌有澜。访书夸秘笈,经眼数精刊。历落盘珠走,沉吟坐客看。盛年飞动意,不觉夜将阑。"②秉烛夜谈的场景,跃然纸上。这首诗写到"访书""精刊",应当作于20世纪30年代,然而他们的友情,最初是在清华园结下的。赵万里后来迁入城内,朱自清进城,每每在赵家借宿,他曾对夫人陈竹隐说,"最爱喝赵家的粥"③。

浦江清是赵万里在东大的同学好友,1926年夏毕业后北上清华,受吴宓推荐,担任陈寅恪的助教。当年8月18日浦江清第一次拜访研究院主任吴宓,便是赵万里陪同引导的④。此后在清华园共事,他们的友谊更加深厚。1927年4月4日(农历三月初三),浦江清赠诗赵万里:"新茶浓亦似江南,佳节坐看三月三。虚阁但来风细细,长堤稍见柳毵毵。闭门春色浑同梦,绕屋梅香渐可贪。一卷丹黄消白昼,羡君心绪太平涵。"⑤可见他们读书研习之乐。

参编《大公报·文学副刊》

应吴宓的邀请,赵万里加入了《大公报·文学副刊》的编辑团队。

吴宓自1922年起,实际主持《学衡》编务,为之耗费了大量时间和心

---

① 顾颉刚:《顾颉刚日记》第一卷,第751—752页。

② 朱自清著,朱乔森编:《朱自清全集》第五卷,南京:江苏教育出版社,1996年,第183页。

③ 1931年8月8日朱自清致陈竹隐函。朱自清著,朱乔森编:《朱自清全集》第十一卷,第43页。

④ 吴宓:《吴宓日记:1925—1927》,第208页。

⑤ 浦江清:《三月三日示斐云》,载《浦江清文录》,北京:人民文学出版社,1989年12月,第298页。

力。1926年底之后，《学衡》社友之间及与承印该刊的中华书局，出现了较大的分歧。"总编辑兼干事"吴宓一面与各方往复交涉，维持该刊的编辑出版，同时也有开辟新园地的意向。吴宓与天津《大公报》总编辑张季鸾原有交谊，他们在1927年12月初通信，讨论在该报创办一份副刊。吴宓认为，"以季鸾之政治，与宓之文学，若同编纂一报，则珠联璧合，声光讵可限量"。12月5日，吴宓拟出了编辑计划，寄给张季鸾，自荐主持"文学副刊"，且"不取薪金，但需公费；不为图利，但行其志"①。第二天便收到肯定的回复，吴宓遂决心经营《大公报·文学副刊》，同时陈寅恪等友人都对此举表示赞同。

12月9日星期五，吴宓亲赴天津，与张季鸾、胡政之商谈此事，议决《文学副刊》每周出版一期；报馆每月向吴宓支付200元，为《文学副刊》的所有编辑经费，稿酬、邮寄等费用均从中支取；吴宓请东南大学毕业生、时在东北大学任教的景昌极协助编辑，每月支薪100元。然而，12月14日收到景昌极的回信，以体弱多病为由推辞，与一两个月前声称自费来京求学完全矛盾。吴宓深感失望，于是在当晚借赵万里住宅，宴请赵万里、浦江清、张荫麟三人，请他们协编《文学副刊》，每月支付报酬各40元。三人都"欣诺之"②。然而，因为景昌极不来，《大公报》馆借机核减创办经费，前三个月减为150元。吴宓大为不满，再次赴津协商，方才勉力继续。此后吴宓日记中记载的给付编辑报酬，每月均为20元，只是最初计划的一半。

虽然有这一波折，《文学副刊》仍然照常进行。12月20日，赵万里、浦江清一同访吴宓，协同整理创刊号稿件，随即于中午发出。1928年1月2日，《大公报·文学副刊》出版第一期。这一期刊出吴宓所撰《本副刊之宗旨及体例》，声称该刊"言论及批评，力求中正无偏，毫无党派及个人之成见。其立论以文学之全部真理为标准，以绝对之真善美为归宿……重真理而不重

---

① 吴宓:《吴宓日记:1925—1927》,第451页。

② 吴宓:《吴宓日记:1925—1927》,第451页。

事实，论大体而不论枝节，评其书而不评其人"，又称"对于中西文学，新旧道理，文言白话之体，浪漫写实各派，以及其他凡百分别，亦一例平视，毫无畛域之见，偏袒之私，惟美为归，惟真是求，惟善是从"①，体现了吴宓的文学理想。《文学副刊》出版后，得到过不少学人的嘉许，如1928年2月14日罗振玉在给赵万里的信中"谓《大公报·文学副刊》议论明通"，吴宓特地在日记中记下这段评语②。

《文学副刊》刊载的文章，大致有四类：其一为通论，即文史类学术论文，一般篇幅较大，不时刊发成组、成系列之作，作者除编辑同仁外，还有陈寅恪、冯友兰、杨树达、蒋廷黻、贺麟、吴其昌、宗白华等学者；其二为书评与图书杂志介绍，所评介的有中外文学作品，也有不少文史类学术新著；其三为文学作品，数量不多，且以旧体诗词为主，新文学作品甚少；其四为读者通信与辩难。

吴宓又邀请李济的助教王庸加入《文学副刊》编辑队伍，王庸虽然表示"不加入团体"，但"愿从旁赞助"③，因而编辑同仁增加到五人。吴宓在12月27日再次借赵万里宅宴请诸人，商谈编辑事务，"并将图书馆重要之中西杂志数十种，开成一单，由宓及浦、张、王、赵诸君分任按期阅览之事，以多得材料而求无遗漏"④，意图系统地开展工作，颇具雄心。

第三期刊出后的第二日，即1928年1月17日星期二，吴宓在清华园大门外的小桥食社宴请编辑同人。因五人中赵、浦、王三人在研究院，吴、张各有职务，平时不易谋面，因而约定此后每期刊物出版的次日（即星期二）聚餐会谈⑤。聚谈的内容，主要是传阅该期编成待发稿件，并指定次期分工⑥。

---

① 《大公报·文学副刊》第一期，1928年1月2日。
② 吴宓：《吴宓日记：1928—1929》，北京：三联书店，1998年3月，第23页。
③ 吴宓：《吴宓日记：1925—1927》，第457页。
④ 吴宓：《吴宓日记：1925—1927》，第457页。
⑤ 浦江清：《清华园日记　西行日记》（增补本），第5页。
⑥ 吴宓：《吴宓日记：1928—1929》，第31页。

此后每星期二的聚会，按约定每周举行，吴宓日记中屡有记载。聚餐的地点，有时在小桥食社，这是赵元任夫人杨步伟与另两位教授太太合办的餐馆，以供应南方菜点为主，位于清华园大门前右方，南院对面的小河边，因河上有桥，故名小桥食社①；有时在成府燕林春，这是清华、燕京的教授们常常光顾的一家闽菜馆；偶尔也借用赵万里的住宅②。这段时期，吴宓日记中记载赵万里来访颇为频繁，当时吴宓已辞去研究院主任一职，他们职务上的交涉应当不多，这些往来当大多与《文学副刊》有关。

在吴宓之外的四位编辑同人中，赵万里是出力较多且与吴宓合作较好的一位。1928年6月，浦江清、王庸即将南下，赵万里和张荫麟即表示"愿竭力担任稿件"③。7月初吴宓计划南下宁沪时，一度打算将编务全部委托给赵万里，并且"与赵万里议定办法，《文学副刊》编辑事务由彼负责代理（七八两月收入拟分配如下：吴得百元；张得百元；赵得二百元，公费在内）"，后来因顾虑"托人代办，情近敷衍，有损后来之希望"，"终不放心"，推迟了行程④。并且赶编出此后三期的稿件，在7月27日南下前一晚，将《文学副刊》事务交代给赵万里与张荫麟⑤。

1929年初，《文学副刊》创办一周年之际，赵万里、浦江清等提出编辑方针方面的改革主张，即"加入语体文与新文学，并请朱自清为社员"，此议虽与吴宓"以《大公报·文学副刊》为宣传作战之地"的理想不合，但他"病后百事消极"，且"《学衡》同志一派人莫肯相助"，只能"退兵而弃权"，同意众人的意见⑥。

---

① 陈平原、王枫编：《追忆王国维》，第491—492页；王东明著，李秋月整理：《王国维家事》，第27—28页；杨步伟：《一个女人的自传　杂记赵家》，长沙：岳麓书社，1987年，第276—280页。

② 吴宓：《吴宓日记：1928—1929》，第57、62页。

③ 吴宓：《吴宓日记：1928—1929》，第78页。

④ 吴宓：《吴宓日记：1928—1929》，第85页。

⑤ 吴宓：《吴宓日记：1928—1929》，第94页。

⑥ 吴宓：《吴宓日记：1928—1929》，第196页。

1月19日上午，赵万里从城内赶往清华园访吴宓，二人一同到清华图书馆找朱自清，请其加入《文学副刊》社。朱自清称"职务繁忙，恐时间不足，容考虑三数日再行回复"，没有立刻答应此事；两天以后，朱自清才同意加入《文学副刊》编辑团队[①]。当天中午，吴宓在家中宴请赵万里、浦江清、张荫麟三人，商谈《文学副刊》改办计划，要点有三方面：其一，"改介绍批评之专刊为各体具备之杂货店，增入新文学及语体文及新式标点（并增入新诗、小说之创造作品）"；其二，"改首尾一贯而全体形式完美之特刊为一公共场所，每一作者不论何派何等，均得在此中自行表见，以作者为单位，而不成团体，每篇作者各署名"；其三，"改总统制为委员制，即一切不由宓一人主持，而由诸人划分范围，分别经管，对于该类稿件，一切不由（吴）宓一人主持，而由诸人划分范围，分别经营，对于该类稿件有增损去取之全权，宓仅负集稿编次之责"[②]。

经过这一次改革，《文学副刊》由贯彻吴宓个人理想转变为同人刊物，语言风格由文言转变为文言、白话兼备，内容上增加了新文学评论及新诗、小说等文学作品。刊物面貌为之一变。这时，赵万里已离开清华，转任北平北海图书馆馆员，居所也迁至城内，不过仍然参与编辑事务并供稿。2月中旬，曾给浦江清邮寄稿件2000余字[③]；4月12日，吴宓赴城内赵万里住所，"谈《文学副刊》事，并送3月份酬金"[④]。

我们现在没有见到1930年夏以后赵万里继续参与《文学副刊》编辑事务的更多资料，吴宓日记中他与赵万里的交往，最晚的是1930年8月18日朱自清、浦江清、赵万里于中央公园长美轩为吴宓赴欧饯行[⑤]，以及9月12日朱自

---

① 吴宓：《吴宓日记：1928—1929》，第199页。
② 吴宓：《吴宓日记：1928—1929》，第197页。
③ 浦江清：《清华园日记 西行日记》（增补本），第33页。
④ 吴宓：《吴宓日记：1928—1929》，第240页。
⑤ 吴宓：《吴宓日记：1930—1933》，北京：三联书店，1998年3月，第98页。

清、浦江清、赵万里等至火车站送别[①]。不过，1933年12月3日赵万里致罗香林函提到"大著提要已代登《大公报·文学副刊》，此星期可出版，想已见之矣"[②]，所谓"大著提要"即1933年12月4日《大公报·文学副刊》第309期刊载的罗香林《客家研究导论》一书的介绍，这表明到《文学副刊》1934年1月1日停刊前夕，赵万里仍然参与该刊的编辑事务。也就是说，他参与了六年间《文学副刊》从创办到停刊的全过程。

六年间，赵万里为《大公报·文学副刊》撰写了大量的稿件。创刊之初，吴宓要求作者不署真名。此举在编辑同人中引发过争议，浦江清在1928年9月2日的日记中写道："与吴先生争《文学副刊》署名不署名问题，先生成见甚深，全不采纳他人意见。"[③]1929年初编务改革时，曾议决此后作者署真名，但并未严格执行，文章署名仍以笔名居多。这样一来，确定文章的作者便颇为困难。

赵万里在《文学副刊》用过多个笔名，最为重要的是"蠡舟"。用这个笔名发表的文章，除《王静安先生之考证学》（第24期）之外，都是书评，且大多用语直率、直击要害，如：《论商务印书馆出版之〈四部丛刊〉》（第12期），首先赞扬商务印书馆"影印旧本书，使数百载以来未通行之珍籍，得人手一编，此其功至不可没者"，然后指出《四部丛刊》在"所选各书之未足云备""所选诸书版本之可议""校勘记及佚文补辑之不可废""版本之谬误宜更正""印刷时多描改致失原本面目"等五个方面存在不足[④]；评沈乾一编《丛书书目汇编》（第16期），直言该书殊为令人失望，其疏误在

① 吴宓：《吴宓日记：1930—1933》，第120页。

② 马楚坚主编：《罗香林论学书札》，广州：广东人民出版社，2009年1月，第354—355页。《罗香林论学书札》考订此函撰写时间为1940年，不确。《大公报·文学副刊》自1928年1月2日创刊，先后历时六年，共出313期，至1934年1月1日停刊，而《大公报·图书副刊》创刊于1933年9月（参《中国国家图书馆馆史：1909—2009》第93页），二者同时刊出的时间仅为1933年9月至次年元旦之间的四个月而已。该函同时提到这两个副刊，其撰写时间当在1933年无疑。

③ 浦江清：《清华园日记　西行日记》，北京：三联书店，1987年6月，第21页。

④ 赵万里著，冀淑英、张志清、刘波主编：《赵万里文集》第二卷，第560—565页。

于"丛书之定义未明致多奇异之刺谬""编中所收各书细目时有脱略或且有复出""书名之漏略而未编入者尚有待于补辑"①；评邹安（景叔）编《梦坡室获古丛编》（第17期），谓"此编所收伪器赝品占全书十之六七以上，不啻为伪器开一盛大之展览会"，且"编中考释每多穿凿附会之说"，印刷也颇为草率②；评赵景深《中国文学小史》（第35期），径谓"此书谬点最大者，即纯凭作者一人之理想，下肯定不移的断语，而于其人其事初无丝毫研究或根据"③。诸如此类的批评，均切中肯綮，而用语毫不隐晦，践行了《文学副刊》"以文学之全部真理为标准，以绝对之真善美为归宿"的宗旨，读来有痛快淋漓的感觉，从中也可概见当时学界的风尚。

赵万里所撰书评，往往对所评之书涉及的问题，有进一步的讨论与引申。如评陈延杰《诗品注》（第27期），肯定其"引证详核，创发良多，尚不失为水平线上之刊物"，同时提出三个问题：吴兴张氏《择是居丛书》影刻明抄本，其祖本似出宋椠，可资校勘；考证有谬误处，《诗品》原文某人之诗源出于某等语之注释颇多附会之处；"蜂腰鹤膝"可引日本僧空海《文镜秘府论》得其确解④。又如评朱师辙《清史稿·艺文志》（第42期），从六个方面加以批评：当叙作者爵里于正文下，或附于考证中，此外"刻本之异同、稿本之存否，并当略加疏记"；分类方面，"则以吾人之常识准之，似有不能尽从《明志》或《四库总目》为矩矱者"，如"戏曲一道亦当如诗余例，分曲本、曲谱、曲律、曲话等类，择尤选录"；辑佚书搜罗未广，遗漏甚多，如《四库存目》所收辑自《大典》诸书等；八旗人之著述、满文书及其译书，为较难统计而世人尚未充分注意的两类清代文献，须加意纂集；《艺文志》所收作者，当与《史稿》列传配合，二者应有对应关系；另有不少重

---

① 此文收入《赵万里文集》第二卷,编者拟名《评〈丛书书目汇编〉》。
② 此文收入《赵万里文集》第二卷,编者拟名《评〈梦坡室获古丛编〉》。
③ 此文收入《赵万里文集》第二卷,编者拟名《评赵景深〈中国文学小史〉》。
④ 此文收入《赵万里文集》第二卷,编者拟名《评陈延杰〈诗品注〉》。

要著述该目未收①。原书作者如能据其批评，修订著作，必能百尺竿头，更进一步。

　　赵万里的书评，也不尽是尖锐的批评文章，对有的著作则赞赏备至。比如评陶鸿庆《老庄札记》（第25期），指出该书虽"仅据上下文注文或本书他篇互证"，但"其家法则固宗高邮二王"，"其说颇有不可持者在焉"，又以自身研究经历揭出其学术价值："余昔居南都，于友人处得见其稿本《墨子》《韩非子》札记，其书于《墨子·备城门》以下诸篇颇多创获，而《韩子》又多匡王氏《集解》之误，与余说亦有合者，乃假而录之。及来京师，又转辗得见《商君书》《淮南新书》等札记十余种，排百事力疾钞录，终为主者索去，不获全录，引为憾事。今得见此帙，恍如旧雨重逢。"②

　　又如《评顾随〈味辛词〉》（第46期），称赞"凡吾辈所欲言而不能如此言者，顾氏皆能言之，而不假色泽堆砌之巧"，又谓顾随《蓦山溪》"年年客里看得春光贱"一阕"真切而有味，古今来词人除朱希真外，实不多觏"，可谓推崇备至。此文署名为"镜"，顾随读到后大感意外，致函《大公报》馆询问作者为谁，才得知是赵万里之作③。此文刊出后，顾随在词学界的声誉大为提升。

　　同样署名为"镜"的，还有《评罗庄女士〈初日楼词〉》（第6期）、《评〈小说月报·中国文学研究专号〉》（第8期）等文，以及刘师培《论文杂记》、影宋本《淮海居士长短句》、日本宫内厅藏宋本《论语注疏》与罗振鋆、罗振玉《增订碑别字·附上虞罗氏刊群籍目录》等书的短评，相信也是出自赵万里之手④。

　　还有些文章并未署名，难以确认作者是否为赵万里。幸运的是，有的篇

　　①　此文收入《赵万里文集》第二卷，编者拟名《评朱师辙〈清史稿·艺文志〉》。

　　②　此文收入《赵万里文集》第二卷，编者拟名《评陶鸿庆〈老庄札记〉》。

　　③　顾随：《顾随全集·书信日记卷》，石家庄：河北教育出版社，2000年5月，第386、388页。

　　④　付佳：《赵万里集外文考述》，载《版本目录学研究》第七辑，北京：北京大学出版社，2016年12月，第36—38页。

章偶然在别处留下了作者信息。如《悼江山刘毓盘先生》(第43期),吴宓《空轩诗话》"徐澄宇陈家庆夫妇诗"条下述及刘毓盘,提到"《大公报·文学副刊》第四十三期,有赵万里撰《悼江山刘毓盘先生》"[1],可据之确认为赵万里作品。刘毓盘是赵万里的中学老师,对他致力于词曲研究有很深的影响;后来执教于北京大学,赵万里北上后继续与之有所往来。因此,刘毓盘逝世之后,赵万里撰长文评介刘氏生平著述,深致悼念。

此外,赵万里的词作,也偶尔借《文学副刊》发表,如第37期刊出的《鹊踏枝》"消息春魂知远近"等四阕。此类均为大学时期的作品,经过几年的沉淀,挑选出其中的佳作,公之于世。

自主婚姻

在清华期间,赵万里与表妹张劲先自由恋爱,走进了婚姻的殿堂。

早先,赵家为他和海宁当地一位张姓士绅家的女孩定过亲。那时赵万里18岁,正在南京读大学,双方家长交换了照片。赵万里的照片是在海宁啸园的九曲桥上照的,长衫马褂,西式分头,正是一位眉清目秀、风华正茂的翩翩少年,对方家长很满意[2]。

到了北京以后,赵万里见到了素未谋面的表妹张劲先。她是舅舅张砺石的二女儿。张砺石也是海宁人,清末举人,做过官。民国初年任《浙江日报》主笔,以笔锋锐利著称。他思想开明,坚决反对女子缠足。家人给妹妹缠足,他只要看见,便一把抢下,因此他的大妹妹是天足。但小妹,即赵万里的母亲张顺媛缠足时,恰好他不在家乡,没能施加影响,因而张顺媛是小脚[3]。张

---

① 吴宓著,吴学昭整理:《吴宓诗话》,北京:商务印书馆,2005年5月,第224页。
② 冯象:《赵万里:其志甚壮,其言甚哀》,《东方早报》2010年11月28日。
③ 冯象:《赵万里:其志甚壮,其言甚哀》,《东方早报》2010年11月28日。

砺石培育自己的两个女儿，更是不同于流俗。他给女儿们取名为智扬（字愚亭）、劲先（字梅莉、曾寿），鼓励她们像男子一样独立有为。他很重视女儿们的教育。

张劲先与赵万里同岁，1905年生于海宁硖石镇（今海宁市区）。少年时随父亲在杭州读书，毕业于浙江省立女子师范学校。该校由杭州教育会于1904年5月2日创办，初名杭州女学校，1907年改名杭州女子师范学堂，1911年改名浙江官立女子师范学堂，1912年改名浙江省立女子师范学校，1923年秋改名浙江省立女子中学校。其后校名屡经变更，至1971年9月定名杭州市第十四中学，沿袭至今。

毕业后，张劲先做过杭州女师附属小学的教员，不久又前往北京，受聘担任孔德学校的图书馆员[1]。当时她姐姐张智扬在北京女子师范大学读书，毕业后也任教于孔德学校。孔德学校是1917年北京大学校长蔡元培、教授李石曾等创建的一所新型学校，创办人还有沈尹默、马裕藻、马衡等。蔡元培和李石曾早年都曾留学法国，认同法国的实证主义，希望将之介绍到中国来，便用法国实证主义哲学家Auguste Comte（1798—1857）的姓氏"孔德"作为校名。学校位于东城方巾胡同华法教育会，初期资金除少量由学务局补助外，均由募集得来，1920年以后则主要由中法教育基金委员会拨款，经费来源较稳定，教员的薪酬也较一般学校优厚。

孔德学校起初设有初小、高小、中学，1924年增设大学预科和幼儿园。创办人的子女们，大多在这里度过中小学阶段。该校以开明著称：实行男女同校，提倡女生剪发；课本用白话文编写；最早在小学中教授注音字母；小学五年级起教授法文，与一般学校到中学才开始学英文不同；毕业后可以赴法国留学。这些举措，使孔德学校蔚为当时北京教育界的一股新风。

赵万里与张劲先在北京相遇之后，时常往来，逐渐产生感情。词似乎是他们经常谈到的话题。1926年暮春，赵万里工楷书写了四幅条屏，其一录庚

---

[1] 《北京中法大学职教员同学录（中华民国十五至十六年度）》，第13页。

信（子山）赋4首，其二录温庭筠诗23首，其三录元好问《鹧鸪天》词24首，其四录曲数首，送给张劲先，末署"贻琴弟存念"。同年9月28日，他把自己两年前手校的明崇祯毛氏汲古阁刻《宋名家词》本《小山词》赠与张劲先，并在封面题识"贻琴妹存念"。热恋中的学者，以自己最钟爱的文学与手迹，表达内心的感情。

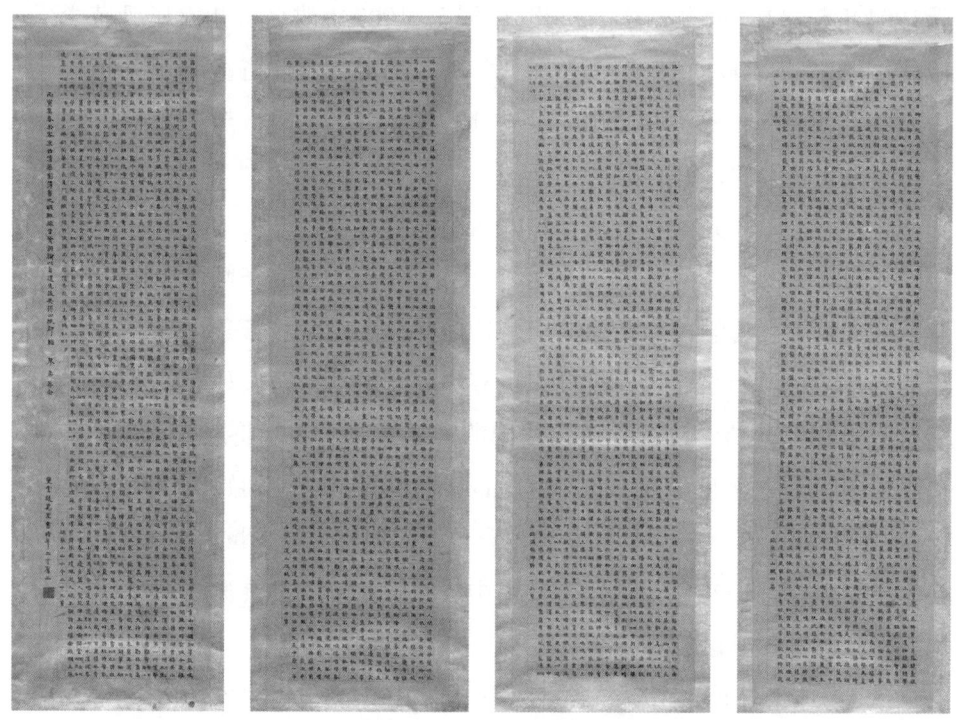

赵万里书赠张劲先的四幅条屏

不久，赵万里写信回家，告知此事，并提出解除先前家人订下的婚约。这件事让赵家大伤脑筋。如此解除婚约，自然对那位无辜女孩的名誉有很大损伤，对方坚决不同意。后来，赵家托人调解，最终以出钱在女方家门前修一条路表示歉意，意在向四邻昭告此事并非女方过错，才达成了谅解①。

1927年春，赵万里与张劲先着手准备婚事。4月25日，赵万里与清华学

① 冯象：《赵万里：其志甚壮，其言甚哀》，《东方早报》2010年11月28日。

校研究院助理员周光午访吴宓，与其商议赵万里结婚办法，拟请吴宓为证婚人[1]；一个月后，因为陈寅恪的建议，改请清华学校教务长梅贻琦为证婚人[2]。婚礼预定于6月5日在报子街聚贤堂举行，虽然6月2日发生了王国维自沉事件，但早就定好的日期不便更改，婚礼仍然如期举行。梅贻琦、陈寅恪等师友多人往贺，吴宓则代替王国维以介绍人身份致辞。

与夫人张劲先合影（摄于20世纪30年代）

婚后，赵万里夫妇在清华学校西院12号居住生活了一年多。他们曾合抄一部书，赵万里抄上册，夫人抄下册，各钤两人的印信。书翰寄兴，足见其情谊之高雅脱俗。

作为赵万里的夫人，张劲先常常陪同参加赵万里师友们间的交往酬酢，如1927年6月13日陈寅恪、吴宓宴请清华研究院同仁，张劲先便同姐姐张智扬一起参加，当日周光午、浦江清、王庸、杨时逢、侯厚培等都在座[3]。当年的除夕（即1928年1月22日），赵万里邀浦江清、王庸、朱自清及张智扬吃年夜饭，浦江清在日记中写道，"斐云以新夫人劲先女士出招待，甚殷勤"[4]。在朋友们之间，张劲先颇有贤惠之名。

---

① 吴宓：《吴宓日记：1925—1927》，第333页。
② 吴宓：《吴宓日记：1925—1927》，第342页。
③ 吴宓：《吴宓日记：1925—1927》，第354页。
④ 浦江清：《清华园日记 西行日记》（增补本），第5页。

第三章

北海之滨:
1928—1937（上）

转任北图馆员

1927至1928年间，清华学校发生了一系列事件，处在扰攘不息的状态。早在1925年10月，校长曹云祥计划离开清华，随颜惠庆前往驻英国公使馆任职，便引发过一场校长之争。此事虽然以曹云祥留任告终，但1927年夏，南方革命势力进入华北，清华校长之争再次浮上台面。这一时期，尤以曹云祥与梁启超之间的矛盾最为突出。

曹云祥为防止梁启超取代其校长职位，发动教职员反对梁启超任董事。大学部教授朱君毅附和曹云祥，并挑动研究院学生王省上书清华学校评议会，批评梁启超长期请假不授课，要求学校添聘教授，否则应解散研究院。评议会议决，要求梁启超回校上课，不然则应设法请人代课。王省对此不满，11月7日于《世界日报》发表宣言，要求评议会做出决定。梁启超因此提出辞职，研究院学生则群起责问王省，而前往天津挽留梁启超，并要求教育部撤换校长曹云祥。12月5日，吴宓日记中记载赵万里到访，告知"外交部委员三人今日已来校，将校长、研究院学生及王省分别传见查询，朱君毅则避匿"[①]。12月28日，曹云祥向外交部提出辞呈。次年1月12日，评议会以王省攻讦师长，拨弄是非，令其退学。曹云祥提出辞职后，清华学校大学部师生多次挽留，但均不奏效。外交部遂派严鹤龄代理校长，于1928年1月14日就职。4月，严鹤龄请辞，张作霖派保定军警执法处处长温应星任清华校长。[②]

---

① 吴宓：《吴宓日记：1925—1927》，第447页。
② 苏云峰：《从清华学堂到清华大学：1911—1929》，北京：三联书店，2001年4月，第84—86、319页。

与此同时，研究院的存废也在清华园内引发激烈争论。早在研究院设立之前，钱端升等教授便对此持反对态度。设立之后，清华校内对研究院的发展方向，依然争议很大。1926年初吴宓的辞职，主要原因便是校务会议通过了研究院缩小范围、不添聘教授的决定。1926年4月通过的"清华学校组织大纲"，规定研究院为大学院（相当于现在的研究生院）未成立之前的暂设机构，在大学院成立后即停办。这一决定遭到研究院学生的强烈反对，教务长张彭春辞职便与此有关[①]。

在这样扰攘不安的环境中，赵万里于1928年6月初离开清华，转入北京图书馆[②]，任编目科科员。北京图书馆是中华教育文化基金会创办的文化机构。中基会管理美国第二次退还中国的庚子赔款，在中国大举兴办文化教育事业。1925年6月董事会第一次年会决定与教育部合办京师图书馆，同年10月22日与教育部签订《合办京师图书馆契约》，并成立了京师图书馆委员会。然而，由于教育部不能依约拨付日常经费，中基会决定暂缓合作，转而自行创办一所新的图书馆，命名为北京图书馆。

1926年3月1日，北京图书馆正式成立，馆址位于北海公园内庆霄楼、悦心殿等处，中基会聘梁启超、李四光为正副馆长。馆内设总务、图书二部，最初由李四光兼任总务部主任，袁同礼为图书部主任。1927年6月，梁启超、李四光辞职，次月中基会改聘范源濂、袁同礼为正副馆长，并将下设部门改为总务、采访、编目三科。同年12月，馆长范源濂病逝。1928年6月，中基会推举丁文江为馆长，因其未到职，由袁同礼代理馆长职务。

最晚在1928年春，赵万里转往北京图书馆任职一事已在接洽中。这次职务变动，赵万里得到很多师友的帮助。梁启超、陈寅恪曾为之介绍[③]；据蒋复璁的说法，他和钱稻孙也是介绍人[④]，钱稻孙时任北京图书馆总务科科长，蒋

① 苏云峰：《从清华学堂到清华大学：1911—1929》，第326—331页。
② 该馆后更名为北平北海图书馆，1929年8月并入国立北平图书馆。详见下文。
③ 赵芳瑛、赵深：《赵万里先生传略》，载《赵万里文集》第一卷，第6页。
④ 蒋复璁：《追念逝世五十年的王静安先生》，载陈平原、王枫编《追忆王国维》，第146页。

复璁则为编目科科员[①]；吴宓日记也记载，1928年5月8日钱稻孙告诉他，"袁同礼嘱转告，已从宓意，以赵万里月薪增为120元"[②]，可见吴宓、钱稻孙为之出力不少。这也是王国维逝世后，吴宓对赵万里前途的深切关照。吴宓等为赵万里争取的薪金，可以说非常优厚。赵万里当年秋天曾向其父禀告，他在馆中三十余位同事中"可算高级人物"，馆长袁同礼对他"极信任"[③]，可见当时他对工作安排颇为满意。

赵万里转任北京图书馆科员的1928年6月，正值北京局势发生重大变化的时期。国民革命军北伐摧枯拉朽、顺利进军之际，掌握山西的阎锡山审时度势，倒向南方革命阵营。1927年6月6日，阎锡山就任国民革命军北方总司令，7月7日任国民政府军事委员会委员，7月15日率晋军出兵石家庄，9月29日誓师讨伐奉军。1928年初蒋介石复出后，继续竭力拉拢阎锡山。2月28日，国民政府任命阎为国民革命军第三集团军总司令。3月，蒋介石统率国民革命军对奉军展开全面进攻，阎锡山第三集团军进占大同、保定，进逼京津。6月4日，国民政府任命阎为京津卫戍总司令（后称平津卫戍总司令）。5日，赵万里在北京图书馆，"下午二时顷闻炸弹声"[④]。8日，第三集团军进占北京。9日，北京城秩序逐渐恢复，当天赵万里由城内回清华，告诉吴宓，"今日诸城门均已开，城中已复原状，惟到处悬青天白日旗，晋军往来市街"[⑤]。

随着时局的变化，北京图书馆也发生了一系列变化。1928年6月21日，中国国民党中央政治会议议决，将北京更名为北平。随后，国立京师图书馆

---

① 《北京图书馆职员表（十七年六月）》，载《北京图书馆第二年度报告（十六年七月至十七年六月）》，第3页。

② 吴宓：《吴宓日记：1928—1929》，第57页。

③ 1928年10月10日赵万里致其父赵宗孟函。见于西泠印社拍卖有限公司2018年秋季拍卖会"中外名人手迹暨戊戌变法120周年纪念专场"（2018年12月16日）。图版见：http://www.xlysauc.com/auction5_det.php?ccid=1087&id=163338&n=2364［2018.12.18］。

④ 吴宓：《吴宓日记：1928—1929》，第70页。

⑤ 吴宓：《吴宓日记：1928—1929》，第73页。

在7月更名为国立北平图书馆，北京图书馆也在7月更名为北平图书馆，这样北平城内便有两家"北平图书馆"。为了避免混淆，中基会主办的北平图书馆在当年10月更名为北平北海图书馆，在馆名中加入了馆址所在地"北海"。

到了1929年6月，中基会召开第五届年会，蒋梦麟以中基会董事及国民政府教育部部长的双重身份，提议修订四年前议定的《合办京师图书馆契约》，将国立北平图书馆与北平北海图书馆合并重组为新的国立北平图书馆，获得通过。7月，双方议定《合组国立北平图书馆办法》和《国立北平图书馆委员会组织大纲》。8月，双方合组的国立北平图书馆委员会成立，并于8月31日接收原两馆，完成合组。教育部聘蔡元培、袁同礼为正副馆长。合并之后，中海居仁堂馆舍（原国立北平图书馆）称为国立北平图书馆第一馆，北海庆霄楼馆舍（原北平北海图书馆）称为第二馆，分两处办公。

1931年5月，国立北平图书馆文津街新馆舍建筑工程全部告竣。新馆舍东临北海公园，庭院环境优美，园内陈设的华表、石狮等均为圆明园所遗珍贵文物；新建筑外观为中国传统宫殿风格，主要材料为钢筋水泥，内部设施按照图书馆事业的需要设计建造，颇便利用。同年6月，搬迁工作完成。6月25日，举行新馆落成典礼，随后开馆，对外提供服务。文津街新馆舍是国立北平图书馆第一处专用馆舍，为该馆的事业发展提供了稳定的基础，它也是赵万里此后大半生的安身立命之所。从那时起，赵万里便在这座美轮美奂的典籍殿堂里，勤勉工作了近四十年。

职务变动之初，赵万里仍住在清华园西院12号，在城内外来回奔波。大约在当年8月，他搬到北平城内居住。吴宓日记中记载，1928年9月至1929年5月之间，他去过赵万里三处住宅，先后为铁匠营18号[1]、大石作35号甲[2]、孔德西巷（即宗人府西夹道）1号[3]。其中住在孔德西巷的时间较长，迁入时

---

① 吴宓：《吴宓日记：1928—1929》，第121页。
② 吴宓：《吴宓日记：1928—1929》，第136页。
③ 吴宓：《吴宓日记：1928—1929》，第251页。

间大约在1929年4月，至1934年8月钱南扬到访时[1]仍没有搬家。1934年9月22日，赵万里致陈垣书信中特别提到"现已迁居景山西陟山门大街七号（电话东局二〇五〇）"[2]，可见迁居时间应即在当月。1936年10月编印的《国立清华大学教职员录》，仍载赵万里住址为"北平东安门孔德西巷一号"[3]，可能是沿用了前几年的旧资料，没有及时更改。大约在1936年下半年到1937年初，赵万里因父亲来京再次搬家，地址为府右街达子营乙11号[4]。这几个住处都位于北海周边，距离北平图书馆很近，赴馆供事非常方便。

赵万里刚到北京图书馆时，职务是编目科科员。当时编目科科长由副馆长袁同礼兼任，科内同事有严文郁、汪长炳、蒋复璁、杨维新、王重民、于道泉、吕才等[5]，大多为青年才俊，各自学有专长。赵万里的工作，主要是中文古籍采访编目与提要撰写、金石拓本搜集整理、编辑馆刊等。

1929年8月两馆合组，袁同礼以副馆长代理馆长的身份，主持馆务。合并后馆务规模大增，遂根据事业发展需要，大幅调整内设机构，馆内分总务、采访、编纂、阅览、善本、金石、舆图、期刊等八部。徐森玉兼任采访、善本、金石三部主任，赵万里任采访部中文采访组组长、善本部考订组组长及金石部馆员，职务同样横跨三个部门，他是徐森玉最主要也是最得力的助手。各组同事，中文采访组有组员爨汝僖一人，考订组有组员李耀南、蔡以镜二人，金石部另有馆员范腾端一人。此后，由于事业发展，各组陆续添聘一些人手，比如考订组便于1930—1931年度添聘陈恩惠为馆员。陈恩惠与赵万里共事一生，管理善本书库，是赵万里的得力助手之一。

---

① 钱南扬：《汉上宧文存续编》，北京：中华书局，2009年11月，第349页。
② 陈智超编注：《陈垣来往书信集》（增订本），北京：三联书店，2010年11月，第655页。
③ 《国立清华大学教职员录（民国二十五年十月）》，1936年10月，第4页。
④ 国立北平图书馆编印：《国立北平图书馆职员录》，1937年1月，载《清末民国图书馆史料汇编》第7册，北京：国家图书馆出版社，2014年4月，第83页。
⑤ 《北京图书馆职员表（十七年六月）》，载《北京图书馆第二年度报告（十六年七月至十七年六月）》，北京图书馆，1928年，第3页。

国立北平图书馆的同事中，对赵万里影响最大、与他感情最为深厚的，无疑是徐森玉（名鸿宝，1881—1971）。他是浙江吴兴（今湖州市）人，自幼天资聪颖，后入江西白鹿洞书院求学多年，直至1901年书院奉旨停办。1902年考入山西大学堂，攻读化学，后来编著有《定性分析》《无机化学》二书。山西学政兼山西大学堂监督宝熙（字瑞臣，1871—1942）赏识徐森玉的才华，经常与他谈古论今，鉴赏古物，由此打下了文物鉴定的基础。1905年毕业后，赴奉天（今沈阳）任测绘学校及实业学校监督。1910年入京，任学部编译局编纂。1911年受聘为京师图书馆名誉经理员。1912年转任教育部统计科科长兼秘书。1922年2月至7月，以教育部佥事兼任京师图书馆主任，1923年1月底再次兼任京师图书馆主任。当时京师图书馆馆长由教育部次长兼任，并不过问具体事务，主任承馆长之命主持馆务。1926年京师图书馆改组，徐森玉为图书部主任。1928年7月，国立京师图书馆更名为国立北平图

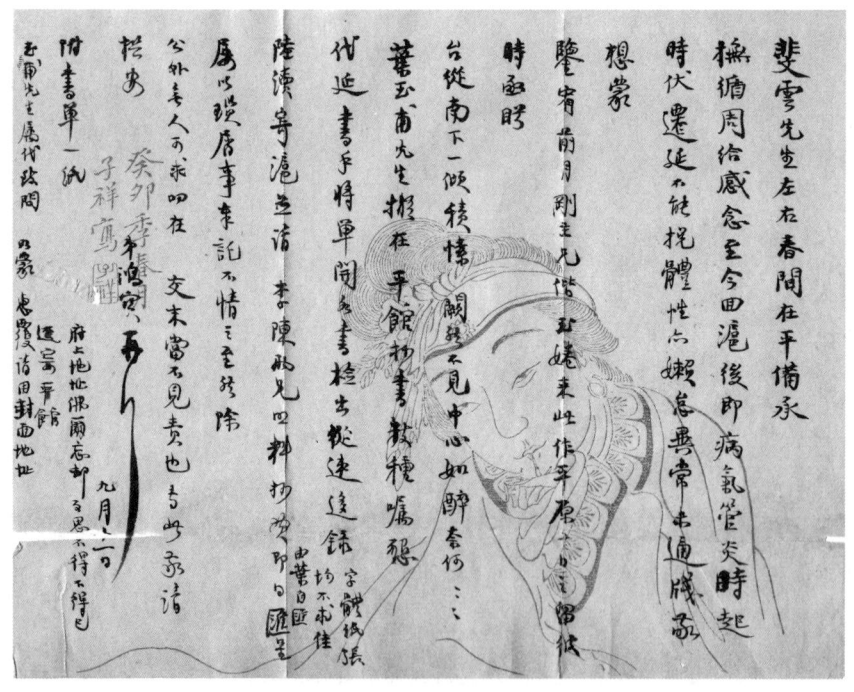

徐森玉致赵万里函

书馆，徐森玉仍任旧职①。到1929年两馆合并时，徐森玉在馆任职已达18年，论资历与学问，馆中同仁无出其右者，因此一身兼任三部主任。对赵万里来说，徐森玉亦师亦友。在此后的工作与生活中，二人交谊日深，成为终生的至交。

根据《国立北平图书馆组织大纲》，采访部职责为书刊之调查、采购、登录、校抄、装订修补、统计、征求交换等事项，善本部职责为善本图书之考订编目、影印流传、调查访求、陈列展览、书库及陈列室之保管、装潢修补等事项，金石部职责为金石拓本之采购、整理编目、阅览及保管、装潢修补等事项②。从这里可以大略看到赵万里在馆工作的主要内容，日后其学术研究也多与之相关。

八部之外，国立北平图书馆"为学术上之必要"③，还设有编纂委员会。袁同礼将推进学术研究作为办馆理念的重要内容，他在1929年9月2日第一次馆务会议上讲话称："办图书馆，须注意学术化。徐（森玉）主任对目录版本考订素有经验，可称难得之人材，希大家与徐主任时常研讨。北海图书馆曾出一月刊，内容材料皆各馆员自己创作，以后本馆亦当加入合作。此外，组织一专门委员会，以便与来馆诸名流共同研究参考。"④这里提到的"月刊"即《北平北海图书馆月刊》，也就是《国立北平图书馆馆刊》的前身。"专门委员会"即编纂委员会，从1929年至1934年，赵万里一直担任编纂委员，或特约编纂委员。与他同时担任编纂委员的，有徐森玉、谭新嘉、叶渭清、胡鸣盛、顾子刚、向达、王重民、谢国桢、刘节、王庸、陈贯吾、梁思庄、孙

① 柳向春：《吴兴徐森玉先生年表》，载《徐森玉文集》，上海：上海书画出版社，2011年10月，第178—214页。

② 《国立北平图书馆馆务报告（民国十八年七月至十九年六月）》，第45—46页。

③ 《国立北平图书馆概况》，载《北京图书馆馆史资料汇编：1909—1949》，北京：书目文献出版社，1992年，第1236页。

④ 《1909年—1949年北京图书馆纪事》，载袁咏秋、曾季光主编《中国历代国家藏书机构及名家藏读叙传选》，北京：北京大学出版社，1997年12月，第132页。

楷第、王访渔、曾宪三、陈任中等，大多为学有专攻、初露头角的青年学者。当时馆中有"八仙"之说，指的便是向达、王重民、刘节、贺昌群、王庸、赵万里、谢国桢等中青年学者[1]。他们利用北图的文献资源优势，勤于耕耘，短时间内发表了一批可观的研究成果，形成了近代文化史上光彩夺目的一个青年学者群体[2]，受到学界瞩目。

合组后的国立北平图书馆，沿用北平北海图书馆的制度，设立购书委员会，负责"决定购书方针及进行计划"，"审核图书馆拟定之每年分组分类购书费概算"，"介绍及审核图书"[3]。1931年10月，国立北平图书馆委员会决定购书委员会分为中文、西文二组，20世纪30年代先后担任购书委员会中文组委员的有陈垣（主席）、陈寅恪、傅斯年、胡适、顾颉刚、徐森玉、孟森等，均为文史研究领域最杰出的学者。赵万里以中文采访组组长身份出任委员，并兼任书记。

这两个委员职务，让赵万里能在更高的层次上参与馆务与学术研究，他迅速成为国立北平图书馆事业发展的骨干力量。

搜购善本古籍

作为采访部中文采访组组长，赵万里的主要工作职责之一是协助徐森玉负责国立北平图书馆采购、访求中文书籍的相关事务。作为购书委员会中文组书记，赵万里"掌理一切文件"[4]，负责委员会的日常协调、文书函件等具

---

① 夏鼐：《夏鼐日记》卷四，上海：华东师范大学出版社，2011年8月，第481页。

② 邹新明：《难以再现的辉煌？——20世纪30年代北平图书馆以编纂委员会为中心的青年学者群》，《国家图书馆学刊》2010年第2期，第88—95页。

③ 《国立北平图书馆购书委员会组织大纲》，载《北京图书馆馆史资料汇编：1909—1949》，第1073—1074页。

④ 《国立北平图书馆购书委员会组织大纲》，载《北京图书馆馆史资料汇编：1909—1949》，第1073—1074页。

体事务，并执行购书委员会的决议。他常与徐森玉一同阅肆、访书，一起结交卖家、藏家。比如李盛铎之子李滂的日记里，便有1929年8月11日他们二人到访的记录[①]。

合组之后的国立北平图书馆，经费主要由中华教育文化基金会从美国退还庚款中拨付，来源稳定且较充裕，加之徐、赵二人都是文献专家，因而采访工作成绩非常突出。从数量上看，每年购书一般都在1000种以上，如1932—1933年度采购中文书1764种计10310册1590张[②]，1934—1935年度采购1475种[③]，购书最少的1936—1937年度仍入藏中文旧籍977种4075册147卷[④]。

1929到1937年国立北平图书馆各期《馆务报告》，都用相当大的篇幅总结本年采访所得[⑤]。综合起来看，这十年所获古籍，有以下几类特别突出：

其一是清乾隆间禁书。乾隆朝中后期，文网峻刻，大批违碍书籍被禁，传世极少。合组之前的北平北海图书馆便将这类书作为采购重点，一度导致北京书市价格上涨[⑥]。合组之后，北平图书馆继续注重此类文献。1929至1931年间，所得有数十种之多，诸如徐芳《悬榻编》、陈仁锡《无梦园集》、许国

---

① 事见李滂《友语录》。承艾俊川惠示此书稿本图版，谨致谢忱。
② 《国立北平图书馆馆务报告（民国二十一年七月至二十二年六月）》，第5—9页。
③ 《国立北平图书馆馆务报告（民国二十三年七月至二十四年六月）》，第5—6页。
④ 《国立北平图书馆馆务报告（民国二十五年七月至二十六年六月）》，第3—4页。
⑤ 《国立北平图书馆馆务报告（民国十八年七月至十九年六月）》，第11—14页；《国立北平图书馆馆务报告（民国十九年七月至二十年六月）》，第19—25页；《国立北平图书馆馆务报告（民国二十年七月至二十一年六月）》，第5—8页；《国立北平图书馆馆务报告（民国二十一年七月至二十二年六月）》，第5—9页；《国立北平图书馆馆务报告（民国二十二年七月至二十三年六月）》，第5—6页；《国立北平图书馆馆务报告（民国二十三年七月至二十四年六月）》，第5—6页；《国立北平图书馆馆务报告（民国二十四年七月至二十五年六月）》，第4—5页；《国立北平图书馆馆务报告（民国二十五年七月至二十六年六月）》，第3—4页；《国立北平图书馆馆务报告（民国二十五年七月至二十六年六月）》，第3—4页。以下关于古籍采购的资料均取自这批《馆务报告》。
⑥ 张涵锐：《北京琉璃厂书肆逸乘》，载孙殿起辑《琉璃厂小志》，北京：北京古籍出版社，1982年9月，第49页。

《文穆公集》、陈邦瞻《荷花山房诗稿》、何汝宾《兵录》、王思任《王季重全集》、郭正域《黄离草》、喻龙德《秘书兵衡》、杨循吉《辽金小史》、陈际泰《已吾集》、徐如翰《檀燕山藏稿》、谭纶《谭襄敏公奏议》、陈建《皇明通纪》、岳和声《餐微子集》、朱健《古今治平略》、张一龙《武库纂略》、范允临《输寥馆集》、茅元仪《三戍丛谭》、叶向高《苍霞草》、毛瑞征《皇明象胥录》、诸葛元声《两朝平攘录》、焦竑《献征录》、谭元春《谭子诗归》、吕留良《晚村集》、陈继儒《眉公十种藏书》、曾异撰《纺授堂集》、韩四维《丛桂堂集》、无名氏《喜逢春传奇》、丁耀亢《全集》、范景文《昭代武功编》、郭增光《纬弢》、沈承《即山集》、叶向高《苍霞草七集》、潘柽章《松陵文献》、邓原岳《西楼集》、张采知《采堂集》、陆可教《学士遗稿》等等，均对于明清之间史事、满洲兴起历史的研究有重要参考价值。

其二是地方志。明刻稀见者有［洪武］《苏州府志》《寰宇通衢》，［正统］《和州志》《嘉鱼县志》，［景泰］《云南图经》，［天顺］《安庆郡志》，［成化］《内乡县志》《杭州府志》《处州府志》，［弘治］《八闽通志》《吴江县志》《长乐县志》《溧阳县志》《桐城县志》《休宁志》《贵州图经》《邵武府志》，［正德］《池州府志》《建宁县志》《中牟县志》《富春志》《金山卫志》《江宁县志》《丹徒县志》《松江府志》，［嘉靖］《四川总志》《保宁府志》《叶县志》《全辽志》《吴江县志》《陕西通志》《西关志》《宁德县志》《嶂县志》《公安县志》《荆州府志》《六合县志》《清丰县志》《邠州志》《新安志》《补石埭县志》《黄陂县志》《合阳县志》《湘潭县志》《广德州志》《龙岩县志》《高唐州志》《山西通志》《嘉兴府图记》《邹县志》《大理府志》《临江府志》《兴国州志》《亳州志》《无为州志》《开州志》《含山邑乘》《罗川志》《南宫县志》《德化县志》《进贤县志》《内黄县志》《蒲州志》《山海关志》《徽郡志》，［隆庆］《巢县志》，［万历］《四川总志》《西宁县志》《顺德县志》《无锡县志》《四镇三关志》《庐州府志》《霍邱县志》《兴化县志》《辰州府志》《惠州府志》《舒城县志》《滁阳志》《云门志略》《雁山志》《牛首山志》《杞乘》《襄城县志》《应天府志》《严州府志》等等。到1933年夏，北平图书馆所藏明刻方志已达550种之多，"实从来未有之新纪录也"①。

清刻本方志，稀见者有［顺治］《太湖县志》，［康熙］《桐城县志》《遂宁县志》《安吉州志》《诸暨县志》《仙居县志》《神州志》《乌城县志》《宁国县志》《吴郡甫里志》《绍兴府志》《云南通志》《平阳府志》《夔州府志》《安州志》《凤阳府志》《兴国县志》，［雍正］《广西通志》，［乾隆］《长洲县志》《阳湖县志》《龙游县志》《奉化县志》《桐庐县志》《泾州志》《东明县志》《石泉县志》《无为州志》《金溪县志》《西宁府志》《宁夏府志》《金山县志》《福山县志》《盱眙县志》等。

这些方志，大多为范氏天一阁、毛氏汲古阁、陈氏稽瑞楼、钱塘吴氏绣古亭的旧藏。

其三是史料书。如吕本《馆阁类录》、蔡士顺《傃庵野抄》、雷梦麟《读律琐言》、商大节《治河事宜》、王琼《晋汉本兵敷奏》、张学颜《万历会计录》、俞宪《皇明进士登科录》、毕自严《度支奏议》《抚津疏草》、黄家孙《抚夏奏议》、王士琦《三云筹俎考》、徐世模《世庙识余录》、张元汴《馆阁漫录》、叶盛《西垣奏草》、张瓒《安南奏议》、赵世卿《司农奏议》、潘埙《淮郡文献志》等，都是稀见的明末史料。又如康熙抄本清太祖世祖《实录》七十巨册、天一阁旧藏明季各省乡试录及会试进士诸录等，史料价值都非常高。近代史料也是搜访重点，如《鸦片事略》《醇亲王使德始末恭纪》《庚子拳乱上谕宫门抄汇订》《天津拳匪变乱纪事》《庚子交涉偶录》等，都是鸦片战争及义和团的重要史料。1933年2月还辗转获得朝鲜京城大学影印本《朝鲜李朝实录》848册，该书"为研究近代朝鲜史最翔实之资料，李朝正当我国明清两代，关系我国之史料甚多"②。

其四是明别集。如明初本刘璟《易斋集》、刘琏《自怡集》、刘荐《盘谷集》、永乐本管时敏《蚓窍集》、成化本朱善继《一斋集》、弘治活字本孙贲

---

① 《国立北平图书馆馆务报告（民国二十一年七月至二十二年六月）》，第7页。
② 《国立北平图书馆馆务报告（民国二十一年七月至二十二年六月）》，第8页。

《西庵集》、嘉靖本蓝仁蓝智《二蓝集》、嘉靖抄祝允明《枝山集》、明抄本顾绍芳《宝庵集》、叶文庄手抄《危太素集》、颜木稿本《烬余稿》、旧抄足本《史鉴》《西邨集》等，都是孤本。明别集的最大收获，为1932年收得宁波天一阁、贵阳陈田诗听阁旧藏明代别集600种，其中约五分之三不见《四库全书》著录，五分之一连黄虞稷《千顷堂书目》也未收录，堪称秘籍。其中景泰刻王直《抑斋集》、李时勉《古廉集》、周棨《溪园集》，成化刻魏观《蒲山牧唱》、刘如孙《坦斋集》、许继观《乐生诗集》、曹义《默庵诗集》、刘球《两溪文集》、童轩《清风亭稿》，弘治刻张泰《沧州诗集》、史杰《袜线集》、沈周《石田稿》，嘉靖刻辽王朱宪㸂《种莲岁稿》、宁王朱拱樋《瑞鹤堂近稿》等等，均著录于《天一阁现存书目》。经过几年的搜集，北平图书馆所藏明别集多达900余种，"开从来未有之纪录，实致力明代史事者之绝好参考资料"①。

此外，明以前别集也收得多种，六朝别集有正统刻《何水部集》、正统刻《崔颢诗集》、嘉靖黄省曾刻陶弘景《贞白集》、萧统《昭明太子集》、嘉靖刻阮籍《嗣宗集》；唐别集有明抄不分卷本《鲍溶诗集》、嘉靖刻《杜审言集》、嘉靖桂林府刊曹邺《祠部集》；宋别集有嘉靖刻七卷本《唐子西集》、明抄足本李之仪《姑溪居士集》、嘉靖刻崔与之《清献公集》、汪晫《康范集》、黄仲元《黄四如先生集》以及李吕《澹轩集》、家铉翁《则堂集》、舒岳祥《阆风集》、金君卿《金氏文集》、包恢《敝帚斋稿》；元别集有刘仁本《羽庭集》、程端学《积斋集》、滕安上《东庵集》等，均为翰林院抄本；又收得四库馆臣辑自《永乐大典》的宋元人别集抄本多种。

其五是戏曲小说等通俗文学作品。小说类有邓忠谟《五种争奇》、无名氏《弁而钗》、嘉靖本《三国演义》、万历本《三国演义》《春秋列国志》及《残唐五代传》、崇祯本《皇明英烈传》、崇祯尚友堂原刊《二刻拍案惊奇》、明末刻本《生绡剪》《警世通言》等；戏曲类有李卓吾评本《西厢记》《吴歈

---

① 《国立北平图书馆馆务报告（民国二十年七月至二十一年六月）》，第7页。

萃雅》《月露音》《步雪初声》、继忠斋本《香囊记》、富春堂本《目莲记》、陈与郊《续古名家杂剧》残本、凌刻朱墨本《琵琶记》、《墨憨斋十种曲》、黑口本《诚斋乐府》二十五种、明刻息机子辑《古今杂剧》二十五种、邹式金《杂剧三集》残本十种、传奇《樱桃梦》《筮簬记》《题红记》《玉环记》《大成麒麟记》《浣纱记》《南柯记》《花筵赚》、明刻《灵宝刀》、凌刻《绣襦》《拜月》《红梨》、旧抄本《南曲九宫正始》、屠隆校刻《王董西厢》、张禄《词林摘艳》、冲和居士《乐府缠头二集》、明刻《祝发记》《红梅记》《白蛇记》《缩春园》等等，都是流传甚少的本子。此类作品的最大收获，是1933年收得海盐朱希祖旧藏明清戏曲书籍，其中一半系抄本，乃是清代升平署旧物，"大小名剧凡五百余种，近代戏曲史之重要史料也"①。

以上简单罗列了成系统的几类购藏书籍，当时徐、赵二人搜访之勤、所得之富，从中可略见一斑。

那时流落市肆的私家藏书，他们也极为注意，努力收购。1928、1929年间，聊城海源阁遭遇兵匪之祸，藏书大量散出。1930至1932年间，北平图书馆购得数十种，如宋刻本《童蒙训》、永乐本《欧阳修撰集》、正德刻本白文《水经》、嘉靖本《雪窗集》《春秋繁露》《闽南道学源流》《蔡中郎集》、明覆宋本《梁溪漫志》、杨慎等校刻本《梁昭明集》、万历本《两京遗编》、丛书楼抄本《宋遗民录》、黄丕烈校本《文房四谱》《蜀梼杌》《建炎时政记》《宋遗民录》《武林旧事》《林和靖集》《国朝名臣事略》《绍兴登科录》《宾退录》《唐僧弘秀集》《宝晋英光集》《盐铁论》《诗律武库》《舆地广记》《姚少监集》《刘子新论》《毗陵集》《清塞诗》《吕衡州集》《鸣鹤余音》《锦里耆旧传》《李校书集》《王摩诘集》等。又如怡府旧藏元刻本《刘文简公集》全套24册，原书本已离散，花费数月时间方才购得全套，该书所录诗文比辑自《永乐大典》的《四库全书》本多数百首，文献价值颇高。各书"丹黄杂错，

---

① 《国立北平图书馆馆务报告（民国二十一年七月至二十二年六月）》，第5—9页。

精美绝伦”[1]，馆藏为之生色不少。

又如1933—1934年度，购得天津李氏延古堂藏书1000余种，占该年度购书总量的三分之二。延古堂藏书不乏宋金旧本、抄校精刻，宋刻本有元末俞琰读易楼旧藏项安石《周易玩辞》，金刻本有顾氏水东馆、毛氏汲古阁旧藏平阳府刻《证类本草》，明嘉靖刻本有《唐语林》《颜氏家训》《诗话总龟》等，明万历刻本有张炯《华阳集》、郑若曾《江南经略》等，另有宋兰晖友竹轩抄本宋元人别集20余种，清代丛书及近人著述则为数更多。

从版本角度看，明清刻本不论，所得宋金元刻本为数也不少。宋本有史浩《周礼讲义》、大字本《诗集传》、大字本《晋书》、宋内府旧藏本《文苑英华》等，及《册府元龟》《苏文忠公集》《陈书》等残帙，可补馆藏本之缺；金刻本有《分门字苑撮要》等，新发现的《赵城金藏》也于1935至1937年间购得百余卷；元刻有白文《周礼》、大德九路本《后汉书》、闽刻《续宋中兴编年资治通鉴》《宋季三朝政要》等等。

抄校本为数甚多。元至正间写本《徐仙翰藻》、明成化间写本道书19种、明沈辨之野竹斋抄《太平广记》、明仿宋抄《容斋五笔》、明抄本《征南录》《戎幕闲谈》、潜采堂抄《古梅吟稿》、谦牧堂抄《杨诚斋集》、曹楝亭抄《乐圃余稿》《滦京杂咏》、吴骞手校本《千顷堂书目》、鲍以文手抄本《传是楼书目》、述古堂抄本《内阁书目》等，是其中白眉。稿本有吴大澂致陈簠斋手札六巨册等。名校本有毛子晋校《忠义集》、宋宾王校《燕石集》、鲍以文校《郭天锡日记》、陈仲鱼校《太平广记》、顾千里校宋本《舆地广记》、何义门校明抄本《法书要录》、叶石君校明刻本《述异记》、李文田手校明抄《国朝典故》三十册、王念孙父子《经义述闻》手改本十六册等等。

这一时期，赵万里购书的凌厉风格，已然初步显露。1930年初冬，赵万里为购宋本《扬子法言》，与邢之襄相争。该书为海源阁旧藏，傅增湘在文友堂见残帙，仅二、三两册，委托店主魏经腴代为访全。文友堂托会文斋

---

① 《国立北平图书馆馆务报告（民国二十年七月至二十一年六月）》，第5—8页。

李氏在天津觅得该书另二册，不料会文斋毁约留置。随后邢之襄取走文友堂二册，而赵万里坚持要为北平图书馆购该书，取走会文斋二册，两人各不相让，同时都托傅增湘从中斡旋。傅增湘为避免该书散佚计，劝说赵万里让与邢之襄，方才使全书合璧。20年后，邢之襄将家藏珍本捐赠北京图书馆，此《扬子法言》便赫然在列，当时主持北图善本部并接收这批捐赠的，仍是赵万里。诚如傅增湘所说，这件事展现了二人的"爱书之挚，癖古之深"，堪称书林佳话①。

松筠阁伙计魏广洲曾在悼念其师刘盛虞的文章中纪述，1932年前后刘盛虞得到一部毛抄《九僧诗》，恰好徐森玉到店，让送到国立北平图书馆。次日魏广洲把书送去，由赵万里收下，说留置研究一下。几天后魏广洲奉刘盛虞之命再去图书馆取书，并声明售价为350元。赵万里出价一百多元，议价不谐，魏广洲将书取走。不料在馆门口碰到徐森玉，又将书拦下，以350元购入②。徐、赵处事风格的不同，从这件事中展露无遗。二人宽猛相济，对北平图书馆的购书事务，能收互补之效。

赵万里经常把自己获得的图书资料，捐赠给国立北平图书馆。据国立北平图书馆历年的《馆务报告》，1929至1935年他捐书共计40种69册。其中有古籍，如清刻本唐际虞《春星草堂诗》、戚芸生《宝砚斋诗集》；部分是民国间刊刻的清人著作，如陈敬璋《惺葊焚余稿》《尔室文钞》、郑恭和《谏果书屋遗诗》、查济忠《寄庑楼诗》；更多的是新印的诗文集、学术著作或资料，如王国维《古史新证》《王忠悫公遗墨》、梁启超《古书真伪及其时代》、胡士莹《霜红词》、翁春孙《谢楼诗草》、叶恭绰《吴游片羽》及《国立中山大学图书馆新编中文书目》《北大三十三周年纪念特刊》《燕大国学研究所第一次考古旅行团照片目录》《孔德图书馆汇刻书书目》《国立中央研究院十九年

①　傅增湘：《宋本扬子法言跋》，载傅增湘《藏园群书题记》，上海：上海古籍出版社，1989年6月，第293—294页。

②　魏广洲《悼念恩师刘盛虞》手稿，见于孔夫子旧书网zgz0601书店，图版网址为http://www.kongfz.cn/20145316/［2017.7.12］。

度总报告》等等。

南下访书

国立北平图书馆购书，不光从北平厂甸等处书肆中访求，还特别注重藏书丰富、书价相对较廉的江浙地区。从1930年到1933年，赵万里每年都南下，在宁沪苏杭一带大事搜求。这期间，他共南下五次，每次为期约一个月：1930年7月初至8月上旬、1931年8月上旬至8月底、1931年12月下旬至1932年1月下旬、1932年4月初至4月底、1933年7月上旬至8月。

1934年以后，由于国际局势影响，中基会资金紧张，拨给国立北平图书馆的购书经费大幅减少。1931—1932、1932—1933两个财政年度，购书经费均在23万元以上；1933—1934年度减至21万余元，1934—1935年度再减至14万余元，1935—1936年度则只有12万余元[1]，较之高峰期减少近一半，同时书价则有所攀升，采购能力大大受限，因此不再南下大规模购书。

南下大举购书的四年里，赵万里收获甚丰。有的大宗重要资料，如1931—1932年度赵万里在上海购得的蒋汝藻传书堂藏明人别集600余种3000余册，大部分系宁波范氏天一阁、贵阳陈田听诗阁旧藏。这批书由上海中国书店陈乃乾经手出售，赵万里托友人郑振铎、王伯祥为之说合。1932年1月15日王伯祥日记简要记载了商谈经过：当天中午王伯祥等开明书店同人宴请郑振铎、周予同、陈乃乾、赵万里四人，饭后王、郑陪同赵万里至陈乃乾处，"为北平图书馆购买蒋氏所藏明人别集事，予与铎力为说合于乾、云之间，卒以三万五千元成交，先付三千元为定，立约限至四月底以前书款当交"[2]。当时订立合同，即

---

① 李致忠主编：《中国国家图书馆馆史：1909—2009》，北京：国家图书馆出版社，2009年8月，第66页。

② 王伯祥：《王伯祥日记》第9册，北京：国家图书馆出版社，2011年8月，第33页。

以郑、王二人为证人。随后又一同前往存放这批书籍的姚石子家看书。

在南方零星购入的善本古籍，也为数不少。1930年7月上中旬，赵万里在上海蟫隐庐购明刻本《全辽志》。这部书是天一阁旧藏，后来为罗振玉所得。傅斯年曾托张元济代为访求，张元济赶往蟫隐庐，得见该书，索价340元，"惟闻先已为赵君万里选定，不欲相争"，于是写信告知傅斯年前往北平图书馆借阅，称"度赵君北旋，此书必可仰邀青睐"[1]。

备受史学界瞩目的《宋会要》稿本，也是赵万里南下在上海购得的。《宋会要》详细记载宋代史实与典章制度，史料价值非常高，堪称"史学之瑰宝，天壤之秘籍"[2]。该书编成于宋代，明代便已散佚。明初纂修《永乐大典》，将《宋会要》史事散入各韵。清嘉庆年间，徐松（字星伯，1781—1848）入《全唐文》馆，乘便自《永乐大典》中辑出《宋会要》五六百卷。徐松生前来不及进行整理，书稿流落北平琉璃厂书肆，被缪荃孙购得，旋即转归广雅书院。两广总督张之洞聘缪荃孙、屠寄校勘该书，仅完成职官一门。原稿辗转为刘承幹嘉业堂所得，刘承幹延请刘富曾等人重新整理，删并成初编291卷，续编75卷，但改编本在归类等方面多有疏失。

1930年7月，赵万里因董康之介，向刘承幹商购该书。可惜因机缘不巧，两人未能晤面详谈，还因此闹了误会[3]。1931年8月24日，赵万里再次登门拜访，仍未遇。次日刘承幹答拜，赵万里赠以《校辑宋金元词》一部。当晚，董康邀宴，同席者还有郑振铎、陈乃乾、瞿济苍[4]。大约就在这一天，赵万里与刘承幹谈妥了以4000元购藏《宋会要》稿本事宜，刘富曾改编稿则借用参考。8月27日，刘承幹将《宋会要》稿本、清本特装两木箱，送与赵万里，

---

① 张元济：《张元济全集》第三卷，第269页。

② 《国立北平图书馆馆务报告（民国二十年七月至二十一年六月）》，第8页。

③ 刘承幹12月19日（十月三十日）日记，见刘承幹《求恕斋日记》第9册，北京：国家图书馆出版社，2016年8月，第493—494页。

④ 刘承幹8月24日、8月25日日记，见刘承幹《求恕斋日记》第10册，第105—106页。陈乃乾8月25日日记，稿本影印件存海宁市档案馆。

并于当晚在寓所设宴招待，邀张元济、郑振铎、张宗祥、张乃熊、瞿济苍、黄公渚等作陪①。

随后，国立北平图书馆委托叶渭清从事校勘研究工作。1933年1月，延请陈垣、傅增湘、章钰、余嘉锡、徐森玉、赵万里、叶渭清等七人组成编印委员会②，又向哈佛燕京学社申请到印费美金2500元③。1935年秋，北平图书馆将整理之后的《宋会要》稿本委托大东书局影印，至1936年10月印成全书，颇受宋史研究者重视。

就在购得《宋会要》稿本的同一天，赵万里还以180元从徐乃昌处洽购得清康熙慎墨堂刻本《诗观》④。遗憾的是，赵万里没有写日记的习惯，这几年南下访书的详情没有系统的记录，我们只能透过其他方面的零星记载，略窥一二而已。

为北平图书馆采购善本古籍是赵万里南下的主要任务。此外，他还广泛会见藏书家、学者和出版人，大量观览或查阅各处收藏的古籍文献，搜集研究资料。他总是借路过某地的机会，探访藏书机构与藏书家。如1931年底南下访书，前往青岛乘船路过济南，便趁机到访山东省立图书馆，晤馆长王献唐，"阅海源阁书籍"，"又钞所藏《穆天子传》及顾校《说文系传》跋语去"⑤。

商务印书馆所设东方图书馆，是赵万里特别关注的藏书处。东方图书馆经张元济、王云五等多年苦心经营，藏书甚丰，到1931年底馆藏普通中文书26.8万余册，外文书8万余册；且颇多珍品，中文善本书达3745种35083册，

---

① 刘承幹8月27日致赵万里函，上海图书馆藏《求恕斋信稿》稿本。刘承幹8月27日日记，见刘承幹《求恕斋日记》第10册，第107—108页。
② 《委员会会议记录：第七次》，见《北京图书馆馆史资料汇编：1909—1949》，第338页。
③ 《委员会会议记录：第四次》，见《北京图书馆馆史资料汇编：1909—1949》，第336页。
④ 徐乃昌撰，西南大学图书馆整理：《徐乃昌日记》第8册，北京：国家图书馆出版社，2015年6月，第22—23页。
⑤ 张书学、李勇慧：《王献唐年谱长编》，上海：华东师范大学出版社，2017年7月，第243—244页。

内宋版129种、元本179种，方志则有2641种25682册[①]，可谓我国一大文化重镇。

1930年赵万里南下之前，托傅增湘写信给张元济，介绍他去涵芬楼阅书。张元济回信表示："甚思一见。涵芬楼书现均装箱寄存银行，然其所欲见者，必当取出若干示之，以餍其望，且副谆属。"[②]7月下旬，赵万里携傅增湘函拜访张元济，接谈之后，张元济认为"赵君于版本目录之学确有心得"，于是交代馆内同仁，"在馆之书，恣其翻阅。至寄存银行之书，俟其赴南京归来，再往启箧，自必竭我之能，以餍其意"[③]。

这次赵万里在涵芬楼看书两日。负责招待的职员说，"这是他进馆以来招待外人看旧书的第一遭，以前很少有此一例，就是底下编译所里的先生们，也不能轻易进来看书或借书"[④]。足见张元济对赵万里的盛情。

这次南下，赵万里还前往南京国学图书馆抄书三日[⑤]。在苏州，他拜访潘承厚，观览其所藏蜀本《后山集》、黄丕烈校抱经堂本《新书》等，并撰《新书》跋[⑥]。又曾往松江，洽购韩氏读有用书斋藏书，虽然未达成购藏协议，但观览了韩氏藏书精华。《赵万里文集》第三卷所收《云盦群书经眼录》中，宋刻宋印本《诗说》、北宋刻南宋补本《礼记注》、宋蜀刻本《三国志》、明洪武墨格写本《唐李峤诗》、明洪武墨格写本《云台编》等五种[⑦]，便是这次探访所见。

1931年底赵万里南下时，再次托傅增湘给张元济写信，介绍他前往涵芬

---

① 《东方图书馆纪略》，东方图书馆复兴委员会编印，1933年，第2—5页。

② 张元济：《张元济全集》第三卷，第373页。

③ 张元济：《张元济全集》第三卷，第375—376页。

④ 赵万里：《从天一阁说到东方图书馆》，载《赵万里文集》第二卷，第479页。

⑤ 《江苏省立国学图书馆第四年刊·纪事》，第1页。

⑥ 此黄校本《新书》经莫友芝、潘承厚、傅增湘递藏，今存上海图书馆（索书号783766-67）。赵跋又载傅增湘撰、王菡整理《藏园群书校勘跋识录》，北京：中华书局，2012年12月，第186页。

⑦ 赵万里：《云盦群书经眼录》，载《赵万里文集》第三卷，第415—490页。

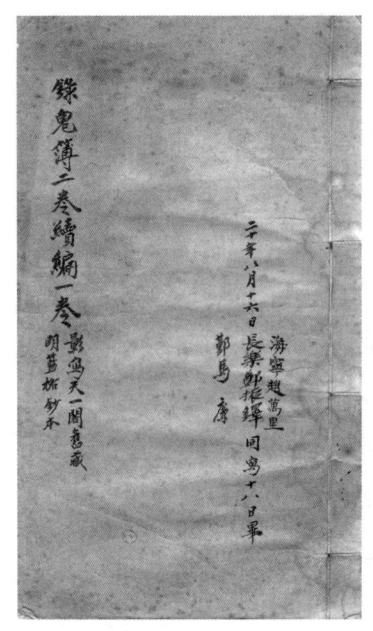

郑振铎、马廉、
赵万里抄本《录鬼簿》

楼观览宋本《魏志》《左传正义》①。12月26日，张元济致函赵万里，告知"宋刊《春秋正义》现在金城银行保险库中"，已安排公司职员徐莲僧陪同他前往银行看书，同时推荐另有"宋装《国语》，亦值得一看"②。张元济还写信给王同愈，介绍赵万里前往观其所藏宋本五臣注《文选》③。

这次在沪，赵万里拜访过吴湖帆梅景书屋④，阅宋本《淮海居士长短句》《梅花喜神谱》、汲古阁景宋本《梅屋诗余》《石屏长短句》及明正德本《历代帝王法帖释文考异》，并跋《历代帝王法帖释文考异》⑤。路过苏州时，除看望其师吴梅，赵万里还拜访许厚基，观其藏书⑥。

南下访书最为人艳称的成就，要推明抄本《录鬼簿》的发现。事情发生在1931年8月，当时赵万里约郑振铎一起前往宁波，本意是探访天一阁，但因范氏族长不在，未能如愿。于是他们和在故乡休假的马廉一起，遍访宁波藏书家。有一天，在孙祥熊（蜗庐）庭前曝书堆中，发现了天一阁旧藏明蓝格抄本《录鬼簿》及《续编》一册，他们一见便知这是"研究元明间文学史

---

① 张元济、傅增湘：《张元济傅增湘论书尺牍》，北京：商务印书馆，1983年10月，第277页。

② 张元济：《张元济全集》第二卷，第531页。

③ 张元济：《张元济全集》第一卷，第231页。

④ 吴湖帆著，吴元京审定，梁颖编校：《吴湖帆文稿》，杭州：中国美术学院出版社，2004年9月，第14页。

⑤ 此明正德本《历代帝王法帖释文考异》现藏上海图书馆（索书号782390-91）。赵跋书影载《上海图书馆善本题跋真迹》第8册，上海：上海辞书出版社，2013年11月，367页。

⑥ 吴梅著，王卫民编校：《吴梅全集·日记卷》，石家庄：河北教育出版社，2002年7月，第62—63页。

最重要之未发现史料"。立刻向孙祥熊借归，将其与康熙间曹楝亭刻本对校，确认《录鬼簿》抄本可大幅补正曹本，《录鬼簿续编》则为孤本。三人兴奋异常，马上分头影抄。

30年后，赵万里这样回忆当时的情景："大家高兴得跳起来。隅卿特地叫人在楼下装了一只一百支光的大灯泡，我们三人立即动手影钞，我钞上卷，西谛钞下卷，隅卿钞《录鬼簿续编》，费了一夜和一个上午的时间，终于钞成了。"①在抄本的封面上，他们写下一则题识："二十年八月十六日海宁赵万里、长乐郑振铎、鄞马廉同写，十八日毕。"这部抄本便留在赵万里的手中。1937年，北京大学为纪念马廉教授逝世两周年，曾将这部抄本影印行世，金元戏曲史研究者得以参考利用。

1946年10月，明抄本《录鬼簿》从孙祥熊处散出。郑振铎获悉，举债购得。1958年郑振铎殉难后，家人将其藏书捐赠北京图书馆，这册明抄本《录鬼簿》因而成为中国国家图书馆的珍藏。1959年10月郑振铎遇难一周年之际，赵万里与徐森玉联名向中华书局上海编辑所建议，影印明抄本《录鬼簿》，以资纪念。次年，中华书局印成《天一阁蓝格写本正续录鬼簿》，赵万里为此撰写了《明钞本〈录鬼簿〉跋》，详细记述发现、传抄此书的经过。2011年6月，此书又收入《中华再造善本》，由国家图书馆出版社再次影印出版。

赵万里访书不仅"频年奔走，苦索冥搜，南泛苕船，北游厂肆"②，范围非常广，而且勤于笔记、善于积累。他随身携带笔记本，每见到好书、稀见书，便详细记录书名、行款，乃至书目、序跋③。黄裳回忆，赵万里"过沪时每过我家观书，必取怀中小册，笔录行款序跋以去，其好学如此"④。常年的

---

① 赵万里：《明钞本〈录鬼簿〉跋》，载《赵万里文集》第二卷，第322—323页。

② 傅增湘《〈北平图书馆善本书目〉序》，载《国立北平图书馆善本书目》1933年刻本卷首。

③ 冀淑英：《保护古籍，继往开来——记著名版本目录学家赵万里先生》，载《学林往事》，北京：朝华出版社，2000年；收入《冀淑英文集》，北京：北京图书馆出版社，2004年，第159页。

④ 黄裳：《断简零篇室摭忆》，载黄裳《书之归去来》，北京：中华书局，2008年1月，第165页；又载黄裳《寻找自我》，青岛：青岛出版社，2009年7月，第77页。

积累，不仅丰富了他的版本学研究，也留下了为数众多的经眼录，部分后来整理收入《赵万里文集》第三卷。

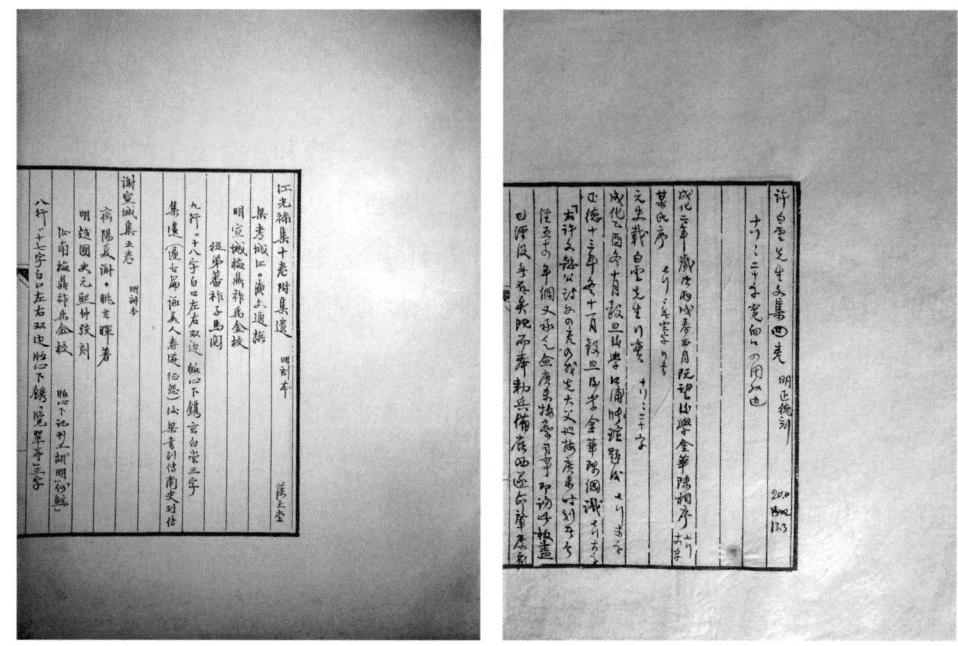

经眼录稿本

观书天一阁

在赵万里的访书历程中，天一阁始终是关注的重点之一。

明嘉靖年间，兵部右侍郎范钦创建天一阁，保藏自己费半生心力搜集的藏书。天一阁鼎盛时期藏量达7万余卷，其中史料价值最高的，要数明代各省方志、明代各省登科录等科举文献、明代及明以前碑帖拓本等三类。天一阁有一套严密的保管制度。范氏家族立下"代不分书，书不出阁"的制度，子孙分房掌管阁橱锁钥，非各房子孙齐至不开锁，并立有"烟酒切忌登楼"等禁碑。这些制度使得天一阁历经三百多年的风雨，保存至今。

　　天一阁的建筑颇富巧思：上层通为一厅，下层分为六间，寓"天一地六"之意；阁前有天一池，兼有蓄水、防火的功用。清乾隆年间建造《四库全书》七阁，其规制据说即仿自天一阁。因着《四库全书》的崇高声望，天一阁也更为世人所重。

　　明末至民国间，天一阁屡遭侵夺盗窃，经历过多次劫难，到20世纪中叶，藏书仅存1.3万余卷。阁书的被窃与散佚，让挚爱古籍、注重文献的人士至感痛惜。

　　天一阁是赵万里"十几年来梦想神游的目标之一"[1]，自然成为他南下访求古书的重要目的地。1931年8月，他与郑振铎、马廉同往宁波，停留了一个星期，期间两次探访天一阁。但因范氏族长不在，无人负责招待，没能登阁观书，赵万里仅就天一阁的外观规制作了仔细观察："细察阁的建筑方式，和其他宁波住宅并无多少不同之点。所用材料简陋非凡，消防设备简直等于零。和藏《四库全书》的文渊阁规模相比，真有天渊之别了。我不信文渊阁是模仿着天一阁盖的。"[2]对流传甚广的四库七阁仿天一阁建造说，提出了质疑。

　　1933年7月，赵万里因岳父之丧回乡，同时在江南各地访书。他在上海停留时，遇到从宁波到上海看病的马廉，两人谈起天一阁，打算去"作一次彻底的整理工作"。于是同船前往宁波，经鄞县（今鄞州区，下同）县长陈冠灵、鄞县文献委员会会长冯贞群（字孟颛）协调，与范氏家族达成谅解，获准登阁整理藏书，编造目录。工作时间限定一星期，期间监视编目的范氏族人的伙食费由赵万里负担，另需向鄞县县政府呈递一份公函备案。于是赵万里又回到上海，找北平图书馆馆长兼中央研究院院长蔡元培签署公函，给予赵万里"中央研究院和北平图书馆双方特派的名义"，提请鄞县县政府给予方便。

　　公函备好后，赵万里再赴宁波，于7月25日黎明抵达。当日即开阁观书，

① 赵万里：《重整范氏天一阁藏书记略》，载《赵万里文集》第二卷，第471页。
② 赵万里著，冀淑英、张志清、刘波主编：《赵万里文集》第二卷，第470—471页。

闻讯而来观光的人，把天一阁挤得水泄不通。赵万里"一个人负全部提调之责"，前来帮助整理编目的，除马廉、冯贞群外，还有大律师朱鼒卿、竹洲女子中学校长杨菊庭、北京大学史学系学生张美余，另从法院请来几位书记做誊写工作。

开阁时，赵万里看到的场景是："那前清乾隆御赐的毛装的残本《图书集成》放在正中间五个柜子里。所谓《历代帝王名贤图》抄本，早已成了赝鼎，比北平廊房头条三等货还不如。范文正的墨迹，也是后人伪造的，而范氏族人珍之如拱璧，岂不可笑。此外东西二间共有十个大柜，里面足足装了二千多种破的、烂的、完整的、残缺的种种不同时代的书。"经过七天的整理，赵万里遍览阁中所存2000余种书籍，每日过目约在300种以上，其兴奋与紧张可以想见。最让他感到快意的是，发现了200多种阮元等编《天一阁书目》、薛福成等编《天一阁见存书目》未著录的书。

这次阅书，赵万里用"较精密的统计法"整理了阁中所存的全部藏书，详细记录各书行款、边口、版心大小、序跋、内容特点等信息，甚至还抄下了一些难得的资料。比如明人顾玄纬的《九霞山人集》，世罕传本，他在天一阁中见到一部残本"前后虫伤残破，不忍触手"，而"卷一后附词三阕，幸未损字，亟命胥录于阁中"[1]。这次抄出的词三阕，后来提供给赵尊岳，刊入《明词汇刊》。

编目、抄辑资料之外，赵万里也观察了天一阁保存书籍的办法。他发现好几个柜子里都有蠹虫，因此对传统的书籍保护方法提出疑问："故老相传阁里的书全都夹着芸草，可以防蠹；柜子下镇着浮石，可以吸收水分。这完全是神话。其实天一阁所谓芸草，乃是白花除虫菊的别名，是一种菊科植物，早已失去了它的除虫的作用。浮石不知从郭外那个山里搬来的一种水成岩的碎块，并无什么吸收空中水分的能力。现在阁里的书，遭虫蛀的，数不在少。

---

[1] 赵万里：《九霞山人词跋》，载赵尊岳辑《明词汇刊》，上海：上海古籍出版社，1992年7月，第1648页。

东边一个柜子里，装着六部不全的成化本《宋史》，没有一部不遭虫蛀。"这便以亲眼所见，否定了广为流传的以芸草浮石保护古书的说法。他进而说道："所以科学防蠹的工作，实是今后保存阁书最要的一着。"①鲜明地提出以科学方法保护古籍，与旧时学者的看法迥然不同。这个观点领先于他所处的时代，21世纪以来古籍保护事业的发展，证明赵万里的观点具有预见性。能提出如此超前的、振聋发聩的看法，无疑与赵万里接受过新式大学教育有关。

此番历时七日的阅书，赵万里花费经费二百余元②。工作完竣后，赵万里邀请县长陈冠灵等，公祭阁主范钦，并摄影留念。此事当时颇受关注，上海《申报》刊载了报道《中央研究院派员赴甬会编天一阁书目录》③，宁波当地的《时事公报》也登载了内容相近的新闻④。

赵万里计划编纂一部"天一阁书目内篇"，为每部书撰写一则书志。他在《重整范氏天一阁藏书记略》一文中给出了书志的样例。从这则样例看，书志内容包括书名、版本、序跋、行款、作者介绍、内容提要，可谓周密详明、体大思精。如果这部书目得以完成，无疑将是版本目录学的巨著。

可惜的是，这次编成的目录稿本已经佚失。当年协助编目的冯贞群，对赵先生的编目计划非常推重，一直关注此目的进展。据冯贞群外孙陈伯龙说，赵万里后来告知冯贞群，此目稿本"在抗战期间全都散佚了"⑤。骆兆平《天一阁的藏书目录》也记载："一九六一年，赵先生函告笔者，此目当时未曾完稿，所抄录的原始资料，在抗日战争时期已散佚殆尽。"⑥幸运的事，这份

---

① 此事经过具见赵万里《重整范氏天一阁藏书记略》，载《赵万里文集》第二卷，471—473页。

② 《范氏天一阁藏书》，《宁波日报》1933年8月15日。

③ 《中央研究院派员赴甬会编天一阁书目录》，《申报》1933年7月28日第15版。

④ 饶国庆：《赵万里与冯孟颛》，载《天一阁文丛》第11辑，杭州：浙江古籍出版社，2013年，第198—199页。

⑤ 饶国庆：《赵万里与冯孟颛》，载《天一阁文丛》第11辑，第200页。

⑥ 骆兆平：《天一阁丛谈》，宁波：宁波出版社，2012年12月，第45页。

原始资料部分尚在人间。2016年11月20日北京泰和嘉成拍卖有限公司2016秋季艺术品拍卖会"古籍善本·金石碑版"专场第2583号拍品"赵万里、马廉等人登天一阁观书笔记稿本"①，其主体部分便是这次观书的笔记。这份笔记共三册，大部分为赵万里的手迹，少部分出自马廉之手。各书著录书名、著者、行款、序跋、尺寸等项，并往往抄录目录及序跋中重要文字，与《重整范氏天一阁藏书记略》列出的目录样条内容接近。如果有机会加以整理，可得一份内容可观的经眼录。

与"天一阁书目内篇"相应，赵万里还计划搜集天一阁历年散出书籍的信息，编辑"天一阁书目外篇"。1930年夏，他在郑振铎寓所见过新收天一阁旧藏明版词集，包括夏言《桂洲词》、夏旸《葵轩词》、陈德文《建安诗余》等②。还从郑振铎处借得清初宋荦抄本《天一阁书目》，工楷抄录，书后附签条："□书半叶十行，白口，蓝格，四周单边，版心下方镌'漫堂钞本'四字。'玄'字不缺笔，当是清初写本。"③赵万里不仅一丝不苟地抄录了这部书目，还对底本的某些明显错误进行了校订。如"英宗实训（三本）"条，便于天头批注："实，当作宝。"查宋荦抄本及与之同一系统的清初舒木鲁介夫抄本④，此字均误作"实"。

1930年、1931年盛夏，赵万里得张元济关照，大量调阅商务印书馆涵芬楼藏书，过目了大批天一阁旧藏珍本。1932年初，日军发动"一·二八事变"，入侵上海。1月29日商务印书馆遭日军飞机轰炸，损失惨重，殃及一路之隔的东方图书馆。2月1日，东方图书馆惨遭火灾，顿时火势燎原，纸灰飞

---

① 图版及信息见泰和嘉成拍卖公司网站：http://www.thjc.cn/web/auctionShow/viewAuctionItem?auctionItemId=82086&fromPage=auctionShow［2018.12.20］。

② 赵万里：《〈西谛书目〉序》，载《赵万里文集》第二卷，第291页。

③ 此抄本今存赵府。赵深惠示。

④ 郑振铎旧藏宋荦抄本，今藏中国国家图书馆，索书号15852；清初舒木鲁介夫抄本亦藏中国国家图书馆，索书号17987。

扬，所有藏书付之一炬[①]。这是中国近代文化史上的一大损失，赵万里"南望心伤，至于痛哭失声"[②]。

1934年1月底，"一·二八事变"两周年之际，赵万里整理这次涵芬楼阅书的笔记，录出天一阁旧藏明季史书26种，其中传记类10种、边防类4种、地志类12种，撰为《从天一阁说到东方图书馆》一文。这篇文章中介绍的各书，都是绝无仅有的史料，在日军的无情轰炸中永远地消失了，"纵有千金万金也找不到同样的一叶半叶"。多年以后，他再次整理在涵芬楼所阅史部书目100种，撰为《云烟过眼新录》，刊载于周珏良等1950年编印的《周叔弢先生六十生日纪念论文集》。他撰写的《上海涵芬楼藏书经眼录》30篇[③]中，有17篇是天一阁旧藏。

赵万里曾感慨："我在涵芬楼观书北返后，曾向友人建议，此项富有史料性的纸上材料，似乎在北方有留一册副本的必要。……此项建议当然没有人起来反对，但总以为这是不急之务，三四年后再办，也无关紧要。那里知道不测之祸，公然降生于两年前的今日。涵芬楼东方图书馆，就整个牺牲在这次空前的国难里。"[④]东方图书馆在战火中损毁的秘籍，只留下赵万里这几篇文章中的些许记载，可供后人凭吊。

这些文章，大概是"天一阁书目外篇"的零篇或节录。此书虽没有最终编成，但赵万里一直对之投注着心力。1961年冬，赵万里受中央政府文化部委派，南下浙江、江苏、福建等省调查图书文物，宁波是其中一站。他在1961年11月20日、21日再次到访天一阁。这次登阁，阅览了明刻本《淮海居士长短句》、黄璇纂修［景泰］《建阳县志》、王瓒纂修［弘治］《温州府志》、姚昺纂修［弘治］《永州府志》、严嵩纂修［正德］《袁州府志》、唐胄纂修［正德］《琼台志》、邵有道纂修［嘉靖］《汀州府志》、盛仪纂修［嘉靖］《维扬志》等

---

① 《东方图书馆纪略》，东方图书馆复兴委员会编印，1933年，第7页。
② 赵万里：《云烟过眼新录》，载《赵万里文集》第三卷，第404页。
③ 载《赵万里文集》第三卷，第541—551页。
④ 赵万里：《从天一阁说到东方图书馆》，载《赵万里文集》第二卷，第482—483页。

珍本；又从［嘉靖］《建阳县志》内摘录刻工姓名33人，作为鉴定建本时代的资料；还看了天一阁近年新收的古书，如抄本弋阳腔《蟠桃会》、抄本《镜里花传奇》等。同时访问了1933年一起登阁编目的冯贞群、朱鼐卿，"时正为天一阁编辑阁书散佚在外地的目录，即所谓天一阁外编目录，为此事交换了一些意见"①。可见到20世纪60年代，赵万里仍在为"天一阁书目外篇"搜集资料。

傅门问学

南下访书受制于地域、时间与经费，一般每年仅能实行一次，最多的年份也不过两次。赵万里访书，最主要的活动区域仍是平津一带。20世纪30年代，赵万里遍访北京藏书之家，各家也都乐于接待他阅书访书。比如朱文钧，家藏有宋本《啸堂集古录》。赵万里专程到访，看过之后，又和主人长谈。当时朱文钧的次子朱家濂随侍在侧，对不到30岁但"学问已成"的赵万里，印象深刻②。朱家濂后来进入北京图书馆工作，负责书籍采访，包括善本书的购买、受赠，与赵万里在业务上有很多合作。

北方藏书家中，赵万里请教最多、交往最密的，傅增湘（1872—1949）是其中之一。傅增湘是四川江安县人，清光绪二十四年（1898）中进士，散馆授翰林院编修。清末创办女学，卓有成绩。辛亥革命后参与南北和议。1914年当选议员，1917年任教育总长，五四运动后辞职。1927年任故宫博物院管理委员会委员兼图书馆馆长，两年后去职。

傅增湘大事收藏古籍，开始于南北和议期间。时当鼎革之际，故家藏书纷纷散出，盛昱、景廉、端方、穆彰阿、凤山、杨守敬、缪荃孙的旧藏，不少转入傅增湘之手。到20世纪20年代，他已成为北京首屈一指的藏书家。

---

① 赵万里：《南行日记》，载《赵万里文集》第二卷，第496—497页。
② 朱家濂：《忆赵万里先生》，《北图通讯》1982年第3期，第17页。

1929年编印的《双鉴楼善本书目》中，宋本多达180余部，足与北平图书馆相颉颃。傅增湘精于流略之学，校书多达千余部，著述整理为《藏园群书经眼录》《藏园群书题记》《藏园群书校勘跋识录》《文苑英华校记》等十数种，允称文献考订与版本目录学大家。

赵万里在1929年10月6日随徐森玉访傅增湘，这是他们初次相见。这一次会面，傅增湘嘱托徐、赵二人代校《大戴礼记》与王念孙手校本《山海经》[①]。三天后，赵万里再次随徐森玉到访藏园，离开时携走明抄本《春秋繁露》[②]。赵万里随后以该书"校涵芬楼藏明钞本，凡旬日而毕"，并作跋其后[③]。同时所校并题跋的，还有《楝亭十二种》本《砚笺》[④]。可以说，他们是因校理古书结缘，此后二十年的交往，仍以古书为中心展开。

傅增湘对赵万里的学识颇为赞赏。他在1930年写信给张元济，介绍赵万里前往涵芬楼看书，称赞赵万里"精研版本目录校勘之学，皆有心得，洵为后来之英秀"[⑤]，另一封信中又称之为"后生之最英特者"[⑥]。同年他写信给徐乃昌，介绍赵万里赴沪访问，称赞赵"凤研求版本目录之学，闻见赅博，与弟至契"[⑦]。由于傅增湘的赏识，赵万里得以定期前往藏园看书，与主人讨论版本目录之学。

有一次，正好是下雪天，赵万里如约前往藏园。仆人告知："主人尚未起床，请在门房稍候。"等傅增湘收拾停当，延客接谈时，院子里的积雪已经数寸有余了[⑧]。这与"程门立雪"的故事有异曲同工之妙，可谓当代的"傅门立雪"。

---

① 傅增湘：《〈藏园日记钞〉摘录》，《文献》2004年第2期，第254页。

② 傅增湘：《〈藏园日记钞〉摘录》，《文献》2004年第2期，第254页。

③ 傅增湘撰，王菡整理：《藏园群书校勘跋识录》，第337页。

④ 傅增湘撰，王菡整理：《藏园群书校勘跋识录》，第369页。

⑤ 张元济、傅增湘：《张元济傅增湘论书尺牍》，第237页。

⑥ 张元济、傅增湘：《张元济傅增湘论书尺牍》，第233—234页。

⑦ 梁颖整理：《藏园遗札附题跋二则》，载《历史文献》第十五辑，上海古籍出版社，2011年5月。

⑧ 丁瑜：《缅怀赵万里先生》，载《文津学志》第八辑，北京：国家图书馆出版社，2015年8月，第41页。

赵万里多次将自己收得的书赠与傅增湘。1930年3月，赠明写本《贞观政要》一册，傅增湘在书后题跋一则："此书海宁赵斐云无意中于德胜门内冷摊获之，审其册式，亦必旧时内阁大库之物，使不遇真赏如斐云者，此戋戋残帙，异时流落不偶，不为白纸坊造还魂纸之用，必供东直门糊油篓之材。然则今日什袭珍藏，一旦登藏园几案，使人摩挲爱玩而不忍舍者，非独为斐云幸，实为此书知遇之幸也。"①欣喜之情，跃然纸上。

大约在1934年11月上旬，赵万里赠傅增湘明写本《三家宫词》，傅增湘校勘之后，认为"篇中异字较之宋本转为佳胜，虽寥寥只十数番，而珍奇秘异乃逾于十朋，良友之惠我良多矣"②。还曾赠送过天一阁旧藏明抄本《王建宫词》一册，傅增湘校勘后，同样认为"其中异字较之宋本转为佳胜，虽寥寥数叶，而珍奇秘异逾于十朋，良友之惠，当什袭以储之"③。

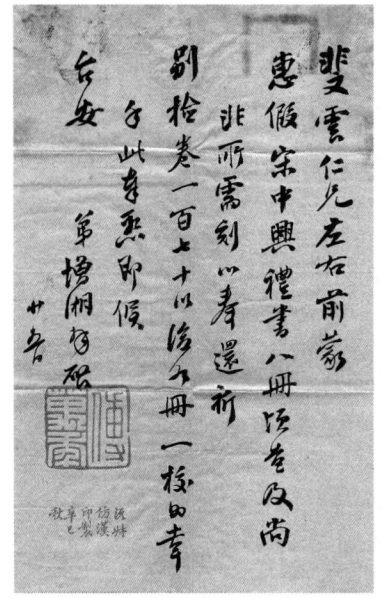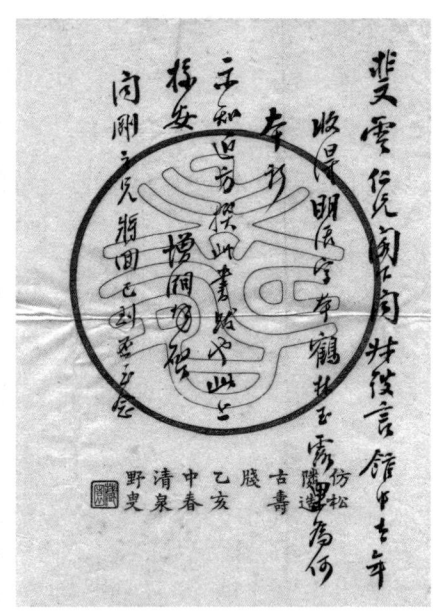

傅增湘致赵万里函

① 傅增湘：《明写本贞观政要跋》，载傅增湘《藏园群书题记》，第149—150页。
② 傅增湘：《三家宫词跋》，载傅增湘撰、王菡整理《藏园群书校勘跋识录》，第664页。
③ 傅增湘：《校明钞本王建宫词跋》，载傅增湘《藏园群书题记》，第603页。

赵万里经常代借北平图书馆的藏书，尤其是新从南方收得的集部书，供傅增湘校勘之用。傅增湘所撰书跋中，有很多记录。如《明嘉靖本梁昭明太子集跋》谓："此本为北平馆中新收，余取闽漳张燮本勘正一过，订正凡五百一十五字。"[①]《校钞本则堂集跋》谓："顷赵君斐云自南中搜得四库馆当日原编清本，每册均钤有翰林院大官印，因以所录阁本携入颐和园中，坐湖西临河殿对校一过，凡改正一百一十八字。"[②]《前唐十二家诗跋》谓："赵万里新自南方收来，亦天一阁之物也。取校此本，订正三十有二字，以视予前校活字本为佳胜也。"[③]这几部书，都是20世纪30年代借的。

又如《校明刘大昌刻本华阳国志跋》谓："顷北平馆中新收得嘉靖甲子刘大昌刻本，极为罕觏，因从赵君斐云许假归，以廖刻对勘一过。自八月二十二日起，至十月二十三日止，凡两阅月，仅乃讫功。"[④]《校钞本山房集跋》谓："近顷北平馆赵万里君自南中搜得四库馆原稿本，因假归校勘，改订殆千余事，补文九首，盖青词疏文之类为当时奉命所删削，经解一首，缘中多触忌之语，故不得不概从刊落也。"[⑤]

此外，赵万里代借的，还有明正统刻本《海叟集》[⑥]、南宋刻巾箱本《尚书传》[⑦]、明洪武刻本《贞观政要》[⑧]、明活字本《鹤林玉露》[⑨]等等，事例甚多。

赵万里还曾将他自己的《永乐大典》辑佚稿本借予傅增湘用于校勘，傅增湘《校四库馆钞本双溪醉隐集跋》谓："余谓凡《大典》辑录之书，往往明知其谬紊，而苦无旧本可资校正。然旧本既不可得，傥得初辑底本，则寻

---

① 傅增湘：《明嘉靖本梁昭明太子集跋》，载傅增湘《藏园群书题记》，第560—561页。

② 傅增湘：《校钞本则堂集跋》，载傅增湘《藏园群书题记》，第761页。

③ 傅增湘：《前唐十二家诗跋》，载傅增湘《藏园群书题记》，第665页。

④ 傅增湘：《校明刘大昌刻本华阳国志跋》，载傅增湘《藏园群书题记》，第142页。

⑤ 傅增湘：《校钞本山房集跋》，载傅增湘《藏园群书题记》，第747页。

⑥ 傅增湘：《藏园群书经眼录》，北京：中华书局，2009年4月，第1165页。

⑦ 傅增湘：《藏园群书经眼录》，第20页。

⑧ 傅增湘：《洪武本贞观政要跋》，载傅增湘《藏园群书题记》，第148—149页。

⑨ 傅增湘：《藏园群书经眼录》，第598页。

绎文字，恒胜于武英之聚珍、文渊所著录，盖以其未经馆臣之更订，写官之传讹，去古未远，面目犹未全失。余频年所校，如《旧五代史》《雪山集》《山房集》《敝帚稿略》等，皆补正不赀，斯亦可以推见矣。又颇闻当时奉敕搜检《大典》，程限严急，纂修官不尽精能，视为奉行故事，以致遗漏滋多。即以此集言之，今北平馆中所存《永乐大典》，为册只二百有余，然偶尔披寻，见所引《双溪醉隐集》其诗词多出今本之外。赵君斐云尝就所得诗四首、词三首、文一首别钞成册，持以相示，余因录存，附之此本，后异时倘有重刊兹集者，曷广肆寻求，悉心补订，勿谓珊网之外，遂无遗珠也。"①

傅增湘曾邀请赵万里参加藏园的雅集。1931年2月4日（农历庚午年腊月二十八日），藏园举办祭书会，客人多为名流耆宿，有夏闰庵、章钰、陈任中、陈垣、余嘉锡、沈兆奎、刘诗孙、傅岳棻、陶湘、陶洙、朱文钧、邢之襄等，北平图书馆徐森玉、袁同礼、赵万里三人与会。"时微雪晚霁，园亭清绝，盆梅绽萼，新香袭裾"，主人陈列当年新获宋本，有《欧阳居士集》廿九卷、《文苑英华》十卷、《礼部韵略》五卷、《魏书》一百十四卷、《后汉书》四十九卷、《咸淳临安志》十卷，以及其他旧刻明抄。客人也都携书前往，相与欣赏品鉴②。赵万里以青年俊才参与此类集会，和北京藏书界的联系日益密切，给他访书提供了更多机缘。

抗战时期，傅、赵二人都仍居住在北平，时相往还。1938年初，傅增湘致函赵万里，询问上年北平图书馆所购《鹤林玉露》的版本，以及谢国桢行止③。同年夏，又函询从《永乐大典》辑出之《双溪醉隐集》佚文④，赵万里遂将所得"诗四首、词三首、文一首别钞成册"⑤，赠与傅增湘。1939年夏，傅

---

① 傅增湘：《校四库馆钞本双溪醉隐集跋》，载傅增湘《藏园群书题记》，第785—786页。

② 许宝蘅著，许恪儒整理：《许宝蘅日记》，北京：中华书局，2010年1月，第1372—1373页。许宝蘅《藏园祭书会记》承俞国林惠示，前半图版又载《许宝蘅日记》书前。

③ 原函存赵府。

④ 原函存赵府。

⑤ 傅增湘：《藏园群书题记》，第786页。

增湘校勘《文苑英华》完成，专函致谢赵万里："此事前后三年余，大功告竣，此公相助之力不少，至感厚谊。"①同年夏，赵万里代傅增湘访购到旧写本《中庵集》②。1941年11月3日，傅增湘为校勘《刘子》，托赵万里借阅王重民在法国所摄敦煌本照片③。1948年6月1日，赵万里陪同宿白、金毓黻访傅增湘④。

1947年，傅增湘分两次将手校各书337种3581册捐赠北平图书馆。1948年，又捐赠明刊本及抄校本79种。病重之际还嘱赴家人捐赠珍藏的宋本"双鉴"。这一系列义举，展现了傅增湘化私为公的崇高藏书理念。同时我们也应看到，赵万里与傅斯年相交近20年，其专业水平与爱书护书精神，让傅增湘放心，也是促成捐赠的重要因素。

编纂《国立北平图书馆善本书目》

赵万里在北平图书馆从事的主要工作之一，是整理善本书库，编纂善本书目。京师图书馆所藏善本古籍，承袭内阁大库、国子监南学、避暑山庄等处所藏，复由政府调拨、馆方搜访，馆藏不断增长。历年主持馆务者，都把善本古籍的整理、编目作为馆务重心之一。京师图书馆最早的善本书目，为第一任监督缪荃孙所编《学部图书馆善本书目》，收入邓实所编《古学汇刊》，1912年由国粹学报社刊行。此后，第二任馆长江瀚编成《京师图书馆善本简明书目》，1913年铅印。第三任馆长夏曾佑重加修订，沿用原书名，1916年铅印成四册。之后，张宗祥任京师图书馆主任期间，又据夏曾佑目录重编，纠正夏目错误不少，所著录的书也颇有增加。到20世纪20年代，京师图书馆善本书目已经有四部。

---

① 原函存赵府。
② 傅增湘：《藏园群书题记》，第792页。
③ 原函存赵府。
④ 金毓黻：《静晤室日记》，沈阳：辽沈书社，1993年10月，第6611页。

　　1929年国立北平图书馆与北平北海图书馆合并重组，两馆藏书合并，善本书库也相应重加整理。当时，不仅原京师图书馆普通书库有稀见书应提入善本，原北海图书馆藏书也颇有可以列入善本者，新购的善本书数量也不少。为此，徐森玉、赵万里等制定了整理善本库的三条原则：其一，原善本库中书，"凡印本拙劣，及其本尚非罕见者，一律退归普通书库，以省容积"；其二，将善本书库分为甲乙二库，"甲库藏宋元明刻本、钞本或名贤手校手钞本，至清人著述，无论钞本稿本，或精刻初印本，则概归乙库收藏"；其三，复本书仅在善本书库中保存一至二部，"余者别藏善本重复书库"①。

　　据馆务报告记载，合组刚刚完成的1929年9月，徐森玉、赵万里便着手进行善本书库的整理工作，"分别优劣后，另行插架"②。他们根据前述三个原则，将原京师图书馆善本书库中的藏书重加甄别，珍善者留存，其他则或退归普通书库，或改归善本乙库，或别藏善本重复书库；同时补充普通书库中提升为善本者，以及新购善本书。这项工作后主要由赵万里负责，历经年余，大约在1931年下半年便已完成。经过这一番整顿，善本甲库藏书无不精湛整洁，蔚为大观。北平图书馆钤于善本甲库珍本的藏书印"国立北平图书馆珍藏"，也是赵万里请名手陈巨来刻的③。

　　编目与整库同时进行。按当时馆内分工，赵万里负责整理善本甲库，而善本乙库则由赵录绰负责。至1932年，赵万里撰成《国立北平图书馆善本书目》四卷，付诸木刻，于1933年10月印成行世。此目以经史子集四部分类，收宋元明刊本及精校、名抄、稿本总计3796种，其中经部200种、史部1256种、子部707种、集部1633种，著录各书书名、卷数、著者、版本、完缺及批校题跋者。所录善本古籍中，最重要者为三类：一为明刻方志，计500余

---

　　① 《本馆善本书目新旧二目异同表》，《国立北平图书馆馆刊》第八卷第一号（1934），第89—90页。

　　② 《馆讯（十八年九月）》，《国立北平图书馆月刊》第三卷第三号，第455页。

　　③ 《印人陈巨来：一枝铁笔驰誉艺坛，安贫乐道精神尤堪钦佩》，《申报》1948年7月26日第4版。此印图版见王菡《魏榆隽永集》，北京：中华书局，2018年9月，第609页。

种；二为明刻明人别集，计780余种；三为旧本元明剧曲，计200余种。

删旧补新之外，此目对此前京师图书馆善本书目的著录错误，诸如审定版本的主观沿误、不尽可靠之处，一一加以纠正。他在《本馆善本书目新旧二目异同表》的小序中说："盖版本之学，至于今日而极其盛。昔人每因比较研究之方法与资料之不足，于审定版刻之时间性与空间性，时有主观之沿误。"①明确地阐述了以比较为版本学研究的根本方法。在这一方法的指导下，赵万里廓清了不少前人版本考订的疏误，"有原题宋刻而审定为元刻者，如《资治通鉴》《易林》是；有原题明刻而审定为宋元刻者，如《四史外戚传》是"②。

此类改订，并非出于赵万里臆断，而是"必就正于专门名家，或检得客观之条件，始敢写定"③，态度是非常审慎的。所有改订，具见《本馆善本书目新旧二目异同表》一文，兹不赘述。科学的方法、审慎的态度，使《国立北平图书馆善本书目》在版本学上取得了很高的成就，甫一出版便得到学界的美誉，且影响深远。2011年人民文学出版社编辑部在该书与《旧京书影》的影印出版说明中，对其作了高度评价："此目与张宗祥稿本京师图书馆善本书目等体例不同，记载不如张目详细，但若论其著录之完整、鉴定之精准、文字之严谨，则此目可谓空前。"④又谓："一九三三年《北平图书馆善本书目》是版本研究告别主观性版本鉴定，迈向客观性版本研究的金字塔式的里程碑。拿一九三三年《北平图书馆善本书目》与早期目录相对照，看到过

---

① 《本馆善本书目新旧二目异同表》，《国立北平图书馆馆刊》第八卷第一号（1934），第89—90页。

② 《本馆善本书目新旧二目异同表》，《国立北平图书馆馆刊》第八卷第一号（1934），第89—90页。

③ 《本馆善本书目新旧二目异同表》，《国立北平图书馆馆刊》第八卷第一号（1934），第89—90页。

④ 人民文学出版社编辑部：《出版说明》，载赵万里编、〔日〕仓石武四郎摄影《旧京书影·（1933年）北平图书馆善本书目》，北京：人民文学出版社，2011年1月，第4页。按：此《出版说明》出自日本学者乔秀岩（桥本秀美）之手。

去模糊不准确的鉴定被赵先生的版本研究一条一条改订，读者会感到快刀乱麻的痛快，同时对赵先生的工作油然产生敬慕之心。"①

此目出版的1933年，赵万里年方28岁，从此饮誉海内，声名远播，成为版本目录学界的知名学者。其后，赵万里继续从事馆藏善本书目甲编续目的编纂工作，著录1933年以后新购善本书。至1936年夏已得"经部约三十种，史部约二百种，子部约一百余种，集部约四百种"，计划"增至一千种时即行付印"②。可惜不久抗战爆发，这份"续目"没能正式出版。

编纂这两部书目，赵万里都得到了陈恩惠的协助。赵万里曾自述二书"是我与陈恩惠先生合力编成的；分别部类及审定版刻，则由我独力负责"③。陈恩惠1927年入馆，最初职务是书记，主要在赵万里指导下从事辅助性的抄写等工作，长期负责库房管理，后来逐步登堂入室，曾任善本组组长。

《国立北平图书馆善本书目》以精审著称，不过其著录项目颇为简洁，只著录书名、卷数、著者、版本、完缺及批校题跋者，而没有更详细的解说。傅增湘在该目的序文中，引述了一种看法："或以兹目依类标名，未参序论，微伤简略，岂餍群情。"同时解释说，赵万里整理甲库善本，"将欲辑为书影，录为书志，次第刊布"④，当时刊布的只是"简目"。

傅增湘所说的这部"书志"，赵万里有详细计划，并已开始撰写。1930年6月印行的《国立北平图书馆馆务报告》称，"本馆所藏善本书约三千种，爰拟合编为馆藏善本书志，详考板刻时代、著者仕历及与今本或他刻本异同之故"，并谓"集部明别集类之书业已编竣，将依其体裁，编录其他各类"⑤。

① 人民文学出版社编辑部：《出版说明》，载赵万里编、〔日〕仓石武四郎摄影《旧京书影·（1933年）北平图书馆善本书目》，第10—11页。

② 《国立北平图书馆馆务报告（民国二十四年七月至二十五年六月）》，第12页。

③ "北平图书馆民主评定薪级自报书"，中国国家图书馆档案，文件号：1949-&255-027-4-1-006。刘鹏惠示。

④ 傅增湘：《〈北平图书馆善本书目〉序》，载《国立北平图书馆善本书目》1933年刻本卷首。

⑤ 《国立北平图书馆馆务报告（民国十八年七月至十九年六月）》，第24页。

　　这批明别集类书志，陆续以《北平图书馆善本书志·明别集类》为题，刊载于《国立北平图书馆馆刊》第四卷第一、四、五号，共计72种。书志每则著录书名、卷数、版本、著者、序跋、行款、内容与评述、其他书目著录情况、递藏、钤印等，翔实丰富，是学术价值很高的提要式目录。

　　值得注意的是，与《馆刊》其他文章为铅字排印迥然不同，《北平图书馆善本书志·明别集类》系木活字版，可见此书随撰随刊，拟汇集成书；成书之前，即以书版先行印入《馆刊》发表，以副学界期盼。

　　到1932年夏，善本书志"已完成全数五分之二"[①]。以善本甲库藏书约3800种计算，当时完成者应在1500种左右。1930年《馆刊》刊发的72种，实仅九牛之一毛。据《馆刊》，这部书志"拟次第刊行"[②]，且部分刻本已在《馆刊》发表，可见初期进展尚属顺利。可惜的是，这部书志后来并未完成，其原因可能与1933年平馆为避日寇劫掠将善本书装箱寄存平津安全地点有关。书既已装箱，取阅不便，书志撰写自然无法推进。幸运的是，明别集部分书志，以另一种面目在"续修四库全书总目提要"中保存了下来。

　　受美国退还庚子赔款的影响，日本政府于1923年3月决定退回部分庚款，支持对华文化事业。1925年10月，日中双方成立东方文化事业总委员会，以柯绍忞为委员长。1927年12月，东方文化事业总委员会设立人文科学研究所，提

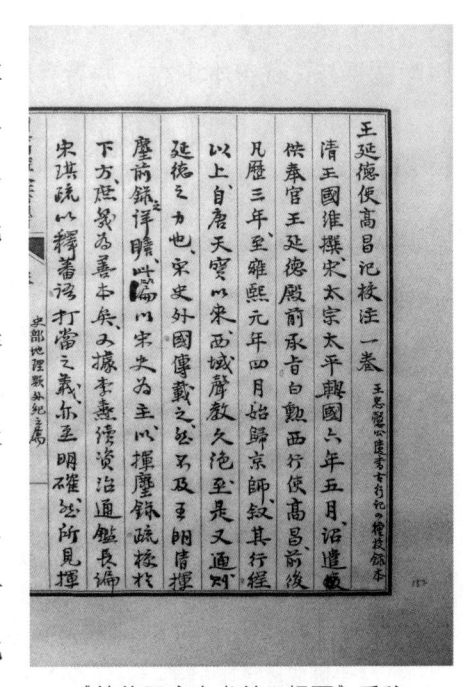

《续修四库全书总目提要》手稿

---

　　① 《国立北平图书馆馆务报告（民国二十年七月至二十一年六月）》，第21—22页。
　　② 《国立北平图书馆馆务报告（民国二十年七月至二十一年六月）》，第21—22页。

出"续修四库全书总目提要"等研究项目。1928年至1931年6月，完成了《续修四库全书》的拟目，随即转入提要撰写阶段。东方文化事业总委员会开出丰厚稿酬，动员大批中国学者参与提要撰写，先后参加者有70余人，共完成提要稿3万余篇，计1500余万字。

受东方文化事业总委员会中方委员傅增湘和该会主持人日本人桥川时雄的邀请，赵万里也为之撰写了不少提要。当时参与这项工作的北图馆员很多，如向达、谭其骧、刘节、孙楷第、谢国桢等，都各尽所长，有所撰作。赵万里承担的，主要是明人别集与王国维著作的提要。据赵万里致该会职员邓萃英函，提要按月提交，每月一批，每批12篇[1]。从1934年10月8日起至1937年4月21日止，两年半时间里共提交了31批提要，共计349篇[2]。《馆刊》所载《北平图书馆善本书志·明别集类》，大多收入其中，可见赵万里撰续修四库提要与馆藏善本书志，两者存在一定关联，至少是有所重合的。

在"九一八事变"之后参与这项撰稿工作，给赵万里招来了非议。1937年5月，北平几家报纸都刊登报导，指责平馆高级职员赵万里、谢国桢、孙楷第等，"受某方贿买，私抄偷拍馆藏孤本"，"为某方续撰四库全书提要"[3]，斥为"文化汉奸"[4]；又有报道称，北大学生将"请校方解聘"在该校兼课的赵、孙二人，历史系一年级"酝酿对赵某实行罢课"[5]。天津《益世报》也发表了内容相近的报导[6]。一时间舆论沸腾，有山雨欲来风满楼之势，甚至连远在西安出版的《工商日报》也刊出了评论[7]。这件事的起因，据赵万里说是

[1] 如1936年5月20日函，"送上本月份应缴之稿共十二篇"。其他各函与之相似。
[2] 吴格：《东洋文库藏〈续修四库全书总目提要〉资料随录》，载张本义主编《大连图书馆百年纪念学术论文集》，沈阳：万卷出版公司，2007年11月，第234—284页。
[3] 《平圕职员受某方贿买私抄偷拍馆藏孤本》，《北平新报》1937年5月9日第4版。
[4] 《文化汉奸》，《北平新报》1937年5月9日第4版。
[5] 《平圕职员受贿渎职事件北大学生将有所表示》，《东方快报》1937年5月18日第4版。
[6] 《北平图书馆发现文化汉奸三名，受某国贿赂偷抄孤本，馆当局发觉即将解职》，天津《益世报》1937年5月14日第3版。
[7] 山羽：《"文化汉奸"》，《工商日报》1937年6月2日第5版。

"有一同事因私人行为浪漫被裁（此人昨日暴病而死），于是其他有被裁之资格者为之大恐，结成联合战线，突以刚主、子书及弟等三人过去之事为口实，在小报上乱造谣言，大肆攻击（此三人被视为袁党，故先攻之，以示威于袁公也）"①。

不久，平馆副馆长袁同礼、北大文学院长胡适分别发表书面谈话，袁同礼称"图书馆为文化机关，纯属公开性质"，"传抄善本书籍并不足怪"；胡适则称，"北大从来不干涉教员的学术工作，更不问他们的学术文字在何处发表"，认为撰写续修四库全书提要"不过等于我们在日本杂志上发表文章，本来并不足奇怪"②。有两位主管撑腰，所谓"盗抄善本书籍案"③遂渐渐平息。事情虽然烟消云散，不过在日寇步步紧逼的1937年，被扣上"文化汉奸"的罪名，大大震撼了赵万里，让他"寝馈难安"④。这时，好友郑振铎也从上海来信，劝他洁身自好，不再撰稿。

1937年春夏之交，赵万里毅然决然退出了"续修四库全书总目提要"的撰写工作。当时平馆的参与者，大多数都在这一时期停止撰稿。赵万里撰写的这些提要，在其有生之年也未再整理发表。王国维著作部分，后来由冀淑英整理为《静安先生遗著选跋》，刊于华东师范大学出版社1983年版《王国维学术研究论集》一；明人别集部分则直到2000年，由冀淑英整理为《明人文集题记》，连载于《文史》第52至55辑。

在编辑馆藏善本书目书志，并遍访南北藏书家、图书馆的基础上，赵万里着手编纂一部搜罗广泛、规模宏大的善本书目，初拟书名为《四部考》。1936年2月27日，傅斯年在国立北平图书馆委员会第二十二次会议上提出论补助赵万里撰著《四部考》案，委员会议决："此书为圕工作之一，其编

---

① 1937年6月24日赵万里致傅斯年函。原函藏中研院史语所傅斯年图书馆，文件号：Ⅲ：843。

② 《□□职员文化走私事件事属有之现已劝阻》，《北平新民报》1937年5月19日第4版。

③ 《国立图书馆职员盗抄善本书籍案》，《北平新报》1937年5月16日第4版。

④ 1937年6月24日赵万里致傅斯年函。原函藏中研院史语所傅斯年图书馆，文件号：Ⅲ：843。

辑费及杂费由圖担任，遇必要时可约故宫博物院合作，自下年度起限两年完成。"①北平图书馆委员会同意资助编辑费与杂费，同时要求限两年完成，即1938年6月截止。1936年9月下旬，傅、赵二人通信，谈及赵万里拟编"文籍源流考索"②，指的大概也是这部书。

1937年6月24日，赵万里在给傅斯年的信中谈到这部书的编纂情况，"此项资料已收得者约万余事（十年心力尽萃于此），尚待访求补充者不知凡几"，同时"编纂费及旅行调查杂费殊无着落，去年委员会之议决案，现为事实所限，不能充分实行"，希望与傅斯年商议推进办法③。

当时赵万里因"盗抄善本书籍案"风波，拟辞去其他职务，专心从事这部"大书目"的编纂。他在信中细述原委，"幸经胡袁二先生自动发表谈话，得以大白于世"，事情虽然已经过去，但赵万里"经此巨痛，寝馈难安"，打算"自本年六月起结束一切杂事（如《六朝墓志》等工作皆在九月前结束），辞却所有兼课（下学期可有课八小时），及图书馆一部分行政事务，以全部时间精力从事编纂'大书目'，期以二年或二年半先将初稿出版"④。

遗憾的是，就在赵万里1937年7月初赴南京与傅斯年面商诸事之后不过数日，日军制造"卢沟桥事变"，发动全面侵华战争，更多的调查无从谈起，《四部考》的编纂不得不暂停，最终没能成书。现在《赵万里文集》第三卷所收《芸盦群书经眼录》《宋元刻本写本经眼录》《明清刻本钞本经眼录》《内阁大库书经眼录》《昭仁殿景阳宫藏书经眼录》《上海涵芬楼藏书经眼录》《南京国学图书馆藏书经眼录》《浙江省立图书馆藏书经眼录》《吴县吴氏百嘉室藏书经眼录》《平湖葛氏守先阁藏书经眼录》，都是他四处访求善本书的部分记录，也许便是《四部考》的资料或初稿。

---

① 北京图书馆业务研究委员会编：《北京图书馆馆史资料汇编：1909—1949》，第353页。
② 王汎森、潘光哲、吴政上主编：《傅斯年遗札》，台北："中央研究院"历史语言研究所，2011年10月，第724—725页。
③ 原函存傅斯年图书馆。
④ 原函存傅斯年图书馆。

第四章

北海之滨：
1928—1937（下）

辑校宋金元三代散佚词集

赵万里先后师从刘毓盘、吴梅、王国维三位词学巨擘，对词情有独钟。大学时代，他爱好创作，词作颇见才情，以至于吴宓在他的婚礼上致辞，也以词为话头："古今文学家皆有美人以引其情而助成其诗文著作，欲知今日新郎新娘之恋爱、订婚以迄结婚之历史者，请俟赵万里君所作词集《夕阳琴语》出版，取一册读之，便知其详。"[①]

北上清华园之后，赵万里很少再倚声填词，兴趣与精力转移到词学文献及其研究上。他在这方面做的主要工作，便是词集的汇编、整理与辑佚。汇刊词集宋代便已出现，最早的便是长沙书坊的《百家词》（已佚）。经过几百年岁月的淘洗，很多作品湮没散佚了，今人为研究词学须尽可能多地占有资料，便有辑佚与重新汇编整理的必要。

朱孝臧《彊村丛书》，辑刻词作达163家，其中包含了不少辑佚工作。王国维在清末编有《唐五代二十一家词辑》，汇聚了《花间集》18位作者及韩偓、李璟、李煜的词作；此辑当时并未刊刻，迟至1928年方才收入《海宁王忠悫公遗书》行世。大规模的词集辑佚，首推刘毓盘的《唐五代宋辽金元名家词集六十种辑》，该书1925年由北京大学印行，收唐至元及高丽词作60家，大多为辑佚之作，在词学史料整理方面有一定贡献，不过也存在不少问题。龙榆生评论该书"采撷之勤有足多者，而真赝杂糅，抉择未精"[②]。赵万里也直率地指出，"其弊不仅在所见材料之少，而在真伪不分，

---

　　① 吴宓：《吴宓日记：1925—1927》，第348页。

　　② 龙榆生：《〈唐宋金元词钩沉〉序》，载施蛰存主编《词籍序跋萃编》，北京：中国社会科学出版社，1994年12月，第747页。

校勘不精，出处不明"。当然，赵万里并非有意贬抑业师著作，他推究其失误的原因为刘毓盘"笃老著述，得书不易"，又评论说："余初辑《宋金元人词》，闻先生有此书，以为先获我心。转辗自友人处假归读之，始知其书实未尽完善。大辂椎轮，创始不易，后之鉴者，自当为先生谅也。"①持论可谓公允平正。

与王国维、刘毓盘两位老师一样，赵万里钟情于词集辑佚。他在1927年秋，也就是王国维去世之后不久，便开始着手编辑《校辑宋金元人词》一书。此后三年间"宋元人所著说部别集翻阅殆遍，易稿凡三四次"②。到1930年7月，主体部分开始付印③。当年冬全书编成，随后于1931年2月完成印制装订，由中央研究院历史语言研究所正式出版。全书73卷，自130余种4000多卷古书中辑得70家词作1500余首，大规模辑录久已散佚之宋金元人词集，大多为毛晋、王鹏运、江标、朱孝臧、吴昌绶诸家汇刻词集所未收。另附《宋金元名家词补遗》一卷。

赵万里在评论刘毓盘《唐五代宋辽金元名家词集六十种辑》时说："如有人仿先生成例，就《草堂诗余》《绝妙好词》《唐宋诸贤词选》，及《梅苑》《全芳备祖》《花草粹编》，及宋人说部、地志中辑之，再就《历代诗余》、朱氏《词综》等书略校异同，更仿郑文焯校《清真词》、朱古微校《梦窗词》之例，录校记于每阕之右，则尽善矣。更就他书统计之，则两宋一代人所作词尚存于今者，自可得精详之统计。而《全宋词》之辑，亦可由此完成。"④他的《校辑宋金元人词》，正是按这里所论述的方法进行的。

该书以搜罗广泛、严谨缜密，颇得学界称誉。胡适为之作序，着重表彰

---

① 赵万里：《校辑宋金元人词·引用书目》，中央研究院历史语言研究所，1931年2月，第2页。

② 赵万里：《校辑宋金元人词·例言》，中央研究院历史语言研究所，1931年2月，第1页。

③ 傅斯年：《历史语言研究所十九年度七月份工作报告》，载《傅斯年全集》第六卷，长沙：湖南教育出版社，2003年9月，第157页。

④ 赵万里：《悼江山刘毓盘先生》，原载天津《大公报·文学副刊》第43期（1928年10月29日）；此据《赵万里文存》，南京：江苏人民出版社，2016年10月，第329页。

"这部书的长处，不仅在材料之多，而在方法和体例的谨严细密"[①]，将其优点归纳为五个方面：第一，首次充分地、大规模地运用辑佚的方法整理散佚词集；第二，不避烦细，详举出处，每首词均详细注明引用原书，往往多达六七种甚至十二三种来源，使人可以复检原书，且方便从原书可靠程度判断所引文字的真伪；第三，精于校勘，注出各不同来源的文字异同；第四，可疑者列为附录，详加考校；第五，仿词谱之例，施加标点并标明韵脚，使用便利。

龙榆生评该书"谨严缜密"，认为至此"词林辑佚之功，于是粲然大备矣"[②]。唐圭璋评该书"既补晚清诸家汇刻词集之遗，又一扫清以来词选真伪不分、妄增妄删之弊。关于宋代各地刻词之情况，所引书之版本来源，俱叙述详尽，指陈明确，有条不紊，有卷可查，丰富词学之知识，显示科学之谨严，其影响极其深远"，"对词学贡献尤巨，继承先修，启迪后学，实事求是，多所发明，开一代之风气，为学术之典范"[③]，可谓推崇备至。

十年之后，唐圭璋出版《全宋词》，编纂过程中参考了《校辑宋金元人词》的宋代部分。这部书编纂过程中，赵万里与唐圭璋有过交流。唐圭璋在《〈全宋词〉缘起》中说："草目写定后，复承赵斐云、周泳先、朱居易诸先生补遗。"[④]出版之后，赵万里还曾告知唐圭璋，"后见《永乐大典》数十册，宋人词尚有在前辑外者"[⑤]。这些提示，对于20世纪50至60年代唐圭璋、王仲闻对《全宋词》进行修订补充，当有参考价值。

赵万里辑佚、考订宋词的部分所得，部分写成短文刊发。如《马子严〈古洲词〉校辑》一文，载《北京大学图书部月刊》第一卷第二期（1929年

①　胡适：《〈校辑宋金元人词〉序》，载赵万里《校辑宋金元人词》，中央研究院历史语言研究所，1931年2月，第1页。

②　龙榆生：《〈唐宋金元词钩沉〉序》，施蛰存主编《词籍序跋萃编》，第747页。

③　唐圭璋：《读词三记》，《南京师院学报》（社会科学版）1982年第4期，第47页。

④　唐圭璋编：《全宋词》，国立编译馆，1940年5月，第1页。

⑤　此语出自唐圭璋致夏承焘函，见1940年12月2日夏承焘日记。夏承焘：《天风阁学词日记》，载《夏承焘集》第6册，第251页。

12月），校录24首。又如《跋向滈〈乐斋词〉》一文，载《北平北海图书馆月刊》第一卷第五号（1928年10月）。此跋以《永乐大典》寄字韵中引向滈词《西江月·寄旧》一阕补江标《宋元名家词》所收向滈《乐斋词》之缺，又以《大典》本校正《清平乐·次韵王武子寄还》一阕讹脱三处。

更多的则作为"补白"在《北平北海图书馆月刊》《国立北平图书馆月刊》上刊出。如：第一卷第五号的《宋词搜逸》之一（贺方回《东山词》）至第三卷第一号的《宋词搜逸（续）》（吴儆《竹洲词》）[1]。这些篇章，后来都收入《校辑宋金元人词》中。

《校辑宋金元人词》的宗旨，在于汇集已亡佚的词集与词作，并不像《全宋词》一样囊括所有作家作品。在编纂这部书的同时，赵万里也在校勘传世词集，"所得佳本，如曹恺原辑本《东坡词》、四卷本《稼轩词》、明写本赵彦端《宝文雅词》，为诸家所未见或见而未及校勘者，尚不下三十余种"，又"间以《花庵词选》《阳春白雪》《全芳备祖》《草堂诗余》《绝妙好词》《翰墨大全》《永乐大典》《花草粹编》及宋元说部所引宋元人词以勘诸家专集，异文之繁，不胜缕指，尝拟撰为札记，并兼疏诸本源流"，计划编纂为《唐五代宋金元词录》一书[2]。这部书虽没有纂成，不过所得名家佚词，则已汇编为《宋金元名家词补遗》，附入《校辑宋金元人词》，收词人30家，词作142首。

对于明人词作，赵万里也同样关注。赵尊岳辑刻《明词汇刊》，赵万里帮助尤多。从赵尊岳和赵万里二人所撰各词集跋文中，可知赵万里辑出的有：吴敏道《观槿长短句》，自其自刻《观槿稿》中辑出[3]；胡文焕《全庵诗余》，自其所编《游览粹编》中辑出[4]；王越《黎阳王太傅诗集》，自明正德刻本录出词15首[5]；顾起纶《九霞山人词》，自天一阁藏《九霞山人集》中辑出三

---

① 详见本章"编辑馆刊与编印善本丛书"一节。
② 赵万里：《校辑宋金元人词·补目》，中央研究院历史语言研究所，1931年2月，第5页。
③ 赵尊岳辑：《明词汇刊》，第1654页。
④ 赵尊岳辑：《明词汇刊》，第1670页。
⑤ 赵尊岳辑：《明词汇刊》，第1676页。

阁[1]；杨琢《心远楼词》，自汉阳叶氏所藏旧抄本《心远楼存稿》中辑出[2]；杨循吉《松筹堂词》，自北平图书馆藏原刊本录出；陈如纶《二余词》，自北平所见明刊本录出；卢维桢《瑞峰诗余》，自北平图书馆藏《瑞峰集》中录出；朱东阳《濯缨余响词》，自明万历刊本《濯缨余响》中录出；张萱《西园诗余》、莫云卿《小雅堂词》，均自明刻本著者文集中录出。

赵万里代为校勘或提供校本的，也有多种，如：杨慎《升庵长短句升庵长短句续集》，以万历刻本补正；祝允明《枝山先生词》，以北平图书馆藏嘉靖谢雍手抄《枝山集》勘正；王祖嫡《师竹堂词》，以雍正间其裔孙兑之手抄本校正数字。此外，《支机集》底本系赵万里助赵尊岳购得[3]，夏旸《葵轩词》所据传抄本系赵万里寄赠，李濂《乙巳春游诗余》也是赵万里"自京师写示"[4]。以上见于二人题跋者，已有18种之多。这些题跋的时间，均在1933至1936年之间，可见《校辑宋金元人词》出版之后的数年间，赵万里颇为留意明人佚词的搜集。

考订汉魏六朝墓志

出土墓志是"地下之新材料"的重要一类。王国维倡导二重证据法，重视此类文献的史料价值，他本人撰有《唐贤力苾伽公主墓志跋》《唐吴郡朱府君墓志跋》《宋赵不汲墓志跋》等论文，在利用墓志考证史事方面成绩突出。赵万里在协助王国维开展研究、整理文稿的过程中，对这一方法自然有相当深刻的认识。

1929年8月，国立北平图书馆与北平北海图书馆合组，主持馆务的副馆长

---

① 赵尊岳辑：《明词汇刊》，第1648页。
② 赵尊岳辑：《明词汇刊》，第1877页。
③ 赵尊岳辑：《明词汇刊》，第580页。
④ 赵尊岳辑：《明词汇刊》，第1939页。

袁同礼有鉴于金石拓本、舆图在学术上的重要性，特设金石部、舆图部，与善本部并列。最初以徐森玉兼任金石部主任，赵万里则兼任金石部馆员。当时金石部一共只有三人，徐、赵之外，另一位馆员是范腾端。1932年出版的《国立北平图书馆馆务报告（民国二十年七月至二十一年六月）》所附《本馆职员一览（二十一年六月）》，在金石部下已不再列出赵万里的名字，因此他兼任金石部馆员为期不超过三年，时间并不长。就在这短暂的两三年间，金石部藏品大幅增加，系统编目开始启动，赵万里自己的金石学研究也开始形成规模。

清末以来，墓志大量出土，大多辗转于古玩市场，散存于各公私藏家之手，学者难以利用。虽有罗振玉《唐风楼碑录》所收《吴中冢墓遗文》《芒洛冢墓遗文》《广陵冢墓遗文》《襄阳冢墓遗文》及《邺下冢墓遗文》《山左冢墓遗文》等辑录之作问世，但往往搜罗不广，且缺乏图版、录文、考证三方面融会贯通之作。赵万里充分利用馆藏，兼以访书所见所得，纂成了墓志汇编考证的集大成之作——《汉魏六朝冢墓遗文图录》。他自评该书"极有用，临池者可供观摩，治史者可佐考证"[1]。

此书编纂始于1931年，1938年基本完成；但其出版过程迁延20余年，至1956年方才完成。1931年6月15日傅斯年给赵万里的信中，便已提到"《魏墓志辑》一书，如已编就目录，当可付印"[2]。《国立中央研究院历史语言研究所十九年度报告》第五章《下年度研究计划大纲》列有"赵万里：编纂《魏齐周隋之墓志》"一条[3]。

两年后的《国立中央研究院历史语言研究所二十一年度报告》，则谓"特约编辑员赵万里编撰《汉魏六朝冢墓遗文》一书在印刷中"[4]。不过，当时

---

① 1933年5月12日赵万里致其父赵宗孟函。见于西泠印社拍卖有限公司2018年秋季拍卖会"中外名人手迹暨戊戌变法120周年纪念专场"（2018年12月16日）。图版见：http://www.xlysauc.com/auction5_det.php?ccid=1087&id=163338&n=2364［2018.12.18］。

② 王汎森、潘光哲、吴政上主编：《傅斯年遗札》，第371—372页。

③ 傅斯年：《傅斯年全集》第六卷，第199页。

④ 傅斯年：《傅斯年全集》第六卷，第381页。

印刷的只是图版部分，并不包括考证部分。考证部分的编纂，"始事于二十四年夏，至翌年冬日草稿粗具"[①]。在着手撰写考证不久的1935年9月2日，傅斯年已经迫不及待地催促赵万里："大著《魏隋墓志》如考证需时，弟主张先将本文出版，如此则但需一目录，想督书记为之，一周便可了事。其补遗若干，弟甚盼一并附入，想能办到。至于考证，声明后出，似无不可。"[②]

不过，赵万里并不愿意草草出版。他集中一年的精力，完成了考证部分。1936年6月27日，函告傅斯年"墓志题跋仅隋志有三之一未写成，余均早已脱稿，次第付印，七月中无论如何必可结束，大约八月中可出版也"[③]。1937年3月8日，再次致函傅斯年解释推延原因："墓志考证因隋志内容复杂，初稿写定后又将《新唐书》及初唐墓志细细籀读，颇有改易，因而交稿稍迟。有劳我公垂念，至深歉仄。自上月（二月）下旬起陆续交京华赶速排版，现又印得一卷矣（每卷考证文约十五六大版，可得七八万字。有二三卷篇幅较少）。"

抗战初期，傅斯年仍非常关注此书的出版。商务印书馆总管理处驻港办事处曾于1938年12月30日致函中研院史语所，报告印刷进度："此稿系于廿一年九十月间开始排版，以后著作人因收集底稿未齐，常有停顿，其间每次相隔时日，有至一年或数月之久者，故迄今未能连续进行，现在内中石印部份已行印齐，铅印部份尚有一卷在排，如无其他问题，全部不久当可藏事。"差不多同一时间，赵万里函告傅斯年，"弟所编之《六朝冢墓遗文》，仅自序（历叙墓志史的源流及六朝墓志之特点、前人著录之概况，故文甚冗长也）及封面（容希白兄之笔）尚在排制中，所有十卷考释共五十余万字左右均已竣事"，同时请示装订、补遗、赠书等事务。可知到1938年底，全书已接近完成。此后局势日益艰难，编印过程因而中断。

抗战胜利后，赵万里于1947年2月恢复中研院史语所通信研究员兼职，傅

---

① 赵万里：《汉魏六朝冢墓遗文图录·后记》，载《汉魏六朝冢墓遗文图录》，［1948年］。

② 王汎森、潘光哲、吴政上主编：《傅斯年遗札》，第684页。

③ 此函及本节下文所引傅斯年、赵万里、余逊函，除注明其他出处者之外，原函均存傅斯年图书馆。

斯年随后便再次催促赵万里完成此书。当年3月19日，史语所北平图书史料整理处余逊致函傅斯年，报告他了解到的情况："赵斐云所为冢墓遗文序，生曾经催促，据称序文字数不至甚多，属稿甚易，且亦不致稽迟过久。惟书中阙页颇多，有须重新照像石印者，有须补排铅板者，俟其补印齐全，运平装订，颇须时日。补印蒇事前，序文总可脱稿，不致因此便出版愆期也。"傅斯年在余逊函中，写下批注四则："乞再一催。此书实不便再等。岂等至第二次大乱耶。""此事已与商务谈好，不应再慢。一事慢，他事也慢，必无了局。""不可如此也，予将催商务。""乞转请其万勿等补印页。"急切之情跃然纸上。傅斯年如此着急，还有一个原因是他将在这年7月赴美治疗，希望在离开前能看到样书。

傅斯年的意见由余逊转达，赵万里遂致函傅斯年，告知"石印（补印）部分首批上海已印制完竣，二批即可检寄。至铅印（补印）亦在京华赶印。本暑期中定可出书，届时当首先寄至美国请政，乞勿念"。不料此后又过了一年，补印仍未完成。1948年6月10日，余逊向傅斯年报告"石印应补之篇页已寄上海补印，其铭印考释现正继续赶排"。9月6日，傅斯年再次专函催询："此事前前后后将十五年矣。人生百年，为寿几何？若待至三次世界大战之后，弟已不能在人间见之矣。"言语间颇有些沧桑感慨。傅斯年主张"不管补上多少，先就已存者出版（将有可有补编，今日不必求全）……或即以存印交研究所人，径行出版，了此一心事"[1]。9月10日，赵万里回函，解释自上年秋天以来，小儿患严重眼疾三度入院手术，夫人患胃病，终日料理医药，以致印书迟延；当即决定已编成的"再补"一卷，打消主意，不再增入，而将已印成部分尽速装成300部于年内出版。

这封信是赵万里与傅斯年最后一次商谈《汉魏六朝冢墓遗文图录》一书出版事宜。两天之后，辽沈战役开始。9月下旬，解放军攻克济南。11月，淮海战役、平津战役相继打响。国内局势骤变，他们已无法从容讨论印书事务。幸而到这次通信时，全书已大体印就。笔者在美国哈佛大学哈佛燕京图书馆见过

---

[1]　王汎森、潘光哲、吴政上主编：《傅斯年遗札》，第1838—1839页。

一部，全书三册，书品宽大，高37厘米，宽30厘米，不过却没有版权页，也没有注明出版时间。此外，北京保利国际拍卖有限公司2011年春季拍卖会、中国嘉德国际拍卖有限公司嘉德四季第33期拍卖会（2013）、北京卓德国际拍卖有限公司2015年春季拍卖会、北京卓德国际拍卖有限公司2015年春季拍卖会，都曾拍卖该书，部分拍品有藏家印鉴。从这些资料看，该书当时确已印成，并已在一定范围内流传，不过传本甚少，至今已非常稀见。从不列版权页、不标为中研院史语所出版看，印成装订时间恐怕已在1948年底或1949年初。

20世纪50年代初，中国科学院考古研究所敦促赵万里正式出版该书。1953年2月10日夏鼐在考古所遇到赵万里，便"谈及魏晋六朝墓志印本事"[1]。当年12月，赵万里改定序文。到1956年1月，该书作为"考古学专刊"之一由科学出版社出版，定名为《汉魏南北朝墓志集释》。

全书按时代分为十卷，又有补遗一卷，共十一卷。收汉魏至隋墓志等的新旧拓本609通，起自东汉延平元年（106）马姜墓志，止于隋大业十一年（615）宫人刘氏墓志。所收大多为墓志，以石志为主；砖志仅收文字精好或志文有关史事者，洛阳出土的东汉刑徒墓砖、新疆吐鲁番出土的高昌墓砖，因出版有专集，未再重录。墓志之外，还收有少数墓记、椁铭、神坐、柩铭等。拓本大多数是北京图书馆馆藏，也有部分借自藏书家，如朱文钧藏品[2]，又如曾借过徐乃昌《常丑奴墓志》[3]。每种著录拓本尺寸、行款、书体、出土地点等，并对有关史实加以考证；记载原石出土、流传情况及考证史事的重要题跋，也选录原文附后，极便研究参考。

此书集唐以前墓志史料之大成，其细致、深入的史学考辨也深为学者称道，被视为以考辨墓志资料以证史、补史的代表作。陆扬评论："从考订史实的角度来说，赵万里的工作可以说是非常有成绩的，其学问的深厚和工作

---

① 夏鼐：《夏鼐日记》卷五，第7页。
② 朱家濂：《忆赵万里先生》，《北图通讯》1982年第3期，第17页。
③ 徐乃昌撰，西南大学图书馆整理：《徐乃昌日记》第9册，第130页。

的细心都远非前人可比，这些特点在他对像《尔朱敞墓志》《赵韶墓志》《内司杨氏墓志》这一类墓志的精审考证中有充分的体现。"此外，赵万里对某些墓志有超出史实考订范围的评论，"比如在对《肃宗充华卢令媛墓志》和《元飀妃李媛华墓志》等的考释中，他也注意到了卢令媛家族和李媛华家族的婚姻对象均为当时北方的一流高门"①，眼光独到，足以启发专题研究。

此书出版以来，一直是研究汉魏至隋代历史与考古的基本史料之一，以其拓本精善、著录翔实、考证精审、征引宏富、点评精到，备受学者重视。甚至在赵超《汉魏南北朝墓志汇编》出版之后，学界仍公认"使用《汇编》，必须参校《集释》"②。该书此后多次再版：1972年台北鼎文书局影印，收入"国学名著珍本汇刊"；1986年台北新文丰出版公司影印，收入《石刻史料新编》；2008年8月广西师大出版社再次影印。

《汉魏南北朝墓志集释》中最精彩的墓志考证，部分曾单独在学术刊物发表，依次有：《北魏江阳王元继墓志跋》，原附于《北平北海图书馆月刊》第二卷第五号（1929年5月）卷首插图"魏江阳王继墓志铭"之下，后经整理收入《赵万里文集》；《元龙墓志跋》《彭城王元飀妃李媛华墓志跋》，载于《益世报·读书周刊》第三十期（1935年12月26日）；《洛阳新出尔朱敞父子墓志考证》，载于《天津民国日报·图书副刊》第十九期（1946年11月29日），又以《跋尔朱敞父子墓志》为题载于《图书季刊》新第九卷第一、二期合刊（1948年6月）；《跋馆藏卢文构李月相夫妇墓志》，载《图书季刊》新第七卷第三、四期合刊（1946年12月）；《跋洛阳近出陈叔明墓志》，载《图书季刊》新第八卷第三、四期合刊（1947年12月）；又有《古志新证》连载于《天津民国日报·图书副刊》第二十七期（1947年1月24日）至第四十期（1947年4月25日），包括《高虬墓志》《斛斯椿专志》《冯邕妻元氏墓志》《高湛墓志》

---

① 陆扬：《从墓志的史料分析走向墓志的史学分析——以〈新出魏晋南北朝墓志疏证〉为中心》，《中华文史论丛》2006年第4辑，第96页。

② 韩旭：《赵万里金石学成就述评》，载《文津学志》第八辑，北京：国家图书馆出版社，2015年8月，第53页。

《元宝月墓志》《李挺墓志》《徐智竦墓志》《羊玮墓志》《杨秀墓志》《王衮暨夫人萧氏墓志》等10种。以上各文，都以新出土墓志补正传史籍记载。

汉魏南北朝墓志之外，赵万里也同样关注唐五代墓志。1931年6月15日傅斯年给赵万里的信中提到"《唐人墓志辑》，弟自极乐观厥成"[①]，可见他同时在进行汉魏南北朝和唐五代墓志的整理。《国立中央研究院历史语言研究所二十年度报告》更详细地记述："特约编辑员赵万里拟将以前所得芒洛、邺下、关中、山右出土之唐五代墓碣墓志，从事编辑，仿《明清史料》例，次第印行。"[②]可惜的是，这部分未能成书。

校勘《广韵》

校勘《广韵》是20世纪30年代赵万里花费大量精力的又一项学术研究。此项研究大约在1929年7月提出计划并着手进行[③]。校勘计划要点如下：

> 《广韵》一书，传世者以泽存堂本为较善，然讹夺亦颇不乏；兹本刘毓崧校勘《汉书》之例，拟定校勘大纲如左。书成时定名为"广韵校疏"，盖所注重者固不仅在各本之比勘已也。（一）传世《广韵》刻本，泽存堂本外，有江安傅氏藏北宋椠本、海盐张氏藏宋刻本、《古逸丛书》影宋本及曹楝亭影宋刻本。宜以张氏藏本为底本，与各本细勘一过，著其异同，择善而从，如阮氏《十三经注疏校勘记》例。（二）《广韵》者，即广《唐韵》而成，传世唐写本《唐韵》残卷，可以正今本《广韵》之讹脱者，亦时时遇之。而《唐韵》祖本之陆氏《切韵》及王仁煦《切

---

① 王汎森、潘光哲、吴政上主编：《傅斯年遗札》，第371—372页。

② 傅斯年：《傅斯年全集》第六卷，第301页。

③ 傅斯年：《历史语言研究所概况》，原载《国立中央研究院院务月报》第一卷第一期（1929年7月）；此据《傅斯年全集》第六卷，第47页。

韵》，亦宜详加比勘，以还其旧。即丁氏《集韵》及《和名类聚抄》、三部《经音义》诸书所引之唐人《切韵》，亦可据以互校，以见异文，而诸家《切韵》佚文，亦当辑存之，入附录中。（三）《广韵》注释中所引各书，有已佚者，宜据其他类书所引比勘之；其未佚诸书，与今本亦时有异同；且所注训诂，均出《切韵》《唐韵》，亦各有所本；宜并疏之，以求所出，如孔广陶之校《北堂书抄》例。（四）前人疏校《广韵》，如段玉裁、王懋竑、桂馥诸氏，其说有可采者，当并著之，其未纯者亦驳正之，如王先谦《荀子集解》例。（五）《广韵》本文大书，校疏则双行书之，如越本注疏例。且仿一字一行本说文，以纽为单位，而提行书之。所隶诸纽字之古韵部声母，当附著眉端，以便省览。①

这份校勘计划所列校本广泛齐备、方法缜密谨严，故不惮文繁，全文征引如上。赵万里广搜《广韵》异本，如从傅增湘处借到半部宋刻本②，从张元济处借到段玉裁校本③，从钱玄同处翻拍"巴黎国民图书馆藏五代刻本《切韵》照片十六叶"④等等。资料逐步齐备，校勘工作也快速推进。

1930年3月，在北大听赵万里"词史"课的日本留学生仓石武四郎，曾从赵万里处借阅"《广韵》校本两册"⑤，4月归还⑥。可见当时完成者数量已经很可观。到1931年，史语所报告称："特约编辑员赵万里本拟于年内完成《广韵》定本之编辑，嗣因一部分校勘材料须至日本摄制宋版《广韵》，费时甚

---

① 傅斯年：《国立中央研究院历史语言研究所十七年度报告》，载《傅斯年全集》第六卷，第18页。

② 赵万里：《今乐考证跋》，载《赵万里文集》第二卷，第311—312页。

③ 张元济1932年3月28日致赵万里函，载《张元济全集》第十卷，第414页。

④ 赵万里1931年1月致傅斯年函，原函存傅斯年图书馆。事又见钱玄同著、杨天石主编、阎彤等整理《钱玄同日记》（整理本），北京：北京大学出版社，2014年8月，第783、787页。

⑤ 〔日〕仓石武四郎著，荣新江、朱玉麒辑注：《仓石武四郎中国留学记》，北京：中华书局，2002年4月，第100页。

⑥ 〔日〕仓石武四郎著，荣新江、朱玉麒辑注：《仓石武四郎中国留学记》，第111页。

久，故须下年方能完毕。"①这里的"下年"，指的是1931—1932年度。

果然，1932年4月赵万里给傅斯年写信，便谈到《广韵》校勘"早已完工"，但因上月赴沪停止誊录，"现正早夕赶录，下月底前必可了，六月中可付印，暑假内当可出版"②。不过，誊录工作并没有计划中的迅捷，到1933年8月，赵万里函告傅斯年《广韵》校记全书五卷，已完成誊录者为两卷120页，因"一天只能录八九页"，故而延迟，他计划"拟将已录成之两卷先交京华影印，余则随钞随交"③。据现存的校记稿本，为赵万里誊录的，是北平图书馆善本部书记陈恩惠。

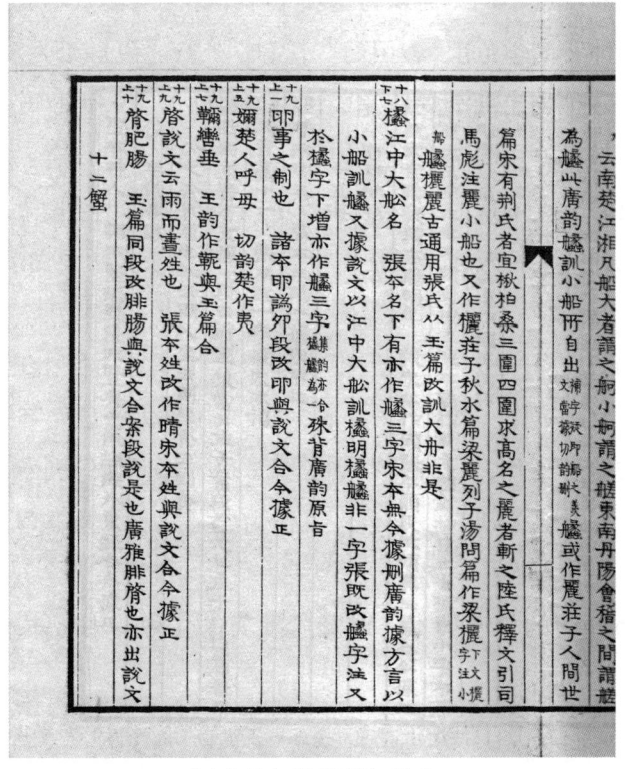

《〈广韵〉校勘记》稿本

①　傅斯年：《国立中央研究院历史语言研究所十九年度报告》，载《傅斯年全集》第六卷，第192—193页。

②　原函存傅斯年图书馆。

③　原函存傅斯年图书馆。

然而，赵万里终究对这部校记很不放心，担心自己的判断不符合音韵学的轨范，不愿定稿付印。他在1934年11月向史语所语言组罗常培、赵元任等表示，"现在因事很忙，而且对于音韵学又是门外汉，恐一时校不出来。即使匆忙校出来，也难免受人指摘。最好是把搜集之材料，如北宋《广均》、宋本《集韵》，及已成之工作，交出来，由所中指定一个专人工作，如'刘半农共李家瑞'之例，似乎可以计时结束"①。所谓"刘半农共李家瑞"之例，指二人合编《宋元以来俗字谱》并共同署名。这是一个非常审慎的办法。

傅斯年的看法则不同，他认为这项工作"原为会集众本成一定本，固以版本为限，不涉音韵学范围"，因而"音韵学外行之说自无关系"，坚持请赵万里完成全书。他提出两个加速完成该书的办法，其一为赵万里暂停其他工作，专心从事校勘，由史语所提供津贴；其二为赵万里指定一人，在其指导下工作，由史语所支付薪水②。赵万里倾向于采用第二种办法③。

他们物色到的代替人选，便是周祖谟。他是北京大学中文系1932级学生，从罗常培研习音韵学，功底扎实，其毕业论文为《〈篆隶万象名义〉中之原本〈玉篇〉音系》。1936年夏，周祖谟即将大学毕业，便由几位老师指定，从事《广韵》校勘工作。到当年6月底，"校录工作大致已完"④。赵万里提出留周祖谟在史语所工作，得到傅斯年、罗常培、赵元任等同意，即在"八月十六日到职，在北大圕研究室办公，工作为校《广韵》及整理他自己的论文两事"⑤。

赵万里将此前的校勘稿本，以及所搜集的各种韵书版本和其他参考资

① 语出1934年12月20日傅斯年致赵万里函。王汎森、潘光哲、吴政上主编：《傅斯年遗札》，第641—644页。

② 王汎森、潘光哲、吴政上主编：《傅斯年遗札》，第641—644页。

③ 见1934年12月28日傅斯年致赵元任、李方桂函。王汎森、潘光哲、吴政上主编：《傅斯年遗札》，第647页。

④ 语出1936年6月29日傅斯年致赵万里函。王汎森、潘光哲、吴政上主编：《傅斯年遗札》，第724—725页。

⑤ 语出1936年8月12日罗常培致傅斯年函。原函存傅斯年图书馆。

料，包括王重民新近从法国国家图书馆拍摄的敦煌本《切韵》照片70页也由他借出[①]，悉数交给周祖谟应用。周祖谟在北大图书馆辟专室，"自早至晚，悉心从事"，赵万里"每星期一上午北大下课后，即赴周君处商谭一切"，工作程序为周祖谟草拟校记长编，交赵万里审阅，再由周祖谟提交史语所语言组诸先生"评定"；卷首序录由赵万里草拟，内容为"《广均》版刻之流变"；而唐人韵书、《太平广记》、《集韵》等校勘材料，业已集中[②]。

赵周二人通力合作，校勘工作迅速完成。1938年，《广韵校勘记》由商务印书馆在长沙出版，署名"周祖谟撰"。以泽存堂本为底本的《广韵校本》，则迟至1951年由商务印书馆在上海影印。1960年，中华书局始将二者合一印行，至今仍为音韵学研究者的案头常用书，两人的精诚合作结成了硕果。

《广韵》校本虽然没有依"刘半农共李家瑞"之例共同署名，不过周祖谟在这几部书的序文中，突出地表彰了赵万里的工作。《广韵校勘记》周祖谟序中说："本书所用宋刻《广韵》及唐人韵书残本照片，皆赵斐云先生一人惠示，又承恺切指示，实可钦感。"[③]《广韵校本序》谓："昔读黄丕烈藏书题识，知段玉裁有《广韵》校本。近得见王国维所临黄丕烈过录之段校本，书中订正《广韵》之误字极多。王氏亦尝以宋刊巾箱本校泽存堂本，后又以《切韵》《唐韵》通勘《广韵》，标出陆孙二家原有之字。赵斐云先生复重校一过，益以故宫博物院所藏王仁昫《刊谬补缺切韵》，朱墨琳琅，用力甚勤。"[④]1960年中华书局本《广韵校本》的序言中说："校勘时复承斐云先生恳切指示，惠借资料，受益实多。"[⑤]

现在使用周祖谟《广韵校本》的学者，大多已不太了解这部书校勘过程

---

① 刘波：《国家图书馆与敦煌学》，北京：国家图书馆出版社，2018年4月，第132—133页。
② 见1936年9月15日赵万里致傅斯年函。原函存傅斯年图书馆。
③ 周祖谟：《广韵校勘记》，长沙：商务印书馆，1938年。
④ 周祖谟：《文字音韵训诂论集》，北京：北京大学出版社，2000年12月，第267页。
⑤ 周祖谟：《广韵校本》，北京：中华书局，1960年，第6页。

中的曲折。赵万里功成身退的谦逊，成就了二人的合作，成就了一部经典学术著作，留下了一段学林佳话。周祖谟对赵万里，毕生持弟子礼，尤其是"文革"期间赵万里卧病在床时，仍多次前往探望。

编辑馆刊与编印善本丛书

赵万里到北图之初，编辑馆刊是主要工作任务之一。这份馆刊随着馆名的变更，三次改变刊名：创刊号出版于1928年5月，最初名为《北京图书馆月刊》，第一卷第五号（1928年10月）改名为《北平北海图书馆月刊》，第三卷第一号（1929年7月）改名为《国立北平图书馆月刊》，第四卷第一号（1930年2月）定名为《国立北平图书馆馆刊》，改为双月刊，出版至第十一卷第一号（1937年2月）停刊，前后共印行61期。

赵万里刚入馆，便在馆刊第一卷第二号开始连载《馆藏善本书提要》（1928年6月）。不久，他便参与该刊的编辑事务，并且成为主要编辑人员之一。该刊早期并无编辑人员的署名，我们只能通过其他线索了解赵万里的角色与贡献。

可以确定的是，至少在一段时间内赵万里在馆刊编辑上起了主要作用。这主要表现在两个方面：其一，馆刊每号之前的图版，如第一卷第四号（1928年8月）刊载俄藏黑水城出土金刻版画一帧、第二卷第一号（1929年1月）刊登斯文·赫定于楼兰所得《战国策》残卷、第二卷第五号（1929年5月）刊登魏江阳王继墓志铭、第三卷第五号（1929年11月）刊载俄境伊尔库茨克所出唐镜二品、第六卷第二号（1932年4月）刊出洛阳出土古象棋盘，都有赵万里撰写的跋语或按语。

其二，很多期次都以赵万里的短文作为补白，如第一卷第五号（1928年10月）的《宋词搜逸》之一（贺方回《东山词》），第一卷第六号（1928年12月）的《宋词搜逸》之二（李易安《漱玉词》）、之三（陈亮《龙川词》），第二卷第一号的《宋词搜逸》之四（李石《方舟词》），第二卷第二号（1929年2月）的《宋词搜逸》之五（阮阅《阮户部词》）、《宋词搜逸》之六（陈克《赤城词》），第二卷第三、四号合刊（1929年4月）的《〈永乐大典〉内之元人佚词》（耶律铸《双溪醉隐词》、卢挚《疏斋词》）、《二金人词辑》（吴激《东山乐府》、耶律履《文献公词》）、《宋词搜逸（续）》（张先《张子野词》、范成大《石湖词》、张辑《清江渔谱》、蔡楠《浩歌集》、张孝忠《野逸堂词》、周端臣《葵窗词稿》、万俟绍之《郢庄词》），第三卷第一号（1929年7月）的《宋词搜逸（续）》（吴儆《竹洲词》）。这些资料性的辑佚之作，都是赵万里纂辑《校辑宋金元人词》时所得。

这两类文字，都不是专题学术论文，且篇幅短小，一般而言，不会出自作者投稿，而应是期刊编辑人员所为。从这里可以推知，至少在1928年8月至1929年底之间，赵万里是馆刊的主要编辑人员。

其他资料也可佐证这一点。1930年12月，清华大学拟聘赵万里接替傅增湘担任版本学、目录学教职，该校校务会议致各校务委员的函件中，就介绍"赵先生前在北海图书馆编辑月刊，现任北平图书馆采访部事"[①]。《国立北平图书馆月刊》第三卷第一号（1929年7月）刊有赵万里所撰《〈书目丛刻〉第一集目录》，目后跋文中有"适余主编是刊"[②]之语，同样可以旁证赵万里在《馆刊》编辑方面的角色。不过，《书目丛刻》拟刊印的八种，仅明晁瑮《晁氏宝文堂书目》、明徐𤊹《徐氏家藏书目》在《馆刊》上刊出，最后刊出时间为第四卷第四期（1930年8月），其后未再连载。它的未完成，可能与赵万里不再承担《馆刊》主要编辑工作有关。这和前引清华函件中所称"前在北海图书馆编辑月刊"相合。准此，赵万里离开《馆刊》"主编"岗位的时间，不会晚于1930年秋。

---

① 《推荐赵万里为中文系讲师》，原件藏清华大学档案馆。
② 赵万里：《〈书目丛刻〉第一集目录》，《国立北平图书馆月刊》第三卷第一号（1929年7月），第72页。

从1936年8月刊出的第十卷第四号开始，馆刊在卷首列出"国立北平图书馆馆刊编辑委员会"，委员12人，都是馆内青年学者，而以赵录绰为干事。赵万里是12位委员之一，可见10年间他一直在为馆刊工作，不过后期不再是主要编辑人而已。

在民国时期国内发行的数十种图书馆馆刊中，北图馆刊是较有特色的一种。它并不以刊载本馆信息、馆藏统计、书目为主，而是以文史研究为主要关注领域，每一期都刊发"专著"，即文史学术论文，涉及史学、文学、文献学、目录学、校勘学、古籍整理、图书馆学等学术领域。作者群更是群星璀璨，刘国钧、王重民、蒋复璁、孙楷第、向达、赵万里、谢国桢等馆内学者不论，梁启超、罗振玉、傅增湘、胡适、陈寅恪、孙人和、蒋廷黻、余嘉锡、孟森、俞平伯、李小缘、杜定友等知名学者都曾在该刊发表研究成果。毫不夸张地说，《馆刊》是当时学界的重要交流园地，是民国时期国内一流的学术刊物。这一成绩，当然与赵万里等学有专攻且交游广泛的编委们的努力是分不开的。

由袁同礼推荐，赵万里还担任了《大公报·图书副刊》的主编。这个副刊的前身是国立北平图书馆1931年10月创办的《读书月刊》。1933年平馆与《大公报》社合作，将之扩展为《图书副刊》，于9月28日出版创刊号，开始时为双周刊，后改为周刊。该刊宗旨在于介绍、评论书籍，发布学术、出版消息，"给予一般人以一种书籍选择的标准和常识"。抗战爆发后，于1937年7月22日出版第191期后停刊。

《大公报》社每月支付《图书副刊》报酬200元，编辑费、稿费都在内，由主编人支配。赵万里编好每期的稿子，交给报社，报社编辑一般不做更动。该刊的编辑事务，由北平图书馆编纂委员会的人士担任，王重民、贺昌群、向达、王庸等四人也参与了编辑工作。有研究者称向达、贺昌群曾任主编[1]，

---

[1] 孟化：《国立北平图书馆办刊物研究（1928—1937）》，《国家图书馆学刊》2013年第4期，第106页。

或许不一定准确。

赵万里在1933年12月3日回复罗香林的信函中说："《大公报·图书副刊》弟不过负投稿之责，与编辑无关也。"[①]所谓"投稿之责"，大概不外乎撰稿和组稿约稿。约请他人撰稿的详情，现在已经很难知晓。撰稿方面，赵万里可谓不遗余力。从创刊号开始，他便在《图书副刊》开辟"芸盦群书题记"专栏，前九期共发表了八篇，给初创期的刊物以巨大支持。这个专栏前后延续了四年，到1936年仍刊出三篇。

第十期以后，大概是因为刊物已经在学界获得良好声誉，稿源大有拓展，赵万里的文章比初期减少。不过，他仍在此发表了《重整范氏天一阁藏书记略》《从天一阁说到东方图书馆》（第十二期）、《〈四部丛刊续编〉的评价》（第二十三、二十四期）、《悼内藤虎次郎氏》（第三十四期）等文章。

作为古籍版本与考订的专家，赵万里参与了几个大型古籍影印项目，其中规模最大的是《国藏善本丛书》。这部书的选印，起源于影印《四库全书》之争。

1933年4月，国民政府教育部任命从德国留学归来不久的蒋复璁担任中央图书馆筹备处主任。中央图书馆组建之初，没有专用馆舍，经费不充裕，图书更无基础。蒋复璁向他的老师、时任教育部长朱家骅提出，影印当时已南迁上海的故宫博物院所藏文渊阁《四库全书》中之未刊本，事成后给中央图书馆十分之一即100部作为版税，用于与外国交换图书[②]。这个设想得到朱家骅的赞同，并提请行政院会议通过；不久后接任教育部长的王世杰，也十分支持这一影印计划。蒋复璁遂与商务印书馆协商，于当年6月签订出版合同。中央图书馆还编制了选印草目，共列出366种。消息登报发表，激起了一场风波。

---

① 马楚坚主编：《罗香林论学书札》，第354—355页。
② 蒋复璁等口述，黄克武编撰：《蒋复璁口述回忆录》，台北："中央研究院"近代史研究所，2000年5月，第52—54页。

故宫博物院对此持明确反对态度，原因是蒋复璁策划此事，从教育部入手运作，却并未与故宫方面接洽，最初的合同中规定版权归中央图书馆所有，俨然与故宫无关。因此故宫博物院图书馆馆长江瀚认为，此事动机不纯洁①。1929年3月之后一直兼任故宫图书馆副馆长的袁同礼②对此事同样大为不满。他组织、联络了一大批专家学者，反对蒋复璁的影印计划。王庸、向达、刘节、孙楷第、王重民等北平图书馆馆员，纷纷发表文章对央图的计划提出异议；文教界名流傅增湘、叶恭绰、董康、朱启钤等联名致函教育部陈述意见，鲁迅也赞同北平图书馆的观点；《益世报》《北京晨报》《大公报》还为此发表了社论。与之相对，张元济等商务印书馆人士、郑鹤声等南方学者对影印计划持支持态度。双方展开了热烈的论战，焦点主要集中在版权归属、库本价值与选目等问题上③。

赵万里与论战双方都渊源颇深，免不了卷入这一纷争。1933年3月蒋复璁曾托他"查《四库》目"④，他对蒋复璁的计划不仅知情，据蒋复璁说他最初还建议蒋不要告诉袁同礼⑤。同时，他不仅是袁同礼在北平图书馆的下属，更是故宫博物院图书馆的专门委员，必须站在故宫的立场上发言、办事。袁同礼采取双管齐下的办法，一方面联络各界人士发表意见，甚至亲自前往南京与教育部商讨，另一方面提出"以善本代替库本"的方案。赵万里在这两方面都是主将。

6月26日赵万里访朱自清，便谈到"故宫反对中央图书馆印《四库全书》，因未提及他们"，袁同礼"拟调停"，已嘱赵万里"定一目，约三百部，

① 《故宫图书馆长江瀚谈影印四库全书经过》，《时事新报》1933年8月9日。

② 李文洁：《袁同礼年谱简编（1895—1949）》，载《袁同礼纪念文集》，北京：国家图书馆出版社，2012年6月，第33页。

③ 姜文：《1933年关于影印〈四库全书〉之论争平议》，《历史研究》2011年第20期，第43—49页。

④ 朱自清著，朱乔森编：《朱自清全集》第九卷，第203页。

⑤ 蒋复璁等口述，黄克武编撰：《蒋复璁口述回忆录》，第54页。

半用《四库》本，半用善本"①。这份目录便是《景印〈四库全书〉罕传本拟目》，收经部24种、史部30种、子部36种、集部170种，附宛委别藏40种，总计300种。"例言"举出应废库本用善本的几类文献，如原刻本仍存世但库本仍据《永乐大典》零星辑佚者、库本据残本入录而全帙尚存者、库本抄写时经馆臣窜改而底本仍存者；又认为文津阁本抄写最晚、讹误最少，影印文渊阁本应与文津阁本校勘②。凡此种种，均言之成理、持之有故。这份目录载于《国风》半月刊第三卷第二期（1933年7月），得到众多学者的支持。

赵万里将北平图书馆的观点，专函向张元济提出。此函今未见刊布，不过张元济的覆函当年便已发表。据张函，赵万里在信中表达的主张，便是用善本替代库本。张元济则认为，库本与善本"不妨兼营并进"，各自进行，并表示"所有公私善本允假敝馆影印者，苟于照相制板在技术上认为可能，极当勉力承印，与库本并行不悖"③。张元济的意见，一方面维护了教育部和蒋复璁的主张，另一方面为日后《国藏善本丛刊》的组编埋下了伏笔。

袁同礼联络南北学者，具体事务也多由赵万里经办。8月3日，袁同礼对《大公报》记者发表谈话，陈述对影印《四库全书》的意见，并称"现又派本馆编纂赵万里先生南下接洽，作最后之努力"④。张元济8月14日致傅增湘函中提到，董康告诉他，几天前"赵万里方持一信来，已签名去矣"⑤。可见董康、傅增湘等联名向教育部提出的公函，系赵万里奔走联络而成。正是因为赵万里的积极奔走，蒋复璁后来对他颇有怨言⑥。

虽然影印《四库全书》未刊本遭遇了文教界的大力反对，但在教育部

①　朱自清著,朱乔森编:《朱自清全集》第九卷,第235页。

②　赵万里:《景印〈四库全书〉罕传本拟目》,载《赵万里文集》第一卷,第386—387页。

③　《张元济对于影印四库全书意见》,《申报》1933年8月10日；此据《张元济全集》第三卷,第5页。

④　《蔡元培等向教部贡献影印四库全书意见》,《申报》1933年8月5日第16版。

⑤　张元济:《张元济全集》第三卷,第396页。

⑥　蒋复璁等口述,黄克武编撰:《蒋复璁口述回忆录》,第52—54页。

长王世杰等的支持下，此事最终得以顺利推进。8月14日，教育部聘陈垣、
傅增湘、李盛铎、袁同礼、徐森玉、赵万里、张允亮、张元济、董康、刘
承幹、徐乃昌、傅斯年、顾颉刚、柳诒徵、张宗祥、叶恭绰、马衡等17人
为编订四库未刊珍本目录委员会委员①，最初持反对意见的人士也多位列
其中。委员会的主要工作是审定选目，经往复函商，"在中央图书馆草目
三百六十六种中选出一百四十二种，又将该目遗漏者加入三十八种，凡有
善本可代者一律剔出"②，较多地吸收了袁同礼、赵万里等人的意见，确定了
最终选目230种。

1935年，《四库全书珍本初集》由商务印书馆出版，全书近2000册，印
刷1000部。中央图书馆筹备处如愿获得100部，"用以开展国际交换，从而获
得不少西文书"③。这场纷争发生在国立北平图书馆与中央图书馆两家展开地
位竞争的背景下，最后以蒋复璁依靠政治力量取胜告终。不久，袁同礼等转
而策划了另一个大型古籍影印项目——《国藏善本丛刊》。

1936年初，商务印书馆决定《四部丛刊》四编不再付印。对此，傅斯年
感到极为可惜，遂在4月5日写信给张元济，建议影印出版北平各国立机关所
藏善本古籍，"年来斯年有一微意，以为北平各国立机关藏有善本者，不妨各
出其所藏，成一丛书，分集付刊，先自有实用、存未流传之材料者始"④。他开
列的机构，即故宫博物院、北平图书馆、北京大学、中研院史语所四家。

得到张元济"极所欣愿"⑤的表态后，傅斯年便开展联络工作。他在9月
11日给袁同礼写信，在之前面商的基础上提出编印办法十二条，又极力怂恿：

① 《教部聘请编订四库珍本委员》，《申报》1933年8月15日第18版。
② 《影印四库全书目录正式发表》，《申报》1933年9月24日第16版。
③ 蒋复璁等口述，黄克武编撰：《蒋复璁口述回忆录》，第54页。
④ 王汎森、潘光哲、吴政上主编：《傅斯年遗札》，第707页。
⑤ 周武：《从张、傅往来书信看张元济与傅斯年暨历史语言研究所之关系》，载《新学术之
路——中央研究院历史语言研究所七十周年纪念文集》，台北："中央研究院"历史语言研究所，
1998年10月，第65页。

"此事来源正由前年谈四库珍本事而起，当时弟对兄云：'蒋慰堂既定合同，教部势必支持之，故可听其自然。北平图书馆再编印一部更伟大的，将四库打倒。'北平图书馆因善本迁移，若干工作不易进行，办理此事，正其时也。望兄勉力，弟必从旁赞助之，竭力抬轿。"① 推举袁同礼为主持，自己则甘为助手。同日，又致函商务印书馆王云五，商洽具体办法。

1936年冬，四机构就编印事务达成一致，随即开始讨论拍摄办法、版式、用纸、报酬、发售预约时间等具体问题。1937年上半年，张元济还多次在上海、南京调阅北平图书馆、故宫博物院南迁的善本书，进行选目调整与出版准备。

《国藏善本丛刊》的选目，即由赵万里拟出。他在1937年2月27日致张元济函中说："《国藏善本丛书》由袁、傅诸公发起，嘱里代拟草目，不过就诸家所藏，择其精要者，备尊处参考而已，未敢以为有当也。闻有油印本寄呈，请赐加斧正为幸。"② 可知2月底赵万里的选目已经提交各位编委审阅。之后傅斯年、张元济等就选目进行了很多商讨，赵万里本人也不例外，如4月27日他给傅斯年的信中，便谈到"张菊老剔去之书，如《皇明列卿记》（此书陈援老主印甚力）、《西游记小说》（明万历本，此本中土久佚，前年从日本购回）、《龙虎山志》（元元明善撰，四库不收，元椠孤本）、足本《千顷堂目》等，皆非力争不可"③，意见颇为尖锐。

赵万里的这份拟目没有正式发表过，幸运的是，中国国家图书馆和台北"中央研究院"历史语言研究所档案中都存有《国藏善本丛书拟目》的第二次修正稿。原稿是油印的，可见当初为征求意见，复制了多份，分发给相关人士。史语所的一份还有傅斯年的增删修改多处，部分条目下注有"本所有"等字样。1937年1月至5月相关人士反复函商的选目意见，在这份目录中都

---

①　王汎森、潘光哲、吴政上主编：《傅斯年遗札》，第732页。

②　张元济：《张元济全集》第二卷，第533页。

③　原函存傅斯年图书馆。

有所体现，因此它的形成当略晚于1937年5月。傅斯年修改后的目录，共收图书141种2197卷，其中平馆98种、故宫32种、史语所8种、北大3种。平馆所藏占绝大多数，是主要贡献方①。

　　不久，商务印书馆印行《景印国藏善本丛刊样本》，收入《缘起》《凡例》《提要》与样张，作为该丛刊的宣传文件与征订单。其中《景印国藏善本丛刊第一辑提要》，收录善本50种，其中平馆21种，故宫22种，史语所5种，北大2种。而《国立北平图书馆馆刊》第十一卷第一号刊出的《拟选印国藏善本丛刊拟目》第三次修正稿则列出平馆16种、故宫19种、史语所5种、北大2种②。这两份目录与总选目相比，北图所选仅少部分列入第一辑，其原因可能为北图善本寄存在外，取阅不便；故宫、中研院、北大所选则大都收入第一辑。由此推知，计划中每半年陆续推出的第二、第三、第四辑，则以平馆藏书为主。

　　1937年6月24日赵万里与傅斯年的通信，仍在继续探讨《国藏善本丛刊》的选目、提要撰写等问题③。不幸的是，短短十几天之后，日军发动了全面侵华战争，北平不久落入日伪之手。"八一三事变"又导致上海大部分地区沦陷，商务印书馆的出版事业也几乎陷于停顿，"自沪战发生之日起，所有日出新书及各种定期刊物预约书籍等遂因事实上之不可能，一律暂停出版"④。已经发售预约且付印在即的《国藏善本丛刊》，不幸功断垂成，赵万里等精选的善本书未能在那时造福学界。

　　即使如此，《国藏善本丛刊》仍然在当时和以后的出版界、学术界都产生了一定的影响。黄裳《书之归去来》中《谈影印本》一文中，即对这一丛书进行了简单的评介⑤，《景印国藏善本丛刊样本》的宣传手法，也深为此后

① 林世田、刘波：《编印〈国藏善本丛刊〉史事钩沉》，载《袁同礼纪念文集》，第169—189页。

② 《国藏善本丛刊影印》，《国立北平图书馆馆刊》第十一卷第一号，第139—142页。

③ 原函存傅斯年图书馆。

④ 王寿南：《王云五先生年谱初稿》第1册，台北：台湾商务印书馆，1987年，第333页。

⑤ 黄裳：《谈影印本》，载黄裳《书之归去来》，第93页。

的出版界所称道①。

《宋会要》是20世纪30年代北平图书馆整理影印的另一部重要史料著作。1932年底，北平图书馆决定组织《宋会要》编印委员会，聘陈垣、傅增湘、章钰、余嘉锡、叶渭清、徐森玉、赵万里等七人为委员，负责影印徐松自《永乐大典》辑出的《宋会要》稿的相关事务。赵万里还为之撰写了《宋会要稿略说》一文，刊载于《图书季刊》第三卷第一、二期合刊（1936年6月），介绍该稿辑佚、流传、整理的经过及其内容、价值。

在这些馆方组织的大项目之外，赵万里也曾独自策划，将所得珍善本书影印行世，以广流传。他最钟爱并耗费大量精力的词学文献，就有过善本影印计划。据天津《大公报·文学副刊》第192期报道，赵万里计划影印珍本词集五种，即明万历本《南唐二主词》、明赵元度手写本《乐章集》、旧抄本傅榦《东坡词注》、汲古阁影宋本《梅苑》、元刻元印本《草堂诗余》，"无一非惊人秘籍，为三百年词人从未得见之奇书"②。两年后，《词学季刊》第一卷第二号也刊发通讯，称赵万里"拟出所得元椠精钞名家词集十种，影刊行世"③。可是这篇报道并没有列出拟出版的词集目录，只说明已出版者有明刻《南唐二主词》。

不过，我们看到的《南唐二主词》，有"民国廿三年北平来熏阁景印"牌记，俞平伯序的落款也是"民国二十三年甲戌初夏"。可见成书当在1934年夏。《词学季刊》的通讯声称已出版，大概只是一个预告。该书的底本是明万历四十八年（1620）谭尔进刊本，为南唐中主李璟、后主李煜词集最好的刻本。

从这部书的影印，也能看到赵万里当年的交往圈。书名由沈尹默题，序文则请俞平伯撰。他们都是学界名流，大力鼓吹，自能动人耳目。出版委托的是北平来熏阁，它是北平最负盛名的古旧书店之一，不仅售书，而且刻

---

① 商务印书馆网站"馆史资料"栏有《商务的样本预约》一文，介绍商务印书馆样本预约的营销手段，其中即重点谈到《国藏善本丛刊》。
② 《学术界噪声》，天津《大公报·文学副刊》第192期（1931年9月14日）。
③ 《赵万里将刊善本词集十种》，《词学季刊》第一卷第二号（1933年8月）。

书、印书。赵万里整理影印王国维稿本《古史新证》，就是委托来熏阁出版的。影印词集，是他们在出版上的第二度合作。

明万历本《金瓶梅词话》的印行，更是一段书林佳话。1931年左右，琉璃厂书商张修德在山西低价买到一部万历四十五年本《新刻金瓶梅词话》，全书一百回，署兰陵笑笑生撰，是从未见著录的孤本。文友堂以500元购得该书，消息传出，轰动了文化界。

徐森玉等闻讯，前往洽购，但文友堂店主却秘不示人，并谎称书主已索回。文友堂与日本文化界往来密切，常将善本高价售于日本人，关于该书也有类似传言，因此有人以爱国锄奸名义写了张字条，贴在一枚炸弹上放在文友堂店门前。店主怕闯祸，只好把书拿出来。经过再三协商，最终以1800元的高价成交。

北平图书馆筹款困难，资金是由袁同礼、徐森玉、赵万里等集资的。为了补偿书价，他们用古佚小说刊行会的名义，将这部书影印了出来，全书20册，每部定价100元，对外发售。这个办法，既解决了购书经费的燃眉之急，为国家保存了珍贵古籍，又让珍本得以广泛流传，便于学者研究利用，可谓两全其美。

这个影印本影响很大，轰动一时，不法书商看到了谋利的机会。琉璃厂的富晋书社暗中影印了古佚小说刊行会本，牟取暴利。此事被北平图书馆察觉，为此和富晋书社对簿公堂，判决该店败诉，予以处罚，并停业数日[①]。

馆外兼职与大学授课

馆务之外，赵万里还在多个学术机构兼职或授课。当时主持北平图书馆

---

① 雷梦水:《为了保存古籍》,载雷梦水《书林琐记》,北京:人民日报出版社,1988年1月,第11—12页。

的袁同礼副馆长，虽然有时对馆员在外兼职"很不以为然"，但并不阻止或公开批评[1]，采取包容、理解的政策，有时反而加以鼓励、推荐，将之视为造就专才的途径之一。

当时北平图书馆不仅网罗了一大批青年学者在馆工作，还多次派他们外出考察、学习，学成后有的回馆成为业务骨干，有的却转到其他机构任职，如1936年汪长炳自美归国任武昌文华图书馆学专科学校教授，1938年向达回国后任浙江大学教授。面对这种现象，袁同礼说："因为我们所培植的人，并不只是为我们这个单位，乃是供整个图书馆事业的需要。所以我宁愿舍己，将种仔散播出去，将来所收获的果实一定更多。"[2]

主事者的博大胸怀，给了赵万里等比较宽松的环境，他得以同时在多个学术机构任职任教，主要有故宫博物院、中央研究院历史语言研究所及北京大学、清华大学、中国大学、中法大学、辅仁大学等高校。

故宫博物院图书馆

赵万里在故宫博物院的兼职，与袁同礼有直接关系。

1924年，冯玉祥发动"北京政变"，将溥仪逐出故宫，成立"办理清室善后委员会"，清点查收了故宫及其文物。1925年10月10日故宫博物院成立，下设古物馆、图书馆、文献馆。1928年6月，国民革命军北伐结束，南京国民政府接收故宫博物院，不久即着手进行改组。1929年2月，新理事会成立，次月任命庄蕴宽、袁同礼为故宫博物院图书馆正副馆长。后因庄蕴宽无法到任，改聘江瀚代理，而具体馆务则由袁同礼主持。

袁同礼在1929年4月15日致函院方，提议延聘十位"精于图书目录之学"的学者为专门委员：朱希祖、张允亮、阚铎、卢弼、赵万里、余嘉锡、马

---

① 谭其骧：《值得怀念的三年图书馆生活》，《文献》1982年第4期。

② 严文郁：《提携后进的袁守和先生》，载朱传誉主编《袁同礼传记资料》，台北：天一出版社，1979年，第39页。

廉、陶湘、洪有丰、刘国钧。6月，赵万里、傅斯年与流寓北平的俄国学者钢和泰（Baron Alexander von Staël–Holstein，1877—1937）等同批正式获聘。

1933年6月院长易培基因受控告辞职，7月古物馆副馆长马衡代理院长，次年4月实授院长。1934年9月26日，马衡在故宫博物院第三次常务理事会上提出新一届专门委员会委员人选，并获得通过，赵万里为十二位特约专门委员之一。10月，故宫博物院组织书画审定、陶瓷审定、铜器审定、美术品审定、图书审定、史料审查、戏曲乐器审查、建筑物保存设计、宗教经像法器审查等九个专门委员会，赵万里为图书审定委员会的成员。

抗战前，故宫大批文物南迁避祸。北平沦陷期间，馆务起初由留守人员维持。1942年6月，伪华北政务委员会任命祝书元为代理院长。次年5月，日伪控制下的故宫博物院按以往制度，聘任专门委员九人，赵万里不在其中。

抗战胜利后，故宫博物院于1947年重建专门委员会。第六届理事会于当年1月4日举行第一次谈话会，认为专门委员会有重新聘请的必要，并讨论通过了一个42人的名单，赵万里名列其中，与张允亮、王重民二人都以专长"版本校勘"获聘①。

故宫博物院图书馆专门委员的工作，主要为清点古籍、编辑书目等。该院1930年工作报告称："本馆善本书籍，均由专门委员严格审定，方行入库。"②此类审定善本的工作，赵万里当有所贡献。1934年获聘特约专门委员时，故宫正在准备文物南迁，其职责是"直接参与故宫文物清理、鉴定及审查工作"③。

---

① 郑欣淼：《故宫博物院学术史的一条线索——以民国时期专门委员会为中心的考察》，《故宫博物院院刊》2015年第4期，第22—27页。

② 冯乃恩主编：《故宫博物院档案汇编·工作报告（一九二八至一九四九年）》第1册，北京：故宫出版社，2015年5月，第158页。

③ 郑欣淼：《故宫博物院学术史的一条线索——以民国时期专门委员会为中心的考察》，《故宫博物院院刊》2015年第4期，第22页。

1930年前后，故宫博物院图书馆影印的古籍珍本，往往有赵万里的校记或跋文。如影印明万历刻本《李孝美墨谱》，赵万里将之与文渊阁、文津阁《四库全书》本对校，将四库本胜于该本者录出，撰为校记，附于书后。又如影印明刻本《太平清调迦陵音》、影印宋刻本《淮海居士长短句》，都有赵万里跋文，概述各书的文献价值。这些珍本的鉴定、影印，赵万里必定出力甚多。

中央研究院历史语言研究所

中央研究院历史语言研究所由傅斯年创办，成立于1928年，起初设在广州中山大学，当年10月迁入广州柏园。史语所在广州时，赵万里便与之建立了联系。1928年4月，他在所办刊物《国立中山大学语言历史学研究所周刊》上发表了《〈永乐大典〉七皆台字韵残帙跋》《王子高芙蓉城故事考》两篇论文。

1929年，史语所迁到北平，分设历史学、语言学、考古学三组，分别聘陈寅恪、赵元任、李济为组长。因有地利之便，赵万里与史语所的关系更加密切。7月27日，傅斯年在什刹海会贤堂宴请李盛铎、杨杏佛、朱希祖、陈寅恪等，赵万里也应邀同席，当日他们还一同参观了午门的历史博物馆[①]。当年下半年起，便受聘为史语所特约编辑员，属于历史学组。史语所每月支付50元，作为他的"特约工作费"[②]。

赵万里在史语所的工作，初期主要为校勘《广韵》。傅斯年《国立中央研究院历史语言研究所十七年度报告》中列有"赵万里校疏《广韵》计划"一节；"出版"一节的第十种，为赵万里《宋元逸词》，这便是后来由史语所

---

① 事见李济《友语录》。李济日记稿本为艾俊川收藏。录文见〔日〕高田时雄《李济与白坚》，载高田时雄《近代中国的学术与藏书》，北京：中华书局，2018年5月，第62—63页。

② 苏同炳：《手植桢楠已成荫——傅斯年与中研院史语所》，台北：学生书局，2012年10月，第116—117页。

出版的《校辑宋金元人词》。后来，赵万里又编纂了《汉魏六朝冢墓遗文图录》，计划由史语所印行。以上三部书的编纂出版经过，已具见上文，此处不再重复。

1931年"九一八事变"后，史语所由北平迁往上海。1934年中研院在南京的建筑陆续竣工，史语所遂迁至南京。由于地域远隔，从1934年开始，赵万里在史语所的职衔，由"特约编辑员"改为"通信研究员"。从史语所南迁到全面抗战爆发前，赵万里与傅斯年屡屡通信，所谈大多为《广韵》校勘进展、《汉魏六朝冢墓遗文图录》编辑印刷事务等。

赵万里为史语所选购古书，出力也很多。1936年余逊与傅斯年的通信中，多次报告赵万里为史语所在北平购书的情形。如9月21报告："生前日曾走访赵斐云先生，询以《两京遗编》暨《世庙识余录》价格，据云《两京遗编》白棉纸书品好者可值三百至四百，如稍差则价亦递减。《世庙识余录》有二本，一为其孙以活字板白棉纸印者，当时印书不多，加以近时崇尚木活字之风气，价必甚昂（赵未言能值若干）；一则其后刊本竹纸印者，北平圕、孔德学校皆后一本，不过数十元。"①

10月8日又报告："斐云先生处函已送达，前晚接其电话，谓图书馆所挑书大半已购定（闻多系四库底本，来熏阁言），退回者不多，且系无甚关系之书。赵拟于次日往邃雅斋为所中挑选后，令邃雅直接开单寄呈，则是其所选者恐多半在文禄写本目录两册之中矣。"

11月7日再次详细报告："……二、邃雅、文禄之书，《江南经略》暨《士礼居丛书》已送来。生今日持书单往商赵斐云先生，赵谓《江南经略》甚少见，《士礼居丛书》向来名贵，此二书均易售出，恐邃雅未必肯于七折之外再事贬值。《孤树裒谈》书尚好，以时值论之，亦可值百数十元。此数书并《西清古鉴》可先还五五折，徐徐商议，一面将样本寄京，请师鉴定，由师示以最高价格，生即照此办法办理。其余数书，赵谓《于山奏牍》《南州

---

① 此函及本节下文所引余逊致傅斯年函，均存傅斯年图书馆。

草堂集》《安东县志》、正续《滇南诗略》则可不留；《九家注杜诗》，此本颇不易得，且纸张印刷甚好，定值亦不昂，以研究杜诗立场而论，亦在可留之列。赵言如此，敬为转达。三、《续通鉴长编》百八卷钞本，赵谓尚不难得。北平图书馆所藏，钞甚早，且有名家印识，亦只以百数十元得之，此本自可不议。《抱经堂丛书》，赵谓通体不漫漶者恐不易得（其不漫漶者每系以若干部单种配齐）。《经典释文》印刷较多，更难免此病。拟嘱文禄将其余部分送来，细看再说。四、宝铭堂送来元张铉《金陵新志》样本一本（元刻明印，有明补版），索价三百四十元，赵谓此书甚难得，可值二百数十元，可先偿以二百元，未审师意奚若（样本次日即取去，宝铭伙友谓所中如愿购，当再送来，以书系他人托售，不肯久留故也）？"[①]

此后余逊致傅斯年函，还曾多次提到购书事。如11月12日函："邃雅、文禄之书，生依赵斐云先生所议，偿以五五折，并嘱其送《抱经堂丛书》来审视。……今日文禄遂送全书及发票来。"11月23日函："邃雅所购书中，有《晏公类要》一部，索值四百余元，已送往清华。朱佩弦尝以告赵斐云，赵劝其留购，大约将归清华。其书抄在北平图藏本之后，赵疑其即四库底本。"从这些信函中可知，1936年左右余逊在平办理史语所购书事，赵万里的角色类似于顾问，代为鉴定、指导，贡献良多。

北京大学

北京大学第一院（文学院）地处沙滩，与北平图书馆之间隔着景山与北海，距离不过三四里地，可谓近在咫尺。从1929年8月起，赵万里便受聘在北京大学史学系授课。这是1928年夏离开清华之后，他再次走入大学校园执教。赵万里在北大史学系，所授课程有"中国史料目录学""中国雕版史""宋史"等三门。

---

①　苏同炳：《手植桢楠已成荫——傅斯年与中研院史语所》，第264—265页。

  "中国史料目录学"是北大史学系一年级必修科，为甲类课程，即"史学之一般科目"，每周授课时间为三小时[1]。全面抗战爆发前，这门课程一直由赵万里讲授。尚小明统计1931—1937各年度北大史学系课程开设情况，"中国史料目录学"每学年均列为必修科，同样每学年均列为必修科的仅有"历史研究法"一科[2]，足见这一课程在北京大学史学系课程体系中的重要地位。

  北大史学系的课程指导书对"中国史料目录学"有概要介绍："本学程所包涵之空间性为中国及高丽、安南等旧属国，时间性为史后迄近代，旧史料如正史、编年史、传记、实录、志乘，新史料如甲骨金石文字、档案等并重，图表注重板本。"[3]这门课程的讲义由北京大学出版组印行，目录列有十三章。第一章为总类，第二至十二章以中国历史时代为序，第十三章为余论。

  遗憾的是，这部讲义现在仅存第一章的前半部分。我们可以从它的六条凡例中，窥见赵万里史料目录学的基本观点：（一）史料有直接与间接之别，此讲义唐以前二者兼著并重，唐以后于间接史料则略之；（二）史料又有纸上与地下之别，此讲义专重纸上材料；（三）《四库全书总目》分史籍为十五类，未为允当，此讲义分为纪传类（旧时正史类全部及别史、载记之一部皆属之）、编年类（旧时杂史类、载记类之一部亦属之）、纪事本末类（旧时杂史类、载记类之一部亦属之）、会要类（旧时职官类、政书类及子部类书类之一部分皆属之）、传记类（旧时子部杂家类、小说家类之一部亦属之）、地理类、杂类（凡不入上列诸类者属之）等，计七类；（四）版本学为目录学之先河，而校勘学又与版本学相辅而行，此讲义于一书之体制内容详为阐发外，于版本源流亦略加论列；（五）此讲义所述先通史（即总类），后断代，

  ① 尚小明：《北大史学系早期发展史研究：1899—1937》，北京：北京大学出版社，2010年3月，第106—107页。

  ② 《北大史学系早期发展史研究：1899—1937》，第108—109页。

  ③ 《国立北京大学史学系课程指导书（民国二十年九月至二十一年六月）》，第15页。

均以中国史籍为主，日本、高丽人所著书涉及中国史事者亦择要著录；（六）辑佚书与现存书并重，传疑者不录[1]。

讲义从不同维度，将史料区分为直接史料与间接史料，纸上史料与地下史料，吸收了当时学界比较新的理论和观点。傅斯年在《史学方法导论》中，提出直接史料与间接史料的概念，阐述了它们在史学研究上的意义，并举七例说明二者的相互勘补[2]；纸上史料与地下史料，则源自王国维《古史新证》，这是王国维在清华学校研究院的讲义，明确提出了以"地下之新材料"补正"纸上之材料"以研究古史与古书的"二重证据法"[3]。他们阐述的都是基本的史学研究方法，在中国近代史学史上有着深远的影响。赵万里整理过《古史新证》手稿，与傅斯年也过从甚密，对他们的学术观点有深刻理解。他以这两种方法为先导引出史料目录学，指引初入研究之门的学生们以科学的方法看待史料、使用史料，对他们的学业无疑具有很强的正面影响。

这门课程很受欢迎，学生们的回忆可以为证：

> 例如赵万里先生的"中国史料目录学"，虽然只是史学入门的课程，但他将几千年来中国历史史料的来源、内容、演变、分散情形、重现经过、可靠性等等……原原本本，一五一十的介绍给这班青年史学家。也不知道他怎么对于史料这样熟，真所谓"如数家珍"。就凭这一课就使人不能不羡慕北大史学生的幸福。[4]

> 赵先生是教"中国史料目录学"的，年纪在二十几至三十左右，蓬蓬勃勃的神气，严肃而带有刺激性的面孔，会教你见而生畏。每当讲书时，用一种紧急的声调，"烟士披里纯"的口吻，滔滔不绝的演述着。每

---

① 赵万里著,冀淑英、张志清、刘波主编:《赵万里文集》第一卷,第311—353页。
② 傅斯年:《傅斯年全集》第二卷,第308—335页。
③ 王国维:《王国维全集》第11卷,杭州:浙江教育出版社,2009年12月,第241—243页。
④ 朱海涛:《北大与北大人——课程与图书》,《东方杂志》第40卷第23号(1944年12月)。

一个同学，屏着气息，不敢说话，不敢笑，不敢斜视。侧耳静听，除写字的飕飕声外，一切都在沉默着。赵先生也常鼓励我们，讥刺我们。有时我们问赵先生一个稍幼稚的问题，他先说得你面红耳赤，然后才详细告诉你，而我们没有一个不是心悦诚服的接受。[①]

史学系一年级课程中，"中国史料目录学"是赵万里先生讲授，将史料分别为"地下史料""纸上史料"两大类。殷墟甲骨、商周铜器、汉代简牍、敦煌写经、明清档案等讲授完毕后，对历代史籍内容大要、版本流别等分别举述。加以赵万里先生时任国立北平图书馆善本组主任，在一学年每周三小时课堂讲授以外，又几次带领我们同学入北平图书馆陈列室及书库参观，实地解说。我们得见许多一般人难得一见的文物珍品，如原藏热河省避暑山庄文津阁的《四库全书》以及钟鼎铜器、甲骨文、汉简和明清两代学人名士的手稿函札、清代著名营造大匠雷氏历代制作的"样子"（模型）等。不仅引起我们对历史研究的兴趣，也稍稍知晓治史的门径：中国历史史料如此丰富、国史研修的范围如此广阔，一切正是我们要努力以赴的。每一回忆及此，深感这一"中国史料目录学"安排于史学系一年级，对于初窥史学门径的青年学生如相湘等裨益深远。[②]

北大史学系一年级有"中国史料目录学"课程，赵万里先生讲授。赵先生是国立北平图书馆善本组主任，过眼文物极繁多。这一课程名称"史料"，而不采郑鹤声撰"中国史部目录学"的习用名称，显然是将范围扩大，不局限于传统的经史子集四"部"，而放眼于纸上史料与地下材料，即对于纸上材料如史籍等也详其版本源流与异同，更注意宫廷档案、私人文献等。赵先生常带同学去北平图书馆参观各种善本书、梁启

---

① 夏岩：《关于北大的两个青年教师》，《大学新闻周报》第2卷第18期（1935年1月14日）。

② 吴相湘：《胡适之先生身教言传的启示》，载《回忆胡适之先生文集》，纽约：纽约天外出版社，1997年5月，第17—18页。

超个人文献、故宫博物院档案、钟鼎彝器、甲骨汉简等，这对初入史学系的学生是最富吸引力与启发性的，许多同学都深感兴趣，我个人受益尤多。[1]

从学生们的回忆中，可以看到他们在"中国史料目录学"的课堂上，引发了研究历史的兴趣，并初窥治学门径，赵万里的博学与风采也让他们折服。

"中国雕版史"是北大史学系的乙类课程，即"近于专题研究者"，每周讲授两小时[2]。这门课程仅在1931—1932学年开设一次[3]。课程指导书介绍："本学程虽名为雕板史，然写本书及未有雕板前之简册与卷子本亦论及之，以近世新出及旧有之材料为有系统之研究，注重目验。"[4]据此，这门课程更有书籍史的意味。

"宋史"也是赵万里短期兼任的课程，从目前能见到资料看，也仅讲授一次，即1932—1933年度。该年度的课程指导书谓："本学程注重介绍新材料以补充旧材料，而尤致力于典制、学术、艺术、风俗、文学诸方面。"[5]目前保存下来《中国通史纲要》讲义，可能与这一课程有关。这份讲义现存四讲，除"九品中正与六朝门阀"外，内容都是宋史，分别是"宋初中央集权之政治""王安石变法与新旧党争""宋代之史学"[6]。

① 吴相湘：《贤父名师教诲恩》，载吴相湘《三生有幸》，台北：东大图书股份有限公司，1985年8月，第23页。

② 尚小明：《北大史学系早期发展史研究：1899—1937》，第106—107页。

③ 尚小明：《北大史学系早期发展史研究：1899—1937》，第108—109页。

④ 《国立北京大学史学系课程指导书（民国二十年九月至二十一年六月）》，第15页。

⑤ 《国立北京大学史学系课程指导书（民国二十一年八月至二十二年七月适用）》，第7页。

⑥ 收入《赵万里文集》第二卷，第610—623页。

《中国通史纲要》讲义

授课之外，赵万里还参与史学系的其他工作，如入学考试判卷[1]、选课指导[2]等。

在北大史学系兼课之初，赵万里职务为讲师。1931年升为副教授，为避免与中研院史语所的兼职规定冲突，蒋梦麟还曾与傅斯年函商聘任办法[3]。到

① 顾颉刚:《顾颉刚日记》第三卷,第377页。

② 《史学系教授会通告》,1931年9月23日至25日《北京大学日刊》。

③ 蒋致傅函存傅斯年图书馆;傅覆函载王汎森、潘光哲、吴政上主编《傅斯年遗札》,第370页。

1933年夏，却又改聘为讲师。北大对赵万里"殊不甚敬"[1]，经历这一挫折，他萌生了转往辅仁大学任教的意愿，并托陈寅恪向陈垣校长介绍[2]。

从1929年下半年开始，赵万里还兼任北京大学国文系的讲师[3]。所授课程为"词史"，每周三课时。这门课程到1932—1933年度仍在开设[4]，至少讲授了四年。

国文系课程指导书介绍："本学程历述词的起源、词调之变迁、词与曲的关系、各作家作风之特色、各家专集之存佚、词律的研究等。"[5]赵万里编有讲义《词史》，又名《词概》，由北京大学出版组印行。目录列十一章：唐人词概、五代十国人词概、宋人词概上、宋人词概下、金人词概、元人词概、明人词概、清人词概上、清人词概下、论词韵、论词律，附录词学书目略。这份讲义现存第一至第七章，收入《赵万里文集》第二卷。每一时代先总述总特征，然后选择代表性词家加以详细论述；每一词家均具体分析其一两首代表作。这份讲义的结构与内容，均脱胎于吴梅《词学通论》，但在结构体系、词家选择、作品解读及具体论述等方面，均有其独特之处，可见赵万里词学的师承与发展。

1930年在北京留学的日本学生仓石武四郎，每周前往北大旁听。他在《述学斋日记》

国立北京大学民国二十一年毕业同学纪念册上刊载的赵万里照片

---

① 朱自清著，朱乔森编：《朱自清全集》第九卷，第232页。

② 陈寅恪致傅斯年函，载《陈寅恪集·书信集》，北京：三联书店，2001年6月，第46页。

③ 《国立北京大学职员录》（1930年5月北京大学文牍课编印），载《北京大学史料》第二卷（1912—1937），北京：北京大学出版社，2000年12月，第371页。

④ 《国立北京大学文学院课程一览（民国二十一年至二十二年度）》，第18页。

⑤ 《国立北京大学中国文学系课程指导书（民国二十年九月订）》，第24页。

中，多次记载听赵万里授课[1]。他的《留学回忆录》中，记载了听赵万里讲课的情形：

> 在听这类课时，我还听到了各位老师的乡音。其中有一位赵万里老师，他当时在北京图书馆任职，是一位图书方面的专家。他对书非常了解，而我和他也十分亲近，我曾在北京大学听过他讲的词的课。有一次，我突然听他发出了feilonggin这样一个音。我费了好半天，才判断出那是"水龙吟"（词调名）。用现在的拼音来说，水的声母应该是sh，但是他却发成了f，不过因为我前年去山西时，曾经听人将"图书馆"的shu发成fu的，因此就把这里的feilonggin替换成shuilongyin，竟然真的换对了。[2]

北京大学学生研究宋词，或以宋词为毕业论文题目，往往得到赵万里的指导。1932年前后，北大学生王辉曾撰《淮海词笺注》，其自序谓："这本小册子的完成，得许之衡先生和赵万里先生的指教。"[3]1936年冬，赵万里与罗庸、顾随一起，担任四年级学生叶玉华毕业论文《词曲演变考》的导师[4]。1937年前后，邓广铭受中华教育文化基金会资助，进行辛弃疾研究，最初的指导人是胡适和姚从吾，"七七事变"后胡适赴美，姚从吾南迁昆明，因此1938年邓广铭在申请延长一年研究期限时便以赵万里为研究指导人[5]。他以当时尚未受日伪染指的北平图书馆作为他的"研究基地"[6]，"校辑工作所得赵斐

---

① 〔日〕仓石武四郎著，荣新江、朱玉麒辑注：《仓石武四郎中国留学记》，第9、77、81、91、94、100、116、123、128页。

② 〔日〕仓石武四郎著，荣新江、朱玉麒辑注：《仓石武四郎中国留学记》，第234—235页。

③ 〔宋〕秦观著，王辉曾笺注：《淮海词笺注》，北京：中国书店，1985年6月，第5页。

④ 《北大国文系毕业论文题目公布导师聘就发表》，《华北日报》1936年11月26日第9版。

⑤ 刘浦江：《邓广铭与二十世纪的宋代史学》，《历史研究》1999年5期，第118页。

⑥ 邓广铭：《自传》，载《邓广铭全集》第十卷，石家庄：河北教育出版社，2005年7月，第415页。

云万里先生之指教及协助极多"[1]。

清华大学

1930年底，清华大学中国文学系研究所导师傅增湘因病辞职，他所担任的目录学、校勘学两科亟须有人接替。时任系主任朱自清向清华校务会议提议，聘赵万里为讲师，担任目录学、校勘学二门，月薪百元[2]。这次推荐未获通过。1932年12月29日，朱自清日记中记载，冯友兰告诉他，"赵斐云通过聘任委员会"[3]。此后赵万里积极为上课做准备，1933年4月22日拟定了讲义《目录学十四讲纲目》。9月新学期开学，正式回清华大学任课[4]。从此至"七七事变"后清华南迁，他一直在清华大学国文系兼任讲师，历时四年。

赵万里在清华担任的课程，主要有"版本目录学""金石学""校勘学"等。

"版本目录学"课程，分为版本学、目录学两部分："版本之部讲述审定版本之方法及各时代版刻（写本书亦连类及之）之特征。目录之部讲述搜求中国文学、史学新旧材料之途径。全学年，四学分。"[5]即全年每星期上课两小时。

版本学、目录学两部分的讲义，也是分头拟出的。现存讲义《目录学十四讲纲目》内容包括：目录学之范围及其使命、丛书与类书、群经、古文字音韵书、前四史、秦汉诸子、《诗经》与《楚辞》、汉魏六朝文学、唐代文学、宋词、南北曲、小说、不属于上列范围中之其他问题、余论。此课程体系与一般理论性的目录学课程不同，而针对各专门研究领域的文献典籍加以

---

① 邓广铭：《辛稼轩诗文钞存·弁言》，古典文学出版社，1957年。

② 清华大学档案《推荐赵万里为中文系讲师》。

③ 朱自清著，朱乔森编：《朱自清全集》第九卷，第181页。

④ 《国立清华大学教职员录（民国廿二年十月）》《国立清华大学教职员录（民国廿三年十月）》均记录赵万里到校时间为民国二十二年九月。

⑤ 《中国文学系学程一览（民国廿四年至廿五年度）》，第5页。

探讨，属于应用型目录学。事实上，现存的另一份讲义大纲便以"应用目录学"为标题。

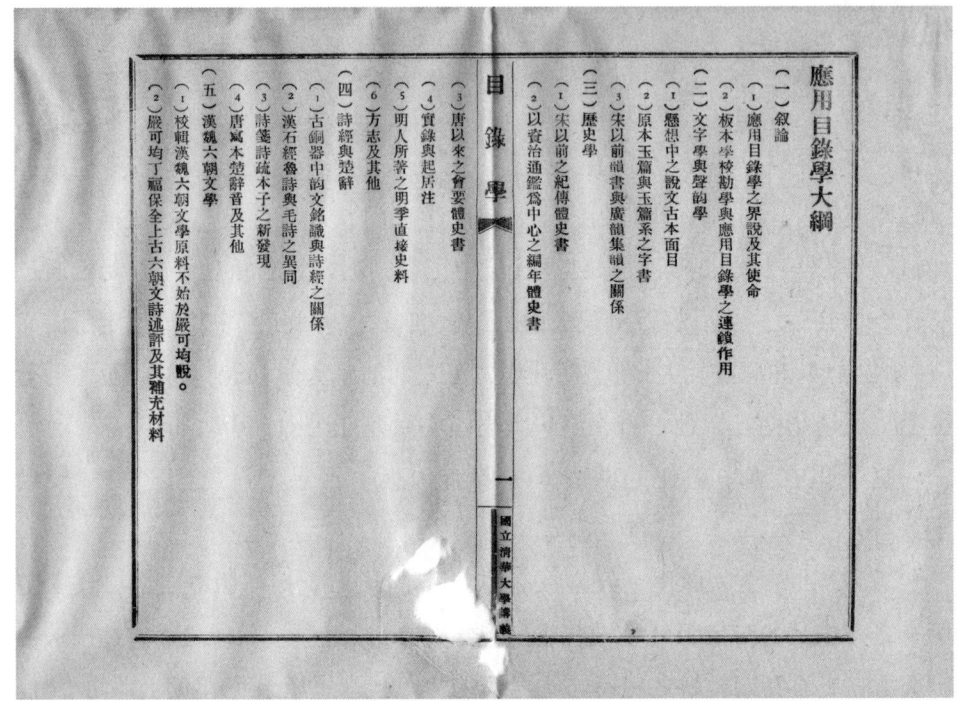

应用目录学大纲

（一）叙论
 （1）应用目录学之界说及其使命
 （2）板本学校勘学与应用目录学之连锁作用
（二）文字学与声韵学
 （1）应想中之说文古本面目
 （2）原本玉篇与玉篇系之字书
 （3）宋以前韵书与广韵集韵之关系
（三）历史学
 （1）宋以前之纪传体史书
 （2）以资治通鉴为中心之编年体史书

目録學

（四）诗经与楚辞
 （5）明人所著之明季直接史料
 （6）方志及其他
 （4）实录与起居注
 （3）汉石经鲁诗与毛诗之异同
 （2）古铜器中韵文铭识与诗经之关系
 （1）唐以来之肴要体史书
（五）汉魏六朝文学
 （4）唐写本楚辞音及其他
 （3）诗笺疏本子之新发现
 （2）校辑汉魏六朝文学原料不始於展可均戤。
 （1）展可均丁福保全上古六朝文诗逃评及其补充材料

國立清華大學叢刊

《应用目录学大纲》讲义

讲义《版本学纲目》分28节：述近世西域及敦煌塞上新出之汉晋简牍、述魏晋迄李唐写本书及其形制、论雕刻书籍始于冯道、论五代监本、论北宋监本、论南宋监本多取诸州郡、论两宋刻书以闽浙蜀为最盛、述两宋浙刻书之概况及其特征、述两宋蜀刻书之概况及其特征、论前人所谓蜀刻之不可靠、述宋元明三代闽中刻书之盛及其影响、述元西湖书院与明南监书版之沿革、述明经厂刻书之盛及其优劣、述明代文渊阁藏书之盛及其沿革、述《永乐大典》及清代自《大典》搜辑逸书事、述明藩府刻书之盛、论明季刊行小说戏曲以金陵吴郡为最盛、述明季刻书附图之精美、论明人覆刻旧本书之优劣、述明代活字本、述明代抄本书及其特征、述明季坊间刻书之陋习、述明末毛子晋家刻书及其抄校宋元本之精、论《四库全书》内容之优劣、论清代江南藏书之盛及其变迁、述清代名家抄本书之优劣、述古籍装治款式之变迁、古书画例述。内容全面而丰富。

从1934年秋至1937年，赵万里在清华国文系开"金石学"课程，每周两小时或三小时。讲义《金石学纲目》列十章：序论（金石学之使命、自宋以来金石学之流变、今后之展望、与其他学科之关系、参考书举要）；金属器（殷周之礼器、殷周之乐器、两汉之服御器、古兵器、历代钱币、历代度量衡、历代玺印）；石刻（石经、碑碣、冢墓遗文、画象、造象、题名、其他）；陶器（古陶器、明器、瓦当、专）；玉器；漆器；瓷器；竹木；不属于前列范围之器物（甲骨、唐代服御器、古丝织物、壁画）；余论。可以略见授课内容之梗概。

此外他还开过"校勘学"。讲义《校勘学纲要》分材料论、方法论两大部分。材料论包括：论古彝器文字之有裨于比勘诗书、论近世出土之碑铭石刻之有裨于校勘及辑佚书、论类书之有裨于校勘及辑佚书、述历代石经之沿革、述校订诸经注疏之新材料、述校订诸史之新材料、述校订先秦诸子之新材料、述校订唐人诗集之新材料、述校订元曲之新材料、述搜辑元明散曲之新材料、论辑佚书之新开展及前人辑佚书之优劣。方法论包括：死校、活校。[1]

授课之余，赵万里还担任清华大学国文系《清华中国文学会月刊》的顾问[2]，该刊第一卷第二期（1931年5月）刊载了他的文章《舜盦经眼书录之一》，内容为书志三则："改定元贤传奇十六本""众香词六卷""史记索隐集解正义一百三十卷"。

辅仁大学

1933年夏，赵万里在北京大学史学系的职务由副教授改为讲师，因此萌

---

① 以上四种讲义纲目均收入《赵万里文集》第二卷。

② 黄延复：《水木清华：二三十年代的清华校园文化》，桂林：广西师范大学出版社，2001年5月，第367页。

生转往辅仁大学兼课的意愿，经过陈寅恪等友人的奔走介绍，于当年秋受聘兼任辅仁大学国文系讲师。辅仁大学前身为美国本笃会教士奥图尔1925年创办的辅仁社，1927年升格为辅仁大学，陈垣任校长。

辅仁大学是一所教会大学，运行经费主要来源于罗马教廷和美国本笃会的资助，因此在抗战期间未受日伪干扰，独立办学。抗战时期，很多留在北平的知识分子不愿与日伪同流合污，辅仁、燕京等校为他们提供了安身立命之所。赵万里从1933年起，一直兼任辅仁大学的讲师，1950年下半年升为兼任教授，任职直至1951年6月，当时已是辅仁大学与北京师范大学合并前夕。辅仁是赵万里兼职时间最久的大学。

赵万里在辅仁开设的课程，有"校勘学"、"剧曲与散曲"（或称"戏曲与散曲"）、"中国戏曲史"、"宋元俗文学"等。

"校勘学"为中国文学系三年级必修科，每周两小时，全年四学分[①]。课程的内容为："讲述校勘中国古籍之方法，并举例以明之。至校勘范围，兼及四部。所用材料，亦新旧兼取，以便初学。"[②] 这一课程开设时间长达十余年。中国国家图书馆名家手稿文库藏有某位学生的听课笔记，可知赵万里所授校勘学，除校书四法等校勘学内容外，还较多地涉及与校勘学相关的版本学、目录学的内容，讲述了简牍文化时代、卷轴文化时代、雕版文化时代的特征[③]，对敦煌文献等地下材料也有详细介绍[④]。这门课程的考试，题目也都比较专深，比如"两宋蜀本之源流与其对后世之影响"[⑤]。

1940—1941年听过这门课程的董毅，在日记中写下了他的感受。赵万里

---

① 《北平辅仁大学文学院概况（民国二十四年度）》，第9页。
② 《北平辅仁大学文学院概况（民国二十四年度）》，第21页。
③ 刘波整理：《赵万里"校勘学"授课笔记》，载《文津学志》第11辑，北京：国家图书馆出版社，2018年8月，第272—302页。
④ 董毅《北平日记》也记载，赵万里这门课程讲过"敦煌文献中关于佛经及经史子集之大略"。董毅著，王金昌整理：《北平日记》，北京：人民出版社，2015年，第617页。
⑤ 董毅著，王金昌整理：《北平日记》，第690页。

在课堂上表现得"颇自负"[①]，甚至"带着骄傲劲"[②]；讲话"有口音，北平话不好，有的字音听不清"[③]。课程内容丰富，让学生觉得"所得的倒是比较别的课特别，别的先生说不到的"[④]。赵万里"年轻聪敏强记，其记书名人名版本年月甚多"，且"近年发现之东西看见不少"，学生"朱泽吉问其《醉翁谈录》未难到，朱君为之佩服，赞之不错"[⑤]，学生们对他的学问是很敬佩的。

"剧曲与散曲"为选修科，每周两小时，四学分[⑥]。课程内容为："（甲）1.元明剧曲作风之派别。2.元明剧曲组织之异同（兼论南北曲律）。3.元明剧曲名作举例。（乙）1.元以来散曲作风之派别。2.元以来散曲作家小史。3.元以来散曲名作举例。"[⑦]这门课程仅见1935—1936年度开设。1940年度开设的"戏曲与散曲"课程，内容可能与之接近。1938至1944年间，赵万里另开"中国戏曲史"课，为选修科，每周两小时，四学分[⑧]，内容可能是"剧曲与散曲"的扩展。叶嘉莹1941至1945年在辅仁大学读书时，便"曾从赵万里斐云先生修习戏曲史"[⑨]。

1948年度，赵万里还开设了"宋元俗文学"课。这一课程"注重宋元戏曲之研究，详其源流，论其价值，并述其对于当时后世之影响"[⑩]，也是前述"中国戏曲史"课程的扩展。据赵万里长子赵深回忆，1948年前后曾见辅仁大学课程表上有先生讲《三国演义》《水浒传》，感到诧异，便询问详情。赵万里回答，课上所授并非文学赏析，而是《水浒传》等书之源流。这可能也

---

① 董毅著，王金昌整理：《北平日记》，第588页。
② 董毅著，王金昌整理：《北平日记》，第605页。
③ 董毅著，王金昌整理：《北平日记》，第665页。
④ 董毅著，王金昌整理：《北平日记》，第672页。
⑤ 董毅著，王金昌整理：《北平日记》，第647页。
⑥ 《北平辅仁大学文学院概况（民国二十四年度）》，第10页。
⑦ 《北平辅仁大学文学院概况（民国二十四年度）》，第22—23页。
⑧ 《私立北平辅仁大学一览（民国二十六年）》，第68—69页。
⑨ 叶嘉莹：《王国维及其文学批评》，石家庄：河北教育出版社，1997年，第45页。
⑩ 《私立北平辅仁大学一览（民国三十六年度）》，第47—48页。

是"宋元俗文学"课程的一部分。

北京诚轩拍卖有限公司2009秋季拍卖会上，拍卖了一件辅仁大学毕业纪念册，是启功、余嘉锡、顾随、赵万里、苏晋仁、郭预衡、程建为、徐淑芳等八位辅仁大学教师为1948届国文系毕业生张季安所题。赵万里题的是王维《送梓州李使君》诗："万壑树参天，千山响杜鹃。山中一半雨，树杪百重泉。"可略见师生互动情形之一斑。

辅仁大学国文系第十二届（1941年）毕业生冀淑英，在校期间上过赵万里的"校勘学""版本学"等课程[①]，毕业后担任北京大学图书馆古籍编目员。1946至1948年间赵万里应聘整理北京大学图书馆藏李盛铎藏书时，冀淑英参与其事。后来，冀淑英调入北京图书馆，成为赵万里工作上最主要的助手，也是20世纪我国最杰出的版本目录学家之一。这段师生情谊发端于辅仁大学，可算是赵万里在辅仁大学兼课的一大收获。

中国大学与中法大学

中国大学是孙中山等为培养民主革命人才，仿日本早稻田大学创办的大学。初名国民大学，创建于1913年，开办经费由政府拨款。1913年二次革命爆发，北洋政府收回开办经费，学校由官办改为民办。1914年1月与中国公学（上海吴淞）合并，改称中国公学大学部。1917年更名为中国大学，迁入西单二龙坑郑王府。

1930年，赵万里兼任中国大学国学系讲师[②]。遗憾的是，由于1949年中国大学拆分合并到华北大学、北京师范大学、山西大学等校，档案资料查找不便，我们很难查明1930年前后赵万里在中国大学兼课的详细时间和任教科目。

---

① 冀淑英：《忆念赵万里先生》，《文献》1982年第2期，第156页。
② 《北平中国大学教职员录（民国十九年十二月编印）》，第20页。

抗战期间，中国大学坚持在北平办学。校长何其巩以在敌占区造就青年为己任，维护学校董事会及校务机构不发生变动，拒绝日伪分子，学校证件拒用伪印，并为地下抗日工作者提供掩护[①]。何其巩优待忠贞之士，聘用了一批坚持民族气节、不与日伪合作的教师。

在这样的背景下，赵万里在1942至1945年兼任北平中国大学文学院文学系讲师[②]。所授课程目前未见详细资料，推想可能为他最为擅长的版本目录学或校勘学。

中法大学是在留法俭学会与法文预备学校和孔德学校的基础上组建的，成立于1920年，其学制参考了法国制度，并在里昂设立中法大学海外部。1933年9月至1935年6月，赵万里任中法大学文学院兼任讲师[③]。由于中法大学在1950年并入华北大学，以后历经多次调整，档案资料查找不便，我们尚未查到赵万里在中法大学开设的具体课程。

硕果累累的"黄金十年"

1928至1937年的十年，国民政府名义上统一了全国，政局相对比较稳定。当时政府积极施政，对外逐步废除不平等条约和领事裁判权，对内采取革新刑法、改革货币、稳定物价、改善交通、提升公共卫生、扩大农工生产等措施，国家建设取得了可观的成就，世称"黄金十年"。在相对较安定的环境中，赵万里个人的事业和学问，不论是采访善本、编订书目，还是学术研究、讲学授课，都取得了卓越的成绩，这十年对他来说也是"黄金十年"。在前文列出的种种作为之外，赵万里在这十年间还做了很多

---

① 《中大返校节何校长报告校务》，天津《益世报》1946年4月15日。
② 《中国大学概览》，1944年，第138页。
③ 《私立中法大学职教员同学录（中华民国二十三年一月）》，1934年1月。

事情。

他撰写了一系列文史考证论文。如《〈水浒传〉双渐赶苏卿故事考》[①]，广搜杂剧、南戏等有关文献，考证《水浒传》第五十五回《插翅虎枷打白秀英》双渐赶苏卿故事之源流。《〈花月痕〉小说的作者》[②]，自谢章铤《赌棋山庄集》卷五录出《花月痕》作者魏子安的墓志铭，提示出小说史研究的新史料。《散曲的历史观》[③]，概述散曲由曲子词中脱胎并兴盛，最后被时曲取代的历史过程。《悼内藤虎次郎氏》[④]，列出内藤湖南著述目录，阐述其以新材料引证旧材料、以旧材料溶解新材料的治学特色，以及对于清代开国史事研究的贡献。《两宋诸史监本存佚考》[⑤]，详细阐述南宋监本正史的小字、大字、中字三大系统，堪称版本研究的经典之作。

针对几部大型丛书的书评，展现了赵万里对文献整理的观点。《〈四部丛刊续编〉的评价》[⑥]，认为《四部丛刊续编》在质与量两方面都胜过正编，且多收旧刻残本书，甚为可取；继而指出其缺点，如版本考证尚有疏误、宋刻诸经正义宜刊入、所用底本应尽可能改善；最后提出《太平广记》等富于资料性的书，建议选入。《〈丛书集成初编〉样本观后感》[⑦]，对《丛书集成初编》选目提出批评。

这两篇书评，用语均有颇为尖锐处，甚或有嘲讽意味。如前者论选目之不当，谓："例如《梅亭四六》，底本虽好，但是有何用处？梅亭先生的四六在宋四六里是没有地位的，他没有当过外交官或中央政务官，所以披沙检金，决无什么史料可寻。徐天麟的《东西汉会要》，所用材料无非班、范两书，比不得王溥的《唐会要》《五代会要》，我们当它直接材料看待，驾正史

---

① 载《国立北平图书馆月刊》第三卷第一号（1929年7月）。

② 载《国立北平图书馆月刊》第三卷第五号（1929年11月）

③ 载《文学》第2卷第6号（1934年6月）。

④ 载《大公报·图书副刊》第34期（1934年7月7日）。

⑤ 载《庆祝蔡元培先生六十五岁论文集》上册，国立中央研究院历史语言研究所编印，1933年。

⑥ 连载于《大公报·图书副刊》第23期（1934年4月21日）、第24期（1934年4月28日）。

⑦ 载《益世报·读书周刊》第三期（1935年6月20日）。

而上之。虽然用的底本甚佳，可以打倒聚珍版本而有余，但是这一类阿斗式古旧的书，有何用处呢？"① 后者则谓："而见收之丛书号称罕见价贵，如《百陵学山》《古今逸史》《子汇》《三代遗书》《夷门广牍》等，除了以罕见（实非罕见）二字为其可贵之惟一理由外，尚有什么？至《宝颜堂秘籍》《唐宋丛书》，因其割裂古书、巧立名目之处太多，原无可取，乃亦祸梨灾枣，跻于名贵丛书之列。陈继儒（《宝颜堂秘籍》原不能算陈眉公一人所辑，余别有说）、钟人杰辈有知，当深拜本《集成》知遇之感矣。"②

这些专业的意见，获得商务印书馆的尊重。后来商务印书馆组编《四部丛刊》三编，所收宋本《太平御览》便曾请赵万里协助配补。他在1935年10月18日致函张元济，称"宋刊《御览》全帙足慰海内学人之望，其中缺卷想已补全。如未访得，请赐寄复印件一册，当据以测定此间明抄何本与宋刊相近，以此标准补配"③。次年1月6日，张元济寄赠该书，以感谢"赞助物色之劳"④。此外，《四部丛刊》三编影印的《蚓窍集》《野菜博录》《华阳集》《默堂先生文集》《莆阳黄仲元四如先生文稿》五书，都附有赵万里的跋文，表明他也参与了选目与整理工作。

类似的影印古籍序跋还有多则。1934年夏，撰宋椠《周礼郑注》跋，刊于北平文禄堂王晋卿影印宋刻本《周礼郑注》⑤，考述影印底本与岳氏之源流关系。1936年，北京大学出版组影印姚燮（梅伯）稿本《今乐考证》，赵万里作跋⑥，述马廉等发现并购藏该书经过，及其在戏曲史研究方面的

① 赵万里著,冀淑英、张志清、刘波主编:《赵万里文集》第二卷,第578页。
② 赵万里著,冀淑英、张志清、刘波主编:《赵万里文集》第二卷,第586页。
③ 张元济:《张元济全集》第二卷,第531—532页。
④ 张元济:《张元济全集》第二卷,第532页。
⑤ 此跋收入北京图书馆善本组辑《影印善本书序跋集录:一九一一——一九八四》（中华书局,1995年）,编者拟名《宋椠〈周礼郑注〉跋》;又收入《赵万里文集》第二卷。
⑥ 此跋又载《大公报·图书副刊》第122期（1936年3月19日）;收入北京图书馆善本组辑《影印善本书序跋集录:一九一一——一九八四》,编者拟名《稿本〈今乐考证〉跋》;又收入《赵万里文集》第二卷。

价值。此外，他还为周明泰选辑、1932年石印的《元明乐府套数举略》作过序。

赵万里继续校勘古书。如1932年6月9日，校吴兴刘氏嘉业堂刻本陈霆《渚山堂词话》三卷①。1934年9月，为胡适以《四库》本《诚斋集》校《四部丛刊》本，供胡适将来整理编印《诚斋集》定本②。

为了读书、校书，赵万里自己也买了不少古书。有的藏书还作为展品，出现在北平图书馆举办的展览会上。1933年10月10日至12日，北平图书馆举办舆图版画展览会，展出舆图、版画、佛道经共818种，展品主要来自北平图书馆，还有历史博物馆、松坡图书馆等机构，以及郑振铎、王孝慈、朱桂莘等藏书家，其中便有赵万里提供的清康熙刻本《扬州梦传奇》一种。1934年2月18日至20日，北平图书馆于文津街馆舍举办戏曲音乐展览会，展出戏曲撰著、戏曲文献、乐曲、乐器共1009种，其中清康熙刻本《南音三籁》、明抄本《北曲拾遗》、金刊本《刘智远诸宫调》照像、清康熙刻本《扬州梦传奇》为赵万里藏书。

北平图书馆几乎每年都举办图书文献展览会。如1929年10月10日至13日在中海居仁堂馆舍举办图书展览会，展出善本古籍文献813种；1930年10月10日至12日在中海居仁堂馆舍举办图书展览会，展出近两年新入藏善本书605种，赵万里编《国立北平图书馆图书展览会目录》，载于《国立北平图书馆馆刊》第四卷第五号；1931年6月25日，文津街新馆舍举行落成典礼，同时举办善本古籍展览；1931年9月19日至20日，在文津街馆舍举办水灾筹赈图书展览会，展出善本古籍700余种。这些展览会，赵万里无不参与其事，承担选目、撰写介绍、接待等事务。1935年11月，他还参与北平图书馆与考古学社合作的金石展览会的筹备事务③，后因时局不靖，这次展览未能

---

① 此书现存赵府。
② 胡适著,曹伯言整理:《胡适日记全编》第6册,合肥:安徽教育出版社,2001年10月,第414页;胡适著,曹伯言整理:《胡适日记全集》第7册,台北:联经出版公司,2004年5月,第146页。
③ 《社讯二》,《考古》第三期,第247页。

举办。

工作业绩与学术成就的日新月异，使得赵万里的学术交游半径日益扩大。他加入了多个学会组织。1929年1月1日，中国学会在上海举行成立大会，他是首批会员之一①。1929年4月，当选中国图书馆协会版片调查委员会委员。1933年9月1日，考古学社成立，赵万里是首批会员之一②；1936年10月8日，考古学社执行委员会改选，他当选为候补执行委员③。

1935年9月，章太炎在苏州锦帆路寓所开办国学讲习会，登报征求会员，赵万里名列赞助人之一④。赵万里与章氏国学讲习会的联系，我们目前看不到更多的资料；列名为赞助人，更多地代表了文史学者对赵万里学术成就的认可。

北平图书馆作为文史研究资料的重镇，是众多学者必然要造访的处所，赵万里则是这里的引路人。很多学者，比如朱希祖、顾颉刚、朱自清、浦江清、钱南扬、仓石武四郎等，都曾在日记里写下到北平图书馆访问赵万里的经过。其他形式的交往则更多，他们之间或互赠本人著作，或提示研究资料，或宴饮聚谈，或送行，或贺寿，当时比较活跃的文史研究领域的学者，几乎都与赵万里有过来往，而多以学术或史料为归依。

这里试举几个例子，以略见一斑。1933年夏，赵万里从内阁大库留存的故纸堆中，发现明洪武刻本《华夷译语》残页26页、洪武刻本《元朝秘史》残页45页，这是惊人的秘籍。他随后把残页介绍给陈垣研究考证，陈垣不久后撰写《〈元秘史〉译音用字考》，便运用了这些材料⑤。同时，他也将《元朝

---

① 《中国学会会员录》，第22页。

② 《考古学社社刊》第一期，第37页。

③ 《社讯七》，《考古》第五期，第383页。

④ 《章氏国学讲习会征求会员》，《申报》1935年8月14日、16日、18日及9月1日、3日、5日。

⑤ 陈垣：《〈元秘史〉译音用字考》，载《陈垣史学论著选》，上海：上海人民出版社，1981年5月，第359页。

1932年11月与友人于燕京大学天和厂合影

（右起：郑振铎、顾颉刚夫人殷履安、郑振铎夫人高君箴、郑小箴、

朱自清夫人陈竹隐、朱自清、赵万里、顾颉刚、浦江清、郭绍虞、俞平伯）

秘史》残页提供给商务印书馆，供影印张古余影抄本时校勘之用①。

1930年，赵万里在上海中国书店，从某书封皮的背面，发现明万历刻本《西游记》一页。后来他把这个残页送给正在搜集版画的郑振铎。郑振铎写道："这一页万历写刻本《西游记》的发现，便是这四大套吴本全书发现的先声。"②赵万里与郑振铎的友谊，大概便始于这段时间，此后成为至交。

1931年初夏，张尔田借用赵万里临王国维校本《钦定蒙古源流》，迻录王国维校语补充沈曾植《蒙古源流笺证》。他在赵万里临校本上，写下一段跋语："赵君为静安入室弟子，遗书皆出其手定。欣斯道之有传，悲故人之长

---

① 张元济1936年3月11日致赵万里函，载《张元济全集》第二卷，第532页。

② 郑振铎：《西谛书话》，北京：三联书店，1983年10月，第59页。

往，泫然书之。"①大约由于这段因缘，赵万里从张尔田手中征集到了王国维1923年的一通书信②。

1935年2月19日，马廉在北京大学讲台上突发脑溢血，不幸逝世。赵万里为老友的不幸感到悲痛，他向朱希祖、冯贞群等多位好友通报了这一消息③。马廉家境清寒，身后藏书有散失之虞。他的藏书以戏曲小说为特色，多稀见本，北京大学文学院有意收购。魏建功、赵万里、徐森玉受家属委托，整理这批藏书④。他们在5月初完成估价⑤，让这批珍籍顺利入藏北京大学，留下了宝贵的俗文学史料。

胡适收藏有碛砂藏本《大般涅槃经》卷第二十九，这一卷的千字文编号用"辅"字，其字不见于通行的千字文。胡适颇感奇怪，于1931年1月31日写下一段识语，谓："此卷编号为'辅九'，殊不可解。宋以后刻经多以《千字文》编号，而《千字文》无'辅'字。当另考之。"赵万里于1932年初夏，在胡适书斋看到这一件古经，写了一段跋文："此书刊于南宋之末，尚遵用宋本《千字文》旧式。此卷编号为'辅九'，以'辅'字代'匡'字，盖避宋太祖讳。《三希堂法帖》载宋高宗御书《千字文》，'桓公匡合'作'辅合'，其明证也。"⑥解决了胡适的疑问。

学者们之间，也偶有顽皮的时候。1930年12月17日，胡适过40岁生日，一众好友都赶去祝贺。赵元任写了一首白话诗，记当日的盛况：

> 适之说不要过生日，/生日偏又到了。/我们一般爱起哄的，/又来

---

① 此校本今存赵府。收入赵深编《赵万里抄校本选编》，北京：中华书局，2017年1月。

② 刘波：《王国维致张尔田函考释》，《文献》2016年第6期，第108—114页。

③ 朱希祖：《朱希祖日记》，第469页；饶国庆《赵万里与冯孟颛》，载《天一阁文丛》第11辑，第204页。

④ 《北大二教授遗书之归宿》，《浙江图书馆馆刊》第4卷第2号，第37页。

⑤ 钱玄同著，杨天石主编，阎彤等整理：《钱玄同日记》（整理本），第1099页。

⑥ 此跋收入《赵万里文集》第二卷，编者拟名《胡适旧藏碛砂藏本〈大般涅槃经〉卷第二十九跋》，并附刊原跋书影。

跟你闹了。

今年你有四十岁了都，/我们有的要叫你老前辈了都；/天天听见你提倡这样，提倡那样，/觉得你真有点儿对了都。

你是提倡物质文明的咯，/所以我们就来吃你的面；/你是提倡整理国故的咯，/所以我们都进了研究院；/你是提倡白话文学的咯，/所以我们就罗罗索索地写上了一大片。

我们且别说带笑带吵的话，/我们也别说胡闹胡搞的话，/我们并不会说很巧妙的话，/我们更不会说倚少卖老的话；/但说些祝颂你们健康美好的话，/就是送给你们一家子大大小小的话。/

适之老大哥嫂夫人四十双寿：拜寿的是谁哟？/一个叫★刘复，一个叫★丁山。/一个叫★李济，一个叫★裘善元。/一个叫★容庚，一个叫★商承祚。/一个叫★赵元任，一个叫★陈寅恪。/一个叫★徐中舒，一个叫★傅斯年。/一个叫★赵万里，一个叫★罗莘田。/一个叫★顾颉刚，一个叫★唐擘黄。/一个叫毛子水，一个叫李方桂。/有星的夫妇同贺，/没有星儿的"非常惭愧"。[1]

据说赵元任口占此诗时，毛子水执笔书写，有人问毛子水有没有太太，毛说"非常惭愧"，于是就有了最后一句。第二天这首诗在《晨报》上发表，这样亦庄亦谐的玩笑，一时间传为美谈。

工作与研究之外，赵家的生活也蒸蒸日上。结婚之后，夫人张劲先就不再工作。1928年夏秋之际，他们的第一个孩子出生了，不幸的是，孩子不久夭折，让他们"心绪甚恶"[2]。第二年6月，长子赵深出生。两年之后，女儿赵虹在1931年4月出生。又过了五年，次子赵源在1936年2月出生。三个孩子给家庭带来了希望和欢乐。全面抗战爆发前的几年，因兼职多，赵万里的

---

① 《胡适之先生四十正寿贺诗》，《晨报》1930年12月18日。
② 浦江清：《清华园日记　西行日记》（增补本），第11—12页。

经济收入也颇为可观，连同北图薪水在内每月有500元左右，生活比较宽裕，也有余力照顾家庭，比如承担妹妹读大学的费用。

他的三妹赵芳瑛，1935年秋由南方转学到清华大学物理系，赵万里可就近照料，恪尽大哥的责任。妹妹刚入校，赵万里就向她引见了在清华中文系任教的好友朱自清。就在那年冬天，北平爆发了"一二·九运动"，赵芳瑛和同学们一起，积极参加抗日救国学生运动。1936年2月29日，北平军警闯入清华园搜捕进步学生，当晚赵芳瑛和几位女生在朱自清家躲避。3月31日，因参加"三三一"抬棺游行，赵芳瑛不幸被捕。同时被捕的还有50余人，其中包括赵万里的表妹、赵芳瑛的同学与室友徐骅宝。当晚朱自清给赵家打电话，告知赵芳瑛仍未归校，询问是否在赵家，赵万里才获悉妹妹被捕。他十分着急，四处奔走设法，托一位很有办法的"张十二爷"出手相助[①]，据说这位张爷就是曾任教育总长、司法总长的张国淦；赵万里在同年6月写给傅斯年的信中，也提到过"四月中因舍妹被逮，忙于营救，故各事因之停顿"[②]的情形；徐骅宝的哥哥从南方专程来平，极力搭救。后来，政府迫于各方面的压力，分批释放了被捕学生。赵芳瑛"在陆军监狱过了近一个月的铁窗生活"[③]之后，回到清华继续求学，后来随校转到昆明，毕业于西南联大物理系。

1936年下半年到1937年初，赵万里的父亲赵宗孟由女儿赵端瑛、赵芳瑛陪同，来北平住了几个月。此前赵家住在陟山门大街，住处一侧是房东的大花园，孩子们特别喜欢在花园里玩耍，不过房子比较小，房间不够招待父亲和妹妹们，因此另租了府右街达子营的一处院子。那里房子比较大，赵家搬过去之前还拾掇装饰过一番，准备常住。

---

① 此事闻诸赵深。

② 1936年6月27日赵万里致傅斯年函。原函存台北"中央研究院"历史语言研究所傅斯年图书馆。档号：元116-7。

③ 赵芳瑛：《忆孙兰（韦毓梅）》，载清华大学校友总会网站。网址为：http://www.tsinghua.org.cn/publish/alumni/4000380/10025308.html。〔2018.1.15〕

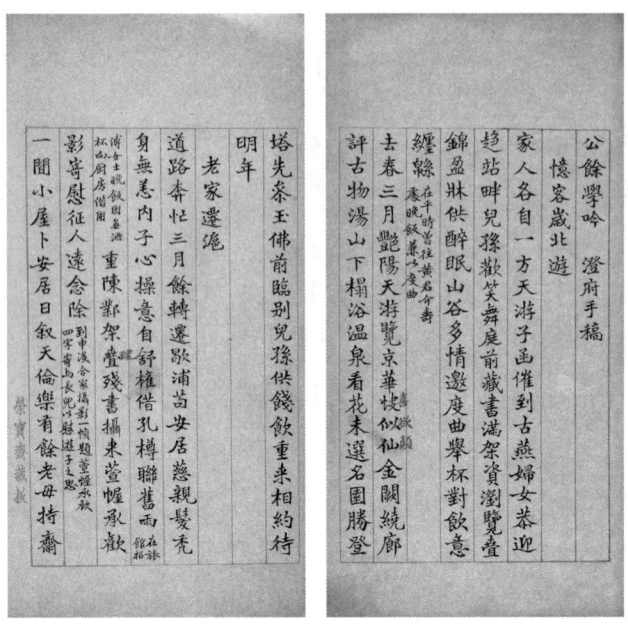

赵宗孟《忆客岁北游》(《卍庐吟草》稿本)

赵宗孟这次北游,有《忆客岁北游》《忆北游》诗多首,摘录其中三首如下:

家人各自一方天,游子函催到古燕。妇女恭迎趋站畔,儿孙欢笑舞庭前。藏书满架资浏览,叠锦盈床供醉眠。山谷多情邀度曲,举杯对饮意缠绵(在平时曾往黄君介寿处晚饭,兼以度曲)。

去春三月艳阳天,游览京华喜欲颠。金阙绕廊评古物,汤山下榻浴温泉。看花未选名园胜,登塔先参玉佛前。临别儿孙供饯饮,重来相约待明年。

回思去岁麦秋初,小叙天伦在客居。两女伴游名胜地,长儿任辑古藏书。听经未践山僧约(西山未能去游),评帖曾过旧友庐(黄介寿处)。有妇承欢亲进膳,一堂喜笑乐何如。①

① 赵宗孟《卍庐吟草》卷一。赵深惠示。

家人团聚的欢乐跃然纸上。可惜的是，这段愉快的时光过去不久，日军的侵略铁蹄便踏入了故都北平。战火纷飞、山河破碎的时代来临，北平已经放不下一张安静的书桌了。

北图善本避祸南迁

1905年日俄战争后，日本攫取了旅顺、大连等地的租借权和长春至旅顺的铁路及附属设施，建立"南满洲铁道株式会社"，并在铁路沿线驻扎关东军。1931年，日本关东军在沈阳发动"九一八事变"，随即攻占东北三省。次年，日本扶持溥仪成立伪"满洲国"。1933年初，日本军队进攻热河、古北口以东的长城一线，占领唐山、蓟、三河、香河、平谷、密云、怀柔等县，从东、南、北三个方向对北平形成包围。1935年，日军制造"华北事变"，7月6日，迫使国民政府签订"何梅协议"，中央军完全撤出河北及平、津两市，并撤换平、津两市市长，取缔一切抗日组织活动，中国基本丧失了河北省及平、津两市的主权。12月18日，在北平成立了半独立的"冀察政务委员会"。

随着日本侵略步伐的步步紧逼，北平的局势日益紧张，收藏在故宫博物院、北平图书馆等机构的珍贵图书文物处于随时可能遭受劫掠的危险境地。有鉴于此，国民政府指令故宫与平馆甄选珍贵文物装箱南运，以保安全。1933年1月12日，国立北平图书馆委员会第八次会议决定，需寄存安全地点的善本图书包括五类："（一）善本中之罕传本，（二）唐人写经，（三）方志稀见本，（四）四库罕传之本，（五）内阁大库舆图。"[1]前四类均为北平图书馆善本部管理的文献。

对于国民政府教育部的南运计划，北平图书馆方面有不同意见。馆员中

---

[1] 《委员会会议记录：第八次》，载《北京图书馆馆史资料汇编：1909—1949》，339页。

有人认为"迁移即散伙之别名"①。5月3日，平馆委员会委员长胡适致电教育部，称因南方天气潮湿，善本书籍不易保存，决定在平、津两市选择安全地点寄存，所择寄存地有三处，一为德华银行保险库（北京），二为天主教主办的工商大学（天津），三为大陆银行货栈（天津）②。这三处，两家是银行，两家有欧美背景，日军不至于随意闯入，相对而言是安全的。到5月23日，共封装善本甲库图书132箱，善本乙库图书38箱，敦煌遗书47箱，舆图13箱，金石拓片3箱，总计233箱，分四批寄存在上述三处③。从那以后，平馆善本书便处于装箱封存、颠沛流离的状态，此时上距赵万里《国立北平图书馆善本书目》出版不过两年，学界便无法按图索骥，利用这批珍贵文献从事研究，这不可不谓为民族文化的悲剧。

1935年"华北事变"之后，北平、天津已经危在旦夕，原来寄存善本的安全地点，此时也不再稳妥。1935年11月23日，教育部密电平馆委员会委员长蒋梦麟、副委员长傅斯年及副馆长袁同礼，指令"国立北平图书馆贵重书籍，希以极机密方法择要移存南方，以策安全"④。同日，平馆委员会即决定，将善本图书南运上海、南京。到12月中旬，平馆善本图书共装586箱，委托中国旅行社陆续运抵上海商业储蓄银行、上海中国科学社与中央研究院化学、物理、工程研究所等寄存地点。其中最珍贵的善本甲库书与敦煌遗书共246箱，存放在上海商业储备银行，该行还代平馆向宝丰保险公司投保火险国币5万元⑤。平馆设立上海办事处，负责保管事宜，善本珍籍暂时安顿了下来。

---

① 1933年5月12日赵万里致其父赵宗孟函。见于西泠印社拍卖有限公司2018年秋季拍卖会"中外名人手迹暨戊戌变法120周年纪念专场"（2018年12月16日）。图版见：http://www.xlysauc.com/auction5_det.php?ccid=1087&id=163338&n=2364［2018.12.18］。
② 北京图书馆业务研究委员会编：《北京图书馆馆史资料汇编：1909—1949》，376—378页。
③ 北京图书馆业务研究委员会编：《北京图书馆馆史资料汇编：1909—1949》，373—375页。
④ 北京图书馆业务研究委员会编：《北京图书馆馆史资料汇编：1909—1949》，417页。
⑤ 北京图书馆业务研究委员会编：《北京图书馆馆史资料汇编：1909—1949》，433页。

　　"七七事变"之后，北平、上海、南京相继沦陷。为了躲开日本的劫掠，北平图书馆不得不多次迁移存沪善本，后来转移到法租界的震旦大学和一处私宅，因为法国维希政府与日本尚维持邦交，在那里可避免日伪骚扰①。这批善本书，在上海历经艰险，除少部分于1941年运美寄存及1942年由王古鲁（钟麟）运回北平外，大部分直到1950年初赵万里南下接收，方才运回北平，回到北平图书馆。

---

　　① 钱存训：《留美杂忆》，载《钱存训文集》第三卷，北京：国家图书馆出版社，2012年12月，第310页。

第五章

苦守故都：
1937—1945

滞留北平

1937年7月7日，日军发动"卢沟桥事变"。事变发生时，赵万里正好南下，其间曾在南京会晤傅斯年。这年的6月24日，赵万里致函傅斯年，谈到"拟七月初来京"，商谈编纂"大书目"事宜等[①]。7月9日余逊给傅斯年的信中提及"赵斐云已南归"[②]，可知当时他确已按计划南下。

经过20多天的较量，中国军队终于不敌强势日军，北平、天津分别于7月底沦陷。城破之际，北平图书馆在7月30日召开第四次馆务会议，要求员工在时局混乱时期不得擅离职守。次日，再开第五次馆务会议，决定自当日起照常开馆。虽然北平已经落入日军之手，但北平图书馆的经费来源主要是管理美国退还庚子赔款的中华教育文化基金会，有美国背景，日军还不敢轻易惊动，因此仍能照常开馆。赵万里在完成南下的工作之后，便返回北平，继续到馆工作。

然而北平毕竟已经落入敌方虎爪，国立文化机构纷纷迁往南方，甚至连中基会也已经南迁，仅"留一二人在平料理未了事宜"[③]。袁同礼鉴于"旧都沦陷，平馆馆务势难进行"[④]，于8月10日宣布率领部分馆员南下长沙，与北大、清华、南开三大学合组的长沙临时大学合作建馆，后来又与临大一起西迁，建立昆明办事处，继续与西南联大合作。中基会对平馆南迁，起初持反对态度，一度反复敦促袁同礼回北平主持馆务，但袁同礼决意南迁，并获得了教育部的支持。几经协调，南迁计划也得到了中基会的同意。到1939年，

---

① 原函存傅斯年图书馆。
② 原函存傅斯年图书馆。
③ 1937年10月25日任鸿隽致袁同礼函，载《北京图书馆馆史资料汇编：1909—1949》，第451页。
④ 国立北平图书馆1937年致委员会各委员函，载《北京图书馆馆史资料汇编：1909—1949》，第468页。

遂以昆明办事处为馆本部。

日军发动全面侵华战争，把中国拖入长期战争的深渊，打断了中国曲折缓慢前进的现代化进程，众多经济文化事业受到严重打击，甚至不幸被摧毁。北平图书馆的北平馆舍虽然维持了暂时的安定，但各项工作遭受重大打击，1929年以来的事业大发展时期就此中断。很多进行中的事务不得不停顿下来，如已经开始排版的《国藏善本丛刊》中止出版，天津《大公报·图书副刊》也在1937年7月22日出版第191期之后停刊。

"卢沟桥事变"发生之际，善本部考订组除赵万里外，还有李耀南、赵录绰、陈恩惠、张孟平等四人。由于善本书并未西迁，他们都没有随袁同礼迁往长沙、昆明，而是遵从袁同礼的指令，"未经随行各员留守馆中，此后无论遭遇如何困难，总以留馆任职以期监护馆产并取得联络为要"①。他们中，李耀南在上海负责保管南迁善本，赵录绰不久离职，赵万里和陈恩惠、张孟平则留在北平。1938年6月9日，张孟平也离职，善本甲乙库便统归陈恩惠管理，另调助理刘福春在考订组办事②。

事变之后，善本部主任徐森玉回沪，馆方另聘张允亮担任善本、编目两部主任，于1937年8月到任。1938年2月，由总务部主任王访渔、善本部主任张允亮、编纂顾子刚三人组成行政委员会，主持在平馆务，对外事务则委托燕京大学校长、中基会董事司徒雷登代为处理③。当年12月底，张允亮以"患神经衰弱，须遵医嘱修养，不能再任行政事务"④为由，辞去所有在馆职务。此后直到抗战胜利，平馆行政委员会便只剩下王访渔、顾子刚二人与日伪周旋。张允亮辞职之后，平馆没有再任命新的善本部主任。赵万里作为考

---

① 《国立北平图书馆复员情形报告》，载《北京图书馆馆史资料汇编：1909—1949》，第892—894页。
② 国立北平图书馆在平行政委员会会议记录，载《北京图书馆馆史资料汇编：1909—1949》，第632页。
③ 《国立北平图书馆馆务报告（民国二十六年七月至二十七年六月）》，第12页。
④ 北京图书馆业务研究委员会编：《北京图书馆馆史资料汇编：1909—1949》，第640页。

订组组长，主管着北平部分的善本古籍工作。

1937年7月至9月，赵万里主管的中文旧籍采购工作仍在继续进行。这三个月共购入166种1155册又10卷，其中72种409册10卷属于善本书[①]。此后直至1941年，由于没有购书经费，北平部分的书籍采购工作完全中止[②]。战时生计艰难，藏书家有时不得不鬻书换米，上海及苏浙一带尤为集中。当时北平图书馆上海办事处尚有一些购书经费可资运用，赵万里便利用暑期南下的机会，乘便为平馆购书。

如1940年6月19日南下之前，赵万里写信给袁同礼，报告"拟于下月初赴苏州一行（沪苏间往返甚便），因此半年该地出书最多且最佳，平估之在该地者约七八家，且有二三家拟在沪开分店，以便收货"，请袁同礼"即函告钱存训兄，筹付书款五六千元（暂以此数为度，最好能于里到沪时筹付，以免错过机会），以便在苏沪各肆选购，如遇私家大批之书，自当随时函告，再定进行办法"；信末又报告"新购第五批各书颇多佳本（有明嘉靖年蓝笔抄《赵氏宗谱》十大册最佳，附图亦明人所绘也），详目另函寄上"[③]，既有"第五批"，可见当时购书不在少数。

1940年8月24日郑振铎等向中央图书馆提交的《文献保存同志会第四号工作报告》，提到"瞿氏之明刊方志七种，又抄本方志九种，最近赵万里君以七千五百元为北平图书馆得之"[④]；郑振铎9月1日致张寿镛函又谈及，"北平图书馆近由赵万里兄向罗子经处得《湛若水同人录》等书六种，堆在桌上，不及一尺高，为册不及三十，而价在一千四百元左右"，"近赵君从平贾某手中得到李文田稿本《元秘史注》四册（与刻出之本不同，李氏添注不少，

---

① 《国立北平图书馆馆务报告（民国二十六年七月至二十七年六月）》，第2页。
② 《七七事变后平市图书馆状况调查》，《中华图书馆协会会报》第16卷第1、2期合刊（1941年），第5页。
③ 原函存中国国家图书馆档案室。
④ 陈福康：《郑振铎等人致旧中央图书馆的秘密报告（续）》，《出版史料》2004年第1期，第107页。

并有文廷式及刘世珩附加案语甚多），价至六百五十元"①。这些虽仅一鳞半爪，但可略见当时购书的概貌。抗战期间赵万里南下所购各书，即由上海办事处保管。

虽然滞留北平，赵万里与后方、与北平图书馆昆明办事处之间的联络并没有中断。袁同礼经常用书信指挥馆务，在北平的行政委员会也常向袁同礼请示报告。1939年8月，赵万里在上海，还与袁同礼会面，同赴李拔可宴会②，同访开明书店王伯祥商谈出版项目③；1940年8月，再次同访开明书店④。1939年2月，在清华大学物理系上大学的三妹赵芳瑛，加入中日战事史料征辑会任助理⑤，恐怕与赵万里的推荐不无关系。赵芳瑛毕业后仍在征集会任职，直至1946年2月。

抗战期间，赵万里多次南下上海。日伪接收前见于记录的有四次，即1939年8月上中旬至9月下旬、1940年6月30日至9月15日、1941年1至2月、1941年6月底或7月初至9月10日。日伪接收后，南下次数明显减少，仅见1944年2月至3月初在上海活动。这四次南下，除了购书、抄录资料之外，还与开明书店谈了多个出版项目。

如《丛书子目汇编》，1939年8月17日与袁同礼同访开明书店王伯祥，商谈出版事宜⑥。该书为北平图书馆组编，自1932至1933年度即在进行中⑦，共分汇刻、类编、书名通检、著者通检四类，其中汇刻在1936年即已完成并

---

① 郑振铎著，刘哲民、陈政文编：《抢救祖国文献的珍贵记录——郑振铎先生书信集》，上海：学林出版社，1992年8月，第139—140页；《郑振铎全集》第16卷，石家庄：花山文艺出版社，1998年11月，第97—98页。

② 夏承焘：《夏承焘集》第6册，第124页。

③ 王伯祥：《王伯祥日记》第16册，第126页。

④ 王伯祥：《王伯祥日记》第17册，第472页。

⑤ 王余光主编，范凡等选辑：《清末民国图书馆史料汇编》第7册，第106页。

⑥ 王伯祥：《王伯祥日记》第16册，第126页。

⑦ 《国立北平图书馆馆务报告（民国二十一年七月至二十二年六月）》，第25页。

交开明书店印行①。此书很快开始排印，1939年10月23日王伯祥即向赵万里寄出清样多册②。遗憾的是，该书最后未能正式出版。

又如《清代文史笔记子目分类索引》，1939年8月22日赵万里访王伯祥商谈出版事宜③。此书于1935—1936年度编竣，"第一辑收书三十三种，得子目二万余条"④，次年继续"补足五十种，得子目三万余条"，于1937年5月交商务印书馆出版⑤。商务印书馆因抗战营业大受影响，因而平馆转商开明。1939年9月1日，开明书店收到商务印书馆转送的该书卡片，王伯祥致函赵万里，要求补充编例及采用书目⑥。12月14日，王伯祥向赵万里寄出该书出版合同，并"建议当补辑俞樾、丁晏之《日知录笺注》"⑦。次年1月初，赵万里告知王伯祥，合同已转给袁同礼⑧。2月5日，王伯祥即收到袁同礼签署的合同⑨。遗憾的是，此书也未见正式出版。

又如董作宾《甲骨丛编》（或《甲骨文研究》），此书可能为"国立北平图书馆考古学丛刊"⑩之一种。1941年8月13日赵万里受袁同礼之托将该书稿件交与王伯祥⑪，8月21日又与袁同礼一起访王伯祥商议出版事宜⑫。8月26日

---

① 《国立北平图书馆馆务报告（民国二十四年七月至二十五年六月）》，第12页。

② 王伯祥：《王伯祥日记》第16册，第222页。

③ 王伯祥：《王伯祥日记》第16册，第132—133页。

④ 《国立北平图书馆馆务报告（民国二十四年七月至二十五年六月）》，第11页。

⑤ 《国立北平图书馆馆务报告（民国二十五年七月至二十六年六月）》，第10页。

⑥ 王伯祥：《王伯祥日记》第16册，第147页。

⑦ 王伯祥：《王伯祥日记》第16册，第286页。

⑧ 王伯祥：《王伯祥日记》第16册，第324页。

⑨ 王伯祥：《王伯祥日记》第16册，第352页。

⑩ 该丛刊因太平洋战争爆发影响，未正式出版。现知稿本另有二种：其一为郭宝钧撰《中国古器物学大纲——铜器篇》，成书于1941年，现藏中国国家图书馆古籍馆，该馆目录标注为"国立北平图书馆考古学丛刊第六种"；其二为石璋如《古墓发现与发掘》，稿本现藏中国国家图书馆古籍馆金石组（曹菁菁：《新发现石璋如未刊书稿》，载《文津学志》第三辑，北京：国家图书馆出版社，2010年8月，第177—183页）。

⑪ 王伯祥：《王伯祥日记》第17册，第455—456页。

⑫ 王伯祥：《王伯祥日记》第17册，第472页。

开明书店拟出合同，由王伯祥寄与赵万里[1]，8月29日赵万里再访开明书店完成合同签署，并由钱存训交付出版经费八千元[2]。太平洋战争爆发后，平馆经费紧张，1942年5月28日钱存训与王伯祥商议"解除印行《甲骨丛编》约，收回预付印费八千元，以资沪上急需"[3]，开明书店表示同意，次日即将经费、书稿分别交与孙洪芬、钱存训，并约定"约暂不行（并不撤销），俟将来再议印行"[4]。遗憾的是，这部书以后未见出版，稿本也下落不明。

北平沦陷之后，文教机关纷纷被迫南迁，赵万里在故宫博物院、北京大学、清华大学的兼任教职，全部自动解除。东方文化事业总委员会委托的"续修四库全书总目提要"撰写工作，1937年春之后也决不再参加。抗战期间始终保持的兼职，只有辅仁大学讲师，此外还在1942至1945年间兼任北平中国大学文学院文学系讲师。中研院史语所的编辑员，于1939年底改为通信研究员，并于1940年底获续聘[5]。伪组织控制的机构，如伪北大和日伪接管后的故宫，都不再兼任职务。钱稻孙任伪北大校长期间，屡次三番请赵万里前去兼课，他都拒绝了，为此钱稻孙还说他"胆小鬼"[6]。不过战前已经开始的指导学生等工作，仍然延续进行，如邓广铭1937年下半年至次年上半年从北大转往北平图书馆进行辛弃疾研究，赵万里便担任指导人[7]，助其撰成《辛稼轩诗文钞存》。

日伪统治下的北平，气氛压抑沉闷，生活痛苦。1939年8月19日，赵万里在上海与夏承焘等友人聚谈，"述北平情况，谓平民生活之艰，三十年来所无有，物价比上海尤贵"[8]。因兼职减少，赵万里的收入锐减，由每月500元

---

① 王伯祥：《王伯祥日记》第17册，第482页。

② 王伯祥：《王伯祥日记》第17册，第489页。

③ 王伯祥：《王伯祥日记》第18册，第119页。

④ 王伯祥：《王伯祥日记》第18册，第120—121页。

⑤ 聘任文件存傅斯年图书馆。

⑥ 2018年6月15日赵深口述。

⑦ 邓广铭：《自传》，载《邓广铭全集》第十卷，第415页。

⑧ 夏承焘：《天风阁学词日记》，载《夏承焘集》第6册，第124页。

降到200元左右，远不如事变前宽裕。

　　抗战前，赵万里为了招待父亲赵宗孟北游，于1936年下半年搬家到府右街达子营一处较大的院子，本来打算长期租住。那个地方附近有一处兵营，沦陷之后便由日军驻扎。日本兵经常搅扰居民，出入常常遇到搜查抢劫，夜间常挨家挨户砸门要"花姑娘"或抢劫，极感恐怖。

　　赵万里非常害怕，找桥川时雄帮忙。战前参与撰写续修四库全书提要时，赵万里结识了桥川时雄，也参与过桥川组织的一些活动，如受邀出席欢迎羽田亨到访北平的宴会，又如给服部宇之

摄于20世纪40年代的证件照

吉祝寿，写祝词并送被褥做贺礼，他也和王重民、谢国桢、孙人和、孙楷第、伦明等一起签了名，还凑了点钱。桥川时雄给赵万里写了个条子，让他随身携带，以备急用。条子大意是赵万里是个有学问的人，不要伤害他。不过这个条子始终没有用过，因为他很快就避祸迁居了。

　　北平沦陷后，赵家刚刚在达子营住了十个月，就搬到东城的北官场胡同7号，远远地躲开日本兵营。大约在1940年，房东要收回房子自住，催促赵万里搬家，正好旁边的8号在出售，就和房主商谈，买了下来。为了买这处房子，夫人张劲先还变卖了她母亲留下来的一些首饰。从那以后，赵家便在北官场胡同8号安顿下来，赵万里在那里度过了后半生。那处房屋就在老舍故居的对门，20世纪90年代扩建马路，全部拆除了。

为文献保存同志会在北平购书

　　协助文献保存同志会在北平购书，是抗战前期赵万里参与的一件大事。战时社会动荡，藏书之家往往难以为继，古籍文献大量流失，郑振铎担忧文

献外流，邀集同志之士，并争取到国民政府教育部的支持，于1940年1月与张寿镛、何炳松、张元济、张凤举在上海秘密组织文献保存同志会。短短两年间，购得古籍1.8万余部20余万册，其中善本4800余部4.8万余册，有效地阻止了古籍文献的损失与外流。文献保存同志会主要在苏沪一带抢购，书商密集的北平，则委托赵万里代为搜罗。

1940年1月，即郑振铎筹划组织文献保存同志会之初，便与赵万里有书信往来。1月5日郑振铎日记载："晚餐后，箴回，写致斐云、颂清二函托其带回去寄出。"①这封信函的具体内容已不可考，但从郑振铎同时发出致中国书店主人金颂清函推测，致赵万里函极有可能与购书事相关。

一个多月后，2月16日郑振铎致函张寿镛，便提到在北平购得嘉靖本《唐百家诗》，并说明"《唐百家诗》系托赵万里先生购下"②。此书32册，赵万里邮寄给上海开明书店王伯祥，3月18日王伯祥收到后，"即为转送振铎"③。购得这部书的时间距同志会开展工作不到一个月，可见赵万里从一开始就参与了文献保存同志会的活动。

赵万里在北平，密切注意古书市场的动态，及时将消息传给郑振铎。1940年2月25日，郑振铎在致张寿镛函中提到："顷得赵万里先生来函，天津李木斋书已以四十万元售与伪方（北平），此大可伤心事也。"④可知赵万里曾在2月中下旬写信将李盛铎藏书入藏伪北大的消息告知郑振铎。1940年6月1日郑振铎致张寿镛函谈及："闻北平邃雅斋因收书不易，已将'存'书均加价八成（赵君来函云云），可见近来书价之日涨。"⑤可知5月下旬赵万里曾

---

① 郑振铎著，陈福康整理：《郑振铎日记全编》，太原：山西古籍出版社，2006年1月，第114页。

② 郑振铎：《郑振铎全集》第16卷，第8页。

③ 王伯祥：《王伯祥日记》第16册，第402页。

④ 郑振铎著，刘哲民、陈政文编：《抢救祖国文献的珍贵记录——郑振铎先生书信集》，第12页；郑振铎：《郑振铎全集》第16卷，第11页。

⑤ 郑振铎著，刘哲民、陈政文编：《抢救祖国文献的珍贵记录——郑振铎先生书信集》，第101页；郑振铎：《郑振铎全集》第16卷，第71页。

致函郑振铎，告知北平书肆加价。

1941年初，赵万里南赴上海，期间于2月9日访郑振铎，当天郑振铎致函张寿镛，告知相关消息："顷赵斐云兄来寓，谈及刘诗孙又已来沪，不知有何任务。暑假时彼来此，系为满使作'说客'，欲购刘氏物，此次不知是否仍为此事。甚为焦虑。好在款即可到，立当成交，免生枝节。"①所谓"刘氏物"，指的是刘承幹嘉业堂藏书。文献保存同志会于1941年4月以25万元购得其中明刊本1200余种、稿抄本36种，转运往香港大学冯平山图书馆保存。

从以上零散记录可见，古籍市场的动向是赵万里、郑振铎二人这一时期交流的核心内容之一。赵万里提供的信息，对文献保存同志会购书当有重要的参考作用。

这一时期赵万里与郑振铎的通信往来，见于郑振铎致张寿镛函的，还有两例：其一为1940年4月11日郑振铎致张寿镛函提到："附上赵斐云兄来函一件。"②其二为1940年5月15日郑振铎致张寿镛函谓："赵万里先生昨来一函，可见其为我们得书之苦辛。"③可惜这些信函均已不存，我们无从得知其详细内容。

1940至1941年间，郑振铎多次向赵万里汇寄购书款，或直接给付书款支票。郑振铎致张寿镛函与中国国家图书馆所藏同志会购书单据中，共载录10次：

其一是1940年2月5日，汇款2000元。汇款单今存国图④。

其二是1940年3月上中旬，汇款2000元。见于3月7日函："最近拟寄平二千元（交赵万里先生。可径寄支票给他，因他有友人来沪，可将伪钞给他，

①　郑振铎著，刘哲民、陈政文编：《抢救祖国文献的珍贵记录——郑振铎先生书信集》，第191页；郑振铎：《郑振铎全集》第16卷，第133页。

②　郑振铎著，刘哲民、陈政文编：《抢救祖国文献的珍贵记录——郑振铎先生书信集》，第67页；郑振铎：《郑振铎全集》第16卷，第48页。

③　郑振铎著，刘哲民、陈政文编：《抢救祖国文献的珍贵记录——郑振铎先生书信集》，第89页；郑振铎：《郑振铎全集》第16卷，第63页。

④　苏晓君惠示。此汇款单据曾在中国国家图书馆2018年12月举办的"高文有典　美行如圭——郑振铎诞辰一百二十周年纪念展"中展出。

而将此支票至沪提取也），何先生已开支票，请加盖图章。"①

其三为1940年4月13日，汇款5000元。见于4月16日函："北平赵斐云先生处款五千元已汇去，计共在平可取伪币五千三百十九元余（由敦泰永银号汇去）。此多出之三百余元，亦意外之收入也。如由银行汇，则似不致有此项'升水'，且尚需汇费若干。"②汇款收据现存国图③。

其四为1940年5月下旬，汇款3000元。见于5月22日函："北平赵万里先生来函云，端节前有好书可得，要再汇去三千元，兹已请何先生开出支票一纸（托敦泰永汇去）。"④汇款收据现存国图，金额为3378元4角⑤，多出的300余元即所谓"升水"。

其五为1940年7月12日，给付支票2000元。见于7月12日致张寿镛函："赵斐云兄支票二千元，已由何先生开出，请于加盖印章后交还，以便转付为荷！"⑥当晚，郑振铎宴请赵万里、潘博山、瞿凤起、张珩等⑦；赵万里收到款项后，曾手书收条，其副本现存国图⑧。

其六为1940年8月12日，给付支票2000元。赵万里同日手书收条之副本

① 郑振铎著，刘哲民、陈政文编：《抢救祖国文献的珍贵记录——郑振铎先生书信集》，第17页；郑振铎：《郑振铎全集》第16卷，第15页。

② 郑振铎著，刘哲民、陈政文编：《抢救祖国文献的珍贵记录——郑振铎先生书信集》，第68页；郑振铎：《郑振铎全集》第16卷，第49页。

③ 苏晓君惠示。

④ 郑振铎著，刘哲民、陈政文编：《抢救祖国文献的珍贵记录——郑振铎先生书信集》，第95页。《抢救祖国文献的珍贵记录——郑振铎先生书信集》一书第152页所收9月22日函与此函内容全同，二者必有一误，据函中提及"端节"，可知撰写时间当以此函为是。《郑振铎全集》第16卷删除5月22日函，保留9月22日函，有误。

⑤ 苏晓君惠示。

⑥ 郑振铎著，刘哲民、陈政文编：《抢救祖国文献的珍贵记录——郑振铎先生书信集》，第117页；郑振铎：《郑振铎全集》第16卷，第82页。

⑦ 张珩：《张葱玉日记·诗稿》，上海：上海书画出版社，2011年7月，第146页。

⑧ 苏晓君、石光明：《郑振铎藏"文献保存同志会"购书单据概述》，载《文津学志》第六辑，北京：国家图书馆出版社，2013年8月，第245页。

现存国图[①]。

其七为1940年12月底，汇款5000元。见于12月26日函:"兹附上支票二张，一为寄斐云兄者（五千元），一为付中国书店者（一万元，沈氏书），请于加盖印章后交下为荷!"[②]

其八为1941年5月下旬，汇款5000元。见于5月23日函:"北平赵斐云兄昨寄来一航函，嘱即汇款若干至平，以便端节时付账。兹请何先生开出支票一张（计五千元整），拟于明晨电汇至平。乞即于加盖印章后交还为感!"[③]

其九，1941年6月底7月初，汇款3000元。见于6月30日函:"《本草图谱》等款已由何先生开出支票，计共四纸:……（四）赵万里，三千元。均乞于加盖印章后即行交下，以便于今日下午分别转付或汇出为荷!"[④]

其十，1941年8月12日，给付支票2000元。见于8月12日函:"何先生交下领取支票证一张，又付赵万里先生书款支票二千元一张，均乞于盖章后交下为荷!"[⑤]

以上十批，总计书款31000元。此外可能还有更多的汇款，不过目前没有看到更详细的资料。仅以这些资料所见，书款总量便已不菲。赵万里代购古籍的数量与质量，从这里也可略窥一斑。

如前所述，赵万里代购的第一部书，是明嘉靖刻本《唐百家诗》。据苏晓君、石光明《郑振铎藏"文献保存同志会"购书单据概述》一文介绍，此

---

① 苏晓君、石光明:《郑振铎藏"文献保存同志会"购书单据概述》,载《文津学志》第六辑,第245页。

② 郑振铎著,刘哲民、陈政文编:《抢救祖国文献的珍贵记录——郑振铎先生书信集》,第175页;郑振铎:《郑振铎全集》第16卷,第123页。

③ 郑振铎著,刘哲民、陈政文编:《抢救祖国文献的珍贵记录——郑振铎先生书信集》,第226页;郑振铎:《郑振铎全集》第16卷,第156页。

④ 郑振铎著,刘哲民、陈政文编:《抢救祖国文献的珍贵记录——郑振铎先生书信集》,第243页;郑振铎:《郑振铎全集》第16卷,第167页。

⑤ 郑振铎著,刘哲民、陈政文编:《抢救祖国文献的珍贵记录——郑振铎先生书信集》,第252页;郑振铎:《郑振铎全集》第16卷,第173页。

书购自北京文汇阁书店，发单日期为1940年3月4日[①]。这一时期郑振铎致张寿镛等书信中提到的赵万里代购古书[②]，有1940年所购元刻《乐府诗集》、《神器谱》、抄本《神器谱或问》、抄本《杜诗笺》、《河东盐法录》、来集之《外书》、《孟姜宝卷》、《南枢志》、《续武经总要》、《今史》、《钟氏四种》、《中庸集解》、《吕氏实政录》、《金双严》、《西台封事》、《西河封事》、《抚郧疏稿》等，以及1941年所购《开原图说》，共18种。

中国国家图书馆藏有"西谛购书收据"4册（索书号XD11275），系郑振铎存留的文献保存同志会购书单据，总计1279张，保存基本完整。苏晓君主持"郑振铎藏文献保存同志会档案整理与研究"项目，按时间顺序整理了这份档案，并对相关问题加以笺释，形成了比较完备的整理本[③]。

开具单据的书店，店址位于北平的有13家，即：群玉斋书坊、通学斋、景文阁、文汇阁、开明书局、文友堂笔记书坊、文禄堂、文芸阁、修文堂、修绠堂、文通阁、文殿阁、直隶书局[④]。这13家书店的发书单，有的署有"郑振铎先生台照"字样，是各书店与郑振铎直接交易的往来凭据；另有部分没有列明呈送对象，经比勘，上列郑振铎致张寿镛函提及的18种赵万里代购书中，《神器谱》、抄本《杜诗笺》、《河东盐法录》、来集之《外书》、《孟姜宝卷》、《钟氏四种》、《中庸集解》、《金双严》、《西台封事》、《西河封事》、《抚郧疏稿》等11种见于这批发书单。由此可见，未列明呈送对象的发书单，极有可能都是赵万里代购的。

据"郑振铎藏文献保存同志会档案整理与研究"课题报告，未列明呈

---

① 苏晓君、石光明：《郑振铎藏"文献保存同志会"购书单据概述》，载《文津学志》第六辑，第241页。

② 以下书目信息由《抢救祖国文献的珍贵记录——郑振铎先生书信集》所收郑振铎致张寿镛多通书信中辑得，见该书第13—119页。

③ 承苏晓君惠示课题报告，我们得以将之与其他资料进行对比。以下涉及文献保存同志会购书单据的论述，均据"郑振铎藏文献保存同志会档案整理与研究"立论。

④ 苏晓君、石光明：《郑振铎藏"文献保存同志会"购书单据概述》，载《文津学志》第六辑，第241—242页。

送对象的发书单共23批，共发书75种；发书时间集中在1940年3至6月、1941年1至7月，其中1940年5月多达7批，1940年6月有4批，可见1940年春夏之际是购书最为频繁的时段；书款计15485元，单笔超过1500元的有三批。

值得注意的是，中国国家图书馆所藏购书单据，肯定没有涵盖文献保存同志会所有购书事务。上列郑振铎致张寿镛函提及的18种赵万里代购书中，抄本《神器谱或问》、元刻《乐府诗集》、《南枢志》、《续武经总要》、《今史》、《吕氏实政录》、《开原图说》等7种，并没有出现在这些发书单中。此外，这批单据的总价为15485元，仅为上文所述郑振铎汇寄书款不低于31000元的一半。可见赵万里代购书必定还有不少在这批单据之外。详情如何，仍有待于更多史料的发现。

赵万里代购诸书不乏珍本秘籍。精于鉴别的郑振铎，屡次称赞赵万里代购书"极佳""绝佳"。如1940年5月13日致张寿镛函："北平赵先生寄来三书，皆先已购妥者，均极佳。"[①]又如同年7月15日致张寿镛函："赵万里兄续寄之书，兹奉上六种，皆绝佳之'史料'书也。"[②]再如明刻本《开原图说》，郑振铎将其选入《玄览堂丛书》，影印行世[③]。

赵万里在北平所购各书，或通过邮局寄给郑振铎，或转托王伯祥等友人转交。这一时期，赵万里曾三次南下上海，第一次是1940年6月30日至9月15日，第二次是1941年1月至2月，第三次是1941年7月初至9月10日。每次南下，赵万里都随身携带大批代购书。如1940年7月12日郑振铎致张寿镛

---

① 郑振铎著，刘哲民、陈政文编：《抢救祖国文献的珍贵记录——郑振铎先生书信集》，第87页；郑振铎：《郑振铎全集》第16卷，第62页。

② 郑振铎著，刘哲民、陈政文编：《抢救祖国文献的珍贵记录——郑振铎先生书信集》，第118—119页；郑振铎：《郑振铎全集》第16卷，第83页。

③ 此书现存中国国家图书馆。据刘明推测，可能由于战争原因并未寄至上海，赵万里仅提供影印件供郑振铎出版《玄览堂丛书》之用，原书则留在了国立北平图书馆（刘明：《郑振铎编〈玄览堂丛书〉的底本及入藏国家图书馆始末探略》，《新世纪图书馆》2014年第7期，第60页）。

函，即谈到此次"斐云携来代购书不少，多极罕见之品"①。

每次南下，赵万里都会与郑振铎、张寿镛等文献保存同志会同仁聚会商谈，如1940年7月1日郑振铎致函张寿镛，约宴请赵先生以答谢其辛劳："赵万里先生昨从北平来此，已晤谈，甚为畅恰！赵先生为我们尽力极多，似应在数日内宴请他一次，不知先生以为如何？"②又如1940年7月21日郑振铎致函张寿镛，约择日聚谈："本星期内当偕赵斐云兄至先生寓畅谈。不知星期三四下午何时有暇？乞示知，以便转约赵兄。"③再如1941年2月9日，郑振铎致函张寿镛，约公宴徐森玉与赵万里："斐云兄不日即将北返，何先生意拟以我辈（三人）名义，公请徐、赵一次，如何？"④他们的聚谈，书市行情、访书购书大约是绕不开的主题。

对于文献保存同志会委托赵万里购书，重庆方面是有所了解的。1940年5月14日郑振铎致函蒋复璁，报告文献保存同志会工作情况，内中提及"北平方面已委托可靠之友人代为采购，新发现之要籍当可不至流落外人手中"⑤。这里的"可靠之友人"，即赵万里⑥。郑振铎在信中并未明确写出赵先生的名字，是有所顾虑的。

郑振铎的顾虑，在1941年7月25日致蒋复璁函中有更清楚的表达："其中《咸宾录》一种，则系在北平赵君（乞秘之，至要！恐某君不欢也）代购者，书未到即已入目。……北方'生坑'不时出现，近有宋本《建康实录》，

① 郑振铎著，刘哲民、陈政文编：《抢救祖国文献的珍贵记录——郑振铎先生书信集》，第117页；郑振铎：《郑振铎全集》第16卷，第82页。

② 郑振铎著，刘哲民、陈政文编：《抢救祖国文献的珍贵记录——郑振铎先生书信集》，第116页；郑振铎：《郑振铎全集》第16卷，第81—82页。

③ 郑振铎著，刘哲民、陈政文编：《抢救祖国文献的珍贵记录——郑振铎先生书信集》，第121页；郑振铎：《郑振铎全集》第16卷，第84页。

④ 郑振铎著，刘哲民、陈政文编：《抢救祖国文献的珍贵记录——郑振铎先生书信集》，第190页；郑振铎：《郑振铎全集》第16卷，第133页。

⑤ 沈津整理：《郑振铎致蒋复璁信札》（上），《文献》2001年第3期，第251页。

⑥ 陈福康：《〈郑振铎致蒋复璁信札〉整理中的错误》，《学术月刊》2002年第7期，第90页。

亦绝佳，拟积极奉托赵君进行（平处采购事，原托赵君，所以允守秘密者，诚恐某君知之也）。"①此函中的"赵君"亦即赵万里，"某君"即指袁同礼。

郑振铎之所以自己"允守秘密"，又要求蒋复璁"秘之"，是因为担心此事引发袁同礼的不悦。文献保存同志会的购书经费来自国民政府教育部，购书乃受中央图书馆之委托，而中央图书馆与北平图书馆当时在业务地位上有激烈竞争。赵万里作为北平图书馆的馆员，代文献保存同志会购书，难免招致北平图书馆方面的责难，因此有保密的必要。这不仅是顺利开展购书工作的实际需要，从民族文化遗产保护事业的大局看也是正确的选择。因为抗战时期流散的古籍数量惊人，而一般图书馆的购书经费则少得可怜，颠沛流离中的北平图书馆尤其捉襟见肘，任何一家机构都不可能独立承担起抢救古籍文献的重担，因此，各机构之间的分工与合作，无疑是必要的。在管理层之间因种种原因无法进行协作的情况下，开展具体工作的人员隐姓埋名，不求名利，默默地为保护古籍隐忍奋斗，实为可钦可敬的壮举。

在替文献保存同志会于北平购书的同时，赵万里还多次南下苏湖一带为北平图书馆购书，其事具见上节。值得注意的是，由于赵万里与郑振铎的良好关系，文献保存同志会和北平图书馆在抢救古籍文献上互相配合、密切合作。如郑振铎1940年8月8日致函张寿镛，详谈收购刘体智藏书9种事，涉及《圣济总录》一书："李贾紫东原谈九种须五万五千元，《圣济总录》在外，且须先谈《总录》事。现在《总录》如以三千元得之，则共计五万六千元。施君亦曾来谈，至少亦须此数也。俟马令《南唐书》送来后，当再付三千元以购《总录》也。《总录》我辈如不要，据赵斐云兄云，北平图书馆亦欲收之。此书凡十六套，一百六十册，较道光刊本多出二卷半（道光本缺二卷半），足供校勘之处亦多，收之亦甚值得。"②双方一弃一取，确保《圣

---

① 沈津整理：《郑振铎致蒋复璁信札》（下），《文献》2002年第1期，第220—221页。

② 郑振铎著，刘哲民、陈政文编：《抢救祖国文献的珍贵记录——郑振铎先生书信集》，第128—129页；郑振铎：《郑振铎全集》第16卷，第89页。

济总录》一书不至于流散，又避免了两家争购导致书价上涨的局面，可谓两全其美。

为了方便以较低价格购入西文书刊，北平图书馆由顾子刚出面，登记注册了一家大同书店。书店的经营，完全由顾子刚负责。大同书店也兼营中国书籍的出口业务，北平沦陷以后，由于平馆购书事务停顿，出口几乎成了大同书店的主要业务。顾子刚有针对性地为美国几大学府供书，深得他们的赞许。顾子刚并不是唯利是图的商人，对于珍善本是否出口他是有所考虑的，而帮助他进行选择的顾问便是赵万里。顾子刚后来回忆："我请赵万里作顾问，以便我能对较好的书作出买与不买的决定。第一选是归北平图书馆的（当时我有一笔专款为图书馆买少量的善本），好而价较便宜的小品书常由我自己留下（胜利后捐给圕了；原来我自己并不藏书，只是胜利后币值大跌我才留些书），认为不该出国的请书商寄上海郑先生（那时郑振铎在沪代中央买书），还常常叮嘱书商，某书千万不要送燕京（Harvard）。这些事许多书友可以证明的。"[①]顾子刚、赵万里在北平，截留下不少好书，不使它们流失海外。他们的做法，与郑振铎等人在上海的抢购古籍，是殊途同归、相互配合的。

赵万里并不是文献保存同志会的成员，但他却在抢救古书的过程中担当了独当一面的角色。他们的合作，阻止了为数众多的古籍文献经由北平市场流往海外，为国家、为民族保存了可贵的文化财富，这也是文化抗战的内容之一。

日伪接管北平图书馆

1941年，国际局势发生了很大变化。日本南下争夺资源的策略，与美国

---

① 这段话出自顾子刚回忆录《谈压在心上的一件事》（1962年2月6日）。雷强：《顾子刚：大同书店和〈图书季刊〉英文本》，《图书信息学刊》第16卷第1期（2018年6月），第156页。

在太平洋的利益发生激烈冲突。12月7日，日军偷袭珍珠港，引发太平洋战争，美国直接卷入第二次世界大战。12月8日，美国对日宣战。原来因有美国背景得以避免日伪骚扰的北平图书馆，此时也不再安全。宣战当天，北平图书馆文津街馆舍便遭到日伪警宪搜查，被迫闭馆。

1942年1月2日，伪华北政务委员会教育总署接收国立北平图书馆在平馆务，改名"国立北京图书馆"①。4月，伪教育总署核定"国立北京图书馆"组织大纲，以馆长综理馆务，秘书主任商承馆长处理具体事务，设总务、编目、阅览、善本四部，善本部下设考订、写经、金石三组②。伪教育总署督办周作人兼任馆长，委任王钟麟为秘书主任③。面对日伪的强行接管，愤而离职抗议的只有孙楷第一人，大多数馆员都忍辱负重，继续与日伪周旋。

据1943年编成的《国立北京图书馆馆务报告（三十二年度）》，当时赵万里的职务为善本部主任。可知最晚到1943年，留平馆务的善本部工作就已经由赵万里主管了。当时善本部工作人员有：考订组组长李耀南，组员陈恩惠、彭色丹，助理刘福春，书记王因；金石组组长杨殿珣；写经组组长祝博④。

与此不同的是，1943年7月国立北平图书馆在昆明奉教育部训令编制的《国立北平图书馆现有工作人员详细履历表》，仍载赵万里职务为"考订组组长"，标注原薪130.00元；并记载考订组有组员陈恩惠，助理刘福春、刘树凯，书记王廷燮⑤。两者的差异表明，抗战期间赵万里的善本部主任职务，其任命并非出自国立北平图书馆昆明馆本部和袁同礼，而是日伪掌管下的"国立北京图书馆"。事实上，国立北平图书馆一直不承认这一职务，1945年11月国立北平图书馆所编《国立北平图书馆职员名册》，仍载赵万里职务为

---

① 《国立北京图书馆馆务报告（三十二年度）》，第1—2页。
② 《国立北京图书馆馆务报告（三十二年度）》，第18—19页。
③ 《国立北京图书馆馆务报告（三十二年度）》，第21页。
④ 《国立北京图书馆馆务报告（三十二年度）》，第24—26页。
⑤ 王余光主编，范凡等选辑：《清末民国图书馆史料汇编》第7册，第137页。

"考订组组长",标注薪级为260.00元①。

北平图书馆沦敌而赵万里并未离职的消息传到后方,引发了傅斯年等人的不满。中研院史语所"据北平来人称,本所通信研究员容庚已在伪北京大学任教授,赵万里亦已在伪北京图书馆任职",继停止容庚兼任职务后,又于1943年7月2日呈请中研院院长"停止赵万里之通信研究员名义"②。8月17日,中研院总办事处核准了史语所的提案。赵万里在史语所连续15年的编辑员、通信研究员兼职,至此告一段落。

周作人担任馆长期间,曾于1942年8月派王钟麟赴上海探寻南运图书。北平图书馆上海办事处主任钱存训被迫无奈,只能略予配合。于是,当年11月3日、12月16日,王钟麟分别从上海运回两批善本书,共计128箱,内含善本甲库书1503种,乙库书591种。这批书回到北平馆舍后,自然由善本部负责保管。

1943年2月,伪华北政务委员会改组,周作人失去伪教育总署督办职务,连带辞去"北京图书馆"馆长的兼职,他委任的秘书主任王钟麟也同时去职。此后,馆长一职开始走马灯似的频繁换人。2月3日,新任伪教育总署署长张心沛兼任馆长,五天后的2月8日便辞职。2月27日,伪教育总署简任景耀月代理馆长,不到一个月便又因病辞职。3月24日,伪华北政务委员会聘任俞家骥为馆长,同日俞家骥委任俞华君代理秘书主任。

俞家骥到馆不久,陆续调整了善本部各组的人事。4月15日,杨殿珣由庶务组组长调任金石组组长,帮办秘书事务顾子刚不再兼任金石组组长。6月23日,存沪图书保管处保管员李耀南调任考订组组长。9月20日,委任祝博为写经组组长③。俞家骥任内,着力推动编目工作,于11月1日组织了一个图书目录编印委员会,自任主席,委员有傅增湘、傅岳棻、恩华、张允亮、

---

① 王余光主编,范凡等选辑:《清末民国图书馆史料汇编》第7册,第153页。
② 相关文件存傅斯年图书馆。
③ 以上人事异动,均见《国立北京图书馆馆务报告(三十二年度)》,第22—23页。

杨大光，馆内当然委员有顾子刚（编目部主任）、王访渔（阅览部主任）、赵万里（善本部主任）、俞华君（秘书主任）、宋琳（总务部主任）等[①]。

当时着重整理的，是从上海运回的古籍文献。这批资料中不少为善本书或金石拓本、舆图，开箱入库、排比上架、编造目录等事务，自然由赵万里率领善本部同仁完成。到1943年冬天，就编印了《"国立北京图书馆"由沪运回中文书籍金石拓本舆图分类清册》，书前并有傅增湘序。据这份清册，运回的共有中文书籍2485部31304册2轴73包、敦煌写经14卷、佛像50轴、舆图308幅14轴2册、金石拓本137册10轴117叶、铜器10件石刻1方、梁启超寄存碑帖183册又2轴、何遂寄存古器物189布匣。

1945年3月，伪教育总署任命张煜全为馆长。这是抗战胜利前伪政府最后一次更换馆长。

在被日伪接管的三年多时间里，留在北平的平馆同仁，冒着危险与日伪周旋，维护了馆产和馆藏文献没有受到大的损失。负责馆务的顾子刚，因与后方通讯，被日伪拘禁在当时用作监牢的北大红楼达十余日（一说两个月），幸而没有遇害[②]。赵万里和其他同仁一样，备尝艰难与屈辱，最终等到了云开见日的那一天。

胜利到来之际，赵万里在1945年8月17日给徐森玉写了一封长信，详述沦敌期间平馆情状及同仁心曲：

> 兹值天开景运，日月重光，谨将平馆数年来实况以前形格势禁未便明言者略陈其概，惟先生垂察焉。平馆自卅一年重开后，先以周知堂之无能，继以王古鲁之偾事，尽人皆知，无待赘述。卅二年春季，俞某以老官僚来领馆政，初时尚知爱惜羽毛，后即贪墨无度，馆款除同人薪

---

① 《国立北京图书馆馆务报告（三十二年度）》，第8—11页。
② 赵爱学、林世田：《顾子刚生平及捐献古籍文献事迹考》，《国家图书馆学刊》2012年第3期，第95页。

金照发外，余款一概视同外府，举凡办公之文具、杂用之什物，均付缺如。会计李君乃其内戚，庶务何某乃其子之密友，均其爪牙。而何某尤为跋扈，伙同木匠，将库存榆木桌椅及中海旧木料数万斤及其他电扇之类，连车取去，据为私物（后俞去任时，为同人举发，索还者仅一部分耳）。今年春，俞被迫去职，将馆款作成种种报销，全数提空。何某亦连带去职。代俞者为粤人张煜全（张系孙洪芬之亲家，但与孙似无甚交谊），此君人尚稳健，亦时有倒行逆施处，但不如俞之甚耳。里去春北返后，决心于暑期内结束各事，移家来沪。嗣因百物上涨，迁徙为难，而馆中现状在在堪虑。宋君惟图苟安，大权旁落。王、顾虽精明强干，高人一等，然皆病体支离，憔悴日甚。设里一旦绝裾而去，代里者必系傅某（此君有使馆中要人为其后援），此君一进书库，李、陈诸君必不能相安。再四考虑，惟有牺牲到底，以度难关之一途耳。自后物价日高，陈君等私人经济渐频绝境，为之张罗抄件，多方设法，赖以糊口，种种困苦，笔难尽述。及俞去张继，傅遂乘机谋夺宋职，不得逞。嗣移目标于顾，引外力为重，几至成讼，至今年四月达最高潮。里等念同舟共济之谊，无不同情于顾。终赖馆方明达，得以化险为夷，而傅亦自此不敢再举矣。此中详情不值一谈，然因此可见应付环境之难，总之，旧同人年来衣敝食枥，以求苟活，无负于馆而有损于己。至今平市文教界提及燕大、北大、清大图籍之散亡，无不痛惜，而于平馆图籍之获全（此指北平部分而言），独无謷言，洵非偶然也。吾公视馆事如己事，视馆中同人如伤，如能哀其遇而谅其衷，不胜幸甚。①

此函撰写于抗战胜利之际，不无为自己及同仁剖白的意味，不过仍可借此了解日伪接管之后平馆的遭遇。信中提及的平馆职员，"周知堂"即周作人，"王古鲁"即王钟麟，老官僚"俞某"即俞家骥；"会计李君"即李肇

---

① 柳向春：《赵斐云先生致徐森玉先生函》，《文津流觞》第35期。

特，俞家骥任馆长期间任会计组组长；"庶务何某"即何士源，俞家骥任馆长期间任庶务组组长；"宋君"指总务部主任宋琳，"王、顾"分别指行政委员会委员王访渔、顾子刚；"李、陈诸君"指善本部考订组李耀南、陈恩惠；傅某不详。

从这封信中看，沦敌期间伪政府任命的官僚，或无能，或贪墨，又有心怀不轨者（如傅某）肆意谋求篡夺，馆产、书籍安全堪忧。在这种情势下，赵万里虽有"结束各事，移家来沪"的打算，也无法置库中之书于不顾，"绝裾而去"，因而"再四考虑，惟有牺牲到底，以度难关"。最终平馆安然度过沦陷时期，"图籍之获全"，赵万里等留平人员可称"无负于馆"。

也正是因为这个原因，复员后袁同礼向教育部呈送的《国立北平图书馆复员情形报告》，历述抗战期间留平职员"伏处于敌伪势力压迫之下八年，举步荆榛，备尝艰苦，不辱使命，幸始终保全馆产，达到留守之目的"，请教育部"优予给奖"，所开列的人员名单中，便列有"保管甲乙库善本书籍者为赵万里、李耀南、陈恩惠、彭色丹、刘福春等五员"[1]。这五人便是抗战胜利时善本部的所有职员。

苦闷中研读不辍

根据平馆南迁后的工作安排，"昆明部分侧重采访及出版"，而"北平部分侧重编纂及整理"[2]，整个抗战期间，赵万里的主要业务工作便是整理和编纂。早在1933年，北平图书馆的善本珍品已经装箱寄存，1935年底更南迁沪宁，留在北平的为数甚少。赵万里所做的"整理"工作，主要是尚存北平的宋元本残叶。这些残叶都是内阁大库的旧藏，经整理，"厘订卷数者

---

① 北京图书馆业务研究委员会编：《北京图书馆馆史资料汇编：1909—1949》，第892—894页。
② 《国立北平图书馆工作近况》，《图书季刊》新第2卷（1940年）第2期，第262页。

计有宋刻《纂图互注南华真经》、元刻《礼部韵略》《圣济总录》《易学启蒙通释》《春秋诸传会通》《春秋胡传纂疏》《庄子口义》《四书通证明》、明钞本《皇明实录》等书，此外宋元两刻《资治通鉴》亦各有新增之叶"①，成绩尚可观。

所谓"编纂"，主要是撰稿和辑佚书。1939年3月，《图书季刊》在昆明复刊，赵万里虽在沦陷区，也应邀为之供稿。该刊新第三卷第一、二期合刊（1941年6月）载有赵万里的《跋明钞本〈糖霜谱〉》，此文以脉望馆抄本《糖霜谱》校曹栋亭本，撰校记四十条，并录题跋多则。袁同礼在1940年10月7日致函王访渔、顾子刚，指示以《图书季刊》编辑费每月600元补助赵万里、孙楷第、杨殿珣、贾芳、顾华五人的薪水②，可见他们对该刊编辑必定有所贡献。

辑佚方面，除继续进行《永乐大典》辑佚之外，赵万里还着手编纂《校辑宋金元佚书》。1931年完成《校辑宋金元人词》之后，赵万里进而关注古代诗文的辑佚。他在1933年2月16日对朱自清说："全汉三国晋南北朝诗可重辑，来源计有类书、总集（如《文苑英华》等）、别集（宋本）、唐宋人诗话、金石刻（如《镜上诗》）、《文馆词林》及日人著作如《文镜秘府论》等，每诗下须逐一注明所有出处，所收书可以明为限。又谓《全唐诗》亦可重辑，新材料更多。又《全唐文》材料尤多于此，因近年出土唐墓志恐在一万通以上也。"③当天他给朱自清看的敦煌所出《珠英集》残本照片、韩愈所作某墓志拓片，均较通行本为佳，可以为证。

抗战期间，赵万里开始大规模辑佚宋金元人佚文，编纂《校辑宋金元佚书》。1940年9月14日，赵万里访夏承焘，谈及"所辑宋人集已得千余卷，将在商务印书馆印行"，又谈到"七月间来此抄地志中宋人佚诗文，谓得

① 《国立北平图书馆馆务报告（民国二十六年七月至二十七年六月）》，第11页。
② 袁同礼致王访渔、顾子刚函，载《北京图书馆史资料汇编：1909—1949》，第726页。
③ 朱自清著，朱乔森编：《朱自清全集》第九卷，第197—198页。

残宋本《客亭类稿》,有附录二卷,中有辛稼轩与冠卿书。又于某书得稼轩读高宗诏书跋语,收录寄邓恭三"①。这是目前能看到的关于该书的最早记录。

　　一年以后,辑佚已有所成,赵万里遂开始接洽出版事宜。1941年7月17日,他与郑振铎访开明书店,与张锡琛、王伯祥商议印行《校辑宋金元佚书》事宜②。7月23日,再访开明,王伯祥等"允即估价议约"③。8月13日,赵万里告知王伯祥,袁同礼已经由香港抵达上海,该书出版事可定局④,这意味着此书出版获得了袁同礼的支持。两天后,商定出版办法为北平图书馆"先付两万元"出版费,"出售至十分之七时,提还作基金"⑤。次日,开明书店便拟好合同,寄给赵万里⑥。此后,北平图书馆如约支付了2万元出版费。

　　同年11月26日,赵万里致函王伯祥,告知下个月即可寄送《校辑宋金元佚书》稿件⑦,这说明全书告成在即。然而,不幸的是,12月8日北平图书馆即遭日伪搜查而被迫闭馆,赵万里随即失去了从事这项工作的条件。12月12日,他写信给王伯祥,告知"所辑宋元佚书以参考书无由取得,惟有从缓",王伯祥读罢,便明白"北平图书馆必已被日人接收去矣"⑧。

　　日伪干扰下,此书的编辑工作无从进行,短期内无法完成。1942年4月18日,北平图书馆上海办事处主任钱存训访开明书店,与王伯祥商谈撤销该书出版合同,收回已付的印费2万元,开明方面则认为,"此事为西谛所策

---

①　夏承焘:《天风阁学词日记》,载《夏承焘集》第6册,第229页。
②　王伯祥:《王伯祥日记》第17册,第405页。
③　王伯祥:《王伯祥日记》第17册,第417页。
④　王伯祥:《王伯祥日记》第17册,第455—456页。
⑤　王伯祥:《王伯祥日记》第17册,第460页。
⑥　王伯祥:《王伯祥日记》第17册,第462页。
⑦　王伯祥:《王伯祥日记》第17册,第667页。
⑧　王伯祥:《王伯祥日记》第17册,第696—697页。

动，其实牵涉方面太多，非守和亲来不能决"①。当时北平图书馆经费确实极为紧张，亟须收回这笔款项，因此7月9日钱存训携带袁同礼亲笔函，再次与开明商议②。经过多次协商，加之郑振铎等也积极斡旋，开明同意了平馆的要求，印费2万元最终在11月由钱存训收回③。

到了1944年，情况有所好转。2月10日，赵万里访开明书店，向王伯祥"重提印行所辑宋金元明佚书事"④。2月15日再谈，"约以书面来声明前约仍行即得"⑤。但此后没有实质进展。另外，在抗战胜利后的1947年，赵万里于8月30日、10月16日两次与王伯祥商谈"出版所辑宋元方志"⑥，当即《校辑宋金元佚书》的一部分。之后内战愈演愈烈，局势大变，出版进程再次中辍。1949年北平开展民主评薪，赵万里自述"现已编纂完竣或尚在整补中之专书，有《校辑宋金元三朝古佚书》三百种一千二百卷，《四库辑自大典各书佚文校补》二百五十卷"⑦，可见当时稿件尚在。此后新中国成立，百废待兴，此事也就不再提起。

由于时局变化无常，这部《校辑宋金元佚书》最终功断垂成。如果它能完成，将是比《校辑宋金元人词》规模更宏大的古籍整理之作。如今，当年的稿件大多已无从踪迹，我们只能根据《王伯祥日记》中的零星记载获知此书编纂出版情况。赵府存有少数辑佚稿，从内容推测，应当是该书稿本的零叶。

---

① 王伯祥：《王伯祥日记》第18册，第76—77页。
② 王伯祥：《王伯祥日记》第18册，第164页。
③ 王伯祥：《王伯祥日记》第18册，第165、183、297、300页。
④ 王伯祥：《王伯祥日记》第19册，第169页。
⑤ 王伯祥：《王伯祥日记》第19册，第175页。
⑥ 王伯祥：《王伯祥日记》第21册，第355—356、423页。
⑦ "北平图书馆民主评定薪级自报书"，中国国家图书馆档案，文件号：1949–&255–027–4–1–006。刘鹏惠示。

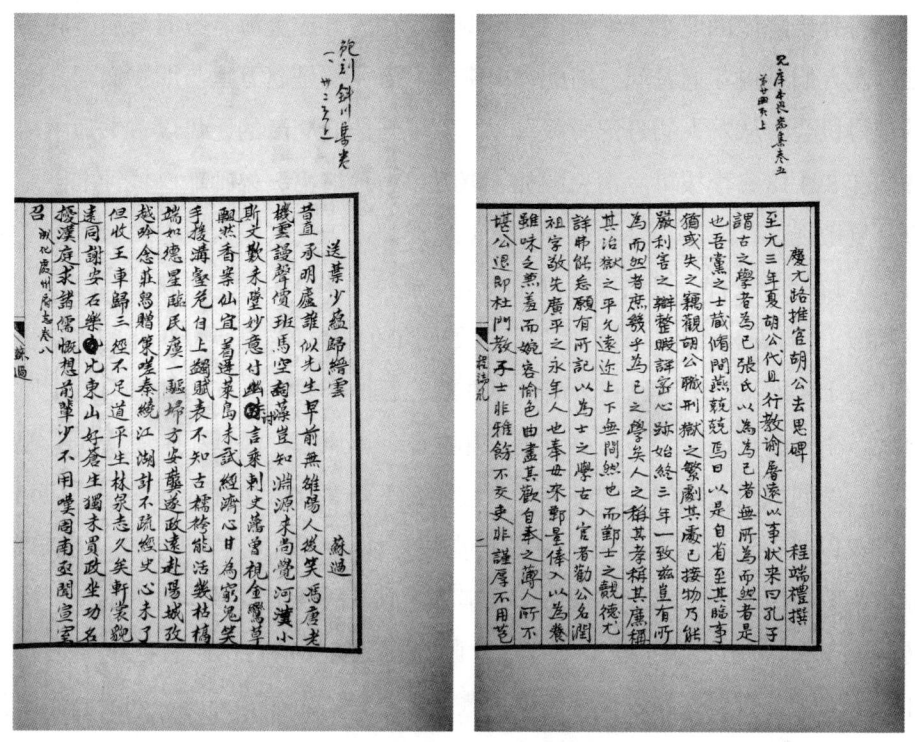

《校辑宋金元佚书》稿本

　　抗战期间，赵万里仍发表了几篇文史研究论文。其中三篇为词曲研究之作。其一为《〈元明杂剧〉之新发现》，载于《燕京学报》第二十四期（1938年12月），简要介绍当年春上海古籍市场上出现的《元明杂剧》64册，录有全书137种剧目之简目，并经比勘指出其中135种系久无传本者。其二为《写在〈琵琶记〉之后》，载于《艺文》第一卷第四期（1943年10月），讨论历来民间故事和戏剧里不忠不孝、无情无义的蔡中郎，为何到了高则诚笔下改造成忠孝双全的人物形象。其三为《谈柳词》，载《艺文》第二卷第一期（1944年2月），论柳永词为"合乎宋人心目中宋词的代表作"，"几乎全数是真挚的情歌"，"多数是应教坊乐工而作的，故集中前所未见之新调"最多，并论及柳词在周边国家的流传与逸文①。

----

　　①　赵万里：《谈柳词》，载《赵万里文集》第二卷，第10—14页。

身处沦陷区的北平，学界旧友不少已迁往后方或上海。战时与后方联络不便，友人们难得互通音问，因此每次南赴上海，都是赵万里与朋友们聚会交流的难得机会。从友人们日记所载看，赵万里与他们交流的，仍以古书为主。如1939年8月18日李拔可宴请袁同礼、赵万里、孙楷第、朱师辙、钱钟书、夏承焘、夏敬观、冒广生、冒孝鲁等，赵万里谈"近于《永乐大典》辑得草窗《蜡屐集》诗七、八首。又谓宋元间杭州刊《施注苏诗》板式字画与《草窗韵语》甚相似，《韵语》或非草窗手写"①。又如同年9月4日与夏承焘、邓广铭谈张宗祥"数十年所手抄书，已在云南被匪洗劫，近神经失常"②。再如1941年1月18日晚，李宣龚宴请徐森玉、赵万里、郑振铎、瞿凤起、潘博山、王仲明、顾廷龙等，席间顾廷龙询问王国维校《水经注》下落，赵万里详为解答："有两部，一部仅以赵一清等诸本校戴，为张继借失头本；一部以朱笺校，文义最精密，原本为罗叔蕴索去，愿代整理付印，卒卒无成。故后询其子，置之不理。渠曾传录一部，静安尚为跋尾，则为傅孟真借去，随身携行，已去西南，然已数年，不知无恙否。又静安代蒋孟苹撰藏书志，原稿尚在斐云所，如清稿蒋什袭终秘，可以此整理付印，不至湮没也。"③朋友们聚谈的情形，大抵如此。

偕同访书，是他们的一大乐事。比如1939年9月4日晚赴张乃熊、张珩宴，晤王欣夫、瞿凤起、潘博山、潘景郑、蒋谷孙，并观张珩藏书④。又如1941年2月8日午后，与徐森玉参观合众图书馆，顾廷龙接待，出示顾广圻校《史通》《华阳国志》及惠栋校《三国志》，二人均认为惠校可疑⑤。又如同年7月9日，与郑振铎、徐森玉赴修文堂孙实君处看宋本《尚书正义》⑥。再如同年9

---

① 夏承焘：《天风阁学词日记》，载《夏承焘集》第6册，第124页。
② 夏承焘：《天风阁学词日记》，载《夏承焘集》第6册，第129页。
③ 沈津编著：《顾廷龙年谱》，上海：上海古籍出版社，2004年10月，第159页。
④ 张珩：《张葱玉日记·诗稿》，第100页。
⑤ 沈津编著：《顾廷龙年谱》，第163页。
⑥ 沈津整理：《郑振铎致蒋复璁信札》（下），《文献》2002年第1期，第229页；陈福康：《〈郑振铎致蒋复璁信札〉整理中的错误》，《学术月刊》2002年第7期，第92页。

月6日下午，偕郑振铎访张珩，观王晋卿所存书[1]。

赵万里也乐于与友人分享书市信息。1939年他在某书店见精写本《稼轩词》丁集，为虞山旧山楼赵氏旧藏。他深知商务印书馆涵芬楼藏有汲古阁毛氏精写《稼轩词》甲乙丙三集，但独缺丁集，认为该书"正可配涵芬楼本，且或为一书两析者"，于是告知张元济。张元济通过"潘博山、顾起潜索观，果如斐云言，毛氏印记与前三集悉同，且原装亦未改易，遂斥重金得之"[2]。不久商务印书馆将全书影印，张元济特地赠送赵万里一套，专函致谢[3]。正如张元济所说，这件事"不可谓非书林佳话"[4]。对于赵万里及其朋友们来说，苦闷中赖以遣怀的，主要便是古书了。

弢翁挚友

抗战期间，平津地区与赵万里交往最密切的，当属实业家、藏书家周叔弢（1891—1984）。周叔弢名暹，晚清重臣周馥之孙，原籍安徽建德（今东至），生于江苏扬州。1919年起随叔父周学熙在青岛经营实业，1925年转赴唐山、天津，涉足纺纱、矿务局、水泥、玻璃等多个领域，担任多家企业的经理、董事、董事长。酷嗜收藏古籍，精于鉴别，据自身经验提出善本书的五好标准，眼光独到，因而所藏古书均极为精善，尤多宋元旧刻及名家抄校本。

赵万里与周叔弢的交往，始于1934年或稍早。我们现在能看到的最早信

---

① 张珩：《张葱玉日记·诗稿》，第203页。

② 张元济：《明汲古阁钞本稼轩词跋》，载北京图书馆善本组编《影印善本书序跋集录：一九一一——一九八四》，第511页。

③ 原函存赵府。

④ 张元济：《明汲古阁钞本稼轩词跋》，载北京图书馆善本组编《影印善本书序跋集录：一九一一——一九八四》，第511页。

息，为1934年8月赵万里赠周叔弢来熏阁影印本《南唐二主词》一部①。当时赵万里已经出版《国立北平图书馆善本书目》，声名鹊起。一位是风华正茂的青年版本目录学家，一位是精于鉴别的藏书家，他们惺惺相惜，建立了深厚的友谊，历时近半个世纪。

赵万里与周叔弢分处平津两地，在时相过访之外，常年书信往来不断。目前所存的信函中，以抗战时期的居多。他们谈论的，大多与古书相关。

周叔弢考订善本，遇到不易得的资料，往往托赵万里查阅或抄录。如1938年曾函询："顷见'四角胡王'一印，兹附上拓本，祈鉴定！图书馆中如有汪氏《集古印存》，乞一查对此印是否汪氏原印为叩！"②1942年9月（农历八月），商借《涵芬楼善本书录》及烬余书目③。1944年4月函询："文含所著《文氏族谱续集》，在李根源刊《曲石丛书》中，不知馆中有此书否？遄欲知文含之身世大略，是否停云嫡系，书深二字是其字否？并请在谱中一查。一笠庵是否文柟别号？"④5月函询："《高青丘大全集》序言廿四卷，今存十八卷，想文集残佚，不知他刻亦如是否？"⑤同年又曾托抄《赵清献公集》⑥。同样，赵万里也常从周叔弢处获取研究资料。如1937年，借阅《昔昔

————————

① 李国庆编著，周景良校定：《弢翁藏书题跋·年谱》，北京：紫禁城出版社，2007年11月，第113页。

② 周叔弢著，周一良整理：《弢翁遗札》，载张舜徽主编《中国历史文献研究》（一），武汉：华中师范大学出版社，1986年，第11页；李国庆编著，周景良校定：《弢翁藏书题跋·年谱》，第167页。

③ 周叔弢著，周一良整理：《弢翁遗札》，载张舜徽主编《中国历史文献研究》（一），第12页；李国庆编著，周景良校定：《弢翁藏书题跋·年谱》，第221页。

④ 周叔弢著，周一良整理：《弢翁遗札》，载张舜徽主编《中国历史文献研究》（一），第14—15页；李国庆编著，周景良校定：《弢翁藏书题跋·年谱》，第230页。

⑤ 周叔弢著，周一良整理：《弢翁遗札》，载张舜徽主编《中国历史文献研究》（一），第15—16页；李国庆编著，周景良校定：《弢翁藏书题跋·年谱》，第231页。

⑥ 周叔弢著，周一良整理：《弢翁遗札》，载张舜徽主编《中国历史文献研究》（一），第13页；李国庆编著，周景良校定：《弢翁藏书题跋·年谱》，第238页。

盐》，阅毕由王晋卿带至天津归还①。又如1945年，托抄《牧莱脞语》序②。

他们经常讨论所见古书的版本问题。如1944年8月（农历七月）周叔弢致赵万里函谓："顷阅《钵山书影》所载丽泽堂《璧水群英待问会元》，颇疑与《墨子》是同一活字版，但未得两书对校，不敢十分肯定耳。"③又如1944年8月函："近见淳祐原刻《论语集说》，白纸初印，四周宽大，有李中麓藏印及'东宫书府'印。书名不佳，书品绝顶。'东宫书府'是明代官印否？乞示知！"④再如1944年12月（农历十一月）函："昨日来熏阁送《赵清献集》来，展阅数过，古拙有余，精美不足。此书宋讳不缺笔，颇疑为元覆宋本而明初补刻者。中缝刻工姓名有多至四五人者，亦宋刻所无也。鄙见如是，尚乞吾兄有以教之！"⑤

1941年，周叔弢在天津用大价钱买了近十种据称出自敦煌的书籍、文书等，往往还有李盛铎的钤印。后来仔细研究，看出是双钩制作的伪卷。这批文书也请赵万里鉴定过，赵"也认为不真"。于是周叔弢便将它们一把火焚烧了⑥。

古书的浮沉流转，藏家的收藏动态，以及书市所见所闻，是他们两人共同关心的话题。现存周叔弢致赵万里信函中，这类信息交流特别频繁。如1944年2月（农历正月）函询："宋本《周元公集》客岁曾见原书否？是否有成，甚盼详示为幸！淮南刘氏所藏宋本《王文公集》共存若干卷？吾兄如有

---

① 李国庆编著，周景良校定：《弢翁藏书题跋·年谱》，第153页。

② 周叔弢著，周一良整理：《弢翁遗札》，载张舜徽主编《中国历史文献研究》（一），第18页；李国庆编著，周景良校定：《弢翁藏书题跋·年谱》，第239页。

③ 周叔弢著，周一良整理：《弢翁遗札》，载张舜徽主编《中国历史文献研究》（一），第16页；李国庆编著，周景良校定：《弢翁藏书题跋·年谱》，第233页。

④ 周叔弢著，周一良整理：《弢翁遗札》，载张舜徽主编《中国历史文献研究》（一），第17页；李国庆编著，周景良校定：《弢翁藏书题跋·年谱》，第233页。

⑤ 周叔弢著，周一良整理：《弢翁遗札》，载张舜徽主编《中国历史文献研究》（一），第18页；李国庆编著，周景良校定：《弢翁藏书题跋·年谱》，第235页。

⑥ 周珏良：《我父亲和书》，载《周珏良文集》，北京：外语教学与研究出版社，1994年5月，第298—299页。

详目，可否钞示？闻传沅叔丈与刘氏有约，此书不得售之他人，未知确否？
张葱玉君曾问鼎，不知刘氏索何价？"①1944年3月函告："东莱之书共有几种
不得而知，大约《杨氏易传》、《礼部韵略》、耿版《史记》、蜀本《柳文》必
在渠处耳。《甲乙集》《云庄四六余话》或亦在渠处，其他则非所知矣。"②1946
年8月28日函告购书情形："暹春间为衣食计，拟斥卖明本书百余种（庚丈处
有目录，皆极精整）。适王富晋自沪携示余仁仲本《礼记》，遂以卖书之钱买
书，结习难除，可笑亦复可怜也。客岁王晋卿曾以蜀本《庄子》求售，力不
能举，遂归沅丈。此二书孰为优劣，吾兄可评其甲乙否？闻邢君新得《扬子
法言》，是白麻纸印本。曾见之否？元本《大戴礼》曾托沪友议价未成，今
归邃雅，当更居为奇货矣。"③

　　周叔弢购书，赵万里帮忙不少。如1940年1月（农历己卯年十二月），
助其以六百元购得宋本《衍约说》④；10月（农历九月），助其购得海源阁旧藏
校本《博雅》⑤，11月23日（农历十月二十三日）访周宅，亲手交付⑥。1941年
1月（农历十二月），助其收得海源阁旧藏校本《糖霜谱》《都城纪胜》《钓矶
立谈》及影元刻本《全相平话》⑦；7月（农历六月），又助其收得宋版《二百
家名贤文粹》⑧。

　　周叔弢常以书信委托赵万里接洽购书事务。如1941年7月（农历六月）

　　①　周叔弢著，周一良整理：《弢翁遗札》，载张舜徽主编《中国历史文献研究》（一），第14
页；李国庆编著，周景良校定：《弢翁藏书题跋·年谱》，第229页。
　　②　周叔弢著，周一良整理：《弢翁遗札》，载张舜徽主编《中国历史文献研究》（一），第14
页；李国庆编著，周景良校定：《弢翁藏书题跋·年谱》，第230页。
　　③　周叔弢著，周一良整理：《弢翁遗札》，载张舜徽主编《中国历史文献研究》（一），第12
页；李国庆编著，周景良校定：《弢翁藏书题跋·年谱》，第244页。
　　④　周叔弢：《历年收书目录》，载《周叔弢古书经眼录》，北京：国家图书馆出版社，2009年7
月，第684页。
　　⑤　周叔弢：《历年收书目录》，载《周叔弢古书经眼录》，第691页。
　　⑥　李国庆编著，周景良校定：《弢翁藏书题跋·年谱》，第71页。
　　⑦　周叔弢：《历年收书目录》，载《周叔弢古书经眼录》，第692—693页。
　　⑧　周叔弢：《历年收书目录》，载《周叔弢古书经眼录》，第700页。

函："《灵宝刀》舍弟拟收，祈为谐价也。《陈簠斋印谱》不知百元可得否？请再商之！前途如不肯让，再将原书寄上也。于藏《文粹》似只一卷，首尾完具与否，已记不清。即请商之于君，说一实价，何如？孙助廉已返京，述古堂钞本《历代纪年历》想已见过，此书遄给价三百元，未知太多否？"[1]又如1944年11月函："赵元方兄来津，已晤谈，《赵清献集》渠无意收之。此书刚主兄如有主权，吾兄能为遄一商否？"[2]

赵万里代购的，不仅有古书，还有当代书刊。如1944年7月（农历六月）函："遄处《图书馆学季刊》至十卷第三期止，《北平馆刊》至第十一卷第一期止，不知是否为最后一期？如有续刊（北京本），能代觅齐，曷胜感荷！"[3]书籍之外，还曾代购拓本与文物。如1944年9月（农历八月）函："瓦当重文残缺甚多，陈氏当年似不十分经意也。现拟价每纸二元，计一千五百元，如能售，即请示知，当将款汇上，否则原件寄回也。"[4]10月（农历九月）又函："陈氏铜印在冯君处，尚可商量否？乞一询为叩！"[5]所谓陈氏铜印，即陈介祺万印楼铜印7000余方。

1945年，周叔弢曾托赵万里洽购岳刻《左传》卷一。该书原为徐坊旧藏，身后分散，周叔弢陆续购得大部分，唯卷一未得，以抚州本卷一、卷二配补。1944年除夕见到仍从徐家散出的岳刻卷一，极想配齐全书，但书主"索价奇昂"，遂托谢国桢商洽，又托赵万里从中斡旋："吾兄晤刚主时，乞代促

---

① 周叔弢著，周一良整理：《弢翁遗札》，载张舜徽主编《中国历史文献研究》（一），第11—12页；李国庆编著，周景良校定：《弢翁藏书题跋·年谱》，第181页。

② 周叔弢著，周一良整理：《弢翁遗札》，载张舜徽主编《中国历史文献研究》（一），第12页；李国庆编著，周景良校定：《弢翁藏书题跋·年谱》，第235页。

③ 周叔弢著，周一良整理：《弢翁遗札》，载张舜徽主编《中国历史文献研究》（一），第16页；李国庆编著，周景良校定：《弢翁藏书题跋·年谱》，第232页。

④ 周叔弢著，周一良整理：《弢翁遗札》，载张舜徽主编《中国历史文献研究》（一），第17页；李国庆编著，周景良校定：《弢翁藏书题跋·年谱》，第233页。

⑤ 周叔弢著，周一良整理：《弢翁遗札》，载张舜徽主编《中国历史文献研究》（一），第17页；李国庆编著，周景良校定：《弢翁藏书题跋·年谱》，第235页。

之，俾得早成，弗生他变，至盼至祷！岳刻如复完，抚州本卷一、卷二当仍归之故宫也。"①因故宫所藏抚州本《左传》，刚好缺卷一、卷二，与周叔弢所藏者恰可合成全书，因此有此设想。

周叔弢最终如愿购得岳刻《左传》卷一，便于1947年4月（农历三月）委托赵万里，将可与故宫藏书配补的宋本《群经音辨》中册、《左传》卷一卷二两册，一共三册，"代献之故宫博物院"。并表示："书之幸，亦暹之幸也。此等事非寻常交易，岂可言钱？更不能计多寡。区区下忱，乞代达马先生为叩！"②马先生指马衡，时任故宫博物院院长。故宫为答谢周叔弢的善举，给书价500万元，亦由赵万里代送③。

有时周叔弢欲售书，也请赵万里代劳。如1948年曾函询："元本《玉篇》（建安蔡氏梅坡）、《广韵》（余氏双桂书堂）两书（均见《经籍访古志》），不知图书馆有意否？弟意欲得二千万，或不过奢。乞吾兄明示，并为努力为叩。"④1944年还曾托售周进遗书："亡弟季木藏书不多，兹检稍佳者数种，由儿子珏良携呈，乞为留意代售。价值多寡，乞全权代定为叩！"⑤

与之相应，北平图书馆的购书事务，周叔弢也颇为热心。如1946年6月（农历五月），他曾致函赵万里，力促购入《经典释文》："闻《经典释文》首函已有人向蒋馆长求售。此书万不可失，真人间瑰宝也。"⑥又1946年5月

① 周叔弢著，周一良整理：《弢翁遗札》，载张舜徽主编《中国历史文献研究》（一），第13页；李国庆编著，周景良校定：《弢翁藏书题跋·年谱》，第239页。

② 周叔弢著，周一良整理：《弢翁遗札》，载张舜徽主编《中国历史文献研究》（一），第20页；李国庆编著，周景良校定：《弢翁藏书题跋·年谱》，第247页。

③ 周叔弢著，周一良整理：《弢翁遗札》，载张舜徽主编《中国历史文献研究》（一），第20页；李国庆编著，周景良校定：《弢翁藏书题跋·年谱》，第248页。

④ 周叔弢著，周一良整理：《弢翁遗札》，载张舜徽主编《中国历史文献研究》（一），第19页；李国庆编著，周景良校定：《弢翁藏书题跋·年谱》，第251页。

⑤ 周叔弢著，周一良整理：《弢翁遗札》，载张舜徽主编《中国历史文献研究》（一），第14页；李国庆编著，周景良校定：《弢翁藏书题跋·年谱》，第229页。

⑥ 周叔弢著，周一良整理：《弢翁遗札》，载张舜徽主编《中国历史文献研究》（一），第19—20页；李国庆编著，周景良校定：《弢翁藏书题跋·年谱》，第243页。

（农历四月）函谓："张氏所藏《陆宣公文集》乃蜀本，仅存奏议十卷。此批书无一定价格，不易商也。"①谈的也是代北图接洽购书事宜。此书后来由北图购入。

20世纪50、60年代，周叔弢继续代北图购书。1953年4月17日，他写信给赵万里："《无为集》一年以来我用尽心力，现在书已到天津。适我来唐山，恐书主东返，已允旅津费用由我担任。我约下星期三返津。书价索（最低）壹仟肆百万圆，不知北图有力收此希世之珍否？乞速示为盼。"②这位书主，即宝林堂王仲珊。赵万里与郑振铎、张珩商量之后，决定"由社会文化事业管理局收购"，托周叔弢嘱书主携书赴京，办理付款等手续③。

1963年1月8日，赵万里拜访赴京开会的周叔弢，取其代购的明万历本《客越集》。这部书是1962年12月15周叔弢自天津古籍书店取来，12月18日携带赴京，因赵万里欲为北京图书馆收购，致信天津古籍书店经理张振铎，得其同意之后，将该书交予赵万里④。1963年7月，又代购抄本《耳溪散稿》⑤。

20世纪60年代，赵万里多次招

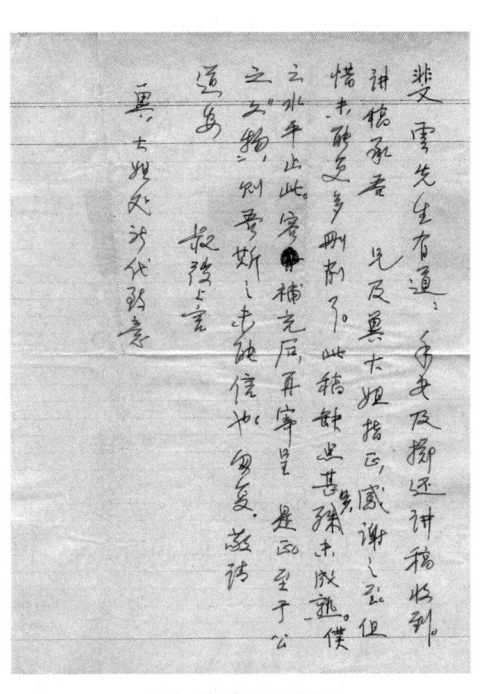

周叔弢致赵万里函

① 周叔弢著,周一良整理:《弢翁遗札》,载张舜徽主编《中国历史文献研究》(一),第18页;李国庆编著,周景良校定:《弢翁藏书题跋・年谱》,第243页。
② 原函存赵府。
③ 1953年4月20日赵万里致周叔弢函。孟繁之惠示。
④ 周启乾:《〈周叔弢日记〉中的祖父及其友人》,《文汇报》2015年4月10日第20版。
⑤ 周启乾:《〈周叔弢日记〉中的祖父及其友人》,《文汇报》2015年4月10日第20版。

待周叔弢到馆看书。见于周叔弢日记的，如1963年2月25日阅萧江声手抄《穆参军集》等新购善本书，7月4日阅冯舒抄本《潜夫论》，11月14日看宋葆淳画《小桐溪图》、宋本《政经》等多种①。他们还曾一起受邀与中国书店探讨影印古书事宜②，并联名在第三届全国人民代表大会提案建议影印善本书③。他们的交往，始终以古书为核心，始终围绕着古书展开。

20世纪50年代初，周叔弢多次向北京图书馆捐献善本书。1951年8月15日，周叔弢见报载苏联将11册《永乐大典》赠还我国，随即给赵万里写信："此种伟大友爱精神为书林佳话，从来所未有。仆藏《永乐大典》仅有一册，亦愿捐献国家，不知以送何处为宜（文化部或北京图书馆），祈速示知为叩。"④这一册《永乐大典》于8月23日由文化部文物局移送到馆，随即加入正在举办的《永乐大典》展览会。在社会主义改造的进程中，这一义举对于国内藏书家有非常积极的影响。赵万里在随后发表的《〈永乐大典〉展览的意义》⑤中特别强调了周叔弢的捐赠，并说："这一重视文化遗产、化私为公的伟大行动，将使广大人民受到感召和教育。我全国各地收藏家们也将闻风而起，而有千百惊人杰出的表现，那是可以预期的。"

1952年6月，周叔弢提出向国家捐赠自己所藏的善本，赵万里"以为是意外大事"⑥。8月底，赵万里会同文物局文物处副处长张珩，前往天津周叔弢寓所点收捐赠的善本书。9月2日，护送这批善本古籍715种2672册回京。这

---

① 周启乾：《〈周叔弢日记〉中的祖父及其友人》，《文汇报》2015年4月10日第20版。
② 王雨著，王书燕编纂：《王子霖古籍版本学文集》第3册，上海：上海古籍出版社，2006年10月，第80页。
③ 黄裳：《弢翁遗札》，载《故人书简》，北京：海豚出版社，2012年8月，第54—55页；李国庆编著，周景良校定：《弢翁藏书题跋·年谱》，第327页。
④ 徐衍：《百年风雅见斯文——致赵万里学人书札小考》，《中国书画》2012年第12期，第50页。此函所提及的苏联列宁格勒大学（今圣彼得堡国立大学，下同）东方学系赠还《永乐大典》事，时间为1951年7月；周叔弢捐赠《永乐大典》一册，时间为1951年8月23日。
⑤ 刊于《文物参考资料》1951年第9期。
⑥ 周启乾：《〈周叔弢日记〉中的祖父及其友人》，《文汇报》2015年4月10日第20版。

次捐赠，周叔弢尽出其毕生所藏宋元明本及精抄精校本，其中仅宋元刻本就多达100余种，郑振铎曾赞叹"琳琅满目，美不胜收"[1]。此后，周叔弢还在1953、1954年向北图捐赠碑帖、图书等多种。

周叔弢将善本书捐给北京图书馆，固然主要是当时的大环境与弢翁本人的宽广胸怀所致，不过也与他对赵万里的信任有关。他曾对其子周珏良说："捐书如嫁女儿，要找个好婆家。北京图书馆善本书部由赵万里先生主持，他是真懂书爱书的，手下又有他培养出来的如冀淑英同志等，书到那里可谓得所，我是放心的。"[2]赵万里去世之后，他曾在给黄裳的信中这样评价：

> 斐云版本目录之学，既博且精，当代一人，当之无愧。我独重视斐云关于北京图书馆善本书库之建立和发展，厥功甚伟。库中之书，绝大部分是斐云亲自采访和收集，可以说无斐云即无北图善本书库，不为过誉。斐云在地下室中，一桌一椅未移寸步，数十年如一日，忠于书库，真不可及。其爱书之笃，不亚于其访书之勤。尝谓余曰：我一日不死，必护持库中书不使受委屈，我死则不遑计及矣。其志甚壮，其言甚哀。[3]

这一段话，表彰出赵万里一生最重要的贡献，非相知甚深者不能道出，黄裳谓"是可以当作斐云的评传读的"[4]。正是因为对赵万里"爱书之笃"的信任，周叔弢才像嫁女儿一样把他毕生精力所聚的珍本全部交给北京图书馆，交给赵万里和他带领的团队来保藏。这可以说是周赵二人数十年友谊结出的最大硕果。

---

① 郑振铎致周叔弢函。李国庆编著，周景良校定：《弢翁藏书题跋·年谱》，第258页。

② 周珏良：《我父亲和书》，载《周珏良文集》，第302页。

③ 周叔弢著，周一良整理：《弢翁遗札》，载张舜徽主编《中国历史文献研究》（一），第22页；李国庆编著，周景良校定：《弢翁藏书题跋·年谱》，第322页。

④ 黄裳：《太和正音谱》，载《黄裳文集》（六），上海：上海书店出版社，1998年4月，第146页。

第六章

鼎革之际：
1945—1948

抗战胜利，馆务复员

自 1937 年夏全面抗战爆发之后，中国人民坚忍苦撑八年，终于迎来了胜利的日子。1945 年 8 月 15 日，日本宣布无条件投降。中国人终于从战争的泥淖中走了出来，准备重新投入国家建设的事业。战时迁往后方的政府机关、文教机构、工商企业，陆续准备复员；原沦陷区的机关则按要求维持现状，静待接收。

8 月 17 日，"国立北京图书馆"召开第 22 次馆务会议，馆长张煜全报告伪"教育总署"的安排，"希望同人仍按部就班做事，维持到底，听候接收"[1]。同一天，赵万里给徐森玉写信，详谈日伪接管之后的馆务情况（已见上章），在表明心迹的同时，打听国民政府教育部复员接收平馆的安排：

> 此间春季有人传言，守和先生去年已被任为中央图书馆长，慰堂则改任中山文化教育馆长，未知确否（里细思恐不确）？如守公任中央馆，是否仍兼平馆？又守公现时想仍在国外，在未返国前，未知何人前来接收？又平馆与中基金会之关系是否仍如战前？目前王、顾二君曾联名去电促袁公早日返平，电由农林周贻春部长转，至今未得覆，可知袁公必不在渝也。又闻教部任沈三先生为华北文教接收专员，如此则平馆暂由沈公接收亦未可知。吾公新由渝到沪，必有所闻，乞不吝见示，以便转告同人，至盼至祷！[2]

---

① 李致忠主编：《中国国家图书馆馆史资料长编（1909—2008）》，北京：国家图书馆出版社，2009 年 8 月，第 357 页。

② 柳向春：《赵斐云先生致徐森玉先生函》，《文津流觞》第 35 期。

平馆同仁因未得袁同礼覆电，加上人事变动传言，对未来似不无忧虑。在与徐森玉通信的同时，赵万里也和郑振铎保持信函往来，从上海获得有关复员接收的消息："关于北平方面接收教育文化机关事，由沈兼士主持，徐公诸人协助之。但徐公在此亦正办此事，不知何时方能动身北上也。兼士亦未来。大约先须到南京、上海一行。"①

9月17日，国民政府教育部委派沈兼士为特派员，赴北平接收文化教育机关。10月17日，沈兼士接收"国立北京图书馆"，面嘱王访渔等，所有职员工役"凡系三十年十二月八日以前到馆者准予留馆，三十年十二月八日以后到馆者并皆即日离馆"②。按照这项办法，善本部留用的为"赵万里、李耀南、陈恩惠、彭色丹、刘福春等五员"③。一个月后，馆长袁同礼于11月12日返抵北平，次日到馆视事。

最晚到1946年初，赵万里正式获得国立北平图书馆的任命，担任善本部主任。1946年1月编制的《国立北平图书馆北平部份职员薪额表》，记载他的职务为"善本部主任"，标注薪额为400元。当时善本部有组员李耀南、金守淼、陈恩惠、彭色丹四人，助理刘福春一人④。

复员之初的平馆，人员、经费、业务规模都没有恢复战前的水平。1946年6月28日，国民政府教育部核准《国立北平图书馆组织条例》，根据这个条例，平馆各部降格改称组，计设采访、编目、阅览、善本、舆图、特藏、研究、庶务等八组，各组设主任一人⑤。赵万里担任善本组主任。1947年，平馆重建馆务会议制，各组主任均出席。5月14日召开第一次馆务会议，出席

---

① 1945年9月14日郑振铎致赵万里函。原函存赵府。
② 王访渔致中华教育文化基金会函，载《北京图书馆史资料汇编：1909—1949》，第801页。
③ 《国立北平图书馆复员情形报告》，载《北京图书馆馆史资料汇编：1909—1949》，第892页。
④ 王余光主编，范凡等选辑：《清末民国图书馆史料汇编》第7册，第161页。
⑤ 《国立北平图书馆组织条例》，载《北京图书馆馆史资料汇编：1909—1949》，第1083—1084页。

人为袁同礼、王访渔、王重民、赵万里、顾子刚、王祖彝等六人[1]。

采访善本书的业务，在复员之后便逐步恢复了。这一时期最大的收获，莫过于购藏海源阁遗书。聊城海源阁为清代四大藏书楼之一，所藏多孤本秘籍，尤以宋版四经四史最为知名。清末民初，山东地区战乱频仍，海源阁屡经劫难，藏书逐渐流散。1931年，海源阁第四代主人杨敬夫将92种宋元本书抵押给天津盐业银行，之后投资工商业不幸亏损，无力赎还。为防止这批珍籍流出国门，潘复、常朗斋、王绍贤、张廷谔等人组织"存海学社"，集资赎买，仍将这批书存在盐业银行。

赵万里很早就关注海源阁藏书。20世纪30年代初曾借校部分海源阁旧藏[2]。1931年10月，还在《国立北平图书馆馆刊》第五卷第五号发表《海源阁遗书经眼录》（一）。这篇文章收"经典释文三十卷""国语补音三卷""史记法语八卷""宋遗民录十五卷""珊瑚木难八卷""武林旧事十卷二册""毗陵集二十卷""玉楮诗稿八卷""湖山类稿五卷附亡宋旧宫人诗词""燕喜词一卷"等书志10则。标题栏有数字"一"，表明为未完之作，可惜之后未见续刊。

1945年秋，平馆筹划以庆祝复员为名，购入"存海学社"的92种珍本图书。此事于11月提请教育部长朱家骅同意，并拨给专款备用，北平图书馆随后与学社各股东商议转让事宜。适值国民政府行政院长宋子文视察平津，经宋子文与时任天津市长、"存海学社"股东之一张廷谔面商，将这批图书作价1500万元收归国有，交北平图书馆收藏[3]。宋子文要求北平图书馆在馆内辟"存海学社"，以表彰潘复等士绅保存文献的盛举。

---

① 北京图书馆业务研究委员会编：《北京图书馆馆史资料汇编：1909—1949》，第878页。

② 傅斯年1930年6月29日致王献唐函，载庄建平主编《近代史资料文库》第9卷，上海书店出版社，2009年1月，第527页；《傅斯年全集》第7卷，第88页。傅斯年1931年6月5日致王献唐函，《近代史资料文库》第9卷，第539页；《傅斯年全集》第7卷，第102页。

③ 《北平图书馆陈报将海源阁藏书收归国有经过呈》，载中国第二历史档案馆编《中华民国史档案资料汇编》第五辑第三编《文化》，南京：江苏古籍出版社，1999年9月，第324—325页。

1946年1月22日，北平图书馆派员携款赴天津，将书款1500万元交付张廷谔市长。1月28日，在天津盐业银行点收该批图书，计92种1207册，分装7大箱。2月1日，天津市副市长杜建时赴平，这批书籍同车运往，由赵万里、李耀南押运①。2月5日，行政院驻平办事处、教育部平津区特派员办事处派员来馆查验，中文采访组即日起核对登记，完成入藏手续。

这一批92种善本书中，有宋乾道七年（1171）蔡梦弼东塾刻本《史记》、宋版《毛诗》（存三册）、淳熙四年（1177）抚州公使库刻本《礼记》、建安蔡琪家塾刻本《汉书》、王叔边刻本《汉书》、宋嘉定四年（1211）刻本《经史证类备急本草》、南宋早期蜀刻本《新刊经进详注昌黎先生文》、宋嘉泰元年筠阳郡斋刻本《宝晋山林集拾遗》、宋绍兴二年（1132）至三年两浙东路茶盐司刻本《资治通鉴考异》、宋淳熙三年建刻本《新编方舆胜览》、元大德八年（1304）丁思敬刻本《元丰类稿》、汲古阁抄本《西昆酬唱集》、汲古阁抄本《石药尔雅》等等，可谓精彩纷呈。

同年，赵万里还为北平图书馆购得宋版《经典释文》一书。他于9月9日写信给徐森玉，详谈购书经过：

> 此次沈阳接受赏溥杰各书共九十二种……中有宋版《经典释文》，仅存三函十八册，较原目四函廿四册尚缺六册。近闻人言，估人赴东北者携归字画……书籍，但秘不示人，百计追寻，始得见《经典释文》五册，系原书一至六卷，每册首尾，元崇文阁官书印、明文澜阁印、明万历三十三年朱记（孙能传编《内阁书目》时所钤，陈澄中藏《梦溪笔谈》外，仅此一见）及各御玺赫然具在，以意度之，当系绛云楼故物，叶林宗据以影抄者也。乃不动声色，与之理论。初索五百万，再后落至二百。但回顾平馆，不名一文，王子访辈又蠢然不知学问为何物。乃连夜求援于傅公孟真，渠亦称奇不置，由里手写借据，向北大借得现款，驰往交

① 《杜副市长今赴平　海源阁藏书同车运往》，天津《大公报》1946年2月1日第3版。

割，抱书归馆，为之大快！里所以作此紧急措置者，因恐平津有力者得知后，估人大索高价，吾辈更无法问津也（某君已先知有此书，追索甚急，迟一步恐连书也看不到）。①

购书过程可谓跌宕起伏，幸而有惊无险，最终得偿所愿。赵万里在馆方无钱也不打算为之筹款的情况下，寻求同样对文献资料极为敏感的北京大学代校长傅斯年的支持，借款200万元，购得这部珍本。如此自专任事，善后恐怕难免要费一番周折，难怪赵万里要对徐森玉感慨："里自今春竭尽心力为平馆收得海源阁书后，自谓此后决不再管闲事，今又故态复萌，再作冯妇，吾公闻之，得毋以为迂乎？"②

赵万里购书议价，风格依旧非常凌厉。1948年冬，藻玉堂等六家书店合伙贷款购得一批海源阁旧藏，举办了一场历时一周的拍卖会。这是当时旧书业的一大盛事，多位书业中人都有回忆。据多元阁魏广洲说，赵万里代表北平图书馆，选购了10种，有宋本《范文正公奏议》、元本《文则》、元本《修辞鉴衡》、元本《集杜句诗》、宋本《礼记讼文》、明抄本《说文解字韵谱》等，开始定价1000万元，后来赵万里知道六家书店急于收回资金归还银行贷款，便把价格压到600万元，最终因给价太低未能成交③。

后来这些书经各书店，仍陆续归入北平图书馆。其中元本《集杜句诗》，魏广洲花82万元买到手，本想转售与北京大学图书馆，毛准馆长认为海源阁书大多已归平馆，这部书也应当如此，当时便给赵万里打电话，赵万里只出价85万。魏广洲迫于年关，只好答应，随后冒雪骑车把书从沙滩送到文津街，

① 柳向春：《赵斐云先生致徐森玉先生函一通诠解》，《中国典籍与文化》2011年第3期，第154页。

② 柳向春：《赵斐云先生致徐森玉先生函一通诠解》，《中国典籍与文化》2011年第3期，第154页。

③ 魏广洲口述、王书燕整理：《海源阁藏书流失辑录补》，载《王子霖古籍版本学文集》第3册，第137页。

从赵万里手中领到书款[1]。

赵万里的眼力，与他对市场的熟悉，让旧书店很难暴得大利。从另一个角度看，书业中人的无奈，正好反衬了赵万里的一心奉公：他以更少的经费，为北平图书馆购得更多的古书，为学术研究保存更多的资料。统计资料可见他工作成绩的概貌：自复员至1948年12月，平馆共购得善本书198种（1985册）6轴25张132叶，受赠善本书57种（617册）5轴5张[2]。

汉文古籍之外，赵万里还关注过民族文字文献。如1947年2月13日，偕季羡林往前门某古玩商处，看梵文、畏兀儿文、藏文残卷，所见"只有三片是用Brāhmī 字母写的，索价三十万元"[3]。

与夫人子女合影（摄于1946年）

复员时期，赵万里还曾南下访书。见于记载的只有一次，即1947年8月28日至10月20日，停留了50多天。这期间，他的足迹遍及宁沪杭各地，还曾联系再登天一阁[4]。所到之处，探访书肆、藏书家，所购所见甚丰。如9月3日朋友多人在郑振铎宅欢宴，赵万里携带钱遵王手抄《也是园书目》、黄跋毛藏《东京梦华录》、汲古阁藏明红格抄本《石刻铺叙》与同座共赏[5]。又如9月24日在杭州，与浙江大学文科教师聚会，赵万里谈及"宁波有李姓寡妇藏书颇珍异，张晓峰、陈叔谅

① 魏广洲：《胡适买书》，《光明日报》1993年1月29日第5版。

② 《国立北平图书馆复员以来（一九四五—四八）工作概况》，载《北京图书馆馆史资料汇编：1909—1949》，第1267—1268页。

③ 季羡林：《此心安处是吾乡：季羡林归国日记1946—1947》，重庆：重庆出版社，2015年6月，第162页。

④ 饶国庆：《赵万里与冯孟颛》，载《天一阁文丛》第11辑，第204—205页。

⑤ 郑振铎著，陈福康整理：《郑振铎日记全编》，第298页。

皆不知其人"[1]。再如10月18日在李宗侗宅与徐森玉、郑振铎茶会，携带宋本《元公周先生濂溪集》十二卷（二十册）[2]，也是为北图购得者。

从抗战胜利复员到1948年底，北平城度过了一段短短三年的相对和平安定的时光。那时解放战争的硝烟正弥漫在东北、华北、华中的广袤地域，平津地区虽然并未沦为战场，但各项事业都没能恢复抗战前的规模与气象。国民政府应对战事已经焦头烂额，更无力也无暇顾及文化事业。国立北平图书馆未能例外，无论购书、编目、出版，都重振乏力。鼎革之际，赵万里作为平馆善本部主任，其劳绩主要在于妥善保管珍本文献、维持事业不坠，以待新时代的到来。

重返北大兼课

胜利之后，原来播迁西南、西北地区的各大学，也陆续迁回北平。根据复员接收办法，沦陷时期日伪控制的大学全部解散，学生则拟分别由回迁的各大学接收。战后交通恢复较慢，各大学无法在1945年秋季学期复员。新旧交替之际，教育部将北平日伪控制的几所大学合组为北平临时大学补习班，共八个分班：伪北京大学理学院、文学院、法学院、农学院、工学院、医学院分别为第一至第六分班，伪北平师范大学为第七分班，伪北京艺术专门学校为第八分班。

1945年12月1日，北平临时大学补习班主任陈雪屏向赵万里致送聘书[3]，聘为北平临时大学补习班讲师，聘期自当日至1946年7月31日，为期半年。赵万里所授课程为"目录学"与"中国戏曲史"。当年在北平临时大学补习

---

① 夏承焘：《天风阁学词日记》，载《夏承焘集》第6册，第721—722页。

② 郑振铎著，陈福康整理：《郑振铎日记全编》，第306页。

③ 聘书现存赵府。

班二分班就读的邓云乡，修习过赵万里的"目录学"。他回忆：

> 每一下课，他总向同学们说："你们来哪，馆里我有一间房，方便极了！你们到门口就说找我好啦。"一再叮嘱同学们要常常到文津街图书馆找他去，对待同学极为热情。当时先生正在壮年，但剃的是光头，穿的是蓝布大褂、布鞋，外表极为木讷，完全像一个琉璃厂书铺跑外的伙计。而说起话来，十分健谈，精力充沛，一接触就知道是一位十分精明干练的人。[①]

这时赵万里已在北平学界享有盛名。《大公报》曾刊登介绍短文："赵斐云先生。读书最卖力气。常用手帕擦拭汗珠。'唐'读成'党'音。说话特别快，快得有点口吃。精通目录、校勘之学，也是一位词人，而且是王国维、吴梅的弟子，是十足的名教授。"[②]该报同时介绍点评的还有顾随、毕树棠等。

1946年，各校陆续复员，陆续接收各分班，这份兼职便告结束。同年10月10日，北京大学在四院大礼堂举行复员开学典礼。赵万里重回北大，兼任史学系讲师至1948年底，仍讲授大一必修课"中国史料目录学"[③]。

宁可、戴逸、张守常等史学家，都在这两年间修过这门课程。戴逸回忆："其读书之广、识断之精、记忆之强，令人惊叹。上课不带片纸，各种珍本、善本的特点、刊刻年代、内容，均烂熟于胸，娓娓而谈，均有来历，课堂上有问必答，略无迟滞。"[④]张守常回忆："赵先生的本职在北京图书馆，到北大来是兼课。上课来，下课走，课外见不到他，但每周两小时的课则准时来上，

---

① 邓云乡：《版本学家》，载邓云乡《文化古城旧事》，北京：中华书局，2004年3月，第278—279页。

② 《故都学人·赵斐云先生》，天津《大公报》1945年11月28日第2版《小公园》。

③ 王学珍、郭建荣主编：《北京大学史料》第四卷（1946—1948），北京：北京大学出版社，2000年12月，第171、182页。

④ 戴逸：《初进北大》，《光明日报》1998年2月4日第7版。

满堂足灌，听起来是很过瘾的。"①

授课之余，赵万里还带学生参观北京图书馆。宁可回忆："一天下午课后，他领着我们几十个学生去参观北平图书馆。楼上的大阅览室一列列半人高的书架上摆着许许多多的中外工具书和大部头丛书，展示着人类文化精华的底蕴。然后，赵万里先生领着我们走向地下室，领略那里收藏的各色绫子封面的《四库全书》，并且打开一函，让我们仔细欣赏那无可替代的文化瑰宝。"②这种难得的观览珍本秘籍的机会，给青年史学家们留下了深刻的印象。

王重民1947年回国后，与北京大学合作建立图书馆学专科，附设于中国语文学系，招收文学院毕业生10人，学制为2年。1948年至1949年夏，赵万里受聘为图书馆学专科讲授"版本学"。当年的学生，后来成为知名学者的有丁瑜、张守常等。张守常"在史学系毕业之后，又考入刚开办的图书馆系，这有一部分原因是为了能继续听赵先生的课"，他回忆："赵先生讲课是不带讲稿的。他偶尔带着一个小布包，里面包着几本书或几迭稿子吧，但我不记得他曾打开过，所以小布包中的东西是不是备讲课用的也不一定。他通常是只带粉笔进课堂，开口即讲，不论是史料目录或版本源流，滔滔不绝，如数家珍。"

张守常对赵万里的形象，也有生动的记述："赵先生那时才四十来岁，正在盛年，然而已经具有粹然学者的风范了。他日常总是穿一件蓝布大褂，留着小平头，戴一副黑框大圆光眼镜——这在当时是远落于时尚之后的老式样，然而这同赵先生整个的模样和气度是很协调的，朴素而又高雅，他本身就似是一部精洁的宋版书。"③用"宋版书"来比喻赵万里，再贴切不过了。

北京大学复校后，接收了伪北大的善本书，其中最重要的要推李盛铎木犀轩旧藏。李盛铎精于版本流略之学，藏书甚富，且多宋元珍本，出使日本期间又购回不少流散海外的善本，为清末民初最负盛名的藏书家之一。1934

---

① 张守常：《回忆赵万里先生二三事》，《读书》1980年第12期，第98页。
② 宁可：《"北京图书馆"是我的习惯语》，《光明日报》2009年12月29日第6版。
③ 张守常：《回忆赵万里先生二三事》，《读书》1980年第12期，第99页。

年去世之后，家人有意出售其藏书。1937年，北平图书馆与李氏家族接洽过购书事宜。6月15日、16日，袁同礼、徐森玉、胡适、赵万里至天津李氏宅看书①，"共开三十大箱，佳品甚多，堪称满意"②。李家索价80万元，国民政府愿出30万元，李家减至50万元，胡适提议以40万元为折中之价③，可惜尚未定议，"卢沟桥事变"便爆发了，此事自然无从谈起。

平津沦陷之后，伪政府继续与李家接洽，终在1940年初以40万元购得李盛铎旧藏善本书的大部分，交予伪北大收藏。当时赵万里曾将这一消息告知南方的朋友们，郑振铎认为是"大可伤心事"④。1946年北大复校接收之后，图书馆馆长毛准便礼聘赵万里主持李盛铎旧藏的整理工作，编纂《北京大学图书馆藏李盛铎（木斋）旧藏善本目录》。当时参与其事的，还有北大图书馆的宿白、常芝英、冀淑英、赵西华等人。编目的过程，同时也是为北大图书馆培养人才的过程。正如宿白所说，"在编纂过程中，领略到先生对古籍了解之深广与识断之精审，多受教益"⑤。

这次整理的成果，吸纳在1948年出版的《北京大学图书馆善本书录》当中⑥。这部书录，主要收录的是北京大学五十周年纪念会展览所展出的图书，其中为数最多的李盛铎旧藏由赵万里选取，和刻本由宿白选取，其余的均由王重民选取。之后，因宿白、冀淑英、赵西华等走上别的工作岗位，整理工作便由常芝英为主进行，偶尔去请教赵万里。这样到1956年，编成并印行了《北京大学图书馆藏李氏书目》，该目的引言也是在赵万里所撰文稿的基础上

① 胡适：《胡适的日记》，北京：中华书局，1985年1月，第568页；胡适著，曹伯言整理：《胡适日记全编》第6册，第691页；胡适著，曹伯言整理：《胡适日记全集》第7册，第418页。

② 赵万里1937年6月24日致傅斯年函。原函存傅斯年图书馆。

③ 胡适著，曹伯言整理：《胡适日记全编》第6册，第689页。

④ 郑振铎著，刘哲民、陈政文编：《抢救祖国文献的珍贵记录——郑振铎先生书信集》，第12页；《郑振铎全集》第16卷，第11页。

⑤ 宿白：《〈赵万里文集〉跋》，载《赵万里文集》第一卷，第503页。

⑥ 赵万里著，冀淑英、张志清、刘波主编：《赵万里文集》第一卷，第503页。

写成的[1]。

抗战胜利之后，南迁的高校陆续回到北平，大批知识分子重聚于此，但因币值急速下跌，生活困难，很少有钱购买旧书，书业也就日渐萧条，很多书店把积聚的旧书送到造纸厂，做了还魂纸。1946年冬，北平书业公会的陈济川、王子霖等，找到北大校长胡适，请他设法救济。胡适鉴于书业惨淡将造成文化上的重大损失，建议教育部拨专款购书充实各大学图书馆，以阻止古书继续损毁。教育部长朱家骅赞同此议，不久便拨了一笔专款给北大，指定胡适负责购书事务。胡适随后召集一批志同道合的人，在北大校长室开会，成立了一个购书委员会，委员有胡适、张政烺、毛准、唐兰、邓广铭、袁同礼、赵万里、刘盼遂、宿白、余光宗，会址便设在翠花胡同北大文科研究所。此后，各书店每周定时送书到会，由懂版本的毛准、赵万里、张政烺、宿白等人决定去取，并决定书价。他们还常常到各书店巡阅，看到合适的书也让书店送到该会。到1947年，这笔购书款花完，购书委员会也就自然解散了。他们购得的书数量很大，后来陆续分配给了各地的大学图书馆，直到1949年以后才调拨完毕；其中有一部完整的"武英殿聚珍版丛书"，因北平图书馆没有全本，就拨给北图了。

重回北大的同时，其他几处兼职也得以恢复。此前，史语所因有赵万里加入伪组织的传闻，于1943年停止了他的通信研究员名义。胜利后傅斯年回到北平，"调查结果赵君并未参加伪组织，而其在抗战期间之未能来至后方，亦有不同之解释"，因而提请中研院总办事处，恢复其通信研究员名义[2]。1947年2月21日，中研院总办事处核准了这一提案。此后，赵万里在所的主要工作，仍为编辑《汉魏六朝冢墓遗文图录》，以及为史语所购书提供咨询。1947年上半年，史语所购傅增湘藏宋本《史记》等，赵万里便从中斡旋，他曾在致傅斯年函中述及交涉细节："前尊处征购《史记》《庄子》，傅晋生曾

---

① 《北京大学图书馆藏李氏书目》，北京大学图书馆，1956年，第2页。

② 1947年2月18日史语所致总办事处函。原函存傅斯年图书馆。

以此事就商于弟，当以此系先生向沉老表示敬意，并非二书可值如许金也。晋生以为然。事遂定局。"①

故宫博物院则于1947年5月9日公布《国立北平故宫博物院专门委员会暂行章程》，聘定47位专门委员。赵万里与张允亮、王重民三人以专长"版本校勘"获聘②。

两份"图书副刊"

复员时期，赵万里主编了两份以书评为主要内容的报纸副刊。其一为天津《民国日报·图书副刊》。1945年赵万里在中国大学兼课，某日在教员休息室，毕树棠和他谈及天津《民国日报》想出副刊。赵万里认为，可延续战前《大公报·图书副刊》的经验，不过需要得到袁同礼的同意与支持。后来他与袁同礼商定，《大公报》复刊《图书副刊》之前，先在《民国日报》出版。

经毕树棠介绍，1945年下半年，天津《民国日报》社与赵万里商谈办刊事宜，12月18日报社致送主编聘书③。1946年3月27日，出版创刊号。这个副刊开始是双周刊，每隔周周三出版，自第五期开始改为每隔周周五刊出，当年年底又变更为周刊。到1948年8月6日，出版至第100期停刊，原因为"编辑人无暇兼顾"。

《民国日报·图书副刊》内容以评介古今中外文史书刊为主，一般不涉及新文艺书刊。赵万里曾给很多学界人士写信征稿，如1948年8月5日严敦杰致鲁实先函，谈及他所撰"《读方豪文录》一文，交杰人兄携交天津《民

---

① 原函存傅斯年图书馆。
② 郑欣淼：《故宫博物院学术史的一条线索——以民国时期专门委员会为中心的考察》，《故宫博物院院刊》2015年第4期，第24—25页。
③ 聘书现存赵府。

国日报·图书》刊出后，该刊主编赵万里先生来函征稿"①。事例甚多，兹不赘举。

作为主编，赵万里在这个刊物上发表了很多文章。为数最多的是墓志考证，如第十九期（1946年11月29日）的《洛阳新出尔朱敞父子墓志考证》；以及第27至40期连载的《古志新证》，包括《高虬墓志（仁寿元年二月十八日）》《斛斯枢专志（大业七年四月二十一日）》《冯邕妻元氏墓志（正光三年十月二十五日）》《高湛墓志（元象二年十月十七日）》《元宝月墓志（北魏孝昌元年十二月三日）》《李挺墓志（东魏兴和三年十二月十三日）》《徐智竦墓志（隋大业八年三月二十一日）》《羊玮墓志（大业六年九月十五日）》《杨秀墓志（大业六年十月八日）》《王衮暨夫人萧氏墓志（大业十一年二月二十一日）》等十篇。这些篇章是《汉魏六朝冢墓遗文图录》中考证最为精彩的部分。也有古籍题跋，如第3期（1946年4月24日）的《笔花集跋》。

推动《红楼梦》研究走向深入，大概是天津《民国日报·图书副刊》最重要的学术贡献之一。当时在燕京大学读书的周汝昌，撰写了《红楼梦作者曹雪芹生卒年之新推定》一文，经顾随推荐，由赵万里安排在1947年12月5日发表于该刊第71期。这篇文章据敦敏的诗作，考证曹雪芹卒于乾隆二十八年（1763）除夕，修正了胡适早年的观点。次年2月20日该刊第82期刊载了《胡适之先生致周君汝昌函》，对周汝昌的考证表示同意。由此，"重新启动了一场新红学的运动"②。周汝昌随后撰成《红楼梦新证》，大大推进了红学考证。

周汝昌因此和胡适相识相交，他们的第一次见面，也是赵万里介绍的。周汝昌回忆："他问我：愿不愿意见见适之先生？我答：当然愿意，但一来尚无机缘，二来不便冒昧，如承商洽安排，则深感美意。详情细节是回忆不

---

① 陈廖安：《鲁实先先生论著与徐复观先生的翰墨缘》，载《徐复观全集·追怀》，北京：九州出版社，2014年，第257页。

② 周汝昌：《我与胡适先生》，桂林：漓江出版社，2005年8月，第45页。

起了，总之是蒙赵先生告知：胡先生答应，愿意一晤谈，即订于某日某时，请你进城去访问。赵先生所示地址是：北平东城东厂胡同一号胡宅。可是这个应当记得的日期却失忆了。从下一封信中所云'前造谒'来推，应是六月末的一天。"①胡周之间的学林佳话，赵万里实为媒介。

另一份刊物是《大公报·图书周刊》。这个刊物是战前北平图书馆主办的《大公报·图书副刊》的延续，设专著、书评、学术界和出版界消息三个栏目，由袁同礼、赵万里共同主编。1947年1月4日在天津《大公报》出版第一期，每隔周周六刊出，后改为周一刊出，至1948年12月13日出版77期后停刊，当时平津已被解放军包围。此外，也同时刊登于《大公报》上海版，

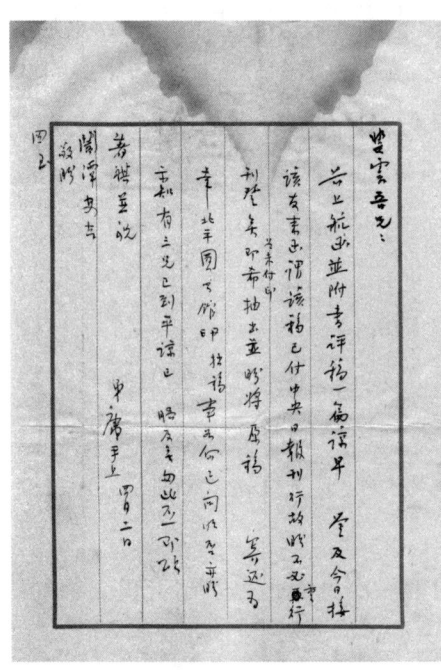

王庸致赵万里函

1947年1月7日出版第一期，每隔周周三刊出。按照之前赵万里与袁同礼商定的办法，这份周刊出版之后，约到的稿子先供该刊，次要的或古典的则供应《民国日报·图书副刊》。

此刊第1期刊出之前，赵万里给多位学界友人写信征稿。回函能读到的有1946年10月25日朱自清函、11月27日贺昌群函、12月9日顾廷龙函②。此后还有1947年3月中旬王庸函、5月26日王育伊来函③，以及1948年1月31日李小缘函④，谈的也是稿件事宜。陆侃如在该刊发表的《读郑鹤声〈班固年谱〉》，引言部分明确说，"因赵斐

①　周汝昌：《我与胡适先生》，第77—78页。
②　原函均存赵府。
③　原函均存赵府。
④　姜庆刚：《李小缘先生与友人书信数则》，《书品》2007年第5辑，第11页。

云先生索稿，便略述所见"①，可见也是赵万里约稿。办刊的过程，可从这些零星的资料中略知一二。馆内很多同人，如杨殿珣、张全新、王重民等，都为这个刊物写过稿子。

复员时期的三年，赵万里发表了比抗战时期更多的论文。以墓志考史之作有三篇，即《跋馆藏卢文构李月相夫妇墓志》（《图书季刊》新第七卷第三、四期合刊，1946年12月）、《跋洛阳近出陈叔明墓志》（《图书季刊》新第八卷第三、四期合刊，1947年12月）、《跋尔朱敞父子墓志》（《图书季刊》新第九卷第一、二期合刊，1948年6月）。《〈程氏墨苑〉杂考》②详细比勘《程氏墨苑》与《方氏墨谱》，考证程方交恶争胜始末，并对后人之误解加以解析。《金元素事迹考》③据《永乐大典》、万历《宿州志》等多种文献，勾稽元散曲作家金元素生平事迹，补充贾仲名《续录鬼簿》的记载，是戏曲史研究的新收获。

巨变前夕

1947年春赵万里患肺病，耽搁了一些事情，比如《汉魏六朝冢墓遗文图录》的出版进程。当时国内形势正在发生急剧变化。解放战争已经进行了一年多，1947年6月刘邓大军挺进大别山，解放军由战略防御转入战略反攻。国统区的民主运动也如火如荼地开展起来。这一年5月，上海、南京、北平、天津等地学生举行大规模的游行、罢课，掀起了"反饥饿、反内战、反迫害运动"。赵万里兼课的北京大学，一如既往地成为学生运动的中心，不过，"赵先生在其中是独来独往的。学生罢课，他也就不来；复课了，他准时来到课堂，开口即入

---

① 陆侃如：《读郑鹤声〈班固年谱〉》，天津《大公报·图书周刊》第36期（1948年2月6日）。

② 载《中法汉学研究所图书馆馆刊》第二号（1946年10月）。

③ 载《华北日报·俗文学》第五期（1947年8月1日）。

与父母弟妹们合影（摄于1947年）

正题，不叙闲言，不谈政治，他似乎是也不想政治"，"当世的风风雨雨似乎吹
打不到他自己的那个版本目录之学的王国里去"[1]，给人留下纯粹学者的印象。

到了1948年夏秋，解放军的战略优势日益明显，9月12日发起辽沈战役，
11月6日发起淮海战役，11月29日发起平津战役，迅速占领东北和华北的大
部分地区。在三大战役紧张进行的过程中，国民政府派教育部参事陈某到北
平，组织北平文物精品南迁运台事宜。北平图书馆馆长袁同礼迫于情势，计
划搬迁500箱善本精品南下并运往台湾，后来改为150箱。

对于这个做法，赵万里是坚决反对的。他并不是因为政治态度而反对国
民政府的这一决定，而是出于古籍保护的专业理由。他例外地在北大《版本
学》课上愤怒地批评"国民党是猪"，原因是"南京政府准备撤退，报上登
载他们把多少箱善本书运到台湾去了。——这怎么行！……那个地方太潮湿
了"[2]。他最担心的，是台湾气候潮湿，不利于保管善本书。纯粹学者的书生

---

① 张守常：《回忆赵万里先生二三事》，《读书》1980年第12期，第99页。

② 张守常：《回忆赵万里先生二三事》，《读书》1980年第12期，第100页。

气，在这里表现得淋漓尽致。

赵万里决定阻止善本运台的计划。他联络向达、徐森玉等，多方设法阻止运台；又与在上海的郑振铎书信商议。信中说：

> 旬前教部黄督学来平，卖空买空，忽向守公提议，要他搬平馆一部分书离平。弟闻讯惶惧，寝馈难安，一面向守公力阻（希望大事化小，小事化无），一面与觉明熟商对策，决请觉明代函森公及兄求教。乃越数日，上海王育伊忽函守公，称接森公电话，嘱即装运存沪书（包括唐人写经）赴台湾（先造预算表）。并云：这是傅、杭等人所决定者。骤聆此讯，几如晴天辟历。森公明达，不知何以竟代政府传此"乱命"，而不加劝阻，或已劝阻而无效耶？因即以电话告知觉明，觉明遂有弟二函之发。昨晚觉明来舍，出示尊函，读之令人感极涕零，但不知森公致守公一函，已否发出。顷询守公，云未到。请即速转告森公，即日以快函向守公劝告。因此数日守公态度已趋缓和，如有森公一函，便可化小事为无事，岂不美哉。森公爱书如命，际此一发千钧，想不吝此一函也。森公以七十高龄，往返京沪间，与傅大亨、杭立武辈打交道，殊不值得。请兄于有意无意间，予以劝阻，此固我辈应尽之责也。兄谓何如？中央图及故宫存京之文物，如真的运台或美，后果严重，不堪设想，其祸视嬴政焚书，殆有过之。[①]

他把善本运台的损失，看得比秦始皇焚书还严重，这就难怪在北大课堂上，大骂"国民党是猪"了。

在北平，赵万里采用拖延的办法，以书箱制作等事宜不能及时完成为理由，推迟装箱进度，等待时局的变化。他还致函平馆上海办事处爨汝僖等，

---

① 录文见沈津《版本学家赵万里先生》，载《赵万里纪念文集》，北京：国家图书馆出版社，2018年5月，第102—103页。

请他们注意存沪敦煌遗书与善本书的安全①。由于各方协同努力，善本运台计划未能执行，平馆的善本书都安全地保存在原地，静待新政府的接收。

平津战役发动之后不过半个月，解放军便在1948年12月14日完成对北平的包围。国民政府派飞机从孤城北平抢运文教界名流，12月20日，袁同礼乘机飞赴南京。临行前，袁同礼留下一封致全馆同仁函，声称"奉中央来电入京述职，在离平期内馆务由王重民先生代理"，要求全馆同仁"均应共同拥戴，通力合作，俾馆务进行不致停顿"②。对于袁同礼"入京述职"的说辞，赵万里等同仁以为是"欺人谎语"③，颇感不满。

12月20日下午，王重民召集各组主任、各股股长开会，讨论"共济的方法"。次日，王重民发布致全馆员工的公开信，声明"我们当前的急务，一是保护我们的馆产和图书，一是共谋同仁的安全与福利"，并提议"由素来在馆中负行政责任的王子舫、顾子刚、赵斐云三先生，再加上由同仁公举的三四个代表，来组织一个类似应变委员会的机构，来一同替我们主张"④。时代巨变的时刻，他们肩负起维护馆产、平稳过渡的重任。

---

① 赵芳瑛、赵深：《赵万里先生传略》，载《赵万里文集》第一卷，第12—13页。

② 北京图书馆业务研究委员会编：《北京图书馆馆史资料汇编：1909—1949》，第922页。

③ 马衡著，施安昌、华宁释注：《马衡日记——一九四九年前后的故宫》，北京：紫禁城出版社，2006年3月，第25页。

④ 北京图书馆业务研究委员会编：《北京图书馆馆史资料汇编：1909—1949》，第921页。

第七章

新中国，新气象：1949—1966（上）

历史转折关头

1948年底，战争局势越来越明朗。1949年1月15日，解放军占领天津，北平这座孤城成了国军在华北占据的最后一个大城市。战火中，赵万里"寓所四周落弹，饱受虚惊"[①]。1月19日，故宫博物院马衡院长与赵万里晤谈，见他"恐惧现于词色"[②]。幸运的是，两天之后，解放军与傅作义达成了《关于和平解决北平问题的协议》，北平城和平易手，躲过了战火。

新旧交替之际，北平图书馆举步维艰。1月26日，赵万里找马衡，代平馆借款75000元，然而"不敷分配"。次日他找马衡"欲再借十万"，马衡婉言拒绝了[③]。1月28日，王重民再次致函全馆员工，强调馆内同仁"应加紧工作，加强工作"，同时要求全体同仁每日分别在文书股、事务股、编目股、阅览股、期刊股等五处签到，善本股于期刊股签到[④]。

1月31日，解放军进入北平城，新的时代到来了。2月13日，中国人民解放军北平市军事管制委员会派尹达、王冶秋、马彦祥接收北平图书馆。上午10时宣布接管，并召集股长以上人员会议、全体职工大会，说明接管政策，北平图书馆平稳完成过渡。3月3日，王冶秋到馆作接管报告，表示"对于北图坚决保护并求其发展"[⑤]。3月5日，北平市军事管制委员会文化接管委员会决定王重民任北京图书馆代理馆长。接管前后，馆内人事没有大的变动，赵万里继续担任善本股主任。

---

① 夏承焘：《天风阁学词日记》，载《夏承焘集》第7册，第38页。
② 马衡著，施安昌、华宁释注：《马衡日记——一九四九年前后的故宫》，第35页。
③ 马衡著，施安昌、华宁释注：《马衡日记——一九四九年前后的故宫》，第39页。
④ 北京图书馆业务研究委员会编：《北京图书馆馆史资料汇编：1909—1949》，第923—924页。
⑤ 王可：《王冶秋传》，北京：文物出版社，2007年9月，第163—165页。

6月6日，华北高等教育委员会成立，北平图书馆隶属该会。6月20日，平馆开始民主评定薪级，22日进行自报，23日进行公议。随后由杨殿珣、贾芳等31人组成初评委员会，25日开始初评。7月4日初评完成，次日开始复评，7月9日公布复评结果①。此次评薪，北平图书馆共评出三位研究员，其中代馆长王重民兼任北大图书馆学专科主任，特藏股主任于道泉兼任北大东方语文系蒙藏文教授，只有赵万里没有兼职，为馆内唯一一位专任研究员。这次评薪，是赵万里经历的第一次群众性活动，结果表明，他的业务水平得到馆内同仁的公认。

这年的夏秋，新政府组建工作正在紧张进行。9月21日，中国人民政治协商会议第一届全体会议开幕。新政协决议北平改名北京，定为中华人民共和国的首都。随后，国立北平图书馆于9月27日更名为国立北京图书馆。10月1日，举行"开国大典"，中华人民共和国中央人民政府成立。新政府设文化部，沈雁冰任部长。文化部下设有文物事业管理局，郑振铎、王冶秋任正副局长。10月31日，华北高等教育委员会撤销，国立北京图书馆即转隶文化部文物事业管理局。

在此之前的7月1日，平馆还接管了松坡图书馆②。经过调整，北图下设中文采访股、西文采访股、中文期刊股、西文期刊股、中文编目股、西文编目股、阅览股、参考股、庋藏股、善本股、中文舆图股、西文舆图股、索引股、特藏股、日本研究室、苏联研究室、中日战争史料征集会、文书股、会计股、事务股、南京办事处、上海办事处等机构。善本股"掌理中文善本图书之考订、编目、调查、访求、保管等事项"，赵万里为主任，职责为"综理股务"，同事有管理员二人、编目员一人、工友一人③。

---

① 《北平图书馆被接管后大事表（自三十八年二月十三日起至七月三十一日止）》，载《北京图书馆馆史资料汇编（二）：1949—1966》，北京：北京图书馆出版社，1997年8月，第879—881页。

② 北京图书馆业务研究委员会编：《北京图书馆史资料汇编（二）：1949—1966》，第881页。

③ 北京图书馆业务研究委员会编：《北京图书馆史资料汇编（二）：1949—1966》，第83—106页。

与北图顺利过渡形成鲜明对比的是，袁同礼1948年底离平南下之后，遭遇并不如意。他没有前往台湾，而是于1949年2月4日携眷由沪赴美，就职于美国国会图书馆，担负起监护北平图书馆运美善本的责任。新中国创建伊始，政府锐意革新，着力团结各界人士建设国家。北图隶属文物局管辖之后，郑振铎、王冶秋便通过多个渠道，争取袁同礼回国。赵万里受托在1949年11月28日给袁同礼写了一封长信，敦请袁同礼回来主持北图馆务：

> 别后忽已一年，遥想德辉，无任怀念。本馆自解放后，有三兄一秉吾公旧规，多方应付，得以安度难关。现时经常事业各费及人员，均有增加，各处捐购之书，接踵而至。配合新中国文化建设高潮，此后本馆在全国圕事业中实居领导地位。在新政府文化部文物局主持下，前途无限光明。文物局负责人郑西谛（正局长）、王冶秋（副局长）两先生均以吾公羁居海外，决非长策，拟恳早日回驾新京，共襄建国大业。万里暨本馆多数同人久随吾公，一旦远离，不胜依恋，望公之来，有如望岁。尚祈俯顺舆情，即日启程赴欧转苏考察返国，固本馆同人之幸，亦全国圕界所殷殷切望也。如何之处，请熟虑后示知为祷为感。[①]

最后，赵万里介绍了赵城金藏4300余卷、松坡图书馆旧藏宋刻大藏、傅增湘旧藏"双鉴"（宋刻《资治通鉴》、宋抄《洪范政鉴》）入藏北图的情况，让袁同礼看到新政府领导下北图的光明前途，以增强他的信心。袁同礼接信后，认真考虑过回国的计划，终因种种原因未能成行，此后一直在美国国会图书馆任职，直至1965年逝世。

从新中国成立之初到"文革"前的17年间，北京图书馆还经历了多次机构调整。1950年5月全馆改设秘书处、采访部、编目部、善本部、阅览部、

---

① 袁清、Sophie Volpp惠示。

参考研究部，善本部下设考订、保管两股[1]；1952年8月，再次调整组织机构，内设办公室、苏联图书室以及阅览、采访、编目、善本四部，善本特藏部下设善本组、金石组、舆图组、兄弟民族语文组[2]；1958年7月北京图书馆转归北京市文化局领导，1960年11月仍隶属中央人民政府文化部。

在这一系列变动中，赵万里始终担任善本部、善本特藏部的主任，还兼任过善本部考订编目股、保管部修整股的股长。新的时代，北图善本部的业务格局也发生了一些变化。原善本、金石、舆图三个部门，合并为善本特藏部，另以蒙藏文采编业务设立兄弟民族语文组。作为善本特藏部主任，赵万里主管的业务范围远大于20世纪30年代的善本部。

1954年，善本特藏部开始了新善本和名家手稿的征集，建立了两个新的专藏。新善本主要指中国早期革命出版物、解放区印刷出版物等稀见的珍贵革命历史文献，名家手稿主要收录著名作家、学者、科学家等各界名家的重要著作的手稿本。在征集这两类文献，尤其是名家手稿的过程中，赵万里多方联络。最初的捐赠者里，如陈竹隐1954年3月12日捐赠朱自清手稿8种，便是赵万里联系的。又如征集闻一多手稿时，负责此项工作的冯宝琳，带着赵万里的信去见北京市副市长、赵万里的学生吴晗，吴晗是闻一多的好友，他介绍冯宝琳找到闻一多的弟弟闻家驷，又经闻家驷找到闻一多夫人高真，最终于1954年3月25日受赠了闻一多手稿、印谱、画稿等共171种255册。开展工作的第一年，共"征集了作家手稿七九五种五一〇五三页"[3]，为名人手稿特藏库打下了坚实的基础[4]。

---

[1] 北京图书馆业务研究委员会编：《北京图书馆馆史资料汇编（二）：1949—1966》，第117—123页。

[2] 李致忠主编：《中国国家图书馆馆史：1909—2009》，第161页；李致忠主编：《中国国家图书馆百年纪事：1909—2009》，北京：国家图书馆出版社，2009年8月，第49页。

[3] 《北京图书馆一九五四年工作总结》，载《北京图书馆馆史资料汇编（二）：1949—1966》，第649—650页。

[4] 李小文整理：《冯宝琳先生访谈录》，《文津流觞》第2期（2001年12月）。

十几年间，北图善本特藏的采访、编目、整理、修复、服务等事务，始终由赵万里主管，所取得的成绩为全国所瞩目。赵万里个人的工作业绩也得到了肯定，1960年他当选北京市先进工作者①，出席了2月26日至29日召开的北京市教育和文化、卫生、体育等方面社会主义建设先进单位和先进工作者代表大会，即1960年北京市文教群英会②。赵万里把《在北京市教育和文化卫生体育等方面社会主义建设先进单位和先进工作者代表大会的讲话和发言稿》46份，捐赠给了北京图书馆，留下了这次会议的详细资料。

行业性的规划，如国务院古籍整理出版规划小组的1958年出版计划，赵万里参与了讨论。他还参与了1956年至1967年哲学社会科学规划草案（初稿）的讨论。1956年3月14日国务院成立科学规划委员会，着手制定1956年至1967年全国自然科学和社会科学十二年长期规划，为此召开了一些座谈会，赵万里与王伯祥等友人均曾与会③。同年12月，中共中央批准了《一九五六——九六七年科学技术发展远景规划纲要（修正草案）》，但哲学社会科学规划的制定工作未能完成。

《赵城金藏》的修复与整理

新旧交替之际的1949年，最让赵万里感到兴奋的事情，莫过于4300余卷《赵城金藏》入藏平馆。《赵城金藏》是1933年范成法师在山西赵城广胜寺发现的，它不仅是金代刻本的标本，还保留了宋刻《开宝藏》的面貌，在佛学和版本学上都有巨大价值。消息传开，学界颇为瞩目。上海影印藏经会拍摄了其中一些其他大藏经未收经典，编为《宋藏遗珍》一书，1935年影印

---

① 赵芳瑛、赵深：《赵万里先生传略》，载《赵万里文集》第一卷，第19页。
② 史言：《1960年的北京市文教群英会》，《工运博览》2003年第17期，第39—40页。
③ 王伯祥：《王伯祥日记》第29册，第568、571页。

出版。不幸的是，《赵城金藏》发现之后便有部分流入文物市场。北平图书馆在全面抗战爆发前的几年中，陆续收购到192卷，比较集中的是1935—1936年度购得40余卷[①]，1936—1937年度购得100余卷[②]。

广胜寺所藏的《赵城金藏》经卷，抗战期间被日寇觊觎，安全堪忧。1938年2月，赵城沦陷，距广胜寺仅一公里的道觉村便是日军占领区，僧人们为了大藏的安全，将全部经卷转移到飞虹塔内封存。1942年春，日本政府派遣的"东方文化考察团"到达赵城，扬言要游览飞虹塔，目标直指《赵城金藏》。在这个紧急关头，八路军太岳军区政委薄一波指示部队和广胜寺僧众配合，于4月27日夜将全部藏经抢运出来。在反"扫荡"斗争中，战士们背着经卷在崇山峻岭中与敌人周旋。后来由于行军携带不便，八路军将经卷藏在山洞、废煤窑内，并派人看管。抗战胜利后，晋冀鲁豫边区政府将《赵城金藏》拨交北方大学保管，后来因看护经卷的张文教劳累病倒，又转交太行行署代管。

解放军进入北平后，王重民与赵万里联名于1949年2月16日向北平市军事管制委员会文化接管委员会提交报告，概述《赵城金藏》的文献价值，且当时"存于山地，虫伤鼠啮、水火意外之灾日久，或不无可虑之点"，提请该会"向该主管区人民政府交涉，拨归本馆，籍专门设备，得以永久保存"，"且收藏经前偶有散佚流出者，经本馆收购已有一百九十一卷，此时若以全藏拨归本馆整理编订，不惟保存得所，抑亦与馆藏之本获得散而复聚"[③]。他们的提议得到政府的重视，不久，华北人民政府命令太行行署将经卷拨交北平图书馆保藏。1949年4月30日，历经劫难的赵城藏由涉县经邯郸运抵北平，经北平图书馆善本部整理，共接收4330卷又9大包[④]。

---

① 《国立北平图书馆馆务报告（民国二十四年七月至二十五年六月）》，第4—5页。

② 《国立北平图书馆馆务报告（民国二十五年七月至二十六年六月）》，第4页。

③ 杜伟生：《〈赵城金藏〉修复工作始末》，《国家图书馆学刊》2003年第2期，第55页。

④ 《北平图书馆被接管后大事表（自三十八年二月十三日起至七月三十一日止）》，载《北京图书馆馆史资料汇编（二）：1949—1966》，第873页。

八路军为保护这批经卷付出的艰苦努力，让赵万里感受到了中国共产党对文化事业、对古籍文献的珍视，他为之狂喜，因而也对未来充满信心。他在劝说袁同礼回国的信中，特意提到了这件事，把这种信心传递给袁同礼。他也把内心的狂喜带到了北京大学的《版本学》课堂上。张守常回忆，赵万里向学生"介绍抢救《赵城藏》的经过，说的有声有色"，他描述八路军为保护经卷发动一次夜袭，牺牲了八位战士："赵先生在讲到这八个战士时，作一个把大姆指和食指伸开的手式，并且举到至少齐眉毛那么高，提高嗓门，声调激越，显然是很带感情的。……这是一位专家对八位烈士发出的充满崇高敬意和深切感谢的悼词。"[1]当年7月，赵万里还在馆内发表过关于《赵城金藏》的演讲，同时展览历代藏经刻本[2]。

由于长时间保存在渗水潮湿的煤窑中，条件恶劣，部分经卷受潮发霉，黏结成块，一半以上无法打开。1949年5月14日，北平图书馆挑选若干卷尚能打开的赵城金藏，举办展览会，邀请华北人民政府及各界人士到馆参观。

当天下午4时，王重民主持"《赵城金藏》展览座谈会"，讨论修整与保藏计划。参加会议的有于力、范文澜、王冶秋、马衡、向达、韩寿萱、周叔迦、巨赞、晁哲甫、季羡林、张文教、程德清、赵万里等14人。赵万里首先发言，报告《赵城金藏》的源流和价值，并重点谈了谈保存状况与修整计划，他说：

> 整理的问题，即是如何打开、如何编目的问题。本馆有技术人孙长振先生专门能装修旧书，他领导技人一定能胜任这一工作。不过仍感人手不敷，因本馆各部分应装之书太多，绝非三、四人可以办理，所以这一工作还值得考虑。假如能找四位专家整理，据孙先生估计，每人每月可整理十卷，四人为四十卷，一年为四八〇卷，须十年可完成。我们暂决定先选易着手的整理。有人以为选重要的先整理，但不曾打开，如何

---

[1]　张守常：《回忆赵万里先生二三事》，《读书》1980年第12期，第98—102页。

[2]　北京图书馆业务研究委员会编：《北京图书馆馆史资料汇编（二）：1949—1966》，第885页。

知道它是否重要？其次是装修时所需材料的问题，纸拟用迁安纸（俗称高丽纸）、山西毛头纸、广西纸和湖南棉纸，此四种纸皆适用于整理此经，又有奉化棉纸也可以适用。人工的问题可以找些新人装普通书，而用有技术的旧人由孙先生领导整理此经。其次是保藏问题，暂时用装档案的柜子存放，将来装修好了之后，尚需预备专用的箱架以便保存。

在这次座谈会上，他还发言响应范文澜、巨赞、于力、晁哲甫等就修复工作发表的意见，谈了修复善本书的教训和原则：

> 过去本馆装修的观点，是将每一书完全改为新装。此办法始而觉得很好，其后则发现它不对。一本书有它的时代背景，所以自（民国）廿三年后决定不再改装，以保存原样，所以装修一书有时用不上太多材料。馆藏《赵城藏》即保持其原来面目。今天成问题的是人力，而不是财力，因所费恐不太多。[①]

此后，《赵城金藏》便在赵万里的指导和组织下，开始进行修复。赵万里提出的找四位专家整理《赵城金藏》的提议，后来得到落实。1949年6至8月，北图招募技工张炳文、萧子安与工徒萧顺华、谢庆丰四人入馆工作。但他们并不能全部投入此项工作，最初几年一直只有一人修补《赵城金藏》。以至于1957年整风运动期间，文化部召开图书馆专家座谈会，赵万里对文化部提出的意见便是针对《赵城金藏》修复的，他说："现只有一个人修补这部书，如每月整修以十卷计，全书修完要用三十多年。"[②]他希望增加修复技工，加快工作速度。

修复师们采用了简单易行的办法，来修整无法打开的经卷。他们用纸和

---

① 《〈赵城金藏〉展览座谈会纪要》，载《北京图书馆馆史资料汇编（二）：1949—1966》，第478—485页。

② 《图书馆专家举行座谈　批评文化部不重视图书馆工作》，《人民日报》1957年5月29日第7版。

毛巾包裹霉变的经卷放在笼屉里蒸，将经卷润潮，然后轻轻揭开，再进行托、裁方、接纸、上褙、轧光、裁齐、装天地杆等工序[①]。所用补纸为贵州出产的一种皮纸，经费为社会人士协助募捐。这个修复方案，所用资金、材料不多，而效率较高。

最初，由于人力不足、技工生病的原因，修补《赵城金藏》的工作进展较慢。据历年北图工作总结，1954年修补88卷[②]，1955年完成46卷[③]，1956年完成95卷[④]。后来增加了人力，速度明显加快，1958年完成482卷[⑤]，1959年完成548卷[⑥]，1960年上半年完成272卷[⑦]，1961年完成546卷[⑧]，1965年完成262卷[⑨]。到1965年，除了1卷碳棒样本之外，所有4000余卷《赵城金藏》全部修复完成，这一过程耗时16年。

整理初见成绩，1949年9月北京图书馆举办了一次规模更大的《赵城金藏》展览。这次展览分经、律、论、目录、传记及入藏著述两部分，并对照陈列宋元明三朝刊刻的其他大藏经样本。赵万里主持这次展览的筹备展陈工作，并撰写了《展览〈赵城藏〉的说明》[⑩]，对其价值、保护经过做了详细的介绍。学者们来馆参观参展，赵万里经常亲自接待解说[⑪]。

组织修复、举办展览之外，北图继续关注流散的《赵城金藏》，又陆续入藏了159卷，其中152卷系1963年山西省博物馆拨赠[⑫]。至此，北图所存《赵

① 杜伟生：《〈赵城金藏〉修复工作的得与失》，《文津流觞》第6期（2002年7月）。
② 北京图书馆业务研究委员会编：《北京图书馆馆史资料汇编（二）：1949—1966》，第650页。
③ 北京图书馆业务研究委员会编：《北京图书馆馆史资料汇编（二）：1949—1966》，第659页。
④ 北京图书馆业务研究委员会编：《北京图书馆馆史资料汇编（二）：1949—1966》，第676页。
⑤ 北京图书馆业务研究委员会编：《北京图书馆馆史资料汇编（二）：1949—1966》，第694页。
⑥ 北京图书馆业务研究委员会编：《北京图书馆馆史资料汇编（二）：1949—1966》，第708页。
⑦ 北京图书馆业务研究委员会编：《北京图书馆馆史资料汇编（二）：1949—1966》，第716页。
⑧ 北京图书馆业务研究委员会编：《北京图书馆馆史资料汇编（二）：1949—1966》，第733页。
⑨ 北京图书馆业务研究委员会编：《北京图书馆馆史资料汇编（二）：1949—1966》，第836页。
⑩ 赵万里著，冀淑英、张志清、刘波主编：《赵万里文集》第二卷，第555—556页。
⑪ 金毓黻：《静晤室日记》，第6884页。
⑫ 北京图书馆业务研究委员会编：《北京图书馆馆史资料汇编（二）：1949—1966》，第767页。

城金藏》已达到4813卷，数量为全经6980卷的69%。这些悉心收集、苦心修复的经卷，在学术上发挥了重要的作用。20世纪80年代任继愈主持编纂《中华大藏经》（汉文部分），便以《赵城金藏》为底本，《赵城金藏》缺失部分才另用其他版本配补。

南下接收宁沪文教机关

1949年4月，国共两党之间的和平谈判破裂，解放军随即发起渡江作战。4月23日，解放军占领南京，5月27日占领上海，到"十一"前夕国民政府仅能控制西南一隅之地。为了指导接收原国民政府有关人事、档案、图书、卷宗和其他事宜，政务院于1949年12月组织指导接收工作委员会华东工作团。政务院副总理董必武任工作团团长、中国人民银行行长南汉宸任副团长，下设财经、政法、外事、新闻出版、文教等组。文教组的主要工作，为指导接收原国民政府各部院遗留在南京、上海的文物，文化部派文物局长郑振铎担任文教组组长，抽调赵万里、于坚、梁泽楚三人参加工作[①]。

12月17日，赵万里等启程赴南京。随后，赵万里与于坚被派赴上海。于坚于年底返回南京，其后上海的工作主要由赵万里负责。文教组在上海接收的机构有北平图书馆驻上海办事处、中央图书馆驻上海办事处、国民政府教育部教育器材接运处、国民政府教育部图书仪器接运清理处等。北平图书馆和中央图书馆驻上海办事处都决定撤销，职工、图书大部分各回本馆，房屋设备等交由上海市高等教育处安排处理。

北图上海办事处的图书整理，是赵万里此行的重要工作。存沪书数量较大，为节省运费，将"不甚重要的以及本馆已有复本的书，都决定留存上海，供将来上海图书馆使用"。寄存震旦大学和中国科学社的书移到办事处

---

① 于坚：《随郑振铎赴华东接收文物档案纪实》，《中国文物报》1999年8月18日第2版。

进行清点和装箱，另借用开明书店仓库临时存放书箱。李芳馥、王育伊、爨汝僖等同仁组织得力，仅用三天半时间，便完成装箱，如期运到车站，装车北运。赵万里随后即转往南京①。

文教组在南京接收的主要有：故宫博物院南京分院，库存文物11177箱决定北运，第一批选出1500箱，于1950年1月26日起运，返回北京故宫博物院；中央博物馆筹备处更名为南京博物院，中央图书馆更名为南京图书馆，今后拟隶属中央文化部文物局；国民政府各部院所存档案、图书、资料，决定集中于南京中山门内原国民党开国文献馆新建馆舍，进行整理，后来在那里成立了中国第二历史档案馆②。北平图书馆驻南京办事处的图书，在赵万里抵达南京之前已经装好；人事方面，经郑振铎与南京高教处协商，将顾斗南等五位同仁转到南京图书馆③。

1950年1月中旬，郑振铎在南京召集文教组成员开会。当时工作团的指导接收工作大体完成，主要人员返回北京，另成立工作团驻南京办事处，处理未尽事宜④。

此次在宁沪两地，除了完成接收工作及访问旧友之外，赵万里还为北图采访了不少文献。他从顾廷龙处获悉，朱启钤所藏岐阳王文物正在谋求安置之处，随即与顾同访朱启钤，一番商谈，朱启钤慨然捐赠国家，指定由北图收藏，不得移赠他处。铁琴铜剑楼瞿氏捐赠宋元明本52种，以抵偿累进税，又以3000万元低价购得瞿氏藏书202种。他还会晤刘承幹之子刘世炽，鼓动其献书于政府⑤。

1月27日，赵万里返回北京。此行运回北图的图书文物，计上海部分208箱，南京部分81箱。回馆之后，他提交详细报告，详述南下工作情形，并特

① 《赵万里先生报告》，载《北京图书馆馆史资料汇编（二）：1949—1966》，第446—447页。

② 于坚：《随郑振铎赴华东接收文物档案纪实》，《中国文物报》1999年8月18日第2版。

③ 《赵万里先生报告》，载《北京图书馆馆史资料汇编（二）：1949—1966》，第447页。

④ 于坚：《回忆接管南京国民党中央政府档案始末》，《文物天地》2000年第4期，第37页。

⑤ 刘承幹：《求恕斋日记》第16册，第331页。

别强调开箱整理的注意事项，比如"期刊报纸一项，最初为节省车辆，不打算装运，后因这一段（一九四五年以后）报纸用处并不少，同时本馆不一定有，所以由郑局长决定装箱北运，除五整箱以外，还有为了作垫衬其他箱只用，将一部分报纸分放于各个箱内，因此希望开箱时应加以注意，不要当作废纸"①。

"三反"运动的巨大冲击

赵万里深具纯粹学者风范，他的全副精神，始终沉浸在古籍版本、文献整理和词曲的世界里，几乎从不过问政治。在政治学习之类的会议上，他也很少积极发言。

新中国成立以后，中国共产党将群众运动应用于国家治理，组织发动了多次政治运动。从"土改""镇反"到"文革"，共有过大小运动20余场。不同时期的不同运动，斗争对象各不相同。历来不问政治的赵万里也未能幸免，在几次运动中受过严重冲击。最早一次是"三反五反"运动。

"三反五反"的起因，是在增产节约运动中揭发出了贪污浪费现象和官僚主义问题。1951年11月1日，毛泽东转发中共东北局的报告，要求在国家机关、国有企业中展开反贪污、反浪费、反官僚主义的"三反"运动。12月1日中共中央作出《关于实行精兵简政，增产节约，反对贪污、反对浪费和反对官僚主义的决定》，8日发出《关于反贪污斗争必须大张旗鼓地去进行的指示》，全国范围的"三反"运动开始。至次年2月，"三反"运动告一段落。

"三反"运动中，又揭露出贪污浪费与资本家行贿、偷税漏税、偷工减料、盗骗国家财产、盗窃国家经济情报的行为密切相连，为此，1952年1月26日中共中央发出《关于在城市中限期展开大规模的坚决彻底的"五反"斗争的指

---

① 《赵万里先生报告》，载《北京图书馆馆史资料汇编（二）：1949—1966》，第449页。

示》。2月上旬，"五反"运动在全国迅速开展起来。1952年4月发布《关于结束"五反"运动中几个问题的指示》，"三反五反"运动随后在5月初基本结束。

北京图书馆响应中共中央的部署，在1951年12月20日成立以王重民为主任的增产节约委员会，12月28日召开全馆大会，开展"三反"运动。当时赵万里正在上海出差，为购买瞿氏铁琴铜剑楼、蒋氏衍芬草堂等处藏书而奔忙。1952年1月3日，王重民给赵万里写信，谈接受刘少山捐赠、潘氏宝礼堂书入藏、衍芬草堂书购置经费等事项，兴奋地把1952年称作"善本年"[①]。

1月中旬回馆之后不久，赵万里便卷入"三反五反"运动，被控贪污。有人提议对善本进行重点检查，长期经手采购事务的赵万里，成了重点斗争对象。他的罪名主要是，"利用职权掠取书商善本，又擅自作价卖给本馆及北大等处"，且"坦白不够"[②]。他在2月12日写信给徐森玉，详述运动中的遭遇：

> 连日四五十人成一大组，将里严词讯问（今天将继续会讯）：解放前如何？解放后如何？所问之话有极离奇者：如"接受回扣没有？""如不接受，真奇怪，在那时是什么思想？""不收钱，如要善本书，更可恶。""书铺送礼没有？""没有，一定用书来代。""历年同书铺勾搭事实，一一列举。""买私家书，听说要送书给你作为酬报。""私自囤积善本倒把。""袁同礼有哼哈二将，顾子刚大同书店已判明为馆产，把他打倒（此事经过另告，情形可怜）。赵某也要斗争他。他住房或许也是不义之财。"

此类指责，实百口难辩。能够坐实的不当行为，只有一件："一九五零年秋冬间，舍弟北来养病，家父半身不遂，双目失明，小儿又患喘不止，曾托书店将自藏小种书开单卖给图书馆，以济眉急。此实变相贪污，失策之至。"

---

　　① 此函影本承林世田惠示。

　　② 1952年2月26日爨汝僖致徐森玉函。柳向春：《赵万里与徐森玉两先生交游述略》，载《版本目录学研究》第七辑，北京：北京大学出版社，2016年12月，第123页。

此事赵万里已坦白交代，但"他们绝不罢休，以致连日形势危急万状"。他感慨自己"平生爱书如命，公家事看成自己事，今天落到如此地步，自非一死，不能以谢酉山之藏，以报我公教诲知遇之恩"，他自感"失去自存之路"，以至于有轻生之念。他又请求徐森玉致函郑振铎、王冶秋，为其"稍作恕词，则我万一竟遭不测，或不致如他们所说那样坏到极点"。当时家人也一起担惊受怕，"连夕妻孥环泣，全家卷入生死边缘"①。

与赵万里"生不如死"的感觉不同的是，郑振铎对他遭遇的指责看得甚轻，认为没有太大关系。王冶秋也提示他"不要害怕，没有什么"。三天以后，向达来访，劝赵万里"即速坦白，勿坐失时机"。他醒悟过来，随即在馆中交待，果然"其实问题并不严重"。当天再次致函徐森玉，告以轻生之念已烟消灰灭，"此后当努力工作，以求戴罪立功"②。

与此同时，对赵万里的调查仍在进行中。郑振铎在2月中旬致函徐森玉，请其代为调查："我局去岁曾向瞿氏铁琴铜剑楼购善本两批，计共两亿元。请先生代向瞿氏兄弟一询：有没有人向他们要过钱？他们给过没有？有没有给过人什么书（包括赵斐云及文物处的几个人在内）？"③瞿家后来为此写了份"坦白书"④。郑振铎以领导身份，评价赵万里"问题不少，惟不肯痛痛快快的一口气说出"⑤。

这次运动期间，赵万里还于5月把此前未及时登记的善本书16种59册转交采访部，并详细说明："以上这些书都是一九五一年十月前后，索先生原来

---

① 柳向春：《赵万里与徐森玉两先生交游述略》，载《版本目录学研究》第七辑，第121—122页。

② 柳向春：《赵万里与徐森玉两先生交游述略》，载《版本目录学研究》第七辑，第123页。

③ 柳向春整理：《郑振铎致徐森玉函札》，载《历史文献》第十六辑，上海古籍出版社，2012年4月，第325页。

④ 1952年2月27日郑振铎致徐森玉函。柳向春整理：《郑振铎致徐森玉函札》，载《历史文献》第十六辑，第321页。

⑤ 1952年4月2日郑振铎致徐森玉函。柳向春整理：《郑振铎致徐森玉函札》，载《历史文献》第十六辑，第311页。

办公的那间房间搬动时，移至善本室预备登记的。一九五二年一月我从南方返京后（即三反运动开始后），才集中送请中采登记。其中《两罍轩题跋》《徐幹中论》，原是我自己的书，由孔繁山书店代开发票（一九五〇年事）。"[1]这两种书，也是运动中交代出的问题。他的部分藏书，也在运动中交公，其中有王念孙手校项絪本《山海经》一部，原系涵芬楼藏书，经文物局归还张元济[2]。

到了7月，赵万里的问题以记过解决。郑振铎"切实的规劝了他一番"，并对他的工作重新做了安排："最重要的是把《善本书目续编》编好。限他半年工夫做好这个工作，诸事不问，也不必再管买书的事。"[3]认为"经过这次的运动，他过去的一切身上的污垢，当可完全洗清，成为一个新人了"[4]。7月15日，文化部办公厅副主任李守宪作北京图书馆"三反"运动总结报告，赵万里经受的这一轮身心折磨终于过去了。

北京图书馆经过这一次运动，也发生了不少变化。代馆长王重民被指责"犯严重官僚主义"[5]，于5月21日被免去代馆长职务，调往北京大学，专任图书馆学专修科主任。接替王重民的是东北抗联干部冯仲云，于1953年4月到任。

无法躲避的运动

经过20世纪50年代初"三反"运动的洗刷，赵万里对政治运动有了切身

---

① 列表及赵万里手书便条存中国国家图书馆档案。

② 1952年12月24日张元济致郑振铎函。《张元济全集》第二卷，第520页。

③ 1952年7月21日郑振铎致徐森玉函。柳向春整理《郑振铎致徐森玉函札》，《历史文献》第十六辑，第299页。

④ 柳向春整理：《郑振铎致徐森玉函札》，载《历史文献》第十六辑，第324页。

⑤ 1952年2月26日纍汝僖致徐森玉函。柳向春：《赵万里与徐森玉两先生交游述略》，载《版本目录学研究》第七辑，第123页。

感受。他对政治运动、政治事务没有什么兴趣，更愿意留在办公室做业务工作，甚至写书签等具体事务都亲力亲为，而不喜欢参加各种学习、讨论与会议，常常借故推脱。20世纪50年代王冶秋曾动员他加入中国共产党，他以不愿意经常开会为由，委婉地拒绝了。然而，全社会随风逐浪的大环境中，纯粹学者风范的专家，也不能不努力适应新时代的新风尚，不得不参与一些政治性的活动。后来担任政协委员、人大代表，相关活动就更多了。

1954年10月，毛泽东亲自发动"红楼梦研究批判运动"，一时间，全国各文教机构纷纷举行会议，对俞平伯《红楼梦研究》等作品进行批判，重点是批判古典文学领域的"胡适派资产阶级唯心论"。这是新中国成立以来第一次大规模的批判运动，北京图书馆也不能置身事外，于11月18日举行《红楼梦》研究问题讨论会。馆长冯仲云主持讨论，副馆长张全新、丁志刚，研究员赵万里等30余人出席，发言的有赵万里、袁涌进、曾毅公、冯宝琳、戚志芬、杨殿珣、郭庆芳等人。在对这次会议的报道中，赵万里排在发言人的第一位，他所讲的具体内容不详，但大致不会脱离批判学术研究中资产阶级唯心论观点的大方向[1]。

1957年的"反右"，是又一次强烈冲击广大知识分子心灵的政治运动。中共八届二中全会决定在全党开展整风运动，中共中央于1957年4月27日公布《关于整风运动的指示》，整风的内容为反对官僚主义、宗派主义和主观主义，号召党外人士"鸣放"，鼓励群众对党和政府提出批评建议，帮助共产党整风。

文化部在5月20日、24日邀请图书馆界专家座谈，赵万里、张申府、王重民、顾家杰、张天麟等与会。专家们对文化部的领导工作提出很多批评和建议，"集中批评了文化部对图书馆领导的不重视"。赵万里的发言，内容是具体的业务问题："《赵城金藏》是国内唯一的珍本经藏，对佛教、哲学、历

---

① 泳德：《北京图书馆举行〈红楼梦〉研究问题讨论会》，《光明日报》1954年11月20日第2版。

史研究有很大的帮助。现只有一个人修补这部书，如每月整修以十卷计，全书修完要用三十多年。他希望增加修补工人。他还谈到善本书装订问题。北京图书馆要装订的六万多册书，其中残坏者二万册，现有五个人装订，如此下去要一百年才能装订完。"①

用人也是专家们集中批评的问题。张申府批评，"应该重用的没有重用，不该重用的却重用了，把连初版、再版都不懂的青年提拔为采购组副组长，但对有经验的'识途老马'却不重用"。赵万里也说："我在北京图书馆工作了三十年，解放后人事科长和各级领导从没找我谈过，作为'识途老马'的高级研究人员，也该被征求一些意见，但领导上偏不依靠我们这些'老而不死'的人。"②

他们指出了当时图书馆事业发展面临的危机，产生了一些正面效果。比如，响应赵万里的批评，北图增加了修复《赵城藏》的技工，从1958年开始，每年完成的经卷数便大幅上升，最终全部经卷得以在1965年完成修复。

随着"鸣放"的深入，政治形势发生了逆转。1957年6月8日，中共中央发出《关于组织力量准备反击右派分子进攻的指示》，《人民日报》发表社论《这是为什么？》，"反右"运动开始。北图"右派共二名，一党员张某，一张申府"③，赵万里幸运地躲过一劫。他的朋友们，如陈梦家、向达、王重民等，则纷纷被错划为右派，备受摧残。赵万里此期曾给徐森玉写信，告知"梦家的处境极为困难"④，向达则"北大召开全校教职工大会进行批判，不知

---

① 《图书馆专家举行座谈　批评文化部不重视图书馆工作》，《人民日报》1957年5月29日第7版。

② 《图书馆事业存在着危机》，《光明日报》1957年5月25日第3版。

③ 1957年9月上中旬赵万里致徐森玉函。柳向春《赵斐云先生致徐森玉先生函》，《文津流觞》第35期。

④ 1957年9月上中旬赵万里致徐森玉函。柳向春《赵斐云先生致徐森玉先生函》，《文津流觞》第35期。

如何结束"①，言语间颇表同情。

在群众运动的高潮中，赵万里也不得不高调表态，批判"右派分子"。他发表了一篇题为《斥图书馆界右派分子"今不如昔"的谬论》的文章，以近几年图书馆界善本图书工作方面的巨大成绩，来反驳右派分子对新中国图书馆工作"一团糟""今不如昔"的批评。他所举的成绩有八路军保护《赵城藏》、上海图书馆和上海文管会入藏善本书籍已达3000种、北京图书馆新入藏善本书籍10243种78370册、周叔弢捐献藏书、赵世暹捐献宋刻本《金石录》等五个方面，最后说：

> 几年来全国图书馆工作者，在党和政府的正确领导下，图书馆各方面的工作，包括善本工作，成绩是空前的、巨大的。事实具在，谁也不能否认。右派分子把图书馆工作说成"今不如昔"，妄想推翻党的领导，否定社会主义制度的优越性，替资产阶级图书馆学复辟寻找理由，都是不值一驳的。我们要高举马克思列宁主义的旗帜，在党的领导下对右派分子予以彻底反击，彻底粉碎他们反党反社会主义的阴谋，不获全胜，决不收兵。②

这篇文章，一方面内容充实，材料丰富，所举的都是实实在在的事例，与赵万里一贯的踏实严谨作风是一致的；另一方面，用语紧跟时代，批判"右派分子"言论似不遗余力，但却虚晃一枪、泛泛而谈，并不具体针对某个"右派"人士。我们不知道这篇文章究竟在多大程度上出自赵万里亲笔，但至少可见他在"反右"运动中，以北图业务权威的身份（唯一专任研究员）站在前列，表明了他支持运动的态度。

---

① 1957年9月29日赵万里致徐森玉函。柳向春：《赵斐云先生致徐森玉先生函》，《文津流觞》第35期。

② 赵万里：《斥图书馆界右派分子"今不如昔"的谬论》，《图书馆工作》1957年第12期，第12页。

接下来的"大跃进"运动，赵万里仍不得不参与其中。1957年11月13日，《人民日报》发表社论，提出"大跃进"口号。1958年5月中共八届二次会议通过了"鼓足干劲、力争上游、多快好省地建设社会主义"的总路线，第二个五年计划提出了一系列不切实际的任务和指针，全国迅速掀起了"大跃进"运动。

文化艺术界、图书馆界也一样，积极组织本系统的"大跃进"运动，赵万里也出席了一些集会。全国政协文化组在1958年3月12日召开座谈会，郑振铎、叶浅予等提出"文化艺术界社会主义大跃进倡议书"，50多人签名，其中便包括赵万里。他们"倡议加速自我改造，争取在短期内成为又红又专的文化艺术工作者"，提出"每个人订出个人规划，力争在文艺生产上，开展社会主义竞赛"①。

3月25日，全国省、市、自治区公共图书馆工作跃进大会闭幕，文化部副部长夏衍作总结报告，赵万里与北京图书馆同仁丁潆、汉佛语、刘汝霖、朱家濂、李钟履、李德启、袁涌进、张全新、张秀民、戚志芬、曾毅公、杨殿珣、贾芳、冀淑英、顾子刚、爨汝僖等发表倡议书，并代表发言。他说：

> 在全国工人、农民、知识分子热火朝天地比干劲、比钻劲、比红、比专的社会主义大跃进中，我们读了上海17位科学家倡议书，深深受到鼓舞。我们决心做左派，决心做又红又专更红更专的工人阶级知识分子，把心献给党，把知识献给人民，特提出六项奋斗目标，向全国图书馆工作者发起社会主义友谊竞赛。一、全心全意接受党的领导，把心献给党，坚决走社会主义道路。二、联系实际，认真学习马列主义，认真学习毛主席著作，彻底改造自己。三、积极参加劳动锻炼和生产实践，向工人

---

① 《首都文艺界人士提出大跃进倡议：加速自我改造　力争又红又专》，《光明日报》1958年3月19日第2版。

农民学习，和工人农民同甘苦，共劳动，打成一片。四、努力工作，忘我地超额地为社会主义图书馆事业服务，多、快、好、省地完成各项工作，认真学习苏联图书馆学先进科学技术经验，积极促进技术革新。五、根据具体情况，订好个人计划，写出图书馆学、目录学和其他方面各种专著和论文，完成和超额完成图书馆学12年科学远景规划所规定的各项指标。六、积极培养新生力量，在政治业务双跃进的基础上，争取在三年或更多一些时间内，培养成一支人数众多的图书馆界红色战士。①

这份发言代表的是多位同仁的意见，并不完全是赵万里个人的看法。不过由他出面发言，至少表明了他紧跟时代的努力。——然而，到了"文革"，这种努力无法换来哪怕是短暂的安定和宁静，他迅速堕入运动的深渊。

1958年"大跃进"运动中，北图掀起反浪费、反保守的"双反"运动。当时善本组组长陈恩惠提出一份书面意见，批评赵万里私自将《永乐大典》索引带回家使用，而这份索引他付出了很多劳动，赵不该据为己有，同时建议整理这些卡片放在善本阅览室供读者使用。副馆长丁志刚认为，《永乐大典》索引编纂工作，赵万里是组织策划者，他的劳动是主要的，陈恩惠从事具体工作，他的劳动是次要的，赵万里利用这些资料，不属于侵占他人劳动成果。因为丁志刚的支持，这个问题没有对赵万里产生实质的影响。

书生参政议政

20世纪50年代中期以后，赵万里以文化界代表身份先后当选为政协委员、人大代表，参与了一些政治活动。他参与政协的活动，始于1956年1月30日至2月7日的中国人民政治协商会议第二届全国委员会第二次全体会议，

---

① 《各图书馆代表的发言·倡议书》，《图书馆学通讯》1958年第2期。

当时是以文化部代表身份列席会议[1]，期间参加过文学艺术家小组座谈会并发言。他在发言中提到"北京图书馆已经收藏有二十多万册善本书"，表示"一定要在今后做好图书资料工作，克服过去的右倾保守思想，设法把资料流通起来"[2]。做出类似表态的还有历史博物馆的沈从文。

1959年4月全国政协换届，赵万里便担任特邀代表；同年9月政协北京市委员会换届，赵万里担任委员，1962年底换届时连任。第三届全国政协任期至1964年底，政协北京市第二届委员会任期至1962年10月、第三届任期至1965年9月，在此期间赵万里参与的政治活动明显增多，主要是两级政协的会议与集会。比如1959年4月，北京文教界著名人士举行集会，抗议"台湾当局"精选文物前往巴西展览，陈垣、陈叔通、王冶秋、翦伯赞、徐炳昶、曾昭燏、夏鼐、裴文中、黄文弼、朱启钤、吴作人等数十人发表谈话，赵万里是其中之一[3]。他还曾受到毛泽东主席的接见。

1960年，"台湾当局"和美国达成协议，拟选择文物珍品在美国巡回举办中华古物展览，在大陆引发了广泛抗议。1960年2月20日，赵万里参加全国政协文化教育组会议，"抗议美国阴谋劫夺我国文物"[4]。2月22日，又参加北京文化界人士反对"美国政府阴谋劫夺我国在台湾的大批珍贵文物"集会并发言[5]，他还是首都文化界联署抗议书的546人之一[6]。2月底，北京图书馆也举办集会"抗议美帝阴谋劫夺我国珍贵文物"，赵万里发言，愤愤地说：

---

① 《中国人民政治协商会议第二届全国委员会第二次全体会议列席人员名单》，《人民日报》1956年2月2日第3版。

② 《满足人民的文化需要，赶上世界先进水平：记政协全国委员会全体会议一个文学艺术家小组的座谈会》，《光明日报》1956年2月9日第2版。

③ 《首都文教界著名人士集会　反对美国从台湾劫夺我国的文物》，《人民日报》1959年4月8日第2版；《光明日报》1959年4月8日第3版。

④ 顾颉刚：《顾颉刚日记》第九卷，第32页。

⑤ 《强烈抗议美帝劫夺我文物阴谋》，《光明日报》1960年2月23日第1版。

⑥ 《谴责美国图谋劫夺我国文物的罪行　首都文化界五百四十多人发表抗议书》，《人民日报》1960年2月23日第4版；《光明日报》1960年2月23日第2版。《图书馆学通讯》《文物》《考古》三个期刊均在1960年第3期转载了这份抗议书。

"美帝非法劫夺我国文物、图书，由来已久，现在又想把在台湾的文物图书抢走，是我们不能容忍的！"①这次集会后，北图很多组都贴出了抗议大字报，全馆372位同志还联名发表了抗议书。这些活动表达了北京文教界人士对存台文物安全的担忧，不过并没有对台北故宫博物院组织的这次展览发生实际的阻止作用。1961年2月，几百件文物从基隆搭乘美国军舰运往美国，此后在华盛顿、纽约、波士顿、芝加哥、旧金山等地巡回展出，一年半以后巡展结束回到台湾。

1961年1月，中共八届九中全会鉴于"大跃进"所造成的灾难性后果，决定实行"调整、巩固、充实、提高"的经济方针，同时思想文化领域也出现了新气象。1月27日，全国政协召开座谈会，"讨论百家争鸣问题"，赵万里、吕振羽、裴文中等28人编入第九组②。3月17日，又参加文化卫生组"百家争鸣"座谈会③。这年的7月19日，中共中央发出《关于自然科学工作中若干政策问题的批示报告》，强调纠正对待知识和知识分子问题上的片面认识和简单粗暴作风，在学术研究工作中坚持"百花齐放、百家争鸣"的方针。

1962年初开始，"台湾当局"进行战争动员，部署对大陆沿海地区进行大规模军事行动，6月还在台湾南部进行了陆海空联合登陆作战演习。大陆方面，解放军进入紧急战备状态，外交部也对美国发出了警告。政协同样关注台海局势，6月26日赵万里参加了政协文教组的会议，"讨论蒋匪反攻事"。同时开会的顾颉刚，在日记中写下了他们当时获悉的两岸军力对比："闻蒋介石飞机止五百架，而我方则三千架。我方鱼雷为全世界第一，潜水艇为东方第一，全世界第四。蒋匪若来，只有死路一条。"④

① 《北京图书馆抗议美帝阴谋劫夺我国珍贵文物》，《图书馆学通讯》1960年第3期；《图书馆工作》1960年第3期。

② 宋云彬：《红尘冷眼——一个文化名人笔下的中国三十年》，太原：山西人民出版社，2002年3月，第551页。

③ 顾颉刚：《顾颉刚日记》第九卷，第229—230页。

④ 顾颉刚：《顾颉刚日记》第九卷，第493页。

对赵万里而言，政协开会也是与老朋友们见面晤谈的好机会。他和顾颉刚、向达、王伯祥、宋云彬、张珩、邵循正、金灿然、邓广铭、张政烺、贺昌群、胡厚宣、唐兰、徐邦达、沈从文等友人，都在政协文教组。顾颉刚日记中，便有与赵万里在政协礼堂长谈的记录①。

20世纪60年代留影

1964年是全国人大的换届年。赵万里由吉林省第三届人民代表大会第二次会议选举为第三届全国人民代表大会代表②。赵万里与吉林素无渊源，在吉林也没有关系密切的友人，但却是吉林省选出的76位代表之一。当时报纸上刊载当选代表名单，很多人还以为是重名。此后人大的相关会议与活动，便多由吉林方面通知。不过，赵万里在人大的提案，则不限于吉林代表团的范畴，仍然主要关注古籍善本事业。他曾和徐森玉、周叔弢联名建议影印善本书③，并分甲乙二等列出书目④，然而不幸未被采纳。

---

① 顾颉刚：《顾颉刚日记》第九卷，第442页。

② 《广西吉林分别举行人代大会　选出第三届全国人大代表》，《人民日报》1964年10月10日第2版。

③ 1982年7月28日周叔弢致黄裳函。黄裳《弢翁遗札》，载《故人书简》，第54—55页；李国庆编著，周景良校定：《弢翁藏书题跋·年谱》，第327页。

④ 周叔弢家书（约1983年6月）。李国庆编著，周景良校定：《弢翁藏书题跋·年谱》，第331页。

第八章

新中国，新气象：1949—1966（中）

劝导藏家捐赠图书

20世纪50年代初，北京图书馆迎来了善本古籍入藏的高峰，大量古籍经捐赠、调拨与采购等渠道源源不断地汇入库藏，其中尤以捐赠最为突出。入藏高潮的产生，主要有以下一些原因：一是主张公有制的中国共产党执掌国家政权，逐步对国民经济实施社会主义改造，化私为公成为社会风尚，众多藏书家将家藏书籍捐出。二是土改等运动过程中，富有资财的藏书家往往成为斗争对象，无以为继，不得不捐书售书以换取生存空间。三是苏联和东欧国家归还《永乐大典》等珍本古籍的举动，激发了藏书家的爱国热情。赵万里与很多藏书家有交往，有的交谊甚深，他在劝导推动捐赠方面，起了非常积极的作用。

1949年底，铁琴铜剑楼瞿氏为应付政府征粮，拟售书抵偿累进税。经赵万里等接洽，由文物局筹资3000万元，购得302种，瞿氏另捐献52种。此议达成，不料粮价飞涨，瞿氏购书款不敷应用，尚短缺1000万元，而此时政府已无经费再次购书。在这种情况下，赵万里介绍丁惠康出资1000万元，购得瞿氏书6种，捐献政府，解决了这个燃眉之急。丁惠康为丁福保之子，本人是医学家，也是知名藏书家。丁氏购得铁琴铜剑楼书之后，即与北图协商捐赠事宜。

丁福保撰文表达捐赠意愿："近获得常熟瞿氏铁琴铜剑楼旧藏宋刻本《东家杂记》《忘忧清乐集》《芦川词》，元刻本《太平乐府》《说文韵谱》《千家注杜诗》，及石刻拓本一千一百四十六通，大多为黄荛圃、顾千里故物，皆属孤本秘籍，生平所仅见，而为予衰年第一快事。因念此等珍贵典籍拓墨，切不可一人私有，应即捐献于我中央人民政府领导下之国立北京图书馆，公诸学林，而垂永久。"①1950年初，丁惠康托陈梦家将这篇文字转交给赵万里

---

①　原稿存赵府。

与文物局文物处副处长张珩。

可能便在这期间，丁家与上海军管会发生了误会。3月10日，郑振铎给徐森玉写信说："已和斐云兄及文化部谈过。斐云兄立即决定南下，文化部亦即已电致上海军管会。想来善本书及拓片，和我寄存丁寓的唐三彩骆驼等三件，当可移出。此事殊为突然！我们很不放心！务请先生和亚农先生与上海当局一商，替丁氏解围一下。他所藏精品甚多，若受损失，实大不幸！惠康先生慷慨好义，今之古人也！我们无论如何要设法安慰他，援助他。"①情况似乎甚为紧急。11日，郑振铎致函赵万里，称"这次又要劳兄辛苦一趟，感激之心，非言可喻"②，又托他在处理丁惠康事之外，协助办理其他几件事。当晚，赵万里即南下，次日抵沪。

赵万里在上海会见了徐森玉、顾廷龙等友人。又访王伯祥，告知此行"专为接运瞿氏书籍而来，顺为安排西谛所藏唐三彩骆驼、马等三事"③，托其协助。经赵万里、徐森玉等多方斡旋，丁惠康事得到解决，赵万里于3月27日启程返京。4月17日，徐森玉将其中的宋元本5种交给正拟北上的王伯祥，托他带给赵万里④。5月5日，王伯祥抵达北京当日，赵万里便赶往开明书店北京东城发行所，接收了他带来的"二宋三元"，即宋刻本《芦川词》《棋经十三篇》与元刻本《千家注杜诗》《说文解字篆韵谱》《朝野新声太平乐府》⑤。丁氏捐书的最精华部分，即于当日入藏北图。

同样在1950年，赵万里找到在邮电局任职的王国维之子王仲闻，希望他把王国维藏书捐赠给北京图书馆。王仲闻与尚在大陆的几位兄弟商议后，将家中所存的王国维往来信札、手稿全部无偿捐赠，其中包括王国维自沉前

---

① 柳向春整理：《郑振铎致徐森玉函札》，载《历史文献》第十六辑，第328—329页。
② 原稿存赵府。
③ 王伯祥：《王伯祥日记》第24册，第110页。
④ 王伯祥：《王伯祥日记》第24册，第177页。
⑤ 王伯祥：《王伯祥日记》第24册，第192—193页。

写下的遗嘱[①]。7月25日，王仲闻写信给赵万里，催北图办理手稿捐赠手续，并请送回此前装手稿书信的三只木箱[②]，可知这批资料在1950年夏以前便已入藏。

1950年夏，翁之熹提出向北图捐赠善本书。赵万里与高熙曾前往天津翁宅遴选藏书，"昼夜不息，历时半月有余"[③]。他们选中的书，翁之熹全部捐出。这批书由文化部文物局于8月26日办理拨交手续，计善本图书219种1699册，又6种12册。9月，高熙曾往天津接洽天津市第二图书馆交涉图书调拨事宜期间，将捐赠奖状送达翁家，翁家并拟另捐奏折、印玺及西文书等[④]。

以上所举，只是赵万里接洽的少数善本书捐赠事例。其他如傅忠谟、赵元方、章元善、朱偰、铁琴铜剑楼瞿氏、商务印书馆董事会等的大宗捐赠，赵万里都曾为之奔走协调。捐赠善本书最多最精的无疑是周叔弢，他曾说："捐书如嫁女儿，要找个好婆家。北京图书馆善本书部由赵万里先生主持，他是真懂书爱书的，手下又有他培养出来的如冀淑英同志等，书到那里可谓得所，我是放心的。"[⑤]弢翁的话，代表了众多藏书家对北图、对赵万里领导的善本部的信任。正是有这种信任，才让藏书家放心地把毕生精力所聚交给北图，形成了20世纪50年代的善本书捐赠热潮。

劝导藏书家捐赠之外，赵万里还向北图捐出了自藏的珍贵文献。1964年秋冬，他向文物局捐赠《永乐大典》2册、清徐松从《永乐大典》中摹绘的北宋宋次道《洛阳志图》1册，文物局于11月27日颁发奖状，并颁发奖金

① 王庆山：《追忆父亲王仲闻》，《博览群书》2011年第5期，第125页。
② 原函存赵府。
③ 王世伟：《常熟翁氏六世藏书及其文献学术价值》，《新华文摘》2000年第8期，第209页。
④ 1950年9月30日高熙曾致赵万里函。原函存赵府。
⑤ 周珏良：《我父亲和书》，载《周珏良文集》，第302页。

4000元[1]。次年1月19日，文物局将这三册善本拨交北图[2]，由文物局傅忠谟点交，北京图书馆采访部吴景熙接收，2月11日采访部完成登记[3]。

大举购入善本古籍

每逢社会剧变时期，藏书界必然发生大变动、大流转。"土改"与公有制变革的背景下，藏书家们往往难以为继，书价也变得格外低廉。这正是公藏机构补充馆藏的好机会。当时主管图书馆工作的文化部文物局，由郑振铎、王冶秋二人担任正副局长，他们都对文博事业充满热情，组织协调能力也非常强，筹资收购、保护了大批文物文献，其中的善本书大多拨交北图保藏。北图在文物局的领导和支持下，也大举购书，所得甚丰。

无论是文物局组织的购书行动，还是北图自行开展的购书业务，赵万里都是主要经手人。虽然1952年7月"三反五反"运动结束时，郑振铎对赵万里的工作重新做了安排，主要任务为编辑善本书目，"不必再管买书的事"[4]，但他在购书业务中的角色很快得以恢复。1957年1月15日北京图书馆更是成立了购书小组，由赵万里、张申府、杨殿珣三人组成，进一步强化了他在采访业务中的决策地位[5]。

北图采购善本书，不光重视版本，更将"注意力放在有无历史价值方面"[6]。赵万里组织购入的善本古籍为数甚多。如1950年，为北图购得孔继涵

---

① 此奖状见于孔夫子旧书网"缀简楼书店"。史睿惠示。

② 李致忠主编：《中国国家图书馆百年纪事：1909—2009》，第67页。

③ 文物局通知、移交单证、北图回函稿均存中国国家图书馆档案室。赵爱学惠示。

④ 1952年7月21日郑振铎致徐森玉函。柳向春整理《郑振铎致徐森玉函札》，载《历史文献》第十六辑，第299页。

⑤ 李致忠主编：《中国国家图书馆百年纪事：1909—2009》，第54页。

⑥ 《北京图书馆1962年工作总结》，载《北京图书馆馆史资料汇编（二）：1949—1966》，第736页。

抄本多种①。同年9月，他南下苏南上海一带访书，曾洽购刘承幹嘉业堂书，拟价一亿元，惜未成议②。这次南下，还曾设法洽购薛福成家藏近代史料③。

上节提及的铁琴铜剑楼售书事，是这一时期北图购得的最大一宗藏书，此事的成功得益于张珩、赵万里、郑振铎等人的协调斡旋。曹大铁《贺新郎·再制铁琴铜剑楼图并赋》自注记此事："解放之初，政府令地主献粮，瞿氏有收租田三千余亩而无现金，因有以献书抵献粮之举。而张葱玉家在虞有租田一万亩，首先完纳。国历十二月八日，欲回沪，因无车辆，折返至余南郊老宅，先母语其于族人处闻瞿氏以献书抵献粮事甚详，因与余畅论此举，迄午夜后二时。翌日晨归沪，适郑公西谛招饮于其庙弄私寓，并为介见董必武氏。席间，葱玉述瞿氏近状，并乞郑公及在座赵斐云援手，终由董氏主裁获解。"④

瞿家拟向苏南行署献书，以抵偿累进制的献粮，实在是无奈之举。张珩从曹大铁母亲口中获悉此事，感到非常惋惜，他们有意为瞿氏说项，以完整保存铁琴铜剑楼藏书。当时文物局初建，郑振铎力邀张珩北上担任文物局文物处副处长。张珩回到上海的当日，郑振铎招他去郑家赴宴，而政务院副总理、指导接收工作委员会华东工作团团长董必武与赵万里正好在座。当日张珩介绍瞿氏献书事，请郑、赵帮忙安排。郑振铎、赵万里深感惋惜，随即向董必武详述铁琴铜剑楼藏书始末与价值。董必武询问瞿凤起现在何处，获悉人在常熟后，提出让他前往上海，以便面询他本人意见。当晚张珩找到曹大铁堂姐夫支蕴山，让他回常熟招瞿凤起来沪。不料常熟政府以瞿家未完成纳粮任务，一再不允许瞿凤起请假离乡。之后董必武手谕苏南行署，瞿凤起方才得以前往上海，与指导接收工作委员会华东工作团诸公会面。董必武与瞿

---

① 1950年4月19日郑振铎致徐森玉函。柳向春整理：《郑振铎致徐森玉函札》，载《历史文献》第十六辑，第313页。

② 刘承幹：《求恕斋日记》第16册，第441—442页、第445页、第449—450页。

③ 宋云彬：《红尘冷眼——一个文化名人笔下的中国三十年》，第206页。

④ 曹大铁：《梓人韵语：曹大铁先生诗词残稿》，南京：南京出版社，1993年7月，第216页。

凤起会谈之后指示：献粮与献书，一为累进税，一为自愿行为，不能相提并论，也不能折抵；解决办法是，政府出价购买瞿家藏书三分之一，即以瞿家应交累进税为书价。董必武还手谕苏南行署，令将瞿家的献书呈文和书目送到上海，这件事得到圆满解决。郑振铎与赵万里还向董必武推荐，瞿凤起是版本目录学方面的难得人才，可对新中国文化事业有所贡献，于是经董必武指示，安排瞿凤起在上海文管会任研究员①。

1951年12月，赵万里再次南下访书。此行由陈梦家介绍拜访了刘体智②，也接触了瞿凤起等知名藏书家。比较重要的成果，要算海宁蒋氏衍芬草堂的善本藏书。蒋氏为赵万里故乡的藏书家，时任浙江省政协副主席的宋云彬也非常关注衍芬草堂藏书的去向，曾劝蒋霞举"此种藏书理应捐献国家，由北京图书馆加以保藏，又告以中央愿仿铁琴铜剑楼例，付以适当之代价"③。事情已略有眉目。不料1951年春蒋霞举以恶霸、地主、大汉奸的罪名被捕，宋云彬设想的购书计划发生波折④。赵万里这次南下，经宋云彬协调，持浙江省文教厅副厅长刘丹介绍信，回海宁硖石镇观览了蒋氏藏书⑤。同时与北图代馆长王重民联系，由馆方向文物局申请经费⑥。次年1月，便从蒋家购得宋本《晋书》、查继佐稿本《钓业》等古籍多种，以及黄丕烈、吴骞所写的屏条，赵万里颇为得意，"不下于攻下一座名城的将军"⑦。后来，蒋家书大部分捐献国家，1954年夏分类归几大馆收藏，其中宋元明善本入藏北京图书馆，清刻本入藏上海图书馆，名人稿抄校本与金石碑帖等入藏浙江图书馆。

南下访书毕竟时间有限，赵万里还委托南方友人代为购书。1954年前后，

---

① 蓝弧、曹公度：《曹大铁传》，上海：上海文化出版社，2016年8月，第201—202页。
② 李宗焜：《容庚与刘体智往来函札》，《古今论衡》第13期，第35页。
③ 宋云彬：《红尘冷眼——一个文化名人笔下的中国三十年》，第224页。
④ 宋云彬：《红尘冷眼——一个文化名人笔下的中国三十年》，第230—231页。
⑤ 宋云彬：《红尘冷眼——一个文化名人笔下的中国三十年》，第261—262页。
⑥ 1952年1月3日王重民致赵万里函。林世田惠示。
⑦ 黄裳：《忆赵斐云》，载《黄裳文集》（一），第490—491页。

他路过苏州，在苏南文物管理委员会与沈燮元长谈，临走时留下500元钱，托付他以后碰到合适的书就替北图买下。沈燮元用这些钱，代购了善本6种：明万历刻本《韩诗外传》十卷（卢文弨校并跋）、清嘉庆二十年（1815）吴翌凤抄本《南唐近事》三卷、明刻本朱元璋《资世通训》一卷、清吴氏古欢堂抄本《梅妃传》一卷、清吴氏古欢堂抄本《杨太真外传》二卷（吴翌凤校并跋）、清末傅氏长恩阁抄本《长恩阁丛书》十四种十九卷（傅以礼校），以及一大批20世纪30年代上海出版的全新整套的文艺刊物和画报①。

赵万里与书商的往来仍很密切，上海汉学书局郭石麒便是其中的一位。1952年3月20日郭石麒致函赵万里，告知书款95万元已如数收到②，这95万便是1951年12月至次年初赵万里南下访书时在汉学书局购书的款项。另，20世纪50年代初的某年8月，郑振铎、赵万里等决定从郭石麒处购《黄梅东山语录》《缁门警训》《大元至元辨伪录》《斜阳集》《东莱观澜文集》，实价1150万元③。

苏州文学山房的江澄波，是1961年赵万里南下访书时结识的。赵万里让他多寻访些善本古籍，比如明本方志，还特别提示他留意许博明的藏书。他在文学山房选购了《水浒传注略》二卷、《张月霄遗像册》等古籍多种④。从那时开始，江澄波一直与北图保持联系，直到最近仍在为国图提供善本古籍。

在1958年的"大跃进"运动中，陈伯达提出以"厚今薄古、边干边学"为哲学社会科学跃进的方法之一。受其影响，北图善本书采购事渐趋减少。

---

① 沈燮元：《深切怀念赵万里先生》，载《版本目录学研究》第七辑，北京：北京大学出版社，2016年12月，第43—44页。

② 原函存赵府。

③ 柳向春整理：《郑振铎致徐森玉函札》，载《历史文献》第十六辑，第333页。

④ 江澄波：《怀念赵万里先生与我的古籍书缘》，载《文津学志》第八辑，北京：国家图书馆出版社，2015年8月，第44—45页；江澄波：《古刻名抄经眼录》，南京：江苏人民出版社，1997年11月，第56页。

赵万里曾与徐森玉谈及："自从厚今薄古方针提出以后，上级虽无明文指示，但馆中对收购旧书已有缩手缩脚现象。中国书店营业清淡，近年罕有，即此一端，可反映购书人心理矣。以后三四千元收一部宋元本，一二千元收一部明版方志，恐怕无此勇气（事实上，可收之书已经非常稀少）。"[1]他还曾与沈燮元谈及北京"旧书店生意冷淡，来源亦非常稀少"[2]。

在这样的氛围中，赵万里仍为北图访购了不少善本书。1958年9至10月，他多次致函徐森玉，托其协助洽购《温公集》，给价5500元[3]。12月，从庆云堂购得稀见的北齐《高阳王湜墓志》明拓本[4]。1962年，购得薛传均《说文答问疏证》稿本等[5]。1963年，除"搜集到清代曾国藩、曾国荃、曾纪泽、胡林翼、左宗棠、李鸿章、李鹤章等人有关军事的亲笔往来信札"外，还购入"清代园陵工程估价册和图样182种2532册，北大已故教授邓之诚藏的清末民初照片5108张，通过中国书店选购了宋元明刻本100余种、天禄琳琅残本237册、明清家谱159种1635册，从天津、上海、合肥、杭州、扬州购到一些方志、家谱及历史资料，其中罕见的如《白鹿洞志》残本，恰与馆藏合成完璧"[6]。

赵万里购书的风格仍然凌厉老辣，与人相争时毫不相让，从不顾念对方是什么人。1949年初发现了一部清抄本《吹豳录》，这是重要的乐律学著作，未曾刻版，抄本也稀见，一经面市赵万里便为北图定购。老友马衡之子、戏

---

① 1958年5月2日赵万里致徐森玉函。柳向春：《赵万里与徐森玉两先生交游述略》，载《版本目录学研究》第七辑，第119页。

② 1958年5月20日赵万里致沈燮元函。沈燮元、陈红彦惠示。

③ 1958年9月10日、10月11日赵万里致徐森玉函。柳向春：《赵斐云先生致徐森玉先生函》，《文津流觞》第35期。

④ 王壮弘：《增补校碑随笔》，上海：上海书画出版社，1981年6月，第416页。

⑤ 崔建英：《采书集录》，载《崔建英版本目录学文集》，南京：凤凰出版社，2012年1月，第403—404页。

⑥ 《北京图书馆1963年工作总结》，载《北京图书馆馆史资料汇编（二）：1949—1966》，第767页。

剧家、文化部戏曲改进局副局长马彦祥也想得到该书，赵万里无意相让。后来经王重民协调，安排几位能书小楷的学生为马彦祥精抄了一部，原书则仍归北图[1]。

为了替北图尽量多地购得好书，赵万里对郑振铎、吴晗等好友也毫不相让，往往为了一部书争得面红耳赤[2]，有时甚至用些手段。20世纪50年代某次，赵万里、郑振铎、吴晓铃一起在琉璃厂书肆访书，"郑先生看上一本宋版书，赵则认为这不是宋版，事后郑先生有所察觉，又跑回书肆看看，此书已被宋版虫子买走"[3]。"宋版虫子"是他们给赵万里起的绰号。又如1951年底，瞿凤起之女曾向顾廷龙说起，赵万里与瞿凤起谈购书事，"议书价不谐，竟拍案咆哮"[4]。

这样一来，赵万里免不了招致了一些不满。郑振铎曾与徐森玉提及："斐云在南方购书不少，且甚佳，其努力值得钦佩。惟心太狠，手太辣，老癖气不改，最容易得罪人。把光明正大的事，弄得鬼鬼祟祟的，实在不能再叫他出来买书了。浙江方面对他很有意见。"[5]他还劝赵万里，购书步伐不妨放慢一些："天下好书多矣！一时岂能尽收之。'楚弓楚得'，只要其不流落国外，不毁灭散佚，即藏于私人手中，亦无不可，何况藏于公家乎？如今'天下一家'，绝无南北之分。将来一声号召，当无不可全归于一馆也。此刻收书，不宜存'一网打尽'之想，以免引起误会，令人有戒心。"又说："此次所购已多，请不要过于'见猎心喜'，存一次收净之想。江南的书是多的，即住上一年半载，亦未必能够网罗得尽，还须时时留意及之。本来可托黄裳，但

---

①　丁瑜：《深切怀念王有三（重民）老师》，载丁瑜《延年集》，北京：国家图书馆出版社，2016年6月，第183页。

②　丁瑜：《悼念赵万里先生》，《北图通讯》1980年第3期，第14页。

③　孟向荣：《社科院文学所的六位学者》，《中华读书报》2016年9月18日第5版。

④　沈津编著：《顾廷龙年谱》，第494页。

⑤　1953年7月31日郑振铎致徐森玉函。柳向春整理：《郑振铎致徐森玉函札》，载《历史文献》第十六辑，第286页。

他心太狠，手太辣，有好书先不妨由他收去，只好将来再买回他的。有大批的，当然可托森老代办。零星的好书，可和书店打交道，似不必专托一二人也。"① 这些劝导，是为了避免让赵万里树敌太多，然而他依然费尽所有的精力，为北图访书购书。

1962年，赵万里获悉上海文管会在努力征集宋龙舒郡斋刻本《王文公文集》，便要求徐森玉将该书让与北图，激怒了徐森玉，当即激烈反对："你只知道把什么都弄到北京去，你做梦，绝对不行。"② 徐森玉抱怨他"什么都弄到北京去"，正好反衬出赵万里一心一意为北图访书、为国家护书的执着。正是靠着这种精神，建立了北图无与伦比的善本馆藏。

对书商、书主，赵万里则主张不要逼得太紧。1949年9月，故宫博物院洽购宋本《古文苑》，但因经费问题拟缓购，院方有意"令书主登记，以备日后收购"。9月19日赵万里与周叔弢访马衡，谈起此事，赵万里认为"强令登记则文物将逃避吾辈耳目，殊属不妥"③。他主张给予书商自由宽松的环境，让古书自由流通，这样才会有更多的好书浮现于市场，进而收为公藏。这件事表明，赵万里对书主的心理，有比较深刻的把握，并能因势利导。这也是赵万里能在书市上纵横捭阖、深受书商敬畏的原因之一。

20世纪50、60年代，文化部文物局多次从港澳地区回购文物珍品与善本古籍，赵万里也参与了部分工作。当时受托在香港展开工作的主要是徐伯郊，他是徐森玉的长子，在香港银行界工作，文物鉴赏颇具眼力，也是知名文物收藏家，在香港收藏界人脉广泛。赵万里称徐伯郊为兄，与他保持联系，或通过徐森玉与他联络，商议购书的细节问题④。

从香港购回的善本书，以陈清华的两批最为重要。陈清华与周叔弢并

① 1954年7月4日郑振铎致赵万里函。原函存赵府。

② 郑重：《王安石两种遗作的回归》，《文汇报》2000年5月18日。

③ 马衡著，施安昌、华宁释注：《马衡日记——一九四九年前后的故宫》，第86页。

④ 柳向春：《赵万里与徐森玉两先生交游述略》，载《版本目录学研究》第七辑，第124页；郑重：《徐森玉》，北京：文物出版社，2007年3月，第201页。

称"南陈北周"，是20世纪前期我国最重要的藏书家之一。他于1949年携部分珍贵藏书移居香港。两年后，传言他将出售郇斋藏书，或谓有日本人意欲收购。郑振铎获知这一消息，决定不惜重金购回。他通过徐伯郊、香港《大公报》社长费彝民，会同赵万里，与陈清华商洽购书事宜。经过好几年的接触，于1955年成功购回第一批善本①。这批书中，有南宋咸淳间廖莹中世彩堂刻本《河东先生集》、南宋咸淳间廖莹中世彩堂刻本《昌黎先生集》、北宋刻递修本《汉书》、宋蜀刻本《李长吉文集》、宋蜀刻本《许用晦文集》、宋蜀刻本《孙可之文集》、宋绍定三年（1230）越州读书堂刻本《切韵指掌图》、宋淳熙八年（1181）泉州州学刻本《禹贡论》《山川地理图》、蒙古宪宗六年（1256）北京赵衍刻本《歌诗编》、蒙古乃马真后元年（1242）孔氏刻本《孔氏祖庭广记》、明初抄本《孟东野诗集》、明抄本《贾长江诗集》、清顺治十八年（1661）陆贻典影宋抄本《张司业诗集》等，无一不是铭心绝品。

1963年，费彝民探访到陈清华拟再次出售善本。消息传来，文物局局长王冶秋及时报告总理周恩来，获得中央的支持。上海文化局局长方行，也在洽购过程中起了重要的协调作用。1964年3月4日，赵万里致函方行，谈洽购事宜："关于收购陈清华沪寓书籍事，除面向冶秋同志详细汇报情况外，并向文化部党组作了书面汇报。最后遵照您的指示，向党组建议：一、请费彝民同志向陈清华索借书目副或照相寄京。二、继续委托上海市文化局转请上海财经学院、天原化工厂党组织，向刘絜敖、沈振民加强政治思想教育，使他们充分了解党和政府方针政策，协助政府做好工作。"②刘絜敖是陈清华的女婿，货币金融学家，时任上海财经学院教授。赵万里在第一次购书时就已经知道，陈家在大陆还存有大量清刊本、抄校本，由刘絜敖等保管，主张将陈清华在香港和大陆的存书整体收购，因此有请其单位党组织加强政

① 丁瑜：《郇斋携港藏书回归知见杂记》，载丁瑜《延年集》，第166页。

② 沈津：《版本学家赵万里先生》，载《赵万里纪念文集》，北京：国家图书馆出版社，2018年5月，第104页。

治思想教育之议。这个想法虽未能实现，但香港部分的珍品则成功购回。

这次依然借重徐伯郊等人的关系进行洽购。但经过两年的协商，终于在1965年购得郇斋旧藏珍贵碑帖7种、善本书18种。这批珍本中，有宋元明拓本《神策军碑》《佛遗教经》《蜀石经》《嘉祐石经》《大观帖》《绛帖》《东海庙残碑》等、善本书则有宋浙刻本《荀子》、宋蜀刻本《张承吉文集》、元陈仁子茶陵东山书院刻本《梦溪笔谈》、元刻本《断肠诗词》、明初刻本《任松乡集》、明翻元大德间平水曹氏进德斋刻本《尔雅》、明弘治十四年（1501）涂祯刻本《盐铁论》、明嘉靖刻本《泰山志》、清初毛氏汲古阁影宋抄本《鲍参军集》《汉书》、汲古阁抄本《小学五书》《词苑英华》《焦氏易林》，以及孙星衍、洪亮吉校，顾千里跋本《水经注》等。数量虽较上次少，质量却毫不逊色，甚至更高，陈清华用以命名书斋的宋浙刻本《荀子》，便在其中。

意向谈妥之后，王冶秋带领左恭、赵万里等南下办理交接事宜。这次南下，赵万里本拟途经广州时顺道去中山大学看望分别多年的陈寅恪。出发前，上级领导特别关照，去程不要前往探望，以免香港报纸刊发报道泄露消息，回程则可以安排。因为全程有人陪同，且守护善本重任在身，为防止节外生枝，赵万里回程也没有前往中山大学，因而失去了最后一次会晤陈寅恪的机会。

1965年11月13日下午，赵万里押运这批珍籍抵达北京。前去火车站接运的丁瑜，记下了接到这批善本书时的场景："那天是个星期六，天灰蒙蒙的，空气湿润而阴冷，似要下雪的样子。车到北京站，赵万里先生下车即回家去了。文物局的金先生提着一把黄灿灿的香蕉，守着四只蓝灰色的硬塑箱在等待接站。当我和林君与司机把箱子搬上汽车，金先生提着在北京市场上很难见到的香蕉离去时，很是吸引了站前南来北往旅人的眼球。"[1]11月26日，北图举办新购陈清华藏书内部展览，邀请中央领导和少数专业人员参观：

地点在北京图书馆三号楼的会议室，室中西侧和室中央摆放几张三

---

[1] 丁瑜:《郇斋携港藏书回归知见杂记》,载丁瑜《延年集》,第169页。

屈桌，桌面铺上白布，把新购到的碑帖书籍平放在桌上，加上一张说明卡，标出书名、版本。由善本组和金石组指定三个人值班，展室门一直是关着的。由赵万里主任和左恭副馆长亲自接待来宾。既没有开幕词，也没有座谈会。徐平羽、杨秀峰、吴仲超、郑裒珍、谢国桢、王冶秋、唐弢、丁秀等知名人士都曾光临。下午三时，康生也来了。这时赵万里回家吃饭休息尚未回馆。康生的到来，使馆长和值班人员大为紧张，急派人接赵来馆。康生对这批书帖发表了不少意见，尤其对陈列的碑帖看得更为仔细。①

当时在中华书局工作的陈乃乾②，也到馆参观了展览。不久之后某日，北图将陈清华旧藏送到中南海紫光阁，环布在桌上，周恩来总理晚间前去展阅，逐书一一看过，边看边议论。比如某书上有溥仪题字，总理问是不是从宫中出来的。赵万里和周总理谈到书的价格，说花了20万元港币，是不是太贵了。总理说：不要紧的！我们去香港演两天戏，这钱就回来了。当天赵万里很晚才坐馆里的小汽车回家，非常兴奋，平时从不跟家人谈工作，这天却很兴奋地说起见总理的情况③。又一个星期六，赵万里和丁瑜又奉命将宋拓本《蜀石经》九册登记装箱，随同王冶秋将之送到中南海周恩来总理办公室，供周总理审阅。这部宋拓本，直到"文革"中的1969年8月18日，才由两位军人送归北图④。

综合自己多年访书购书的经验，赵万里撰写了《古刻名钞待访记》一文，刊载于《文物》1959年第3期。这篇文章提示出一些多年前就已下落不明的重要文献资料，如唐人九经单疏和宋人《尔雅》《论语》《孝经》三经单

---

① 丁瑜：《延年集》，第170—171页。

② 陈乃乾日记。稿本存海宁市档案馆。

③ 赵深口述，张志清整理：《周恩来总理关心陈清华藏书的一段轶事》，《文津流觞》第12期（2005年3月），第11页。

④ 丁瑜：《郋斋携港藏书回归知见杂记》，载丁瑜《延年集》，第171—172页。

疏，宋代蜀刻本唐人诗文集以及朱氏结一庐、杨氏海源阁、瞿氏铁琴铜剑楼藏书的部分精华等，提请文物工作者在进行文物普查、复查时留意。这些书，大多是赵万里寻访多年、梦寐以求的，他列出这份清单并公开发表，意在探寻它们的下落，避免流散与损失。这篇文章的字里行间，蕴含着赵万里访求佚书、发掘资料的恳切盼望。

两次东南访书之行

20世纪50、60年代，赵万里两次奉文化部文物局派遣，南下皖苏浙闽等省访书或调查文物古籍。这两次南行，他都写有详细的游记或日记，记述所见、所得与所感。

第一次是1957年2月初至3月底，历时将近两个月，目的地主要是皖南，俗文学专家路工（叶枫）和他同行。2月1日，郑振铎召集王冶秋、张珩、赵万里、路工、王益一起吃午饭，商议访书事宜[①]。2月5日，赵万里、路工访郑振铎辞行，当晚即出发前往安徽[②]。2月7日，他们一行三人抵达合肥，与安徽省文化局副局长李则纲以及省文化局、图书馆、博物馆、科学研究所、新华书店、中共芜湖地委等单位的工作人员，共同组成皖南访书团。

2月中旬至3月上旬，赵万里、李则纲率皖南访书团在安徽芜湖、屯溪、歙县、绩溪、黟县、休宁等县市访书。在古徽州的核心城镇屯溪，他们见到了繁荣的古书交易和数量可观的古籍文献：

> 屯溪的新华书店古籍门市部，开办才四、五个月，已经收购了古书五、六万册。楼上书库堆得重重迭迭，满坑满谷。从早晨到晚上，来此

---

① 郑振铎著，陈福康整理：《郑振铎日记全编》，第488页。
② 郑振铎著，陈福康整理：《郑振铎日记全编》，第489页。

卖书的真是络绎不绝。他们有的挟着书包，有的挑着担子。也有一些小贩，从婺源乡间翻过几条大岭，跋涉数十里，赶来屯溪出卖古书。这些人在门市部门口一忽儿就排成长长的队，等候叫号。啊！这是一大册明谱，白皮纸，弘治版。"要多少钱？"五十元就卖！最后折中为三十元成交了。短短几分钟时间，门市部就买到了一部绝无仅有的明朝弘治版家谱。……屯溪新华书店古籍门市部有时一天可以收到一、二十个谱，从明代到近代，从全的到残的，从木版到铅印，形形式式，都是历史学家认为参考价值较高的第一手资料。……家谱里还收着许多古代文学作品。这些作品，绝大多数是别的地方找不到的。例如我在这次访书工作中发现的那部明弘治版《黄氏会通谱·文献录》里，就找到了元朝张起岩、欧阳玄、李木鲁翀、鲜于枢、贯云石的诗文多篇。张起岩、欧阳玄和李木鲁翀都是当时知名的文学家。鲜于枢是诗人而兼书法家。贯云石就是贯酸斋，是诗人而兼作曲家。他们的作品多数已经散亡了，或者已经残缺了，但是保存在《黄氏文献录》中还有一些。……屯溪新华书店古籍门市部，有一部道光年间编辑的《黄氏宗谱》，在这部宗谱里，我发现了许多奇迹。……歙县虬村黄氏，聚族而居，世世代代以刻书为业。那些依靠双手创造精神财富的劳动人民，他们的名字在《黄氏宗谱》里都有条不紊地排列着。流传到今的许多古典文学名著和其他书籍的刻版时代，根据这本宗谱，大部分可以正确地予以推定。这不是奇迹吗？……皖南的地方文献，除了明、清两朝的版画和家谱、族谱以外，还发现了大批地契和鱼鳞册。我们在屯溪看到了大批明代地契和契尾，从洪武到崇祯，朝朝都有，而且每朝有很多份。[①]

2月19日、20日，皖南访书团在屯溪召开古书工作座谈会，歙、绩溪、黟、休宁、旌德、祁门等六县与屯溪市的文化管理机关、新华书店干部二十

---

① 赵万里:《皖南访书记》,载《赵万里文集》第二卷,第488—492页。

余人与会，"赵万里、李则纲就保护与抢救古籍的重要意义、中国书籍的发展简史及当前古籍工作应注意的几个问题，分别作了报告"。根据各地汇报的情况，访书团派出两个访书小组，前往歙县、绩溪、黟县等藏书较多的地区，开展访书工作。赵万里、李则纲访问了屯溪城关与岩寺镇的藏书家，又"到歙县召开社会人士座谈会，听取古籍分布等情况及征求意见"①。赵万里还探访了祁门县渚口村贞一堂藏书，并题诗一首："曲折皆青石，小街踏雨过。一家兼府县，两处见嵯峨。雕栋斧痕在，危楼灰积多。图书移万里，岁月竞蹉跎。"②

这次在皖南，他们访得了不少重要古籍。如清初刻本《歌林拾翠》，保存了一些已经失传了的传奇零出。陈老莲《博古叶子》、萧云从《太平山水图》和顾正谊《图谱》，都是徽派版画的代表作，精美绝伦。明刻家谱、鱼鳞册和诗文稿本等，数量更多。其中最重要的，要数在绩溪县买到的明适适子校刊本《董解元西厢记》八卷，从版式和刻工体势看，"当是嘉靖、隆庆之间或万历初年刻本，在目前各地所见《董西厢》中，要算最古的刻本了"③，是戏曲史与俗文学研究的重要资料。就在1957年，古典文学出版社影印了这部新发现的珍本，书名为《古本董解元西厢记》，赵万里为之作跋，考证了它的版本，并阐述了它的校勘价值。

在安徽期间，赵万里还访问了一些公藏机构，如在安徽省博物馆，看到了明成化、嘉靖年间徽州刻的《武威石氏忠良报国图》，推许为早期徽派版画的大型杰作。他们还顺路游览了一些名胜古迹，如屯溪率口镇程氏宗祠石牌楼、歙县潜口镇、汪氏宗祠及石牌楼，都雕刻得玲珑剔透，异常精美，赵万里"徘徊其下，欣赏赞叹，不忍离去"④。这些石雕艺术，与徽派版画有异

---

① 陈载阳：《一个访书团在皖南访书：了解古籍情况和宣传保护古籍意义》，《光明日报》1957年4月10日第2版。

② 李俊：《巾帼义举助消防 奇思妙想为平安（上）》，《安徽消防》2002年第8期，第42页。

③ 赵万里：《明适适子本〈董解元西厢记〉跋》，载《赵万里文集》第二卷，第319页。

④ 赵万里：《皖南访书记》，载《赵万里文集》第二卷，第492页。

曲同工之妙。

3月中下旬，赵万里等离开安徽。3月22日，他们在杭州遇到中国书店的郑炳纯，嘱咐他"应多往内地中小城镇去收购，抢救易遭损失的古籍"[①]。随后前往江西，3月下旬由南昌前往上海，"又在几个书商手里，见到嘉定、淳祐、咸淳等三张宋契，又见到几张元契。这些宋元地契，盖着水印，签着花押，古色斑烂，大多数是歙县、休宁、祁门一带农村中发现的"[②]。

3月底，赵万里等从上海启程回京，结束此次访书行程。4月2日，与路工向郑振铎汇报访书所得，并提交了购书清单[③]。后来，赵万里将此行的经历，写成《皖南访书记》一文，刊载于《旅行家》1957年第9期。

第二次是1961年11月中旬至1962年2月下旬，历时约百日，到访浙江、江苏、福建三省的部分地区，行程安排紧凑，到访的机构很多：

11月14日，与浙江图书馆陆京安乘火车从杭州前往绍兴，开始访书行程，下午访绍兴古籍书店。15日访绍兴鲁迅纪念馆、绍兴市文物管理委员会。16日上午仍在绍兴市文物管理委员会，下午参观禹陵、兰亭、秋瑾故居、徐文长故居青藤书屋。18日抵宁波，20日访天一阁，又访冯贞群、朱鼎煦。21日再赴天一阁观近年新收杂书。22日抵奉化，参观文化馆，下午至岳林寺访碑，随后转赴宁海。23日参观宁海文化馆，至平调象山剧院观平调剧本。24日参观柔石故居，中午转赴天台县，访天台县文化馆、天台山国清寺。25日登天台山，访华顶寺，转赴临海县（今临海市）。26日访临海县图书馆，参观洪颐煊故居、巾子山千佛塔，下午转赴黄岩县（今台州市黄岩区）。27日上午参观黄岩县图书馆、九峰书院、庆善寺塔，下午转赴温州。28、29两日，在温州市文物管理委员会调查龙泉三大塔出土文物。11月30日，12月2日、7日、10日，多次访温州市图书馆。12日再赴温州市文物管理委员会调查近年出土

---

① 郑炳纯：《忆赵万里先生》，《文汇读书周报》1993年12月25日。

② 赵万里：《皖南访书记》，载《赵万里文集》第二卷，第492页。

③ 郑振铎著，陈福康整理：《郑振铎日记全编》，第501页。

石刻碑版。17日访瑞安县文物管理委员会。19日转赴金华。20日访八咏楼金华市文物图书保管处，参观冰壶洞、黄龙洞。21日访金华市师范学校。浙江行程至此结束，当日与陆京安告别，转赴福州。

12月22日抵达福州。23日参观福建省图书馆、福建师范学院图书馆。24日再访福建省图书馆。25日，参观福建省博物馆。27日转赴建阳县（今南平市建阳区，下同）。28日访建阳县文化馆、考亭书院。29日访麻沙、书坊二镇。30日转赴建瓯，参观文庙、文化馆。31日折返建阳县。1962年1月2日抵福州。3日游鼓山、涌泉寺。4日再访福建省图书馆。5日乘火车前往厦门。6日访厦门市图书馆。7日访厦门大学人类博物馆、南普陀寺。8日访集美学校图书馆。9日游鼓浪屿郑成功纪念馆、郑成功水操台故址。10日再访厦门市图书馆。11日转赴漳州，访漳州市博物馆。13日转赴漳浦县，参观县博物馆、黄道周纪念馆，随后返回漳州。17日转赴泉州，访泉州市海外交通史博物馆、开元寺。19日访泉州市图书馆、灵山圣墓、元妙观老子祠、清净寺。20日访韩偓墓、九日山、延福寺。21日参观南台山老子石雕坐像、历史人物纪念馆。22日转赴莆田（今莆田市，下同），访莆田县图书馆、元妙观三清殿。24日访莆仙戏剧团资料库，参观南山广化寺石塔、木兰陂水利工程。26日返抵福州。27日向福建省文化局汇报工作，结束福建行程，下午转赴杭州。

1月29日向浙江省委宣传部、省政府文化局汇报工作，访浙江省文物管理委员会调查龙泉何澹墓出土文物。30日乘火车抵上海。2月12日偕潘天祯乘火车到镇江，访镇江市图书馆。13日登金山，访镇江市文物管理委员会，参观北固山铁塔塔基中出土文物。14日访焦山定慧寺、焦山博物馆，登北固山，访甘露寺铁塔。15日赴无锡，访无锡市图书馆。16日访无锡市博物馆。17日访无锡市文化局，乘火车转赴苏州。18日访苏州市图书馆，参观戒幢律寺西园文物陈列室、虎丘。19日访苏州市文物管理委员会、狮子林、苏州市博物馆。20日访灵岩山灵岩寺文物陈列室、西园文物陈列室。21日访戏曲研究所，返抵上海。22日至上海博物馆访徐森玉，访上海图书馆。23日赴嘉兴，访嘉兴市图书馆、嘉兴博物馆，复返上海。24日赴上海博物馆向徐森玉辞行，下午乘火车返北京。25日返抵北京，结束此次行程。

　　每到一处，赵万里最关注的，自然是古籍。比如在绍兴古籍书店，看到明万历三十九年（1611）书林周近泉刻本《历朝尺牍大全》、清中叶活字印本《宫室图说》。在绍兴市文物管理委员会，观元末建阳小字坊本《诸儒笺解古文真宝前后集》、明刻本《金丹正理大全诸真玄奥集成》、刘宗周手批明嘉靖刻本《说苑》《新序》、明万历刻本《蜀中神仙记》、明黑口小字本王十朋《会稽三赋》等。在天一阁，阅明刻本《淮海居士长短句》及明严嵩纂修［正德］《袁州府志》等方志多种。在临海县图书馆，阅洪颐煊旧藏。在温州市文物管理委员会，调查龙泉三塔所出刻本佛经等。在温州市图书馆，阅明弘治间刻本《东瓯诗集》等地方文献。在福建省图书馆，阅明本何乔远《闽书》、丁继嗣等纂修［万历］《建宁府志》、李本固纂修［万历］《汝南志》、朱衡《道南源委录》、郑大伟《经国雄略》等，及抄本谢肇淛《小草斋滇文》《长溪琐语》等。在福建省图书馆，阅方志甚多。在泉州市图书馆阅明嘉靖刻本《徐积孝集》、抄本《清音五空管曲琵琶指法》二书，又在民间乐团看抄本南曲。在无锡市图书馆，阅荣家捐献书，有明赵世卿《司农奏草》、明顾秉谦《存阁疏草》、明黄廷用《少村先生集》、明严果《天隐子遗稿》、明郭孔建《垂杨馆集》等。在苏州市文物管理委员会，阅康熙刻本《唐刘禹锡诗》、明隆庆间邵廉刻本《元丰类稿》、校本《元丰类稿》、然松书屋抄本《吴郡文编》、洪钧《出使俄德奥日记稿》等。在上海图书馆，阅敦煌遗书北魏神龟元年（518）写本《维摩诘经》残卷、西魏大统十六年（550）写本《大涅槃经》残卷、隋开皇十七年（597）写本《华严经》卷十四残卷等及常熟瞿氏旧藏宋本《曹子建集》。在嘉兴市图书馆，看抄本郑凤锵《新塍琐志》、许良谟《花溪志补遗》、祝定国《花溪备忘录》，稿本郑之章《小郑蚕谱》、沈涛《九曲渔庄词》等。

　　在各馆未经系统整理的书堆中，赵万里有不少发现。如在奉化县（今奉化市，下同）文化馆，从书堆中发现抄本鲜于枢《困学斋杂录》一册，源出鲍廷博家知不足斋藏本。在黄岩县图书馆，从书堆中发现黄岩学者王棻祖先的著作和其他黄岩文献多种。在建阳县书坊公社书坊大队余咸清家，发现光绪二十二年（1896）新安堂活字印本《书林余氏重修宗谱》十二册，余氏在宋元时期刻印书籍较多，该谱是研究福建刻书史的宝贵史料。在建瓯县（今建瓯市，下同）文化馆，从残破书堆中发现康熙、乾隆间契纸两大册，是很重要的历史资料。

遇到难得的资料，赵万里即详加抄录。如在天一阁，从［嘉靖］《建阳县志》内摘录刊工姓名叶文辉、刘臣、周存、陈住郎、施崇、施永兴、刘自心、余生福、余稿、余本立、杨北斗、叶恩、王贵、陆文进、王长、江得成、吴赐、虞妳员、黄顺富、陈佛应、张钱等33人，作为鉴定建本时代的参考资料。在温州市图书馆，从抄本《清颍一源集》抄得高明传记，又从明李灿箕《仙岩志》中抄得高明《重游仙岩寺》诗一首，作为校辑高明《柔克斋集》的资料，"为之大快"。

旅行途中，他还为人鉴定了一些古书。在绍兴，有人送阅明抄本蓝格大字《文湖州集词》一册，为元人乔梦符散曲集。在苏州，于文学山房见钮树玉稿本《说文新附考》，"认为是罕见的地方文献"[1]，这部书后来被苏州市文管会收去，藏于苏州博物馆。

南行期间，赵万里做了三次学术报告。1961年11月13日在杭州大学语言文学研究室，讲版本学[2]。12月26日上午在福建省文化局礼堂做报告，谈"建本源流及其影响"。1962年1月9日下午，在厦门大学为闽南图书馆工作人员学习班做报告。

很多县市还召开了座谈会。如1961年11月26日午后，在临海县参加县委组织的座谈会，"谈到临海文物丰富，但滨海多风，希望在保管和整理工作上，加强领导，采取措施，以策万全"。11月27日午后与黄岩县委座谈，"对古书安全问题，希望加强措施"。12月16日，应温州市委市政府之邀参

---

① 江澄波：《古刻名抄经眼录》，第18页。
② 夏承焘：《天风阁学词日记》，载《夏承焘集》第7册，第915页。

加座谈会，谈到温州市文物管理委员会所在的"江心寺房屋矮小，且系木结构，温州秋季多风，江水上涨，水火堪虞，关于文物安全问题，希望加强领导，采取措施"，温州市"张书记、董副部长对此项意见表示接受，并立即行动，以策万全"①。

一百天里，赵万里走遍了浙江、江苏、福建、上海等四省市的主要文物文献收藏机构，过目稀见或新出文物文献甚多；发表多次演讲，并多次与地方领导座谈，提醒政府注意文物安全问题，对各地文物文献保护工作作出指导；沿途还观览了多处风景名胜、古迹遗址，晚间则多欣赏各地地方戏，大饱眼福。此行可谓见闻广博、成果丰富而富有趣味。他将此行的见闻，撰为长文《南行日记》，发表于《文物》1962年第9期。

《永乐大典》的搜集与辑佚

《永乐大典》保存了明初以前的大量文献资料，很多为他处所不存，因而备受学者的重视。这部11095册的大书，迭经散失与盗窃，残余的800余册在义和团运动中部分惨遭损毁，这使得它成为近代中国屈辱历史的象征，广受民众关注。

清乾隆年间开《四库全书》馆时，安徽学政朱筠奏请由《永乐大典》中辑佚书，戴震、邵晋涵、周永年等参与其事，共辑出385种4946卷，薛居正《旧五代史》、李心传《建炎以来系年要录》等，是其中荦荦大者。此后陆续仍有辑佚成果，如徐松辑出《宋会要》等。

散存世界各地的《永乐大典》是北平图书馆着力调查、搜罗的文献资料，时任副馆长袁同礼为此倾注了很多心力，尤其是利用他与欧美的广泛联系，获取了不少信息和资料。赵万里在访书过程中，也极为注重《永乐大

---

① 赵万里：《南行日记》，载《赵万里文集》第二卷，第494—536页。

典》。20世纪30年代，平馆采购、受赠原本多册，此外还与国内外公私藏家往复函商，诸如英国剑桥大学、牛津大学、英国国家博物馆、伦敦大学东方语言学校、德国汉堡大学、美国康奈尔大学、加拿大麦吉尔大学葛思德文库（1936年售予美国普林斯顿大学）、越南河内远东学院、吴兴丁氏百一斋、商务印书馆东方图书馆等处的藏本，分别影抄录副或摄影[1]。到1938年夏，馆藏原本、照片、影印本《永乐大典》已达532卷[2]。

经过多年努力，当时国内外已知或能看到的《永乐大典》，北平图书馆已获得大部分。这些资料到馆后的整理工作，由赵万里为主承担。抗战期间王重民在美国，以一叶美金一角的代价拍摄的《永乐大典》照片，也"直寄北平赵斐云"[3]。《国立北平图书馆馆刊》在20世纪30年代多次发表署名袁同礼编的《永乐大典现存卷目表》[4]。据赵万里自述，这份目录的"民十七后增订版"，"是我代袁馆长编制的"[5]。赵万里1939年与夏承焘谈到，他"寓目《永乐大典》已三百余册"[6]，超过存世者的四分之三，当时可谓举世无双。

20世纪50年代，流散世间的《永乐大典》零本陆续向北京图书馆善本部汇集。1951年6月，苏联列宁格勒大学东方学系图书馆通过中国驻苏联大使馆，将该馆所藏《永乐大典》11册赠还中国，7月6日由文物局移送北京图书馆。同年7月23日，商务印书馆董事会在张元济倡导下，将该馆涵芬楼所藏《永乐大典》21册全部捐给国家。为了表彰这两项盛举，北京图书馆在1951

① 《国立北平图书馆馆务报告（民国十八年七月至十九年六月）》，第11—14页；《国立北平图书馆馆务报告（民国十九年七月至二十年六月）》，第19—25页。

② 《国立北平图书馆馆务报告（民国二十六年七月至二十七年六月）》，第7页。

③ 1940年3月8日王重民致袁同礼函。原函存中国国家图书馆档案，录文见许京生、李际宁整理，姚伯岳审校：《王重民致袁同礼信函（1938年6月至1940年8月）》，《信息与管理研究》2017年第1—2期，第60页。

④ 袁同礼所编《永乐大典现存卷目表》多种，均收入《袁同礼文集》，北京：国家图书馆出版社，2010年6月。

⑤ "北平图书馆民主评定薪级自报书"，中国国家图书馆档案，文件号：1949-&255-027-4-1-006。刘鹏惠示。

⑥ 夏承焘：《天风阁学词日记》，载《夏承焘集》第6册，第129页。

年8月13日举办"《永乐大典》展览会"，展出原本83册、摄影本98册。

这次展览在国内引起了强烈反响。天津市副市长周叔弢见到新闻报道后，于8月15日致函赵万里，称赞"此种伟大友爱精神为书林佳话，从来所未有"，并表示"仆藏《永乐大典》仅有一册，亦愿捐献国家，不知以送何处为宜（文化部或北京图书馆）"①。8月23日，周叔弢捐赠的《永乐大典》1册便由文物局移送到馆，随即作为展品加入展览。

配合展览的举办，赵万里撰写了《〈永乐大典〉展览的意义》一文，8月18日刊载于上海《文汇报》。8月24日，赵万里修改了这篇文章，增添了周叔弢捐赠的内容，不久再次刊登在《文物参考资料》1951年第9期上。文章结尾说："商务印书馆董事会和周副市长这一重视文化遗产、化私为公的伟大行动，将使广大人民受到感召和教育。我全国各地收藏家们也将闻风而起，而有千百惊人杰出的表现，那是可以预期的。"②

确如赵万里所言，此后几年间，国内外藏家纷纷献出所藏《永乐大典》。1951年9月28日，文化部文物局将金梁捐赠1册拨交北京图书馆。同年10月16日，赵元方捐赠1册。1954年2月23日，文化部社管局拨交广州市文化局移送的1册。同年6月14日，拨交苏联列宁图书馆赠还原藏于满铁图书馆的52册。1955年12月20日，文化部文物局拨交德意志民主共和国格罗提渥总理赠还的德国莱比锡大学图书馆旧藏3册。1956年7月10日，延边大学向北京图书馆拨赠1册。1958年4月11日，北京大学图书馆向北京图书馆转赠《永乐大典》4册。同年12月2日，中国科学院图书馆转交1册，系1954年苏联科学院赠还中国科学院访苏代表团者。1962年9月5日，广东省博物馆拨赠在佛山市征集到的3册。

作为这些归还、捐赠《大典》的保管者，赵万里为之欢欣鼓舞，多次撰

---

① 原函存赵府。

② 赵万里：《〈永乐大典〉展览的意义》，《文物参考资料》1951年第9期；此据《赵万里文集》第一卷，第198页。

文加以褒扬。为了彰显各藏家转赠《大典》的意义，表彰他们的盛举，赵万里撰写了系列文章：《德意志民主共和国交还〈永乐大典〉的重大意义》，称赞"这是在苏联将所获得的《永乐大典》交还中国之后，中国人民又一次以崇敬和感激的心情来接受这一伟大友谊的礼物"①；《苏联列宁图书馆送还给中国人民的〈永乐大典〉》，认为此举是"最真挚的中苏友好和苏联伟大的国际主义精神的具体表现"，表示"我们图书馆工作者要作好宣传和保养工作，同时我们要更多利用它来为学术研究服务，这就是图书馆工作者和科学工作者无可推诿的责任"②；《〈永乐大典〉本〈水经注〉破镜重圆记》，叙述《永乐大典》本《水经注》分别于由商务印书馆董事会1951年捐献、北京大学图书馆1958年4月11日转交北京图书馆，使得分离多年的一书重新成为完璧的过程，高度赞扬此举"是全国图书馆界进行协作良好的开端，希望进一步发扬这种共产主义的协作精神"，并呼吁"全国图书馆界也要学习北京大学图书馆忘小我、立大我的精神，将馆藏检查一下，如果发现重要书籍，可以补配他馆之缺，应该通过协商，作出决定，让这些书籍早日'破镜重圆'，这对于图书馆的典藏、出版和科学研究工作，都是十分有利的"③。

赵万里自藏的《永乐大典》2册，则在1964年连同徐松从《永乐大典》中辑出的宋次道《洛阳志图》1册，一起捐献国家。为此，文化部文物局特在当年11月27日向赵万里颁发奖状及奖金4000元④。次年1月19日，这批书由文物局拨交北京图书馆⑤。

调查、搜罗资料的同时，赵万里很早便开始《永乐大典》辑佚工作。

---

① 赵万里：《德意志民主共和国交还〈永乐大典〉的重大意义》，《文物参考资料》1956年第1期；此据《赵万里文集》第一卷，第203页。

② 赵万里：《苏联列宁图书馆送还给中国人民的〈永乐大典〉》，《文物参考资料》1956年第2期；此据《赵万里文集》第一卷，第206—211页。

③ 赵万里：《〈永乐大典〉本〈水经注〉破镜重圆记》，《人民日报》1958年12月5日；此据《赵万里文集》第一卷，第212—214页。

④ 此奖状见于孔夫子旧书网"缀简楼书店"。史睿惠示。

⑤ 李致忠主编：《中国国家图书馆百年纪事：1909—2009》，第67页。

1928年10月，《北平北海图书馆月刊》第一卷第五号刊载赵万里所撰《跋向滈〈乐斋词〉》一文。这篇短文以《永乐大典》寄字韵中引向滈词《西江月·寄旧》一阕补江氏《宋元名家词》所收向滈《乐斋词》之缺，又以《大典》本校正《清平乐·次韵王武子寄还》一阕讹脱三处。这是赵万里发表的第一篇利用《大典》缀辑古籍佚文的文章。

从1934—1935年度开始，《永乐大典》辑佚列为北平图书馆善本组的工作内容之一，由组长赵万里组织同事们一起进行。组内工作人员如陈恩惠等，都在赵万里指导下参与过这项工作，还一度特意为此聘用过两位抄写人员①。

他们首先着手编辑《永乐大典书名通检》，至1935年夏"已编成《大典》五十余册，约得子目四千一百余条"②。到1936年夏，"已将馆藏各本纂辑竣事"，并开始"检校传抄本及照相本约一百余册"③。到1937年夏，"辑出宋元久佚之方志十余种得十余万字。如［淳祐］《江州图经》、［开庆］《临汀志》及《大元一统志》等皆是，此外《四库全书》由《大典》辑出之宋元别集，每多遗珠之憾，此项佚文近亦辑出甚多"④。1938年夏，已完成400余卷《永乐大典》的《书名通检》⑤。1939年9月赵万里在沪时，夏承焘、王伯祥均见过他在寓所做《大典》辑佚工作⑥。1940年夏南下上海时，曾致函袁同礼，报告"在沪拟从事抄写《大典》辑佚资料，仍拟录用书记一人，月薪四十或五十元，该款请嘱李先生代付。请即函告李先生，准予提用明志、总集、别集等书（即在科学社楼上检阅）"⑦。到1948年底，"计编成史部［宝祐］《维扬志》

① 《〈析津志辑佚〉出版说明》，载《析津志辑佚》卷首，北京：北京古籍出版社，1983年9月。
② 《国立北平图书馆馆务报告（民国二十三年七月至二十四年六月）》，第20页。
③ 《国立北平图书馆馆务报告（民国二十四年七月至二十五年六月）》，第12—13页。
④ 《国立北平图书馆馆务报告（民国二十五年七月至二十六年六月）》，第12页。
⑤ 《国立北平图书馆馆务报告（民国二十六年七月至二十七年六月）》，第7页。
⑥ 夏承焘：《天风阁学词日记》，载《夏承焘集》第6册，第129页；王伯祥：《王伯祥日记》第16册，第172页。
⑦ 1940年6月19日赵万里致袁同礼函。原函存中国国家图书馆档案室。

等十种、集部周邦彦《清真集》等二十种"①。此项工作在1949年之后仍继续进行，当年6月赵万里自述著述计划，有"永乐大典引用书目考"一种②。后来受政治运动冲击，辑佚工作中止，稿本现仍存中国国家图书馆，计352册，辑书242种，有目录附载张志清《赵万里与〈永乐大典〉》一文之后③，又载于《赵万里文集》第三卷之末。

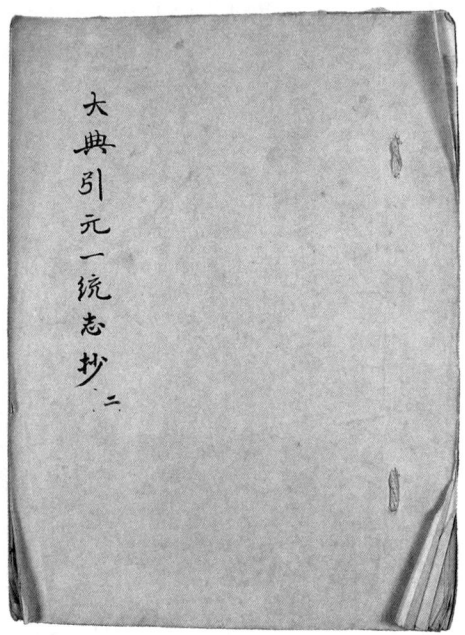

《永乐大典》辑佚书稿本

《永乐大典》辑佚的部分成果已整理刊布。1957年，赵万里所辑元代讲史话本《薛仁贵征辽事略》由上海古典文学出版社出版。这部书辑自英国牛津大学图书馆藏《永乐大典》卷五二四四"辽"字韵。赵万里在后记中说，

① 《国立北平图书馆复员以来（一九四五—四八）工作概况》，载《北京图书馆馆史资料汇编：1909—1949》，第1272—1273页。
② "北平图书馆民主评定薪级自报书"，中国国家图书馆档案，文件号：1949-&255-027-4-1-006。刘鹏惠示。
③ 张志清：《赵万里与〈永乐大典〉》，载《〈永乐大典〉编纂600周年国际研讨会论文集》，北京：北京图书馆出版社，2003年。

"此书文辞古朴简率之处，和至治新刊平话五种相似，当是宋元间说话人手笔"，认为其"写作时代当与《三国志平话》写作时代相距不远"①。

1966年中华书局出版的《元一统志》，其辑佚主要来源也是《永乐大典》。《元一统志》是元代官修全国总志，始修于元世祖至元二十二年（1285），后经重修，于元顺帝至正六年（1346）在杭州刻版。全书1300卷，资料源于宋金元方志，而宋金元旧志绝大部分已经亡佚，仅靠这部书保存了部分文本，学术上的重要性不言而喻。可惜它也没有逃脱残佚的命运，仅有少量残本传世。

赵万里在20世纪20年代末便开始搜集《元一统志》残本佚文，从各公私藏家处陆续抄得一些零卷，以及常熟瞿氏旧藏抄本九卷、嘉庆间吴县（今属苏州，下同）袁廷梼家抄本三十五卷。其中有的原本后来不知所终，如1930年徐中舒代抄的"眉州"一卷。此外，还有不少古书引用了《元一统志》的资料，其中以《永乐大典》为最多。赵万里从1944年开始，汇聚各处所得资料，以《元史·地理志》为纲，排比整理，荏苒20年，至1965年编成全书十卷。

元熊梦祥《析津志》的辑本，也是这一系列成果中的一种。这部书是今北京及附近地区最早的方志，约在明万历年间亡佚。赵万里带领善本组同仁辑这部书，主要资料源于四种书，即《永乐大典》《日下旧闻考》《宪台通纪》和《顺天府志》残卷，其中最重要的是《永乐大典》。《析津志》辑本没能在赵万里生前刊布，"文革"结束后善本组继续整理，到1983年9月方才由北京古籍出版社出版。从20世纪30年代开始辑录算起，这部书的辑佚工作前后经历了50年。

这几部以《永乐大典》为主要资料源辑出的书之外，赵万里的《校辑宋金元词》等辑佚之作，也大量使用了《永乐大典》中的资料。他在编辑《北平北海图书馆月刊》（后改名《国立北平图书馆馆刊》）时，常以自己的辑佚作品作为补白，其中便有不少出自《永乐大典》，如第二卷第三、四号合刊

---

① 赵万里:《〈薛仁贵征辽事略〉后记》，载《赵万里文集》第二卷，第284—285页。

（1929年4月）中的《〈永乐大典〉内之周美成佚诗》《〈永乐大典〉内之元人佚词》（耶律铸《双溪醉隐词》、卢挚《疏斋词》）；该刊第一卷第五号（1928年10月）至第三卷第一号（1929年7月）连载的《宋词搜逸》，不少内容也出自《大典》。

《北平北海图书馆月刊》第二卷第三、四号合刊辟为"《永乐大典》专号"，刊载孙壮《永乐大典考》、袁同礼《永乐大典现存卷目表》等文，而赵万里竟在这一期上发表了3篇文章：《记〈永乐大典〉内之戏曲》，为《永乐大典》所载戏文33种、杂剧90种的提要；《馆藏永乐大典提要》，是北平北海图书馆所藏《永乐大典》3册的叙录[①]；《〈永乐大典〉内辑出之佚书目》，罗列《四库》馆臣及以后诸家所辑共487种，附录已辑而实未佚者44种，及诸家据《大典》校补者27种附录3种。

赵万里的部分文史研究论文也取资于《永乐大典》，这方面可推《关汉卿史料新得》为代表作。这篇论文据《永乐大典》卷四六五三"天"字韵所引《析津志·名宦传》中的关汉卿传记，发掘出关汉卿生平研究的重要资料，考证其生活时代为"十三世纪中叶，就是元世祖中统前后一个时期"[②]，元杂剧研究者评此文是"具有长期影响的关汉卿生平籍贯研究的重要论述"[③]。

为了便于学者研究参考，赵万里热情地支持中华书局将北图所存的《永乐大典》原本、摄影本缩印出版。1959年3月7日，他在《光明日报》发表《谈谈〈永乐大典〉》一文，概述《永乐大典》编纂、录副、残毁的过程，介绍商务印书馆、周叔弢、赵元方、北京大学图书馆及苏联、德国旧藏零本入藏北京图书馆的经过，阐明其文献价值，以壮声势。文末说："我们热烈地拥护这一出版计划，这将为我国学术界和全世界的汉学家们在研究资料的供应

---

① 收入《赵万里文集》第一卷时编者改名为《〈永乐大典〉陈字韵寄字韵劄字韵跋》。

② 赵万里：《关汉卿史料新得》，载《戏剧论丛》1957年第2辑；此据《赵万里文集》第二卷，第169页。

③ 赵建坤：《关汉卿研究学术史》，广州：中山大学出版社，2008年12月，第136页。

上带来了无比的便利。"①赵万里还参与了《大典》影印本排版、印刷等具体问题的商讨，细节具见1959年9月、10月陈乃乾与潘达人的通信②。这部影印本在1960年出齐，是当时搜罗《永乐大典》残本最为齐备的出版物，对《大典》的研究利用有非常强的推动作用，至今仍广为学界所征引。

对于《永乐大典》原本的保护与修复，赵万里也非常关注。师有宽曾回忆，1962年他在北京图书馆跟随修复国手张士达学习古籍修复期间，有一天早上赵万里、冀淑英二人将3册书皮全部破损脱落的《永乐大典》交给张士达，请他当天完成粘补，下午又亲自前往张士达办公室，翻看一过后取走③。从时间上看，它们应当就是1962年9月广东省博物馆调拨给北图的3册，原书征集自佛山，书皮已有破损，赵万里及时地安排了修复。

整理善本书库

经过多年的苦心经营，北图的善本书藏量大幅提升。到1957年6月，新入藏善本书10243种78370册，与新中国成立前40年入藏者数量相当，而质量则更高。新中国成立前入藏者三分之二为清初以来刻本或抄本，宋元明本只占总数的三分之一，新中国成立后入藏者比例与之恰好相反④。1960年10月11日至12月25日，赵万里领导善本部系统清点库藏，统计结果为：除寄存美国国会图书馆的2953种21910册之外，馆藏古籍善本总数为20800种

---

① 赵万里著，冀淑英、张志清、刘波主编：《赵万里文集》第一卷，第219页。

② 吴格：《陈乃乾与中华书局影印本〈永乐大典〉》，载《海峡两岸古典文献学学术研讨会论文集》，上海：上海古籍出版社，2002年，第288、292—293页。

③ 师有宽：《在北图学习的回顾——追忆恩师张士达先生》，载《古籍保护研究》第一辑，郑州：大象出版社，2015年11月，第195—199页；又载《书卷多情似故人："我与中华古籍"优秀征文作品选》，北京：国家图书馆出版社，2016年1月，第115—123页。

④ 赵万里：《斥图书馆界右派分子"今不如昔"的谬论》，《图书馆工作》1957年第12期，第2页。

206792册①。这一冠绝全国的宏富库藏，足为古典文史研究与文化传承提供无穷无尽的资源。藏书量日益增多，库房容量压力也日益加大。

北图1931年落成的文津街馆舍，其前端的半地下室是善本库房，面积并不宽裕。1950年初赵万里南下接收，运回抗战前南迁的善本书，当时善本库房的空间大多已被抗战胜利后新入藏的书占去，运回的书如何摆放上架，成了必须马上解决的问题。赵万里对此作了规划：

> 赵先生和别的同志一起，在书库里左转右看，当时也没用什么皮尺、盒尺，只是手拿一把鸡毛掸，在四库书库一排排大书架之间量来量去，最后决定，大书架之间空隙，留出一人可走的通道，可放若干排书箱。书箱从那里来？当时正当建国之初，百废待兴，一下也做不成大量的书柜或书箱，书需入库是不能等的。恰值藏书家前辈傅增湘老先生在上年作古，遗嘱将所藏大批线装书捐赠家乡四川图书馆，书的托运是由北图代办的，于是和傅宅商量，运四川的书要装大木箱，傅氏原放书的书箱不宜托运，不如作价让给北图，傅宅慨允。收下这批书箱后，乙库地方志和其他书，整整齐齐全部装入六十多个书箱，依次排列安置在库内，很快就供应读者阅览了。②

这样就妥善解决了南迁运回善本书的上架问题。随着善本书的不断入藏，原来规划的空间又不够使用了。1955年购回第一批陈清华旧藏后，赵万里组织在1956年调整了善本书库：

> 将原来善本书库布置得恰如宛委洞府，琅函满架，书香拂面，卷帙盈目。书阁橱柜鳞次栉比，曲折回旋，穿行其中，如入迷宫。1955年新

---

① 李致忠主编：《中国国家图书馆百年纪事：1909—2009》，第60—61页。
② 冀淑英：《忆念赵万里先生》，《文献》1982年第2期，第154页。

购的郇斋藏书编目后，按序排入善本库中心的小书库中。小书库东西狭长约15米，南北宽广约2米。西接善本甲库，南通乙库，东达禁库，北临文津阁本《四库全书》之经史库。小书库中南侧排放玻璃书柜七个，内存蔡氏捐献善本和新购郇斋藏书。北侧排放玻璃书柜八个，内存周叔弢先生捐赠的部分善本，及潘氏宝礼堂捐赠珍籍。[①]

　　1964年，中共中央基于对国际形势的判断，对国民经济整体布局进行了大规模调整，开始进行"三线建设"，这一方针后来总结为"备战、备荒、为人民"。图书馆系统也积极备战。1965年2月下旬，北图事务处给赵万里送去"钢制铁箱一只，大小和傅沅未家的小箱子差不多"，如果善本部等认为合适，便开始大量制作，计划做500只[②]。不久，便开始大规模制作。

　　赵万里带领善本部同仁，"把书分成三等，宋元和名人抄校为甲等，明人书为乙等，清人为丙等"[③]。计划在五一劳动节后，花三四个星期先将甲等装箱。这次整理的结果，在北图善本库房中形成了一个"战备库"，存放最珍贵的宋元刻本和名家抄校本书。战备库的设置延续至今。

　　北图善本部妥善保管的古籍珍本，除了供学者借阅、出版社借印之外，还常常出现在各种展览中。比较重要的有：

　　1950年6月19日，北图举办新中国成立以来新收善本书展览。这次展览分三大部分，展出的铜活字本有明弘治隆庆间印本《常建集》、弘治八年（1495）会通馆印本《容斋随笔》、弘治十六年（1503）金兰馆印本《石湖居士集》、正德十年（1515）兰雪堂印本《白氏长庆集》、正德十一年（1516）印本《春秋繁露》，木活字本有嘉靖二十年（1541）蜀藩印本《栾城集》等，此外还有金刻《赵城藏》、明写本《永乐大典》、宋写本《洪范政鉴》、宋刻

---

①　丁瑜：《郇斋携港藏书回归知见杂记》，载丁瑜《延年集》，第168页。
②　1965年2月29日赵万里致冀淑英函。见于新浪博客"大漠书法工作室"所载《几封书信》一文，网址为：http://blog.sina.com.cn/s/blog_4fa0ca2f0101aoov.html［2017.3.29］。
③　1965年4月19日赵万里致冀淑英函。艾俊川惠示。

百衲本《资治通鉴》等①。

1952年9月，北图举办"中国印本书籍展览"。20日举行预展，文化界来宾甚多；29日正式开幕。这次展览展出中国古代至现代印本书1000余种，包括刻本、活字印本、石印本、铅印本书籍，展品中最早的为甲骨刻辞，晚近的则有瑞金时期中央印刷厂印行的《红色中华报》，而"宋元精本名刊中有许多是三年来中国藏书家们捐献给中央人民政府的"②。赵万里为这次展览撰写了《中国印本书籍展览说明》，刊载于《中国印本书籍展览目录》卷首；这篇文章又修改为《中国印本书籍发展简史》，发表在《文物参考资料》1952年第4期。这篇文章第一次"系统地讲述版本发展演变"，被推许为赵万里版本学成熟的标志性著作③。

1958年9月8日，北图举办"苏联赠还我国珍贵图书展览"，展出苏联近年赠还我国的珍贵图书，如金刻本《刘知远诸宫调》、明写本《永乐大典》63册、清绘本《聊斋图说》46册等④。1959年10月，为庆祝新中国成立十周年，北图又举办"书籍版本展览"。

其他机构的重要展览，也常从北图借用展品。1959年7月，中国历史博物馆为庆祝新中国成立十周年举办中国通史陈列，向北图提出借展申请。赵万里针对历博的清单，提出了一些修改意见："（一）《盐铁论》拟请改用嘉靖刻本。（二）关汉卿《望江亭》无元刊，可改用元刻《拜月亭》。（三）写经内《妙法莲花经》一卷，因年款有问题，可取消；《戒缘》下卷，因本馆参观用，可取消；《华严经》，因纸太焦脆，可取消；安怀清卖地契，无此卷，也无照片。"⑤根据赵万里修改的清单，历博从北图借展古籍善本34种36

---

① 陈源蒸等编：《中国图书馆百年纪事》，北京：北京图书馆出版社，2004年1月，第111页。

② 《北京图书馆举办"中国印本书籍展览"》，《文物参考资料》1952年第4期。

③ 黄永年：《百年来的中国古文献研究》，载黄永年《文史存稿》，陕西：三秦出版社，2004年5月，第592页。

④ 《苏联赠还我国珍贵图书8日开始在北京展出》，《人民日报》1958年9月10日第5版。

⑤ 批单原件藏中国国家图书馆档案室。

册又２叶、敦煌遗书１６种１６卷、甲骨２９块。

１９５０年在莫斯科举办的中国艺术展览会，是继１９３５—１９３６年伦敦中国艺展之后我国在海外举办的又一次大型艺术品展览会。这次展览会分古代艺术、新艺术两大部分，古代艺术品中的版画共展出５０件，其中北图提供了３９件，另由北大图书馆提供１１件[①]。北图参展的善本，当年７月"由赵万里径送故宫"[②]。１９５３年初，故宫分两批送回展品，又由赵万里分别签收[③]。

指导古籍修复

赵万里特别注意善本书的"装修"，即我们现在说的"修复"。１９５１年１１月，北图调整机构，在保管部下设立修整股，这是北图独立设置古籍修复机构之始，也是现在中国国家图书馆古籍馆古籍修复组的前身。修整股的首任股长，便由善本部主任赵万里兼任[④]。

北图早期的书籍装修工作，沿袭旧书业的习惯，常将残损的书改为新装。这个办法有其缺点，即改变了书籍的原貌，因此从１９３４年以后，就"决定不再改装，以保存原样"[⑤]。１９５０年在讨论新入藏的《赵城金藏》的修复问题时，赵万里首次比较正式地阐述了修复工作的这一观点，并将之贯彻到《赵城金藏》的修复工作中。

---

① 赖荣幸：《新中国第一次海外艺术展的模式与意义——１９５０年苏联"中国艺术展"》，《艺术探索》２０１４年第２期，第２８—３５页。

② 中央人民政府文化部文物局通知物字第１６５８号，载《北京图书馆馆史资料汇编（二）：１９４９—１９６６》，第２８９页。

③ 北京图书馆业务委员会编：《北京图书馆馆史资料汇编（二）：１９４９—１９６６》，第３１８—３２０页。

④ 《国立北京图书馆暂行组织系统及人事配备图》，载《北京图书馆馆史资料汇编（二）：１９４９—１９６６》，第１６７—１６８页。

⑤ 《〈赵城金藏〉展览座谈会纪要》，《文津流觞》第６期。

作为善本特藏部和善本书库的主管，他经常亲自过问北图的古籍修复工作，直接给予原则性的指导。赵万里看重古籍的文物价值，强调如果没有敦煌遗书和清代内阁大库保存的宋元旧本，后人就看不到自唐代以来书籍装帧由卷轴装、蝴蝶装、包背装到线装这一演变历程的实物。所以除非书册极其破败，修复时不得毁弃原装。他常说："不单是宋、元时代的蝴蝶装，就是明、清时代的原装，也不能轻易破坏。"他反对改变原有的装订形式（如蝴蝶装、包背装改线装），反对撤去旧书皮更换新封面，也决不许"剃头修脚"（即裁切天头地脚）[①]。后来，修复工作者们将这些观点总结提炼为"整旧如旧"原则，作为古籍修复最重要的工作原则。从古籍修复理论建设的意义上讲，赵万里是古籍修复事业现代转型的关键人物。

20世纪50、60年代，由赵万里、陈恩惠筹划，将北图需要整理修复、增加函套的善本书登记造册，按计划进行修复保护工作。"对甲级宋元版书，交付给两位手艺最好的老师傅，提出装修方案，使用最好的名贵材料，精工细作；对开本小的书，加衬纸做成金镶玉装；经部、史部书多用韧性强的蓝色库磁青纸做封皮，显得庄重典雅；有的集部女诗人诗集，用浅绿色或浅粉色洒金蜡笺纸做封皮，像给美女穿上一件华丽外衣，表现了设计者的匠心。"[②]书函委托一家小器作的杨老师傅制作。他手艺高超，做出的书匣质量很好。北图的善本书，内容精善不论，装帧也别具风格，观之赏心悦目。

北图善本书的修整，赵万里往往亲自与修复师交代，提出原则性的修复方案。师有宽在北图师从张士达学习古籍修复期间，便"每次看到师傅修复的书都是赵万里先生或冀淑英女士亲自送来，交到师傅手里"。学习后期，有一次赵万里让师有宽修复6册天头地脚已经焦脆的古书，交代要做成金镶玉装，修复完成后又仔细检查补痕、齐栏、订线等细节，最后这部书做了他

---

① 冀淑英:《忆念赵万里先生》,《文献》1982年第2期,第154—155页。

② 王玉良:《也谈"善本"以及加强善本书的保护》,载《书卷多情似故人:"我与中华古籍"优秀征文作品选》,北京:国家图书馆出版社,2016年1月,第149—150页。

的结业成果展品①。赵万里对书的爱护，在修复上表现得尤其突出。他曾戏说："一部书进馆，从装修到做好书匣或书套，就是为书办好了'后事'，一百年内当无问题，百年之后那是第二代、第三代的事了。"②

几十年里，赵万里对北图善本书的修复工作，竭尽心力，擘划周详，在人力、物力方面都考虑得非常细致、具体。首先解决的是人力问题。1950年《赵城金藏》入馆时，馆内虽有专职修复人员孙长振可以从事修复，但面对数量多达4000多卷且大部分残损严重的《赵城金藏》，人力极感不足。赵万里在1949年5月14日下午的"《赵城金藏》展览座谈会"上提出，找四位专家整理，以每人每月整理10卷计，须10年方能完成③。为了解决这个问题，赵万里从旧书业中寻访合适的人手。1949年6至8月，北图延聘技工张炳文、萧子安与工徒萧顺华、谢庆丰四人入馆工作。然而，要修补的书太多，最初几年仍只有一人修补《赵城金藏》。1957年整风运动期间，赵万里参加文化部召开的图书馆专家座谈会，所提的意见便是《赵城金藏》修复人手太少④。后来，北图增加了修复技工，才得以在1965年完成了全部经卷的修复。

20世纪50年代前期，北图有修复人员五人，技艺都很精湛，但年龄都在四五十岁上下，只能继续工作十余年。为了20年后修复工作仍后继有人，赵万里在20世纪50年代中期公私合营之际，就留意寻访旧书业中修复技术高超而有待就业的人士，请来了三位师傅入馆工作，其中便包括有"国手"之称的张士达⑤。据张士达回忆，赵万里说开始只知道他懂书，后来看到他装修的金镶玉，

---

① 师有宽：《在北图学习的回顾——追忆恩师张士达先生》，载《古籍保护研究》第一辑，第195—199页；《书卷多情似故人："我与中华古籍"优秀征文作品选》，第115—123页。

② 冀淑英：《保护古籍　继往开来——记著名版本目录学家赵万里先生》，载《冀淑英文集》，北京：北京图书馆出版社，2004年，第163页。

③ 《〈赵城金藏〉展览座谈会纪要》，载《北京图书馆馆史资料汇编（二）：1949—1966》，第478—485页。

④ 《图书馆专家举行座谈　批评文化部不重视图书馆工作》，《人民日报》1957年5月29日第7版。

⑤ 冀淑英：《忆念赵万里先生》，《文献》1982年第2期，第154—155页。

才知道他修书也做得特别好，因此介绍他来馆，并且推荐他担任北京市宣武区（今西城区，下同）的政协委员。北图藏宋元版书，很多都是赵万里指定让张士达装修的，比如宋刻本《杨诚斋集》；又如南京图书馆藏南宋刻本《蟠室老人文集》，赵万里将其书影收入《中国版刻图录》，但书已破损不堪，他与南图协商带回北图，让张士达进行装修，并配了楠木书盒，然后交还给南图①。

赵万里还关注古籍修复行业的人才培养。过去很多老师傅是旧书店学徒培养出来的，公私合营之后应该怎么办？他和徐森玉、周叔弢等朋友们聚会时也常谈论此事。后来徐、周二老在全国人大联名提案，经文化部落实，由北京图书馆和中国书店分别举办古旧线装书装修技术培训班②。培训班采取以师带徒、边教边学的办法分期进行，每期学习两年，学员由全国各图书馆推荐。

第一期培训班从1961年7月起开始举办，学员八位，分别来自北京、甘肃、吉林、黑龙江、湖北等地各馆。带徒的老师傅有萧振棠、张士达、萧振邦、李道之、魏梅占、李书梦等六人。赵万里参加了开学仪式，培训期间也时常关心学员的学习进展，还为他们讲了两次课，主题分别是"我国善本书在文化遗产上的重要意义"和"怎样装修善本书"③。

经过两年的学习，第一期学员中有七位于1963年7月顺利结业。第二期培训班随后于1964年1月开学，浙江图书馆、南京图书馆、上海图书馆、宁波天一阁、北京图书馆选派学员六人参加④，至1965年12月有五人顺利结

---

① 邱晓刚：《张士达与〈蟠室老人文集〉》，《国家图书馆学刊》2007年第4期，第93—94页；朱振彬：《妙手修书，丹心护宝——纪念一代古籍修复大家张士达》，《北京青年报》2014年5月23日第C06版。

② 冀淑英：《忆念赵万里先生》，《文献》1982年第2期，第156页。

③ 师有宽：《在北图学习的回顾——追忆恩师张士达先生》，载《古籍保护研究》第一辑，第195页；《书卷多情似故人："我与中华古籍"优秀征文作品选》，第115页。文华：《"装修古旧线装书技术人员训练班"胜利结业》，《图书馆》1963年第3期，第63—64页。

④ 《北京图书馆第二批培训古旧线装书装修技术学员的工作总结报告》，载《北京图书馆史资料汇编（二）：1949—1966》，第412页。

业①。第三期因"文革"影响，没有学满。结业的两期学员中，培养了上海图书馆赵嘉福、潘美娣，甘肃省图书馆师有宽，浙江图书馆钱蟾影，天一阁博物馆洪可尧等多位古籍修复专家，大大推动了古籍修复事业的延续和发展。

修补古籍的材料，赵万里也特别留意搜罗。适合用作衬纸、书皮的旧纸越来越不易买到，赵万里为此想尽方法。他争取到郑振铎、王冶秋的支持，从故宫博物院所存清宫旧纸中调拨了一些高丽纸、库磁青、高丽发笺、洒金腊笺等，有的还是乾隆年间的旧物，专用于修复古籍珍本。同时还调拨了清宫造办处留存的一些旧楠木家具残片，这些零片在故宫中派不上用场，却正好用来制作书匣②。他历年在琉璃厂等旧书市场访书，"见有书店中装订拆下的旧纸，只要适合应用，也必买回来，送交装订室备用；每次去南方出差，总要亲自选购适于订书用的粗细不等的丝线，因南方丝线质量好"。此类事情虽然零碎，但赵万里乐于亲力亲为，正如他自己说的："只要对书有好处，什么我都愿意做。"③

培养古籍专业人才

新中国成立后文化事业的发展，需要更多的专业人才。为培养新一代建设者，各机构纷纷举办培训班。作为北图唯一的专职研究员，国内首屈一指的版本目录学家，赵万里经常受邀为各种培训班上课。

中国政府从1953年开始实施第一个五年计划。为了抢救大建设过程中的发现的文物，文化部与中国科学院考古研究所、北京大学联合举办第一届全国考古工作人员训练班，学员由各省市选派，于1952年8月开学。这个培训

①　北京图书馆业务委员会编：《北京图书馆馆史资料汇编（二）:1949—1966》，第412—414页。

②　冀淑英：《保护古籍　继往开来——记著名版本目录学家赵万里先生》，载《冀淑英文集》，北京：北京图书馆出版社，2004年，第162—163页。

③　冀淑英：《忆念赵万里先生》，《文献》1982年第2期，第155页。

班的主要科目为考古，不过也安排了一些专题课程，如马衡讲碑刻，张珩、启功讲绘画，赵万里讲版本，陈万里讲瓷器，向达讲佛教史，梁思成讲古建筑①。至1955年，这个训练班先后共举办四届，培养了一批文物考古工作的骨干人才，后来被称为考古界的"黄埔四期"②。

1954年8月10日至10月21日，北京图书馆与文化部社管局、北京大学联合举办第一届公共图书馆工作人员训练班，学员共84人③。课程分为政策方针任务、业务课（推广、流通、辅导）、图书宣传和采编工作三大类，赵万里为授课教师之一④，讲授"中国古代版本史"，并撰有讲义，由培训班油印发行。

从1955年起，赵万里在北京图书馆开班讲授"应用目录学"，馆内员工自愿参加听课，并不限于善本特藏部的同事。先讲史学部分，内容与以前在北大讲授的"史料目录学"不尽相同，而是针对图书馆工作人员的具体情况作了调整，注重基础知识和目录学常识，比如各朝代各类型史书的纂修、内容、评价、版本及流传情况。然后讲文学部分（即集部目录学），内容与史学部分相仿。到1965年，开始讲经部目录学，不久便因"文革"而中止⑤。

中国书店于1957年1月11日邀请赵万里为店员作了"发扬古旧书业优秀传统"的讲话，着重讲了"残书要收回、修补古书要加强、有些书要整旧如旧"等问题⑥。1958年新华书店总店与中国书店联合举办古旧书业务学习班，各省市古旧书店派员参加，邀请了郑振铎、赵万里、吴晓铃等专家授课。8月7日，赵万里主讲"书史"，"主要讲宋至清代的刻本和写本书，对各时各

① 戴尊德：《忆第一届全国考古训练班》，《文物世界》2004年第3期，第78页。

② 孙秀丽：《考古的"黄埔四期"——记1950年代考古工作人员训练班》，《中国文化遗产》2005年第3期，第75页。

③ 李致忠主编：《中国国家图书馆百年纪事：1909—2009》，第49页。

④ 劲风：《公共图书馆工作人员训练班首届学员结业》，《光明日报》1954年10月23日第2版。

⑤ 冀淑英：《忆念赵万里先生》，《文献》1982年第2期，第155—156页。

⑥ 郑炳纯：《忆赵万里先生》，《文汇读书周报》1993年12月25日。

地的刻书风气、刻工、行款、用纸等特征，大致都涉及了"，"讲到兴奋时，神彩飞扬，对许多名刻名钞赞叹不已"。他还有针对性地提及一些下落不明的珍本，"急切地希望重新发现"，为古旧书店从业人员提供指引①。这个培训班对此后各地古旧书业务的开展，起到了积极作用。这次演讲由郑炳纯记录并整理发表②。

中华书局还曾在1961年3月27日邀请赵万里讲授目录学③。同年11月13日，趁南下访书之便，还曾受邀在杭州大学语言文学研究室讲版本学④。

大约在1961年左右，赵万里受顾廷龙启发，物色年轻人选在实践中加以重点培养，以便使北图的版本目录学后继有人。最初考虑过中国书店的雷梦水，但因年龄稍大而作罢，后来找到林小安，才算定了下来⑤。林小安1964年11月进入北图工作，一年半之后，"文革"便到来了。"文革"结束后，林小安考取中国社会科学院的研究生，师从徐中舒、张政烺研读古文字学，毕业后相继在国家文物局古文献研究室、故宫博物院做古文字研究工作，不再从事古籍工作。这个计划最终没能为北图培养出古籍善本工作的骨干力量。

①　郑炳纯：《忆赵万里先生》，《文汇读书周报》1993年12月25日。

②　郑炳纯：《赵万里谈古籍版本》，《中国典籍与文化》1994年第1期。其中与北京有关的部分，经郑炳纯整理，以《明清善本书版本考》为题，载于北京出版社1993年12月出版之《北京出版史志》第一辑。

③　宋云彬：《红尘冷眼——一个文化名人笔下的中国三十年》，第558页。

④　夏承焘：《天风阁学词日记》，载《夏承焘集》第7册，第915页。

⑤　沈津：《版本学家赵万里先生》，载沈津《书城风弦录：沈津学术笔记》，桂林：广西师范大学出版社，2006年1月，第195页。

第九章

新中国，新气象：1949—1966（下）

主编《北京图书馆善本书目》

大量善本书入藏北京图书馆之后，赵万里便组织同仁登记、编目，以便上架并提供阅览。初步编目，制作的是卡片目录。编目工作人员初编的草片，赵万里常为审核修正。编目工作的效率很高。如新中国成立之初入藏的铁琴铜剑楼瞿氏、天津翁氏旧藏善本书，于1951年便完成了登记编目工作①。又如1955年入藏陈清华郇斋旧藏，7月底赵万里给徐森玉的信中便告知，"现正努力编目，大约明春可以告成"②。

1952年，赵万里在"三反"运动中受到冲击，7月受"记过"处分。郑振铎对他的工作做了重新安排，让他"诸事不问，也不必再管买书的事"，集中精力"把《善本书目续编》编好"，并且"限他半年工夫做好这个工作"③。所谓《善本书目续编》，即陆续完成新入藏善本的编目之后，汇编而成的新版《北京图书馆善本书目》。经过几年的努力，这部目录在1959年编成。当年8月底赵万里在上海出差期间，收到北京图书馆寄去的善本书目序文的文化部修改稿，嘱其安排付印④。9月，该目便由中华书局出版。

《北京图书馆善本书目》全书八册，收录抗战以来，尤其是1949年以后北京图书馆新入藏的善本古籍，而不收抗战前已入藏北平图书馆的善本书，

---

① 《北京图书馆一九五一年工作总结》，载《北京图书馆馆史资料汇编（二）：1949—1966》，第620页。

② 1955年7月30日赵万里致徐森玉函。柳向春：《赵斐云先生致徐森玉先生函》，《文津流觞》第35期。

③ 1952年7月21日郑振铎致徐森玉函。柳向春整理《郑振铎致徐森玉函札》，载《历史文献》第十六辑，第299页。

④ 原函存中国国家图书馆档案室。

内容上与1933年版《国立北平图书馆善本书目》并不重合,郑振铎称之为"善本书目续编",正是这个缘故。此目采用四部分类法,著录经部1003种、史部2753种、子部2642种、集部4950种,共计11348种。每书著录题名、刊刻抄写时代、刊刻抄写者、批校题跋、来源、索书号等内容,颇便于研究参考。

这部目录是了解北京图书馆20世纪50年代入藏善本书的主要依据。1976年10月,台北艺文印书馆影印该目,却将书名改为《北平图书馆善本书目》,并删除序文,窜改编例,改变了其本来面貌,导致了一些误会。台北"中央图书馆"的昌彼得根据这份窜改过的目录,与平馆运美迁台善本书及1933年版《国立北平图书馆善本书目》相对照,对1941年运美善本提出很多质疑,甚至怀疑平馆南运善本部分已经流失,其实都是不明1959年善本书目收录范围而发生的误会①。

赵万里还主持编纂了几部专题书目。1958年北京图书馆受赠郑振铎藏书之后,赵万里随即带领王树伟、朱家濂、冯宝琳、冀淑英等四人,编纂书目。《西谛书目》于1963年10月由文物出版社出版。该目所收为郑振铎遗赠北京图书馆藏书中的古籍部分。全书五卷,包括经部255种、史部1150种、子部1533种、集部4802种,共计7740种。各书著录书名、卷数、著者、版本,并注北京图书馆索书号。末附《西谛题跋》一卷,收题跋173篇,大都是郑振铎写在书上的识语,内容多为得书时间与经过、史料价值及版本源流等。赵万里为《西谛书目》撰写了序言,概述郑振铎藏书的主要特点。

周叔弢捐赠藏书,也拟编纂专目。赵万里在1962年12月11日访周叔弢,谈编目事宜,谓"明年拟列入馆中工作中一部分,并附印书影",规模很大,

---

① 林世田、刘波:《关于国立北平图书馆运美迁台善本古籍的几个问题》,《文献》2013年第4期,第75—93页。

周叔弢担心"不知能否实现"①。这项工作由冀淑英承担，此后渐次推进，中因"文革"耽搁了很多年，最终于1985年7月出版了《自庄严堪善本书目》，2010年9月国家图书馆出版社又出版了周一良主编的《自庄严堪善本书影》，实现了最初的计划。

其他兄弟馆推进编目工作，常征询赵万里的意见。1955年夏，徐森玉征求赵万里对上海图书馆善本书目的意见，赵万里于7月30日回函：

> 上海图书馆收藏弘富，目录稍加修正，便可出版。宋刻本《汉隽》误作明刻（此承潘氏《滂喜斋目》而误），明黑口本误作元刻本，此等处亟宜订正。又一般版本如有批校，仍须注明原书版本。有明抄本，当有清抄本。能详者则详之，不能详者则略之，各以其是，不必强求一律。批校人一律称名，以求划一。分类虽以《四库》为准，然不妨稍有变动。如"史部·载记"可取消（其书改入"杂史"），"集部·词曲"可分家。以上所云，是否有当，乞加斧政。②

这封短信中，赵万里对几部书的版本鉴定提出新见解，建议修改目录体例的几处细节，还提议调整四部分类法的两个类目，颇富参考价值。

主编《中国版刻图录》

赵万里主编的《中国版刻图录》是古籍善本图录的经典之作。它作为新中国成立十周年的献礼，编成于1959年，出版于1960年。不过，早在20世纪40年代末，赵万里就有了编纂该书的设想。1949年6月北平图书馆民主

---

① 周启乾：《〈周叔弢日记〉中的祖父及其友人》，《文汇报》2015年4月10日第20版。

② 柳向春：《赵斐云先生致徐森玉先生函》，《文津流觞》第35期。

评薪时，他在自评材料中提到计划完成的著作中，便有"中国版本大系"①。
1952年初他再向郑振铎、刘哲民等提出编辑一部"书版图录"的计划，拟由
刘哲民主持的上海出版公司印行；1月12日在上海晤徐森玉时，"示版本图谱
样张"②，可见当时已着手进行编辑工作。不过，郑振铎对此有些顾虑，他认
为"此为专门的书，且注意、研究的人很少"，"销路大成问题，能销二百部
已是不易了"，"若出版，必将大为亏本，且压积资金甚多，对于公司极为不
利"，因此婉拒了赵万里的提议。他曾与赵万里面商，并征求过向达等人的
意见，结果赵万里也"同意不编了"③。在此前后，郑振铎在给徐森玉的信中，
说起过赵万里拟编纂"中国版本图录"④，可见它无疑便是后来《中国版刻图
录》的雏形。

当时郑振铎设想，"必须编纂若干部空前的大书，将过去的文化艺术作
一个总结"⑤，其中包括火药史、指南针史、印刷史、纸张史、服饰史、建筑
史、舟车史、染织史、陶瓷史等，"每种均应附图甚多，且均可以分若干册
出版"。赵万里有意撰写版本史，郑振铎认为"此事非他一人所能着手，必
须联合七八位专家来通力合作，方可大量推销，引人注意"⑥，计划由郑振铎、
赵万里、向达三人合作撰写。

这个合著计划后来未见继续推进，只有赵万里一个人一直在为此努力。
1956年10月，郑振铎在和徐森玉的通信中谈到，"赵斐云已决心先做印刷史

---

① "北平图书馆民主评定薪级自报书"，中国国家图书馆档案，文件号：1949–&255-027-4-
1-006。刘鹏惠示。

② 沈津编著：《顾廷龙年谱》，第496页。

③ 1952年1月31日郑振铎致刘哲民函。郑振铎著，刘哲民、陈政文编：《抢救祖国文献的
珍贵记录——郑振铎先生书信集》，第368—370页；《郑振铎全集》第16卷，第335—337页。

④ 1952年2月16日郑振铎致徐森玉函。柳向春整理：《郑振铎致徐森玉函札》，载《历史文
献》第十六辑，第324—325页。

⑤ 1952年1月19日郑振铎致徐森玉。柳向春整理：《郑振铎致徐森玉函札》，载《历史文
献》第十六辑，第322页。

⑥ 1952年1月31日郑振铎致刘哲民函。郑振铎著，刘哲民、陈政文编：《抢救祖国文献的
珍贵记录——郑振铎先生书信集》，第368—370页；《郑振铎全集》第16卷，第335—337页。

的研究"①。1956年12月26日和1957年1月2日，赵万里两次和夏鼐、郑振铎商谈中国雕版印刷史写作计划②。可惜的是，这部书没能最终完成。

与此同时，赵万里一直在积极准备编纂版刻图录。他在各地访书时，特别留意为此搜集资料。如1955年6月9日至15日，在上海图书馆阅览善本书55种③。"大跃进"运动中，编纂计划确定，并得到各级领导和各相关机构的支持④。1958年11月9日，赵万里在上海图书馆阅览明刻本《松江府志》等善本古籍20种；11月24日，在上海图书馆"为全国书影事来馆阅览善本一百余种，选定各种版本书六十六种，并代至中国照相馆摄影，由其直接寄去"⑤。这里所记的"全国书影"，便是《中国版刻图录》。据冀淑英回忆，该书编辑的最后阶段，"相关的古籍和编辑人员都集中到故宫，日以继夜的工作"⑥。

1960年10月，《中国版刻图录》由文物出版社出版，图版以珂罗版影印。全书8册，收录唐至清中叶刻本书籍500部，图版660余幅，分为版刻、活字、版画三大部分，按刻版年代和刻书地区编排，每幅图版都附有简洁精辟的说明，涵盖刻版特点、版本鉴定依据等内容，系统反映我国唐宋以来各时代各地区雕版印刷发展情况。所收书籍以北京图书馆藏书为主，广及全国各大图书馆、博物馆所藏的珍贵古籍版本。赵万里为此书撰写了长篇序言，阐述我国雕版印刷的起源和发展。这篇序言后略加修改，以《中国版刻的发展过程》为题，发表在1961年5月4日的《人民日报》。

《中国版刻图录》出版以来，颇受版本目录学研究者看重，被视为这一

---

① 柳向春整理：《郑振铎致徐森玉函札》，载《历史文献》第十六辑，第288页。
② 夏鼐：《夏鼐日记》卷五，第282、284页。
③ 沈津：《关于〈善本组周记〉》，《南方都市报》2015年9月20日A09版。
④ 赵万里：《〈中国版刻图录〉序》，载《赵万里文集》第一卷，第171页。
⑤ 沈津：《关于〈善本组周记〉》，《南方都市报》2015年9月20日A09版。
⑥ 徐蜀：《〈中国版刻图录〉花絮之一》，见新浪博客"徐蜀2018的博客"，网址为：http://blog.sina.com.cn/s/blog_d24baca10102xmpl.html［2018.12.30］

学术领域的经典著作与必读书。此后迄今半个多世纪，版本学界"对宋元版本整体的掌握，以及各时期、地区版刻特点的理解，都在因袭赵万里先生《中国版刻图录》所建立起的框架"①。在中国现代版本学史上，该书贡献巨大、影响深远。

《中国版刻图录》的重点在于宋元本，对清代版本着墨较少，这是该书的一个遗憾。赵万里迅速注意到这一问题，对该书进行了修订，增补了50种清代书籍。初版所选书籍截至清道光年间（即鸦片战争时期），增订本改至清末，加入了一部分晚清刻本；还增加了一些代表清代早期和中期的典型刻本，以及广东、广西、云南、四川等地区的刻本，且选入了《白雪遗音》《粤讴》《珍珠塔》《十五贯》等通俗文艺读物。此外还更换了宋元明部分的部分图版，说明也做了必要的修改。增订本1961年3月由文物出版社出版，这是该书最通行的版本。

《中国版刻图录》此后多次重印。1983年9月日本京都朋友书店以1961年增订本影印，1990年5月文物出版社发行第三次印本，2015年1月文物出版社又印行了修订本。它的贡献与价值由此可略见一斑。

整理与编印古籍

整理、点校、刊印，是古籍善本工作的重要内容，也是图书馆辅助学术研究、弘扬传统文化职能的体现。赵万里积极从事古籍编印，参与了多个项目的策划与运作。其中最重要的，莫过于国务院古籍整理出版规划小组的工作。

在古籍小组的酝酿阶段，赵万里就参与了一些讨论。1956年12月30日，

---

① 乔秀岩、叶纯芳：《学〈中国版刻图录〉记》，载《版本目录学研究》第七辑，北京：北京大学出版社，2016年12月，第49页。

郑振铎在寓所邀请左恭、赵万里、史久芸、伊见思、戴孝侯、夏鼐、吴晓铃、陈梦家、章锡琛、陈乃乾等共进午餐，谈古籍影印出版事务。

1957年12月，国务院科学规划委员会批准文化部副部长齐燕铭《关于成立古籍整理出版规划小组的报告》。12月30日，赵万里前往中国科学院文学研究所参加了国务院古籍整理出版规划小组文学组规划座谈会，这次会议的参加人有郑振铎、王伯祥、金灿然、何其芳、余冠英、钱钟书、孙楷第、罗常培、魏建功、游国恩等，公推郑振铎、赵万里与王伯祥三人草拟文学基本书籍目录①。次年1月3日，三人在郑振铎家"一同起草科学规划中的关于文学古籍的翻印、整理计划，拟出了一张356种的书单，又在其中选出最重要的作品100余种"，以及必须精选的52种、内部资料16种②。1月31日，又赴中关村参加文学组座谈会，商谈修改选目③。

准备工作就绪，国务院古籍整理出版规划小组于1958年2月9日至12日在政协礼堂举行成立会，赵万里出席④。会议历时4天，古典文史研究界专家学者和有关机构负责人百余人齐聚一堂，赵万里晤见了不少老朋友，包括从上海专程赶来参会的徐森玉。周扬、康生等到会讲话。赵万里不仅参加了大会，还参加了历史组、文学组的分组座谈会⑤。

这次会议成立的第一届古籍整理出版规划小组，由齐燕铭任组长，成员有叶圣陶、齐燕铭、何其芳、吴晗、杜国庠、陈垣、陈寅恪、罗常培、范文澜、郑振铎、金兆梓、金灿然、赵万里、徐森玉、张元济、冯友兰、黄松龄、潘梓年、翦伯赞等19人。下设文学、历史、哲学三个分组，文学组

---

① 郑振铎著,陈福康整理:《郑振铎日记全编》,第591页;王伯祥:《王伯祥日记》第31册,第248—249页。

② 郑振铎著,陈福康整理:《郑振铎日记全编》,第594页;《王伯祥日记》第31册,第256页。

③ 王伯祥:《王伯祥日记》第31册,第296—297页。

④ 顾颉刚:《顾颉刚日记》第八卷,第380—381页;《郑振铎日记全编》,第601页;《王伯祥日记》第31册,第317—318页。

⑤ 顾颉刚:《顾颉刚日记》第八卷,第382页;《郑振铎日记全编》,第602页。

由郑振铎、何其芳任召集人，成员有王任叔、王伯祥、王瑶、余冠英、邢赞亭、吴晓铃、林庚、阿英、孙楷第、徐嘉瑞、徐调孚、章行严、陈翔鹤、冯至、冯沅君、游国恩、杨晦、叶圣陶、隋树森、赵万里、钱钟书、魏建功、罗常培、谭丕模等。此次会议确定了全国古籍整理出版的六个重点：整理和出版中国古代名著基本读物；出版重要古籍的集解；整理、出版总集和丛书；出版古籍的今译本；重印、影印古籍；整理和出版阅读和研究古籍的工具书。

会后，赵万里还应郑振铎之邀，在3月3日、4日、8日、19日多次参加古籍整理规划文学部分拟目的讨论，确定了1958年出版计划[①]。1958年史部古籍出版计划中，还列入了赵万里所辑《辑本宋元方志六十种》《辑本经世大典》两种，另明郭淉《东事书》一种拟据赵万里所藏明天启刻本影印[②]。当时正处在"大跃进"的高潮时期，拟订的规划大多没能实现，这三部书的出版计划后来也就不了了之了。

赵万里热情支持善本书影印。在他主持北京图书馆善本特藏部期间，多次向出版机构提供珍本古籍，用作影印底本。1957年，上海古典文学出版社影印《东坡乐府》《稼轩长短句》二书，其底本即为北京图书馆藏书。每书后各附赵万里一跋，阐述两书的文献价值、递藏经历等。

类似的事例还有很多，略举数则如下：中华书局上海编辑所1961年编印《中国古代版画丛刊》十八种，其中《太音大全集》《无双谱》二书，所附跋文亦系赵万里撰写[③]。1962年，中华书局上海编辑所影印宋龙舒郡斋刻本《王文公文集》，其底本的一部分是北平图书馆从东洋文库获得的日本宫内省图书寮藏本照片，赵万里特为该书撰写了跋文。同年中华书局影印元元统三年（1335）余志安勤有书堂刻本《元朝名臣事略》、宋绍兴八年（1138）广川董

① 郑振铎著，陈福康整理：《郑振铎日记全编》，第606、609页；《王伯祥日记》第31册，第358页、367—368页。

② 《1958年史部古籍出版计划》，《光明日报》1958年3月17日。

③ 1961年3月16日中华书局上海编辑所致赵万里函。原函存赵府。

弆刻本《世说新语》、明万历四十年（1612）刻本《万历武功录》（据天津市人民图书馆藏本），陈乃乾曾与赵万里函商选目①。1966年春，中华书局上海编辑所还与赵万里函商过影印宋蜀刻本《张承吉文集》撰写前言事宜②，计划于当年夏出版，不幸因"文革"延误。该书后来收入"宋蜀刻本唐人集丛刊"，1994年由上海古籍出版社出版。

作为图书馆界的权威专家，赵万里参与了很多书刊的编辑工作，这里略举数例。1955年4月11日，应郑振铎邀请，参加了《古本戏曲丛刊》三集编印座谈会③。1958年，文物局拟创办一份文物画报，赵万里受邀担任编委，他在这年2月参加了编委会④。这份不定期刊物最初拟命名为《铁网珊瑚》或《艺苑英华》，后来改作《文物精华》，同年12月8日在故宫举行了编委会⑤。次年出版第一集，赵万里在上面发表了《陆游、辛弃疾的手稿和其他著作》一文；1963年、1964年相继出版第二、第三集，之后没有再延续。这份刊物每期页数不多，只有40到60页，不过开本宏阔，高达45厘米，配图精美，刊布了不少质量上佳的文物图像与研究文章。

1961年，北京图书馆主办《图书馆》杂志，这是一个以图书馆学专业学术期刊。赵万里担任编委，出席了1962年8月15日的编委会成立会议⑥，以及1963年4月15日至18日编委会与图书馆专业书籍编辑委员会的联席会议⑦。他还在这份刊物的1961年第3期发表了一篇文章，即《谈谈振铎同志搜集和收藏的戏曲书》。

---

① 原函存赵府。

② 原函存赵府。

③ 1955年4月9日郑振铎致赵万里函。原函存赵府。

④ 郑振铎著，陈福康整理：《郑振铎日记全编》，第603页；夏鼐：《夏鼐日记》卷五，第353页。

⑤ 夏鼐：《夏鼐日记》卷五，第419页。

⑥ 《"图书馆"杂志编辑委员会成立会议纪要》，载《北京图书馆馆史资料汇编（二）：1949—1966》，第382页。

⑦ 《〈图书馆〉杂志编辑委员会、图书馆专业书籍编辑委员会举行联席会议》，《图书馆》1963年第2期，第4页。

敦煌文献研究

赵万里受其师王国维的影响，关注西陲出土文献。他在访求古籍的时候，特别留意敦煌文献，比如1961年底1962年初南下苏浙闽沪访书时，便专程前往上海图书馆看敦煌卷子，所见"有北魏神龟元年写《维摩诘经》残卷，西魏大统十六年写《大涅槃经》残卷，隋开皇十七年写《华严经》卷十四残卷，和唐写《有相夫人升天变文》"等[①]。

在主管北图中文图书采访工作的30多年间，赵万里一直非常注重寻访流散敦煌遗书，补充馆藏之缺。20世纪50年代北图大量接受政府调拨、藏家捐赠的敦煌遗书，赵万里都参与其事。文物市场上出现的敦煌遗书，他也尽力搜购。这里举出两例，以见一斑。

其一为洽购李盛铎藏品。

赵万里长期关注李氏藏品的动向，陈寅恪1928年10月曾致函傅斯年便提及："近闻赵万里言，见敦煌卷子有《抱朴子》，并闻李木斋亦藏有敦煌卷子甚佳者，秘不示人。"[②]到了1935年，李盛铎家族有意出售手中的敦煌遗书，委托董康对外接洽。李家开出的售价为15万元，如抵押则为6万元。时任国立北平图书馆委员会委员长胡适[③]曾就此事致函购书委员会主席陈垣[④]，商谈采购事宜。8月6日，陈垣致函胡适，表达他的意见："李氏藏敦煌卷，据来目，除大部分佛经外，可取者不过三二十卷。普通写经精者市价不过百元，次者更不值钱。来目索价太昂，购买殊不相宜。鄙意只可抵押，抵押之数可以到贰万元。惟应要求者一事，应注意者一事：据弟所知，

---

① 赵万里：《南行日记》，载《文物》1962年第9期，此据《赵万里文集》第二卷，第535—536页。

② 陈寅恪：《陈寅恪集·书信集》，第20页。

③ 胡适于1932年9月接替马叙伦担任国立北平图书馆委员会委员，同年10月当选委员长；1935年10月卸任，由蒋梦麟接替。见《中国国家图书馆馆史：1909—2009》，第64页。

④ 1931年，国立北平图书馆成立购书委员会，陈垣为中文组主席，任职直至抗战爆发购书委员会无形解散。见李致忠主编《中国国家图书馆馆史：1909—2009》，第64页。

李氏藏有世界仅存之景教《宣元本经》，此目并未列入，恐尚有其他佳卷，此目之外应要求加入吾人所已知或已见过之稀有珍本；又来目不注行数及长短尺寸，此中伸缩力甚大，最易发生弊病，应注意本主或关系人不至将各卷割裂。"[1] 陈垣认为李家要价过高，不可购买，只可抵押；又提醒胡适应防范李家隐藏珍本、割裂写卷。李盛铎藏卷均为敦煌遗书解京时盗得，为掩盖盗窃罪行遂割裂写卷以充数，陈垣提醒胡适防止李家故伎重演，可谓正中其弊。

陈垣函覆胡适的当天，亦即8月6日，胡适主持国立北平图书馆委员会第二十次会议，讨论收购李盛铎旧藏敦煌卷子案。胡适首先报告相关情况，并宣读上揭陈垣书信，委员会最终"议决函请中基会拨款受押，上述李氏收藏之敦煌卷子，最高押款约为三万元，该款将来由图书馆在中文购书费项下分三年或五年扣还中基会"[2]。委员会遵从陈垣的意见，决定抵押，但抵押款上限定为三万元，较陈垣提议的两万元高出一半。

赵万里作为北图购书委员会委员兼书记，在陈垣、胡适、袁同礼等协商采购事务的过程中，起着沟通联络的作用。赵万里还曾就此事致函中央研究院历史语言研究所所长傅斯年，与之商议处置办法。傅斯年回复赵万里："李某盗卖国宝事，弟实为之数日寝食不宁，可谓痴绝，然亦不知所以然也。闻森老另有可图，乞兄便中鼓励一下，如万一有成，亦大不幸后之幸事也。"[3]

遗憾的是，大约因为双方在价格上无法达成一致，北平图书馆未能入藏李盛铎旧藏敦煌遗书，其他机构也未能筹资购藏，学者们将这批敦煌卷子留在国内的愿望最终落空。李盛铎旧藏后售至日本，现藏武田科学振兴财团杏雨书屋，其藏品图录《敦煌秘籍》全套10册已于2013年初出齐。

---

① 陈智超编注：《陈垣来往书信集》，上海：上海古籍出版社，1990年6月，第177页；陈智超编注：《陈垣来往书信集》（增订本），第218页。

② 《委员会会议记录》，载《北京图书馆馆史资料汇编：1909—1949》，第351页；此份会议记录，又影印于《敦煌图史》，第93页。

③ 王汎森、潘光哲、吴政上主编：《傅斯年遗札》，第684页。

其二为购买《文选·辩亡论》写卷。

中国国家图书馆所藏BD15343陆机《辩亡论》写本，为《文选》二十七卷本的零篇，与中国国家博物馆藏陆机《五等论》写本、敦煌研究院藏敦研269号与法国国家图书馆藏P.2648李萧远《运命论》、日本上野本刘孝标《辩命论》，割裂自同一个写卷[1]。该卷纸墨俱佳，书风舒朗俊秀，且有较高校勘价值，堪称现存敦煌写本中的精品。其入藏国图的经过，颇为曲折。

徐俊根据启功的回忆，勾稽出的递藏轨迹：该件为早期流散的敦煌遗书，与国博本《五等论》一起，辗转落入活动于京津一带的文物商人方雨楼手中。方雨楼曾有意将其出售给北平图书馆，但赵万里怀疑是赝品，因而未予购藏。方雨楼又将《五等论》请傅增湘鉴定，傅增湘阅后在写卷之末钤"书潜经眼"印，但对写卷的真伪未置可否。方雨楼又曾有意将《五等论》写卷出售给启功，启功认为写卷是真品，但因价格过高未能购藏[2]。方雨楼死后，这两个写卷分别入藏北京图书馆与中国历史博物馆。

国图现存当年的采访档案，从中可见《辩亡论》写本入藏国图的经过。1965年6月15日，上海古籍书店收购处致函北图中文采访部，告知此卷价格协商结果："65年中发119号信收悉。关于唐写本《辩亡论》价格问题，藏家已同意按你馆出价2000元九折出让，我店已有200元利润，故不须向你馆再增加手续费了，即售价2000元。该写本二三年前我店曾陪同赵万里先生到此藏家看过，因当时索价太大未谈妥。今藏家虽同意出让，为了慎重，才寄照片请你馆负责鉴别。你馆决定可以收购，希接到信后，最好来电通知我们，因我店最近（20日）有人去北京，顺便将书带上，比邮寄更较妥当。"6月17日，北图中文采访部即打电报给上海古籍书店收购处，告知"《辩亡论》决

---

① 徐俊：《敦煌本〈文选〉拾补》，载中国《文选》研究会编《〈文选〉与〈文选〉学》，北京：学苑出版社，2003年，第661页。

② 徐俊：《〈敦煌吐鲁番本文选〉、〈敦煌本昭明文选研究〉、〈敦煌本文选注笺证〉、〈文选版本研究〉（书评）》，载《敦煌吐鲁番研究》第五卷，北京：北京大学出版社，2001年，第371页。

定收购，即请带京"①。

根据两个单位之间的往来函电，可知20世纪60年代初北京图书馆善本部主任赵万里曾由该店人员陪同，与方家接洽过《辩亡论》写本收购事宜，当时未能购藏的原因，是藏家要价太高。赵万里对此卷的真伪，并没有表示任何疑问（与徐俊转述的启功回忆不同），否则北京图书馆不可能在1965年购入此卷。这些函电还透露，《辩亡论》写本此后不久即由上海古籍书店人员带到北京，入藏北图的时间当在1965年6月下旬。

赵万里为北图敦煌遗书的保护做了不少工作。全面抗战爆发前，北平图书馆将馆藏敦煌遗书装为49箱，南运上海躲避战火。这些存沪敦煌遗书，十余年间历经多次迁移，直到1949年底赵万里参加政务院指导接收委员会华东文化工作团赴沪，结束北平图书馆上海办事处的工作②，才连同北图其他存沪图书一起于次年初运回北京。新中国成立后，作为善本特藏部主任，馆藏敦煌遗书的保管、整理、服务等工作由赵万里直接领导，他处理的相关事务就更多了，与敦煌文献相关的学术服务工作是其中的重要方面。

早在全面抗战爆发前，赵万里便热情为学者提供敦煌文献作为研究资料。20世纪30年代北平图书馆派王重民、向达以交换馆员身份前往英法调查敦煌遗书，他们拍摄了一万余张敦煌遗书照片，陆续寄回国内③。这批资料本拟影印出版，但出版进程不幸因抗战而中止。不过，照片到馆的消息略为学者所知，北平图书馆后来还公布了这些照片的目录④，它们在抗战前便开始通过一些渠道为国内敦煌学者服务，赵万里就经手为多位学者提供敦煌文献照片。

---

① 北京图书馆与上海古籍书店之间的信函、电报，现存中国国家图书馆档案室。

② 赵芳瑛、赵深：《赵万里先生传略》，载《赵万里文集》第一卷，第14页。

③ 刘波、林世田：《国立北平图书馆拍摄及影印出版敦煌遗书史事钩沉》，《敦煌研究》2010年第2期。

④ 袁同礼：《国立北平图书馆现藏海外敦煌遗籍照片总目》，《图书季刊》新二卷第四期（1940）。

比如，1937年周祖谟经赵万里联系，借阅 P.2011《刊谬补缺切韵》残卷照片①。赵万里从事《广韵》校勘多年，王重民赴法后，曾专函要求："王仁昫《切韵》刘半农先生有抄本，恐多误字，敢请提前付照。因弟现从事校勘《广韵》，拟以王韵作参考也。"②王重民寄回国内的"第五包照片目"③，著录 P.2011《切韵》70页、P.3573《论语疏》38页两种，共计108页，右上角注"请交赵斐云先生"，可知这些照片系依照赵万里之请拍摄。后来赵万里将《广韵》校勘工作转交周祖谟完成，同时提供了相关资料方面的帮助，包括敦煌韵书照片。周祖谟在《广韵校勘记》一书的序中说："本书所用宋刻《广韵》及唐人韵书残本照片，皆赵斐云先生一人惠示，又承恺切指示，实可钦感。"④

周祖谟借走的照片，抗战中期尚未归还，当时远在昆明的袁同礼还亲自过问此事。1940年1月19日，袁同礼致函王访渔、顾子刚指示馆务，其中提到此事："二十六年赵斐云先生经手由中央研究院历史语言研究所借去敦煌卷子《刊谬补缺切韵》照片计七十叶，日前致函该所，即予收回。嗣得覆云，'此项照片前敝所系为助理员周祖谟君所借，现仍存周君手。周君住北平前门外茶儿胡同三号，请派人设法向周君收回'云云。查此项照片既仍在平，拟请尊处即派人前往周君处将该片取回，即交写经组点收见覆为荷。"⑤国图所存《法国巴黎图书馆藏敦煌本照片目录》稿本"另辑"（大照片）之后，有写于1947年之后的点勘记录："尚欠周祖谟所借《刊谬补缺切韵》一种七十页。"约编纂于20世纪50年代的《国立北平图书馆藏海外敦煌遗籍照片目录》，著录 P.2011《刊谬补缺切韵》照片两份，其一114页著录在案，另一份

---

① 周祖谟《广韵校勘记》未标明此卷的馆藏号，而以"法国巴黎国家图书馆所藏得自敦煌之王仁昫《刊谬补缺切韵》"称之，简称为"敦煌王韵"。

② 复印件图版存北京大学信息管理系图书馆。此承顾晓光惠示，特此致谢。

③ 此件为王重民手书，现藏中国国家图书馆古籍馆。

④ 序载周祖谟《广韵校勘记》卷端，长沙：商务印书馆，1938年。

⑤ 北京图书馆业务委员会编：《北京图书馆馆史资料汇编：1909—1966》，第708页。

70页注"中央研究院久借未还"。这些资料表明，这批照片为周祖谟长期留用研究。

周祖谟在《唐五代韵书集存》[①]中，刊布了多种敦煌吐鲁番出土韵书的照片，其中包括P.2011等。他在序中说："所幸北京图书馆经过多年的努力，大部分的材料都有了照片。王重民先生在这方面尽了很大的力量。"[②]该书所用照片，包括P.2011等敦煌本韵书及德藏吐鲁番出土韵书，都是经赵万里从北图获取的。

又如，1941年傅增湘经赵万里、孙楷第之手，借出北平图书馆藏王重民拍摄法藏唐写本《刘子》照片，以校勘清光绪元年（1875）崇文书局刊本。傅增湘校勘该书，历时30年，所用敦煌本有何彤威、刘希亮藏本，董康手抄法藏P.3704号，以及王重民所摄照片[③]。1941年11月3日，傅增湘致函赵万里："前者承君钞示燉煌本《刘子》存卷表，中有馆藏复印件，自《韬光》第四至《法术》十四，又《鄙名》十七至《托附》廿一。此十六篇弟未曾校过，颇拟得此卷一校，不知尚存否？或君有临校本亦可，祈示及为幸。"[④]此事最终由写经组组长孙楷第经手办理。傅增湘在跋文中记述这一经过："至于敦煌卷子本……其在英伦者，王重民留学于彼，展转访得两本，一大字卷，三百零二行，一小字卷，七十八行，摄影寄归，藏于北平图书馆。余近日甫从门人孙子书借观，因得传校。"[⑤]所谓王重民所摄"在英伦者"，实即法国国家图书馆藏P.3562、P.2546两号。

至于零星的答复咨询，则不可胜记。兹举一例：1965年8月22日，夏鼐访赵万里，"询问关于敦煌卷子事"[⑥]。当日所谈详情如何，夏鼐日记中没有更

---

① 据周祖谟序，此书编纂始于1945年，成书后搁置二十多年，方才于1983年由中华书局出版。

② 周祖谟：《〈唐五代韵书集存〉序》，载《唐五代韵书集存》，北京：中华书局，1983年，第2页。

③ 王菡：《藏园校书所用敦煌遗书、吐鲁番文书》，《中国典籍与文化》2008年第4期，第97页。

④ 此函承赵深先生惠示，特此致谢。

⑤ 傅增湘：《藏园群书题记》，第347页。

⑥ 夏鼐：《夏鼐日记》卷七，第151页。

多记载。

学者们的敦煌学著作，有时也向赵万里征求修改意见。王重民所辑《敦煌曲子词集》（上海商务印书馆，1950年）1956年再版，王重民在"再版叙例"中提到，"第一版出版时得到周一良、孙楷第、赵万里、阴法鲁、万斯年、曾毅公、杨殿珣七位同志的校正"[①]。

赵万里还编过敦煌学论著目录。陈寅恪1928年10月致傅斯年函中提到："赵万里现编一目录，专搜求关于敦煌著述，如能成书，当可供参考。"[②]可惜的是，这部目录没能成书，稿本的下落也没有什么线索。此后，1932—1933年度国立北平图书馆写经组曾编《敦煌学书籍论文索引》（未出版），平馆馆员张全新编有《敦煌学论著简目》[③]，也许赵万里所辑录的资料已为这两部论著目录所吸收。这类目录编纂工作，其实也是敦煌学学术服务的一部分。

在王国维"二重证据法"的影响下，赵万里非常注重利用敦煌西域文献开展研究。他撰写的专门讨论敦煌文献的论文并不多，不过在从事古籍整理、文史考证、版本目录学研究和期刊编纂等学术活动时，比较多地利用了敦煌西域文献，这是赵万里学术研究的特点之一。他的敦煌文献研究成就主要体现在以下几个方面。

其一，利用敦煌古写本校勘古籍。

赵万里"酷嗜校书"[④]，校书多达数十种[⑤]，部分校记整理成文，刊布于各学术期刊。他注重敦煌文献的校勘价值，利用敦煌本校勘过多种古籍。比如

---

① 王重民辑：《敦煌曲子词集》（修订本），北京：商务印书馆，1956年，第21页。

② 陈寅恪：《陈寅恪集·书信集》，第20页。

③ 此目稿本在1948年12月北京大学五十周年校庆之际举办的"敦煌考古工作展览"中展出。据《展览概要·敦煌经卷、照片及图书目录》介绍，此目收散见于丛书、报章、杂志的敦煌学研究论著500余种，分为总论、敦煌史地研究、敦煌写本研究、敦煌美术研究四大类，敦煌写本研究之下，又分通论、语言文字、史学、地学、诸子、科学、政治、经济、社会、宗教、文学等十二门。未正式出版。

④ 王国维：《赵万里〈水经注〉临校本跋》，书影刊于《赵万里文集》第一卷，第4页。

⑤ 详笔者所编《赵万里校本批本目录》，载《赵万里文集》第三卷，第582—592页。

1925年重阳前后，曾校过罗振玉所辑《敦煌石室碎金》中的《毛诗豳风残卷》《汉书匡衡张禹孔光传残卷》《春秋左传昭公残卷》等三篇[①]。赵万里利用敦煌本校勘并发表过校记的，有《文心雕龙》《说苑》二书。

校勘《文心雕龙》的成果，为《唐写本〈文心雕龙〉残卷校记》一文[②]。该文撰写于赵万里在清华学校国学院任王国维助教期间。详情已见本书第二章，在此不再赘述。

《唐写本〈说苑·反质篇〉读后记》[③]是赵万里用敦煌遗书校勘传世典籍的又一篇力作。此文以敦研328号[④]《说苑·反质篇》校万历年间程荣《汉魏丛书》刻本，有异文300余处，文中举出24条，其中12条与魏征编《群书治要》卷四十三引《说苑》相合，2条与虞世南编《北堂书钞》引《说苑》相合，2条与李昉等编《太平御览》引《说苑》相合，2条与《晏子春秋·杂篇》相合，3条与《汉书·杨王孙传》相合，2条与《孔子家语·观周篇》相合，指出"唐写本《说苑》不仅是校订明刻本《说苑》的重要资料，同时也是校订《晏子春秋·杂篇》《汉书·杨王孙传》《孔子家语·观周篇》等书的辅助资料"[⑤]。此外，又列出佚文四处。这些校勘，彰显了敦煌本的文献价值，纠正了传世本的众多错谬。文末分析了传世本与唐写本之间差异如此巨大的原因：《反质篇》北宋时亡失，后人从高丽本补足，而高丽本曾经后人传写失真，因而造成了众多文字错讹。

赵万里长期关注《说苑》一书，早在1928年便于《国学论丛》第一卷第四号发表《〈说苑〉斠补》一文，对《说苑》全书作详细校勘。因此在读到敦研328号之后，能提纲挈领，简明扼要地揭示出其价值。

---

① 此校本承李经国惠示，特此致谢。
② 此文完成于"丙寅花朝"，即1926年3月28日；刊于《清华学报》第三卷第一期（1926年6月）。
③ 载《文物》1961年第3期。
④ 影印本见《甘肃藏敦煌遗书》第二卷，兰州：甘肃人民出版社，1999年，第47—51页。
⑤ 赵万里：《唐写本〈说苑·反质篇〉读后记》，此据《赵万里文集》第二卷，第406页。

赵万里此文并不是敦煌本《说苑·反质篇》的首篇校勘之作。此前，张舜徽1946年执教于兰州大学时，曾因冯国瑞介绍，从原收藏者张香冰手中借得该卷，详加校勘，撰成《敦煌古写本〈说苑〉残卷校勘记》一文，收入《积石丛稿》，于1946年底由张舜徽壮议轩铅印行世；后收入张舜徽《旧学辑存》①、《张舜徽集·旧学辑存》②。赵万里撰写《唐写本〈说苑·反质篇〉读后记》一文时，并未参考张文。在此试就张文、赵文做一比较。

首先，张文是敦研328号全卷的完整校勘，列出校记190余条，主旨在于校勘文本异同；赵万里虽然校出"文字歧异约三百多条"③，但并未在该文中详细列出，仅举例式地列出24条，主旨在于揭示敦煌写本的"优点"。

其次，张文校勘使用的主要版本，为《四部丛刊》影印平湖葛氏传朴堂藏明抄本、明程荣刻本及坊刻诸本④；赵万里所校，除各刻本、抄本外，还广泛利用《群书治要》《北堂书钞》等类书，以及《晏子春秋·杂篇》《汉书·杨王孙传》《孔子家语·观周篇》等文字接近的篇章，校勘材料的范围更广。

从这两方面看，赵文虽晚于张文，且所涉及的条目张文多已校出，但仍不失为一篇有所发明的学术论文。

其二，利用敦煌古写本勾稽古佚诗词。

赵万里注重从敦煌文献中搜集佚文，试举二例。

赵万里所撰《芸盦群书题记·高常侍诗》⑤系法藏敦煌文献 P.2567+P.2552号的叙录，主要目的为补正《鸣沙石室古佚书》的遗漏。这两个卷子拼合后，

① 张舜徽：《旧学辑存》，济南：齐鲁书社，1988年10月。

② 张舜徽：《张舜徽集·旧学辑存》，武汉：华中师范大学出版社，2008年12月。

③ 赵万里著，冀淑英、张志清、刘波主编：《赵万里文集》第二卷，第407页。

④ 张舜徽：《敦煌古写本〈说苑〉残卷校勘记》，载《张舜徽集·旧学辑存》，武汉：华中师范大学出版社，2008年12月，第803页。

⑤ 《芸盦群书题记》原载《大公报·图书副刊》创刊号至第21期（1933年9月至1934年4月），又载《国立北平图书馆馆刊》第八卷第三号（1935年6月）；此据《赵万里文集》第三卷，第140—142页。

共载高适诗49首，与明铜活字印本《高常侍诗集》相比，《自武威赴临洮谒大夫不因书即事寄河西陇右幕下诸公》《同李司仓早春宴睢阳东亭》二首为佚文。叙录校录了这两首佚诗，并指出其他47首中，敦煌本也有多处异文可以补正传世本的讹误。

20世纪30年代赵万里在北京大学授"词史"，编有讲义《词概》，此稿生前并未发表，今收入《赵万里文集》第二卷。稿中论曲子词的起源，引证敦煌文献："至敦煌所出《云谣集杂曲子》及唐写本《春秋后语》背记所记之《望江南》《菩萨蛮》诸词，其用韵与句法，较《花间》《尊前》各异，而词意深峭隐秀，实堪与飞卿、端己抗行。其词律之宽，犹其余事也。"① 给予它们较高的评价，并且校录了《凤归云》《天仙子》两首词作。

赵万里多次受聘在清华大学、中法大学服尔德学院讲授目录学，主要为文学目录学。现存讲义大纲三种，其中《目录学十四讲纲目》刊于《赵万里文集》第一卷②。以此为例，可见赵万里对敦煌文献的关注，如第二讲"丛书与类书"之第五节为"敦煌、日本新发现之古类书"；第三讲"群经"之第五节为"敦煌、日本新出之诸经古写本"；第七讲"《诗经》与《楚辞》"之第四节"《楚辞》之版本源流"谈及敦煌本，在另一份《应用目录学大纲》中，此节标题为"唐写本《楚辞音》及其他"，更以敦煌本为主要讲述内容；第九讲"唐代文学"之第七节为"敦煌唐代文学原料"。可见在赵万里的目录学体系中，敦煌文献占有重要地位。

赵万里通过叙录、讲义等形式介绍了敦煌本高适诗集、《云谣集杂曲子》，并校录部分篇章，虽不是系统整理，但对于后来的学者继续从事这一工作，却不无参考价值。他的这些整理成果，都被王重民《敦煌古籍叙录》所吸纳。

---

① 赵万里：《词概》，载《赵万里文集》第二卷，第19页。

② 赵万里目录学讲义现存三种：国立清华大学讲义《目录学十四讲纲目》，载《赵万里文集》第一卷，第383—386页；国立清华大学讲义《应用目录学大纲》，国立清华大学铅印，现存赵府；中法大学服尔德学院讲义《应用目录学（文学之部）大纲》，广源印刷局铅印，现存赵府。以上讲义承赵深示知。

其三，利用敦煌文献考史。

这方面的代表作为《魏宗室东阳王荣与敦煌写经》一文①。此文据日本书道博物馆藏敦煌遗书《妙法莲华观世音经》、北图藏 BD05850（菜 50）《大智度论》题记中的东阳王荣，与史籍相印证，考定其人即《魏书·孝庄纪》永安二年封东阳王的瓜州刺史元太荣；复据《王夫人元华光墓志》《元祎墓志》《洛州刺史乐安王元绪墓志》《益州刺史乐安哀王元悦墓志》等石刻史料，考证元荣家族世系；最后据李盛铎旧藏敦煌写经《摩诃衍经》卷八题记，揭示元荣之婿邓彦夫妇供养佛经的本事。

向达 1946 年 6 月 9 日致函赵万里，盛赞该文："大著论东阳王元荣与敦煌写经一文，亦已拜读一过，以埋幽之贞珉补伯起之缺佚，证明元荣为乐安王后，确凿无疑，佩服佩服。卅一、卅三两年，弟曾两去敦煌，于元荣事亦曾加以钩稽。当时□《元丕传》'隆超母弟及余庶兄弟皆徙敦煌'之语，臆测元荣为元丕之后。今读大著，鄙说可以覆瓿矣。又邓彦篡弑，弟文推为大统十年左右，大著引彦书《摩诃衍论》在大统八年，则瓜州之乱当在八年或八年以前。"②同时告知英国、日本尚有元荣写经多件，可以补充该文。

据我们现在的调查，敦煌遗书中有元荣题记的写经共有 12 件。赵万里撰写此文时，大部分并未公布，因此他没能见到所有资料。仅据有限的资料，此文已经将元荣的生平、家世及其对敦煌佛教的贡献，大体上勾勒出来。半个世纪后，宿白在赵万里论述的基础上，进一步搜集史料，撰成《东阳王与建平公》一文③，补充和发展了此文的论述。

值得注意的是，这篇论文采用石刻材料与敦煌文献互证的方法探究史事，在方法论上具有启发意义。

其四，引证敦煌西域出土文献讨论中国古代书籍史。

---

① 原载《中德学志》第五卷第三期（1943 年 9 月），收入《赵万里文集》第一卷。

② 原函承赵深先生惠示。

③ 原载《敦煌吐鲁番文献研究论集》，北京：中华书局，1988 年；收入宿白《中国石窟寺研究》，北京：文物出版社，1996 年，第 244—259 页。

赵万里是我国近代较早从事书籍史研究的学者之一，他在书史论著当中，谈中国书籍、版刻的起源与历史，往往征引敦煌西域出土文献。早在1928年，赵万里编《北京图书馆月刊》（即《国立北平图书馆馆刊》前身）时，即在第一卷第四期卷首刊出俄藏黑水城出土金刻版画一幅，并为作跋。跋文中说："考传世古雕版之有图像者，莫先于敦煌石室所出晋开运四年刻本之《毗沙天王象》。"① 指出当时所知的最早雕版印刷品，介绍给国内的学术界。

20世纪30年代，赵万里受聘在清华大学兼授版本学课程，清华大学印行《版本学纲目》，作为其课程的讲义。这份"纲目"共列28项内容，其中第一项为"述近世西域及敦煌塞上新出之汉晋简牍"，第二项为"述魏晋迄李唐写本书及其形制"②，将西域与敦煌简牍、敦煌遗书等写本时代产生的文献，与刻本并列为版本学的讨论对象，扩展了版本学的范畴，对于中国书籍史的研究富有启发意义。

1952年北图举办"中国印本书籍展览"，刊行《中国印本书籍展览目录》，赵万里为之撰写《中国印本书籍展览说明》③。这份说明内容相当于一部简明的中国书籍史，其中多处引证敦煌遗书，比如谈到卷轴装书籍，指出"现存的大量古卷轴，包括4世纪至10世纪（即东晋后期至北宋初期），绝大多数是1900年前后甘肃敦煌鸣沙山莫高窟发现的"；谈到雕版印刷的起源，指出"现存最古老刊本，除了捺印的佛像之外，就是敦煌出的卷子本《金刚经》。……图和经文，线条劲挺，刀法圆熟，已是成熟期的作品"④，对其工艺成就、历史地位给予了恰如其分的评价，为后来的学者所认可、遵循。

此外，敦煌以外的其他西北地区考古遗址出土文献，在性质、内容等方面与敦煌遗书均有相似性、互补性，也是赵万里关注的范畴。赵万里负责编

---

① 原载《北京图书馆月刊》第一卷第四号（1928年8月）卷首；收入《赵万里文集》第二卷，第333页。

② 赵万里：《版本学纲目》，载《赵万里文集》第一卷，第191页。

③ 该文以《中国印本书籍发展简史》为题，刊于《文物参考资料》1952年第4期。

④ 赵万里：《中国印本书籍发展简史》，载《赵万里文集》第一卷，第148—150页。

辑的《北平北海图书馆月刊》，卷首常登载西域出土文书书影，往往附有跋文，加以考订。如《北京图书馆月刊》第一卷第四号卷首图版为俄国科兹洛夫于黑水城所得金刻版画，附有赵万里跋文[①]。又如《北平北海图书馆月刊》第二卷第一号卷首插图"古写本战国策残卷书影"，系斯文·赫定于楼兰所得书籍写本残片，后附跋文，认定其"殆非晋以后物"，并附有释文[②]。赵万里将这些资料介绍给学界，对于书籍史、印刷史和文史考证的探讨不无裨益。

综上所述，赵万里在敦煌文献校勘方面有一定贡献，在其他领域的学术研究中有意识地充分利用敦煌文献，此外还尽力协助其他敦煌学者获取研究资料。因此，《敦煌学大辞典》也设立了"赵万里"词条[③]，表彰他对中国敦煌学发展的贡献；很多论著、辞典在介绍赵万里时常常称他为"敦煌学家"，这是恰如其分的评价。

著述成果丰硕

新中国成立后，社会整体上保持了较长时间的安定，在这样的环境下，赵万里的学术研究工作有了长足进展，不断推出新的研究成果。1948年底几乎印成的《汉魏六朝冢墓遗文图录》，经重新整理，终于在1956年1月由科学出版社出版，定名为《汉魏南北朝墓志集释》。以《永乐大典》为主要资料源的辑佚之作《薛仁贵征辽事略》（古典文学出版社，1957）、《元一统志》（中华书局，1966），主编的《北京图书馆善本书目》（中华书局，1959）、《中国版刻图录》（文物出版社，1960），也相继出版。

这一时期赵万里发表了为数众多的学术文章，其中关于《永乐大典》、

---

① 赵万里：《金刻版画跋》，载《赵万里文集》第二卷，第333—334页。
② 赵万里：《古写本〈战国策〉残卷跋》，载《赵万里文集》第二卷，第336—337页。
③ 季羡林主编：《敦煌学大辞典》，上海：上海辞书出版社，1998年，第901页。此词条系赵和平撰写。

关于郑振铎的系列文章已见于前述，在此不再赘述。其他文章主要涵盖书籍史、访书记录、文史考证、词曲研究四个方面。

赵万里没有出版过成书的版本学通论，从整体上概述版本学的论文，也多是从更宏观的书籍史角度着眼的。发表于《文物参考资料》1951年第2期的《从简牍文化说到雕板文化》，其主要内容20世纪40年代在辅仁大学的《校勘学》课上讲授过[1]，至此整理成文正式发表。这篇文章是中国古代书籍史的概述，以书籍载体发展为依据划分三个文化时代：先秦到汉晋为简牍文化时代、魏晋到唐五代为卷轴文化时代、中唐到清末为雕板文化时代，并综述了各时代的概况。

1954年秋，赵万里为第一届公共图书馆工作人员训练班讲授版本史，撰写了一份《中国古代版本史讲义》。1950年赵万里便有意撰写版本史，并与郑振铎等讨论过[2]，该书并未最终写成，不过这份讲义或许可以看作它的提纲。这份讲义包括"古代记载文字的工具""记载文字所采用的方法"两部分，系统讲述了从简牍、卷轴古籍到雕版印刷、活字印刷、版画的发展历程。此外赵万里还在《人民画报》1961年9月号发表了《古代的版刻》一文，以图文并茂的方式简要介绍了古代印刷史。

公私合营之后，北京旧书业整合入中国书店。赵万里长年与旧书业打交道，对这个行业的底细知之甚深，也期望旧书业能继续发展，曾建议中国书店在购求古书之余开展"翻印古书"业务，并表示北图可以提供支持[3]。他在1956年11月23日的《人民日报》上发表《谈谈北京的古旧书业》一文，肯定古旧书店从业人员们大多有一定文化程度，对古书的版本、目录和主要内

---

① 当年听课的一位学生，记下了比较详细规整的笔记。该笔记于2017年入藏中国国家图书馆。刘波整理：《赵万里"校勘学"授课笔记》，载《文津学志》第11辑，北京：国家图书馆出版社，2018年8月，第272—302页。

② 1952年1月31日郑振铎致刘哲民函。郑振铎著，刘哲民、陈政文编：《抢救祖国文献的珍贵记录——郑振铎先生书信集》，第368—370页；《郑振铎全集》第16卷，第335—337页。

③ 王雨著，王书燕编纂：《王子霖古籍版本学文集》第3册，第80页。

容有一定的认识，有的人富于钻研精神，称得上专家学者；他们不仅努力进行古典文化遗产的搜集和整理工作，对于革命文献、近代史料也因各地读者和图书馆的需要进行过一些调查工作；不少从业人员有装修古旧书籍的特殊技术。他主张"在今天社会主义改造和建设的伟大事业中，应该充分发挥他们的力量，来为科学研究采获更多的文献和资料"，并提出具体的工作建议：

> 有关领导机关首先应该依靠群众，做好北京古旧书业从业人员的调查研究工作。对于少数有版本目录知识的专家，可以吸收到文化部门或国家图书馆从事工作，以便得到进一步提高的机会。据了解，现在北京、南京、上海各地图书馆积压未编的书刊达一千万册左右。这些大量被积压的书刊，在短期间如果要设法整理出来为科学研究服务，必须利用古旧书业中一部分优秀从业人员的力量。各级文化部门应该重视这个工作，促其尽快实现。北京国营中国书店目前力量较弱，应该从公私合营书店中抽调一部分工作能力强的人员来加强业务，在新的基础上建立起和公私合营书店的领导关系。同业中应即开动脑筋，大力展开业务竞赛，多买多卖。积极派人到各地去采购图书，要到大城市去，也要到中小城市和乡间去，广为宣传，防止各地有价值的书刊流入造纸厂或制爆竹的作坊中去。各地文化机关对于书业采购工作人员应大力予以支持和协助。现在个别地区的文化机关缺乏整体观念，不但不协助他们，反而留难他们，这是不对的，文化部门要迅速予以制止。新购进的书刊，应该通过同业公开议价再行发卖。对于少数有价值的罕见的版本，不管买价多少，应该评高些，相反，可以低些。如果偏高偏低，有人提出异议，可以重评。有关领导机关在现阶段内，对于古旧书店的各项工作，尤其是采购工作，应该多鼓励，尽量发挥从业人员的工作积极性，以便他们更多地为社会主义文化建设和科学研究服务。①

---

① 赵万里：《谈谈北京的古旧书业》，《人民日报》1956年11月23日。

这篇文章对古旧书业的发展，提出了很多具体的主张，对社会主义改造高潮中古旧书业的持续发展有积极推动作用。

对古旧书店发现珍善本书的消息，赵万里予以特别关注。1959年，盛传中国书店发现了高鹗《红楼梦》手稿，他特撰《从新发现的钞本〈红楼梦〉说到杨继振的收藏》（载《文汇报》1959年7月22日）一文，加以考辨。该文指出抄本笔迹与高鹗《红楼梦》序文不一致，认为在没有发现新的可靠的论据以前，断定它是高鹗手定稿本未免言之过早；又考察收藏者杨继振的收藏史，进一步指出该书的疑点。

书史与版本权威的学术地位，让赵万里身不由己地卷入了一些学术论争。1965年，郭沫若发表《由王谢墓志的出土论到兰亭的真伪》，认为王羲之《兰亭序》书迹为后人伪托；而南京市文史馆馆员高二适发表《兰亭序的真伪驳议》等文，反对郭沫若的观点，掀起"兰亭论辩"，参与者众多。据上海博物馆原副馆长汪庆正回忆，"高二适的《驳议》一出，康生即授意组织写文章，支持郭老"[1]。赵万里为此撰写了《从字体上试论〈兰亭序〉的真伪》一文[2]，支持郭沫若的观点。赵万里认为，他所编《汉魏南北朝墓志集释》搜集的东汉末至隋末墓志，"从隶书到正书，色色具备，但中间却找不到王羲之《兰亭序》应有的'座位'。《兰亭序》在行楷之间，字体妩媚动人，很像是唐宋人的手笔"。然后从字体角度展开论述，史载王羲之、王献之都以擅长隶书与章草著称，但《兰亭序》却楷法完整，基本上没有隶书和章草的笔意，且丝毫没有梁武帝萧衍《书评》所称的"雄强"的味道。王羲之时代的隶书和章草，可以从敦煌与新疆出土的十六国时期古写卷中看到概貌。由此推出结论："现存的《兰亭序》是后人写的，绝不是羲之手笔。《兰亭序》究竟是谁写的？郭老说是陈隋间僧智永写的。但从《兰亭序》的楷法看来，其中主要的显然有唐人成分，还有宋人的成分。这是长期积累的过程，恐怕

---

①　郑重：《回眸"兰亭论辩"》，《光明日报》1998年12月3日。

②　赵万里：《从字体上试论〈兰亭序〉的真伪》，《文物》1965年第11期，第8—9页。

不是一二人能够单独搞出来的。《兰亭序》的楷法既含有唐人和唐以后人的成分，那末，王羲之的《快雪时晴帖》、王献之的《中秋帖》等，究竟是不是真迹？这个问题，也可迎刃而解了。"这篇文章篇幅不长，但在论证角度和资料方面，都对郭沫若的文章有所补充，支持了郭沫若的观点。不过，据汪庆正回忆，康生"特别是对赵万里的文章有意见，说他只写了巴掌大的文章，于是又派人来上海请徐森玉写文章"①。从这里看，这篇文章似乎是压力下的产物。

词曲研究是赵万里非常关注的领域，发表的论著也较多。刊载于《文物精华》第一集（文物出版社，1959年）的《陆游、辛弃疾的手稿和其他著作》，介绍了南宋两位爱国主义作家的生平、交往和作品，并重点阐述两人著作的刊刻历史、版本源流，是版本学与词曲学的结合之作。

赵万里留意元曲代表作家关汉卿的资料。刊载于《戏剧论丛》第2辑（1957年5月）的《关汉卿史料新得》，据《永乐大典》卷四六五三所引《析津志·名宦传》中的关汉卿传记，考证其生活时代为"十三世纪中叶，就是元世祖中统前后一个时期"。此文发掘出关汉卿生平研究的重要史料，是"具有长期影响的关汉卿生平籍贯研究的重要论述"②。随后，又因吴晓铃和胡忌的指正，撰写了《一点补正》（载《戏剧论丛》第3辑），修改了前文中的一处错误，并据更多资料推定关汉卿生于1210年左右，死于1280年左右。

1958年4月，中国戏剧出版社出版《关汉卿戏曲集》，内收赵万里校辑的《关汉卿散曲辑存》。此文校辑关汉卿所著套曲14套、小令57首附录5首；依《太和正音谱》所列北曲宫调先后为次；各曲注明所出，引用书籍以成书先后为序；各曲正文据引用书籍中第一种书迻录，各书异文录为校记，字句显然谬误者径予改正并出校记；引用及参校者有《太和正音谱》《啸余谱》《北

---

① 郑重：《回眸"兰亭论辨"》，《光明日报》1998年12月3日。
② 赵建坤：《关汉卿研究学术史》，第136页。

词广正谱》《雍熙乐府》《彩笔情词》《北宫词纪》《词林白雪》《盛世新声》《词林摘艳》《尧山堂外纪》《太平乐府》《乐府群珠》等十余种。

同类的辑佚还有《天宝遗事诸宫调》，完成于1955年1月。然而因为这类作品在当时已经不合时宜，生前并未发表，直到近年收入《赵万里文集》第二卷，才为人所知。

1958年7月，文化部将苏联政府同年4月经我国驻苏大使馆赠还中国的金刻本《刘知远诸宫调》42叶、绘图本《聊斋图说》46册拨交北京图书馆庋藏，赵万里当月便在《文物参考资料》1958年第7期发表《崇高的友谊——记苏联政府赠送的〈刘知远诸宫调〉和〈聊斋图说〉》，赞颂苏联的"崇高的伟大的国际主义精神"。这篇文章主要篇幅都在论述《刘知远诸宫调》成书时代、内容及文献价值，对《聊斋图说》仅有寥寥几句话的介绍，从中可见他的兴趣所在。

1962年前后，中华书局"为了推动百家争鸣、繁荣学术"，曾经"计划陆续编印一批现代作家的学术论文集"，当时曾经联系28位学者，其中就有赵万里，列入"历史方面"①。可惜这个计划当时没有实现，赵万里文集直至2012年方才由国家图书馆出版社出版。

无论从学术领域的广度，还是研究探讨的深度来看，赵万里都在现代学术史上树立了一座高峰。在同行与学生、后辈们的眼中，赵万里总是以版本目录学权威的形象出现，这无疑是客观的看法。然而赵先生自己却有不一样的观点，他自谓研究成就最高的是词曲，其次为辑佚，第三才是版本目录②。这种差异，大概是因为他长期在图书馆工作，版本目录学著作刊布较多，日常工作与兼课演讲也多以古书为内容，这方面的成就易于为人所知，大放异彩，一定程度上掩盖了前两方面的光芒。假如他始终留在大学任教或转入研究机构，或许便以词曲研究与文史考证著称于世了。

---

① 齐浣心：《赵万里与古籍整理出版》，《中华读书报》2020年6月17日第7版。
② 2005年2月5日丁瑜致沈津函。沈津惠示。

西谛至交

赵万里的友人们中，情谊最深的是郑振铎。最晚在1930年，他们便已相识。这年夏天，赵万里在上海造访郑振铎的虹口东宝兴路寓所，"看到他新收的天一阁旧藏的几种明版词集，中有明人夏言的《桂洲词》、夏旸的《葵轩词》、陈德文的《建安诗余》，纸墨俱佳，十分漂亮"，以及明嘉靖间四川嘉定九峰书院刻本元遗山编《中州乐府》[①]。

对古书的共同热爱，成就了他们的友谊。从那以后，他们常常一起访书、赏书。1931年8月，他们一起前往宁波探访天一阁，与马廉三人于灯下连夜赶抄《录鬼簿》，早已成为学林佳话。1932年初，赵万里为北图购买蒋汝藻藏明人别集600余种，居中做证人的便有郑振铎[②]。平馆举办的多次展览会，诸如1931年9月的水灾筹赈图书展览会、1933年10月的舆图版画展览会，都借展了郑振铎的藏书。

抗战时期，郑振铎避居孤岛上海，赵万里滞留北平，他们之间交往依然频繁。赵万里每次南下访书，都会和郑振铎聚会谈燕。1939年前后，郑振铎辑得明清版画精品照片五十一开，邀请朱自清、冰心、龙榆生、顾颉刚、叶圣陶、夏丏尊、郭绍虞、孙祖基、王伯祥、夏承焘等名流同道题词，赵万里题了二开，所书为李清照《凤凰台上忆吹箫·香冷金猊》、黄庭坚《西江月》二阕[③]。

他们都极为赞赏古代版画的高超成就。郑振铎搜集了丰富的版画资料，并加以系统的整理研究，编印了巨著《中国版画史图录》。全书20册，1940

[①] 赵万里：《〈西谛书目〉序》，载《赵万里文集》第二卷，第291页。

[②] 王伯祥：《王伯祥日记》第9册，第33页。

[③] "郑振铎集名人题词集锦"二册，见于北京泰和嘉成拍卖有限公司2015年春季艺术品拍卖会"古籍文献·碑帖法书"专场，拍品编号1079号。部分书影见泰和嘉成网上预展，网址为：http://www.thjc.cn/JC_List1.aspx?id=252972［2016.8.30］。

年起分辑刊行。其中《十竹斋笺谱》的重刻，费时最久。1935年郑振铎与鲁迅辑印《北平笺谱》之后，便有意重刻《十竹斋笺谱》，于是委托赵万里借得王孝慈藏本，"付荣宝斋覆印，然覆印之工至为繁重，荣宝斋主人杨君初有难色，强之而后可"①。第一册印成，效果几可乱真。当时与郑振铎一起讨论共赏的，有鲁迅、马廉、徐森玉、赵万里、魏建功、向达、王孝慈、周越然等。后来马廉、鲁迅相继逝世，抗战期间诸人星散四方，重印《十竹斋笺谱》的事便耽搁了下来。1940年左右，郑振铎发愿辑刻《中国版画史图录》，拟完成《十竹斋笺谱》，收入其中。他致函赵万里，托其查询重刻版的踪迹，竟仍保存完好。于是又委托赵万里在北平代为督印，经过一年半的努力，于1941年夏完成了重刻。郑振铎在《中国版画史序》中赞道，重刻《十竹斋笺谱》"赖有斐云在平负责督印，凡有所成，皆斐云力也"②。1952年，郑振铎委托荣宝斋重印《十竹斋笺谱》，特将"重印本第一部"签名赠送赵万里，以答谢他当年"主持续刻"之劳③。

　　1940至1941年，郑振铎组织文献保存同志会，在沦陷区抢救流散市肆的古籍文献，北平部分主要委托赵万里代为搜罗，其事已见上章。他本人的购书，也常托赵万里代办。1944年12月1日，郑振铎给赵万里写信，谈生活近况、书市行情之外，又托他购书："弟近拟搜购若干清代诗文总集，但佳者难得，且此间亦竟无可得，不得不求之北

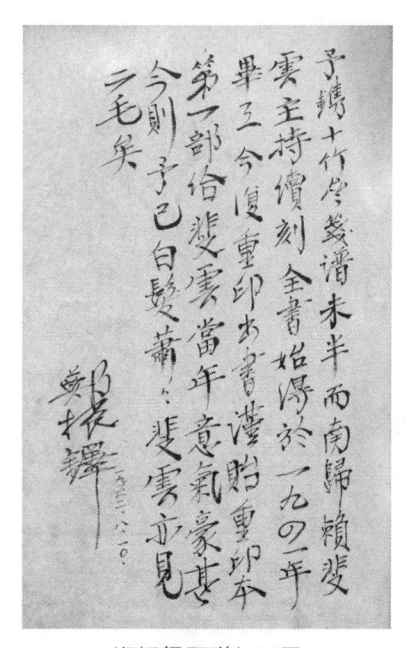

郑振铎题赠赵万里
《十竹斋笺谱》重印本

---

① 郑振铎：《中国版画史序》，收入郑振铎《西谛书话》，第509—511页。
② 郑振铎：《中国版画史序》，收入郑振铎《西谛书话》，第488—508页。
③ 郑振铎签赠本现存赵府，书前有郑振铎1952年8月10日跋。

方，乞于阅肆时代为留意为荷。总计所有，不过一百余种，如《过日》《龙眠》之类，自极难得，然不妨请便中代为留意。"①1945年9月14日②、10月27日③，又托购东北印本《清实录》。

古籍之外，郑振铎还多次托赵万里在平代购其他文物文献，尤以抗战胜利后的两三年间最为频繁。1947年6月26日，函托代购"古玩商祝某之汉及北朝画像九十种，又张宝珠造像二张"④。赵万里当即购下这批拓片，7月8日寄达上海⑤，郑振铎收到后，"欢喜无量"⑥。7月26日，再次来函托购"两城山画象及其他汉砖、汉画象及六朝画象"⑦。11月8日、9日，又来函托购陶俑："弟购俑不少，惟鲜佳者，拟在平购一二十件姿态佳妙者，以为《图录》增光（蓝彩者亦无），不知兄能代为搜罗否？即小件，亦不妨。坐宫凳者，舞者，尤为注意。其价由兄作主可也。""俑以佳者为重要（有姿态者，坐者，有蓝彩者），弟处普通之俑已多，故盼能购若干出色者，以便加入《图录》中。"⑧不过因北平文物市场上陶俑"无佳者"，并没有大举购入⑨。

他们二人频繁的通信中，书市行情、购书所得是常见的主题。如1945年6月9日郑振铎函：

> 此间书价较平略低，闻明活字本《春秋繁露》，售十三万，仅合北钞一万余元耳。弟以无意收书，故亦未之见。年来所得绝少，仅见到鄞来之《镜湖游览志》（崇祯本，有图），及白棉纸《玉簪记》（孙祥熊旧藏，即我

---

① 原函存赵府。
② 原函存赵府。
③ 虞坤林：《郑振铎致赵万里遗札一封半》，《出版史料》2004年第4期。
④ 原函存赵府。
⑤ 郑振铎著，陈福康整理：《郑振铎日记全编》，第289—290页。
⑥ 1947年7月9日郑振铎致赵万里函。原函存赵府。
⑦ 原函存赵府。
⑧ 原函存赵府。
⑨ 1947年12月3日郑振铎致赵万里函。原函存赵府。

辈在鄞所见者），《游览志》为葱玉所得，《玉簪》索十四万，弟实无力得之。然终往来胸中，不能一日忘之也。年来所获，亦有可一述者。嘉靖本《高东溪集》（与《四库》本同），为朱幼屏旧藏，有徐兴公二跋，殆世所未见。武进陶氏旧藏《文渊阁书目》等三种，弟亦以二万金购之。（此书系因兄之言而物色得之，感谢之至！）董氏所有之环翠堂《四词宗合刻》，弟亦以七千金得之。加以装订，亦费七千金。惜缺《冯海浮山堂词稿》一种，然弟在数年前，曾购得《词稿》上卷一本，则所缺者仅下卷耳。①

1946年10月21日函则谓：

　　闻《法言》及四蜀刊唐人集，为傅君介绍李济之购得，但昨又知《法言》已到了上海，则他们固未成交也。近见一惊天动地之尤物，完全是"生坑"，各家书目皆不载，完完整整的六十册，大半为书棚本，少数为他地所刻。弟与二爷，翻阅不忍释手，就宋版书论，实百年来最大之发见也。书无总名，共六十种，多半为毛钞（不印）《南宋群贤六十家集》之祖本，惟少去七八家，多出《孝诗》《增广圣宋高僧诗选》等四五家，《高僧诗选》之前集即《九僧诗》，亦毛钞《九僧诗》之所从出，末有朱竹垞跋二纸。书主索值至昂，经多方设法，或可加以截留，不至他去。兄闻之，能不动心乎？弟最近得我们在甬所合钞之明钞本《录鬼簿》原本，为价六十万，已悉索囊中物以偿之矣。又得明鲁藩蓝印本《画法大成》八册，价亦甚昂。此书为版画史大好资料，故非收之不可。②

又如1946年11月26日函，除告知"近又得王李合评之《元本出相南琵琶记》及万历蓝印本《画法大成》，颇为得意"外，还特别提出："宁波近

---

① 原函存赵府。
② 原函存赵府。

出天一阁残本明刊志书不少，有可与北平圕所藏配成全书者，乞询之守和先生，有意得之否？"①

20世纪40年代后期，郑振铎在上海大事印书，刊行了多种重要作品。他在给赵万里的书信中，常常提起编印事务。1948年3月20日函称："弟近来为印书而负债累累，但能借得到，即是大幸。利息已高到三角以上，借高利贷而印书，诚愚不可及，但又不能不出版。纸价高涨近十倍，印工涨十五倍，照相费涨七倍半（较去年七八月初次印刷时），而书价却涨不到三四倍，其艰苦可想而知。尚有一二种书，印毕，即拟少休矣。"②有书印成，郑振铎便向赵万里寄送有关材料，如《韫辉斋藏唐宋以来名画集》等，由其安排在平津刊物上发表推介文字③。北方友人需要郑振铎出版物的，如周叔弢、赵元方、张伯驹等，也往往由赵万里经手，代为预约订购④。

1947年春，赵万里患过一次肺病。他在给傅斯年的信中说："弟今春身子日渐羸弱，经医透视，云患轻性肺疾，力嘱节劳静摄，同时家人亦多患病，以致心情苦闷异常。"⑤这年6月26日，郑振铎获知这一消息后，给赵万里写了一封长信，叮嘱"以静养为要"，主张"编辑方面的事，能辞去若干，还以辞去为宜"，又强调"最好是全由西医诊断，遵从他的话，中医万不可请教，草头方更不可尝试"。他急切地写道："此疾最怕劳碌，只要静养，多吃补品，便无问题。我兄不宜疏忽，最好还以多看医生，并住到城外去为妥。千万，千万万不可自持体强，力疾从公也。教书为第一劳苦事，其次是看稿、写稿，皆宜切戒之。人生以身体健壮为第一。我兄必须注意及之。盼甚，盼甚！请听好友之劝，不可多劳吧！！弟常为兄划策，幸蒙采纳（也几乎言无不中）。这一次，也望兄能听弟言，设法休养为要。书籍及其他，皆身外物，

---

① 原函存赵府。
② 原函存赵府。
③ 1947年8月1日郑振铎致赵万里函。原函存赵府。
④ 1947年11月8日、12月3日郑振铎致赵万里函。原函存赵府。
⑤ 原函存傅斯年图书馆。

何妨斥去为养病之资呢？"①言辞恳切，读之令人动容。

7月9日，又一次写信：

> 兄能加意保养，辞去教课及编辑，则体力必可增进，牛奶、牛肉、西红柿之类，应多吃。最好，下午不到图书馆，多午睡，则恢复必能更快。……总之，一切均应以保重自己为前提，宽心释虑，则自能很快的恢复。人世纠纷，与乎升沉得失，皆视之澹然，心君泰然，则何须"药"乎！万乞保养为盼。兄之精力天分，皆过人万万，所著书皆不朽之作。森老与弟对于他人，并不怎么督过，独对兄则拳拳恋恋，兄必当自知慎重保养自己也。良友之言，幸赐采纳。

同年11月8日函中，郑振铎仍力劝赵万里节劳：

> 感冒已愈否？甚念！冬日极易感冒，须打针，乃可不发（针名可询医生，或吃药片亦可）。乞勿疏忽为荷！闻兄兼北大、辅大教职，何必自苦如此呢？所入不多，而对于自己的身体，则大有影响。至于外间舆论如何，何必去注意呢？兄正壮年，大有作为！伟大的事业，正待完成，岂宜留意于鸡虫的得失！兄自有千秋，万非时人所能及，森老与弟对于他人皆不关心，独对兄则拳拳无已，盖有故也！兄岂宜妄自菲薄！兄的大著一出，万山皆明，岂止百年的杰作而已！语云："留得青山在，不怕没柴烧。"第一要紧是身体。请常常到医师处检查。若果有病，则必须休息。教书为劳苦之事，不比坐图书馆之安舒。故弟甚不愿兄为此劳苦之事也。此是肺腑之言，乞恕愚直！

这一封封书信、一段段近乎唠叨的嘱咐，正是郑、赵二人深厚情谊的写

---

① 原函存赵府。

照。在这些书信中，郑振铎一再表达对赵万里学问的赞赏，以"伟大的事业正待完成"相期许。

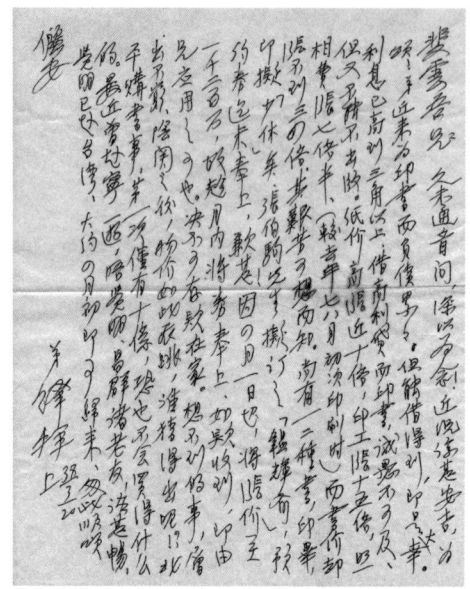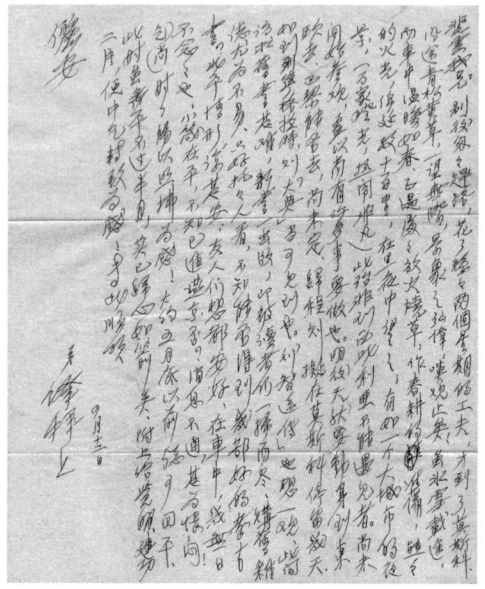

郑振铎致赵万里函

短短一年多，国内局势发生沧桑巨变。1949年初，郑振铎绕道香港，来到北平，参加全国文学艺术工作者第一次代表大会与中国人民政治协商会议，参与新政府的组建工作。新中国成立后相继担任文化部文物局局长、社管局局长，1955年又兼任文化部副部长，而北平图书馆当时隶属文物局、社管局，他们又有了工作上的上下级关系。在大举访求善本书归入公藏等事务上，他们相互配合、互相支持，保护整理了一大批古籍文献，成就了一番"伟大的事业"。

1949年开始的十年间，因为都居住在北京，他们的交往更加频繁、更加密切。他们经常一起聚谈、赏书，如1953年1月29日夜，周叔弢与赵万里、唐兰访郑振铎，"畅观西谛藏书，多罕见本，版画尤佳"①。又如1957年1月20

①　周启乾：《〈周叔弢日记〉中的祖父及其友人》，《文汇报》2015年4月10日第20版。

日，赵万里访郑振铎，携示"龙泉出土唐或五代印刷的经卷一张"，系"从火焰中救出物之一也"①。

闲暇时光，他们最爱踏访书肆。郑振铎日记、书跋中，同游访书或访书途中偶遇的记录特别多。如1956年6月17日，他们在隆福寺修绠堂阅书，郑振铎在所购明刊本《王奉常杂著》上写下题跋："隆福寺修绠堂从上海得前翰文斋潜藏书一批，皆善本也。偕斐云、梦家同往观之，余得此书及通津草堂本《论衡》。"②7月8日，郑振铎"偕晓铃至修绠堂，适斐云亦在，获见好书不少，明刊本朝鲜日本图说其白眉也，谊应归北京图书馆。"③1957年1月12日，郑振铎"偕路工、刘哲民游隆福寺，途遇赵万里，同到宝会斋询新出《永乐大典》消息"④。1958年8月5日，二人"偕往中国书店看书，在灯市口收购部却见到了不少好书"⑤。事例甚多，兹不赘列。

长时间出差或出国旅行途中，郑振铎会不时给赵万里来信，谈谈旅行见闻与感慨。1949年春，郑振铎作为中国代表，经苏联赴布拉格，参加第一届世界保卫和平大会。4月12日在莫斯科，他提笔给赵万里、向达、魏建功等友人写信⑥。给赵万里的信中，他介绍了沿途见到的景象："别后匆匆赶路，花了整整两个星期的工夫，才到了莫斯科。沿途青松黄草，一望无际，景象之弘伟，叹观止矣！虽冰雪载途，而车中温暖如春，正遇处处放火烧草，作春耕的准备，熊熊的火光，绵延数十百里，在黑夜中望之，有如一个大城市的夜景（万家灯光，热闹非凡）。此殆非到西比利亚不能遇见者。"最为关心的，还是访求图书资料：

---

① 郑振铎著，陈福康整理：《郑振铎日记全编》，第486页。

② 北京图书馆编：《西谛书目·西谛题跋》，北京：文物出版社，1963年10月，第12页；《郑振铎全集》第17卷，第613页。

③ 北京图书馆编：《西谛书目·西谛题跋》，第5页；《郑振铎全集》第17卷，第602—603页。

④ 北京图书馆编：《西谛书目·西谛题跋》，第1页；《郑振铎全集》第17卷，第597页。

⑤ 郑振铎著，陈福康整理：《郑振铎日记全编》，第631页。

⑥ 郑振铎著，陈福康整理：《郑振铎日记全编》，第385页。

如到列宁格拉时，则《大典》当可见到也。《刘智远传》也想一观。此间访求旧书甚难，新书一出版，即被读者们一扫而尽，购旧杂志尤为不易，只好托托人看，不知能否得到几部好的考古书。①

这封信的信封上，有北平邮戳日期"卅八、七月、廿八"。那么赵万里读到它，已经是8月1日前后了。而郑振铎早在5月26日，便已结束会议行程回到北平，当天他便到赵万里家探访，共进晚餐，饭后同访向达，恰好谢国桢也在，一起聚谈到晚上十点多才散②。当日他们所谈的，自然比这封信更加丰富精彩而激动人心。

1951年4月，郑振铎南行，4月25日给赵万里写了一封长信，谈一路所见的好书：

在江南已经十天，办了不少事。曾到宁波，登天一阁观书，此是生平第一次，亦快事也！阁无恙，书亦无恙。大致已布置周到了，可收归国有，但不运出宁波，惟尚未到决定阶段，乞秘之！蔡氏书售给李爱麌的，在冯盂颙处见到其目，其中竟有明刊《天工开物》！为之惊喜欲绝！惜主人不在，未能一阅。此是极重要的消息，必欲告兄，且也必须设法得到也。得此书，其他皆若尘土矣。经过绍兴，停留了七小时，看鲁迅故居，无意中发现周家老宅里有太平天国的壁画（龙），此亦一重要的发现也。在杭州，无意中得到初印本《六十种曲》的五十八种，只缺《琵琶》《八义》，且多出了四篇序。又得到崇祯时北京"正阳门里东城墙下浙江台州洪家书铺"所刊《诸绅履历》一册，其时建极殿大学士为周延儒。史可法为"总督漕运提督军务兼理海防淮扬等处地方户部右侍郎兼右金都御史"。其他像洪承畴、吴三桂、邹式金、萧士玮、吴伟业、何楷等等皆在其中，论述明季

① 原函存赵府。

② 郑振铎著，陈福康整理：《郑振铎日记全编》，第396页。

史料者当见之狂喜！这两部书兄闻之心动否？此行不虚矣！　①

1957年春，郑振铎率团考察陕西、甘肃两省的文物考古工作，期间到访敦煌，停留了五天。他于5月7日从敦煌莫高窟给赵万里写信长谈：

> 别已二十余日矣。晥地所收之书，已解决否？其实，重要之物不多，大可放松一下。我在西安所看之古物极多，惟书则无佳者。兰州的彩陶，丰富多样，最为重要。在路上走了五天，才到敦煌千佛洞。那五天的长途跋涉，大为值得。途径黑水国，那是出土《刘知远传》的地方，出土《四美人图》的地方，我下车在沙丘上徘徊了一会。四野茫茫，日色昏黄，被沙漠埋没的古城末运，见之心惨。过嘉峪关，那里的故事不少。林则徐有诗，刻于石上。但到处访碑，所见无多。有一元碑，颇佳。西夏碑，见到两座，一有西夏文，一纯为汉文，均好。到敦煌的时候，已经下午六时。在夕阳的金光里，赶紧跑到古洞里去巡礼一下。那光芒万丈的大壁画，简直把你镇摄住了！人物形象是那末美妙可喜！法相尊严的诸佛菩萨，一心虔诚的男女供养人，无一不栩栩动人。在北京看敦煌画展览时，总以为"天下之美尽在于此矣"。那里知道，临摹之本，只是一鳞半爪而已，万万不能表现出敦煌壁画的伟大面貌也。站在一幅画前，久久地走不开。如果说，中国民族传统的绘画是有其优良的特点的话，敦煌壁画应该首先被选出来。这是最好的人物画的传统也。住三天，何足以尽兴，只是走马看花而已。②

郑振铎对敦煌壁画的成就极为赞赏，当年便主持制定了编辑出版《敦煌

---

①　此函前半存赵府，后半（"且多出了四篇序"以下）刊布于虞坤林《郑振铎致赵万里遗札一封半》（《出版史料》2004年第4期，第34—35页）。

②　原函存赵府。

石窟全集》计划，邀请王乃夫、王冶秋、王振铎、王朝闻、叶浅予、刘敦桢、吴作人、张珩、周一良、金维诺、赵万里、赵正之、夏衍、夏鼐、宿白、常书鸿、梁思成、董希文、谢稚柳、翦伯赞等二十人组成编委会。编委会在1958年至1959年先后召开三次会议，制定了《敦煌石窟全集》出版计划纲要、选题计划、编辑提纲和分工办法等文件草案①；第三次会议还"讨论通过了1960年至1966年七年的选题计划，审查了将于1960年上半年出版的第285窟图录的草样"②。这部巨著的编纂难度非常大，经过多年的努力，《敦煌石窟全集》第一卷《莫高窟第266—275窟考古报告》第一分册，终于在2011年由文物出版社出版。

1957年9月初至12月初，郑振铎应邀前往东欧访问，途经保加利亚、捷克斯洛伐克和苏联。10月24日，他从捷克首都布拉格给赵万里寄了一张明信片③。11月中旬，他在列宁格勒（今圣彼得堡，下同）考察中国文物文献，所见颇丰，兴奋不已，于11月18日给赵万里写信详谈：

> 我于十五日夜车到了列宁格勒，参观了冬宫博物馆的中国部（有三大宝库！一，敦煌的壁画与塑像〔均是原物！〕；二，甘肃黑水城出土的宋元佛画和道教画；三，新疆出土的壁画、塑像等等），到了东方研究所看其所藏敦煌卷子（在一万卷以上！但以零星残片为多，已着手整理），又到了物质文化研究所看其所藏的阿尔泰出土的文物（相当于中国的战国时代，有受中国影响的地方）。三天以来，足不停步，目不眼给，手不停钞。因为十分地兴奋，所以完全忘了疲劳，有时甚至忘了午餐。每次午餐都到下午四五时才吃，也不觉得饿。眼饱，肚子也饱了！

---

① 敦煌研究院编，樊锦诗、蔡伟堂、黄文昆编著：《敦煌石窟全集》第一卷《莫高窟第266~275窟考古报告》第一分册，北京：文物出版社，2011年8月，《序言》第1页。

② 《"敦煌图录"明年开始出版："敦煌"编辑委员会通过七年选题计划》，《光明日报》1959年10月30日第3版。

③ 郑振铎著，陈福康整理：《郑振铎日记全编》，第572页。

所念念不忘的《刘知远诸宫调》和《四美人图》等，均已见到。《四美人图》和《义勇武安王位》，篇幅都很大，足足有长方条桌那末大小。这是始料所不及的。最重要的，当然是许多敦煌卷子：1.庄子一卷（渔父第三十一）（残）；2.文选一卷（谢灵运、韦孟、张茂先、曹子建诗）（残）；3.王梵志诗一卷（残）；4.景德传灯录（？）一卷；5.南宗赞（叹五更）一卷；6.孝经二卷；7.论语子路第十三一卷；8.左传残页二张；9.老子一卷（71—80章）；10.刊谬补缺切韵（入声廿八铎，廿九职，中国所未见者）；11.燕子赋二卷；12.项托变文（？）一卷；13.妇科医书一卷；14.侯白之启颜录（？）一残页（记晏子事）；15.维摩诘经变文二卷。一时也记之不尽，总之，是世人所未知的。因为，他们正要陆续整理，陆续发表，所以，不便向他们要照片。又，在莫斯科的列宁图书馆里，见到了（一）明钞本《永乐靖难录》（四函），（二）《三朝要典》（二函），均大连书也。惜此行匆匆，未能仔细地翻检一番，详为记载也。他们又藏有不少的《道藏》残本。①

这些旅行途中的书信，除了简短的观感、寒暄，主要内容几乎都是谈书、谈文献。字里行间透出的，是寻访到珍贵文献的兴奋，和迫不及待与同道分享的急切心情。他们的友谊，的确是建立在对古籍文献的共同热爱之上的。

不幸的是，共处一城、时相过从的日子仅仅持续了十年，便因一场意外的变故结束了。1958年10月17日，郑振铎率领中国文化代表团取道苏联前往阿富汗王国、阿拉伯联合共和国访问。出访的前一天下午，徐森玉从上海坐火车抵达北京，郑振铎、赵万里与故宫博物院院长吴仲超、北京图书馆副馆长张全新等都去火车站迎接。郑振铎还在寓所招待徐、赵二人晚餐，八点

---

① 原函存赵府。

多他们才离去①。离别之际，郑振铎郑重地嘱咐赵万里日后照顾好徐森老，当时赵万里深以为怪②，不料第二天便传来郑振铎殉职的噩耗。10月17日，中国文化代表团乘坐的飞机在苏联楚瓦什共和国卡纳什地区上空失事，郑振铎等10位代表团成员及6位对外贸易部工作人员全部不幸遇难③。消息传来，文化界同仁无不震悼，友人们更是悲不自胜。

郑振铎殉职后，夫人高君箴遵照他生前的意愿，将全部藏书捐赠北京图书馆。11月5日至25日，北图派员点收，计中外文图书17224部94441册/份④，其中以戏曲、小说、版画类古籍最富特色。西谛藏书到馆后，设立了专藏，并由赵万里主持编纂中文古籍部分的目录。这项任务由王树伟、朱家濂、冯宝琳、冀淑英四人承担。编目过程中，赵万里经常入库指导，"具体涉及一部书的版本渊源和流传经过时"，还"常常谈到他数十年来的访书经历"⑤。

经过几年的努力，《西谛书目》于1963年10月由文物出版社出版。全书五卷，卷一经部255种、史部1150种，卷二子部1533种，卷三至卷五集部4802种，共计7740种。各书著录书名、卷数、著者、版本，并注北京图书馆索书号。末附《西谛题跋》一卷，收题跋173篇，大都是郑振铎写在书上的识语，具述得书时间与经过、史料价值及版本源流等。赵万里为这部书目写了序，详细介绍西谛藏书的文献价值，结尾写道："西谛一生节衣缩食，费尽心力，为国家为人民积累了这么多的精神财富，对我国学术研究和社会主义文化建设事业无疑将作出重要的贡献。喝水不忘凿井人，我们摩挲陈编，缅怀过去，不能不对他表示无限的钦敬和感激的心情。"⑥

1959年10月郑振铎遇难一周年之际，赵万里与徐森玉联名向中华书局建

---

① 郑振铎著，陈福康整理：《郑振铎日记全编》，第643页。
② 此节闻诸赵深。
③ 陈福康：《郑振铎年谱》，太原：三晋出版社，2008年10月，第1048页。
④ 朱家濂、王树伟：《西谛藏书概述》，《图书馆》1961年第2期，第10页。
⑤ 朱家濂：《忆赵万里先生》，《北图通讯》1982年第3期，第17页。
⑥ 北京图书馆编：《西谛书目》，北京：文物出版社，1963年，第5页。

议，影印明抄本《录鬼簿》作为纪念。这部书是1931年他们在宁波访书时发现的，当时与马廉三人连夜合抄了一份，后来明抄原本散出，郑振铎于1946年10月以60万元购得。这部书在戏曲史研究上至为重要，且获得经过非常曲折，足以代表西谛藏书的文献价值与他孜孜不倦搜罗文献的精神，将之影印行世，是最好不过的纪念。中华书局接纳了这一提议，于1960年印成《天一阁蓝格写本正续录鬼簿》，赵万里为影印本作跋，对该书的发现、流传与文献价值作了简要说明。后来，赵万里还另写了《谈谈振铎同志搜集和收藏的戏曲书》一文，重点介绍西谛藏书中最有特色的戏曲文献，刊载于《图书馆》1961年第3期。

这几件意在纪念郑振铎的事，主题仍然是书。赵万里与郑振铎近30年的友谊，始于书而又终于书。

广交同好，广结善缘

作为北京图书馆善本特藏部主任，赵万里管理着举世无双的古籍善本收藏，在文史学者的交往网络中，他继续担当焦点的角色。很多学者都通过赵万里查找资料，并与他探讨具体的学术问题。现存的少数友朋书信中，便有不少是讨论学术问题的，兹略举数例如下。

1950年11月底，蒙文通给赵万里写了一封长达18页的信，详论《老子》版本问题，并请他帮助访求资料："日人岛田《古文旧书考》云日本有钞本王弼《老子注》，为南宋端平二年钞，此书不知有影印本否？或日人有校之者否？拟烦先生于北平一访之。……东条《王弼注标记》亦欲一见之，或日人他书如东条之作者，北京能访之耶？敬以相烦，俾能毕此一役，铭荷无暨矣。又思朝鲜当亦有善本。李木斋所收朝鲜五经单注本，皆从北宋出。《老子》王注北宋曾有官本（真宗成平二年刻），未知朝鲜有此类覆本否？李书内倘有之否？亦以相烦也。书如可得，当即汇寄；如须钞校，所费差多亦可由此间大学付出钞费也。

清初孙月峰鑱曾刻《老子》，不知近尚于厂肆可求否？"①所托访求的，都是国内学界不易获得的资料。赵万里于次年1月5日答复蒙文通，可惜覆函无法读到。

赵万里和词曲研究专家们一直有紧密联系。他曾在1955年2月12日致函夏承焘，"谓影宋钞本白石诗集实出清初人，近人钤以汲古阁藏印，以充毛钞，实非是"②，并允迻录《绛帖平》校语相赠。1961年2月5日，夏承焘致函赵万里，"托查傅沅叔校《龙川词》"③，3月10日收到覆函及赵万里过录毛扆校《龙川词》④，随即增补入所撰《龙川词校笺》中。1955年6月21日，胡忌来函请抄寄《笔花集》"哨遍·教坊新建拘栏"套曲，"以作院本角色研究之

1960年8月9日与陈垣
合影于北京图书馆文津楼前

一助"⑤。1962年11月17日，胡士莹来函托抄《清夜钟》《包龙图判百家公案全传》二书目录⑥。

老辈学者们常有代劳查询资料的要求。如叶恭绰1956年3月25日、31日两次写信，托借同治《番禺县志》⑦。大约1959年6月初，陈垣来信询问北图馆藏宋刻本《册府元龟》馆藏卷次及美国国会图书馆所藏卷次，6月11日赵万里详细开列清单作答⑧。

当代学界名流，也有不少往来。1959年5月22日，郭沫若来函咨询："《道藏》

① 原函存赵府。
② 夏承焘:《天风阁学词日记》,载《夏承焘集》第7册,第441页。
③ 夏承焘:《夏承焘集》第7册,第861页。
④ 夏承焘:《夏承焘集》第7册,第866页。
⑤ 原函存赵府。
⑥ 原函存赵府。
⑦ 徐衔:《百年风雅见斯文——致赵万里学人书札小考》,《中国书画》2012年第12期,第47页。3月31日函见于中国嘉德国际拍卖有限公司2001秋季拍卖会、2004秋季拍卖会。
⑧ 陈智超编注:《陈垣来往书信集》(增订本),第655页。

中有《太平经》残卷，其真伪及时代为何？《后汉书·襄楷传》言于吉有神书，称为《太平清领书》，李贤注以为即《太平经》，可靠否？《襄楷传》注中曾引《太平经》数处，是否见今残卷？"[1]

1959年，吴晗来函托借《李朝实录》："廿多年前承你帮助，借抄了《李朝实录》的一部分，最近又重新核校了一下，交中华出版，并把高丽史中有关中国的史料抄出作为前编，全书定名为《中朝关系史料》。我抄《李朝实录》是只抄到四百九十八本，一六四九年止，以后便没有抄了。现在打算把四九九本以后节抄一下，作为《中朝关系史料》下编。因为我工作较忙，只能在休息时和深夜看一点书，写一点东西，要到图书馆来看书，是不可能的。因想廿多年前能承你支持，借出此书，现在因工作关系，你一定能够继续帮助我，将此书外借。"[2]同时托查其旧作《人民英烈：李公朴、闻一多遇难纪实》、1948年夏拒绝美国救济物资宣言两种。

甚至政界的好学之士，也不乏接触，其中尤以康生较频繁。康生在文物古籍方面知识水平较高，20世纪50年代前期闲居养病，常常找赵万里探讨问题。他开始给馆长冯仲云和赵万里两人写信，后来与赵万里熟悉，便更多地与赵万里单独联系。现在所见康生信函，最早的写于1953年5月29日：

前借之书，已看完四种，特送回。《录鬼簿》一书，尚未看完，俟看毕后，再送还。政府收买小忽雷事，我与林老谈过，他很赞成，并提议请郑振铎先生调查进行，望转告郑先生。如郑先生同意，可请他再与林老面谈一次，因我已将藏器人的名子忘掉了。（味经书屋《小忽雷传奇》钞本，不知亦在现藏器人手中否？）查伊璜的《续西厢》很不好，据说碧蕉轩主人的《不了缘》尚好，此剧亦编入杂剧新编，望借出一看。图

---

① 此函见于北京瀚海拍卖公司1996年春季拍卖会。《中国古籍文献拍卖图录年鉴》（2004年卷），第826页。

② 潘亦孚编：《百年文人墨迹——亦孚藏品》，上海：复旦大学出版社，2001年5月，第124—125页；吴晗著，常君实编：《吴晗全集》第十卷，北京：中国人民大学出版社，2009年3月，第207页。

书馆如有粲花五种（《绿牡丹》我有，只借《画中人》《邮情记》《西园记》《疗妒羹》四种），亦请借阅。最近找到一部杨慎、黄嘉惠本《董西厢》（手钞本），请调查一下，何处藏有黄本《董西厢》，我想找到黄嘉惠原本来对照一下。[①]

这封信提到"前借之书"，可见他们初次交往应早于1953年5月29日。信中提到的"大小忽雷"为唐代乐器，系韩滉于建中二年（781）制成，献于唐德宗李适，存于内府。元和九年（814）李训、郑注之乱，二器流落民间。清康熙三十年（1691）孔尚任在京都从一举子手中购得小忽雷，作《咏小忽雷》绝句二首，镌于小忽雷牙轸，又撰《小忽雷传奇》。孔尚任去世后，小忽雷落入孔泗源之手。而后，辗转为刘燕庭所得，作为嫁妆，传与女婿卓氏。1910年，刘世珩得于卓氏，同年又从刘瑞山处得大忽雷，二器合璧。刘世珩1926年去世后，两忽雷转为刘体智所得[②]。1953年夏为中央政府收购，调拨故宫博物院收藏。郑振铎《双忽雷本事》跋谓："一九五三年八月二十四日，大小忽雷自沪至，欣喜无已！"[③]从这封信看，中央政府收购大小忽雷之议，似由赵万里最先向康生提出，康生转与政务院秘书长林伯渠议定，由文物局局长郑振铎实施。此二器最后收藏者刘体智为知名藏书家，为赵万里所熟知，极有可能借与康生谈版本问题之机提出此议。

同年10月19日康生再次来信，收购大小忽雷、味经书屋抄本《小忽雷传奇》等消息之外，还询问几件事："《王静安先生遗书》久购未得，今书店送来一部，大概是三六年板本，印得还好，索价一百二十万，此书是否不易找到，价目是否贵些？记得似乎有一刊物说：陈寅恪先生对《会真记》之研究曾著有专文，不知此文载于何书？近得一杨升庵评黄嘉惠校《董西厢》旧抄

---

① 李经国惠示。函中"邮情记"，应作"情邮记"。
② 王霖：《唐宫秘器大小忽雷觅踪》，《乐器》1994年第2—4期。
③ 北京图书馆编：《西谛书目·西谛题跋》，北京：文物出版社，1963年10月，第8页。

本，想找一黄嘉惠原刊本校对一下，不知何处存有此本？"①

1954年10月6日，又来信询问："有一同志问我《红楼梦》五十六回有这样一段话：'……探春笑道："你这样一个通人，竟没有见了书（程本作：竟没见姬子书），当日姬子曾云：'登利禄之场，处运筹之境者，窃尧舜之词，背孔孟之道。'"宝钗笑道："底下一句呢？"探春笑道："如今只断章取义，念出底下一句来，我自己骂我自己不成？"'（见大字戚本十四册五六回三页。）这同志问探春所引之四句，到底出自何书？这问题我不能答复，不知引自何书，但新出版之作家出版社本，注作是'作者杜撰，是探春瞎编的取笑之谈'（大意），似乎是不妥之解。素知赵万里同志读书甚多，望请赐教，示我所引四句之来源及其下一句到底是说的甚么。"②

康生借阅北图藏书与赵万里个人藏书为数不少。如1954年10月6日归还"补板赵本《聊斋志异》十六册，《聊斋拾遗》一册"，《晏子春秋》三种，未归还者有《聊斋志异》十六册，《聊斋补遗》二册，另请借《青楼集》《刘智远诸宫调》③。1955年2月19日借《花部农谭》一册（焦手抄本）、《二刻拍案惊奇》十二册④。年份不明的借还书信函，有某年4月19日归还《隋史遗文》三十二册、《易余钥录》三册，另借《龙图公案》⑤。某年9月15日借屠本《西厢记》一函四册⑥。某年7月19日归还"十卷本及五卷本《龙图公案》各一部"，并借明刻《荔镜记》⑦。

---

① 见于西泠印社拍卖有限公司2011春季拍卖会，又见于上海道明拍卖有限公司2013春季艺术品拍卖会书法文献专场。宋希于：《也谈康生同文化人的交往》，载《南方都市报》2012年4月27日RB22版；宋希于：《康生与陈寅恪二题》，《读书文摘（文史版）》2014年第12期，第43—47页。

② 见于浙江一通拍卖有限公司2010年秋季拍卖会。宋希于：《也谈康生同文化人的交往》，《南方都市报》2012年4月27日RB22版。

③ 见于浙江一通拍卖有限公司2010年秋季拍卖会。宋希于：《也谈康生同文化人的交往》，《南方都市报》2012年4月27日RB22版。

④ 见于西泠印社拍卖有限公司2011春季拍卖会。

⑤ 见于西泠印社拍卖有限公司2011春季拍卖会。

⑥ 见于西泠印社拍卖有限公司2011春季拍卖会。

⑦ 此函见中国嘉德国际拍卖有限公司1995年秋季拍卖会。

有时访到好书，康生也曾请赵万里过去共商。如某年4月15日函称："最近书店中送来一部宋刊明补的十行本《诗经注疏》，末有王芑孙的题跋。另有纂图互注元刊本《庄》《荀》《杨》诸子及元刊本《列子》和《文子》，如有暇时，请来一看为盼！"①

康生对赵万里，大多数时候称为同志，有时也称先生，后来偶尔也有称"赵兄"者（1954年10月6日函），可见他们之间交谊渐深。从这些信件中看，他们谈论的内容，不外乎古籍版本和古书中的某些具体问题，而不涉及其他事务，纯粹是学者间的交往。1956年康生当选政治局候补委员，重新回到政治舞台的核心。我们现在能读到的二人通信，大约都在这个时间点之前，此后便不再有单独的交往。1958年康生担任中央文教小组副组长，同年2月国务院古籍整理出版规划小组成立会上还到会讲话；1965年11月26日北图举办新购郇斋旧藏善本内部展览，康生特地到馆看书②。在这样的场合，二人仍有见面交流的机会，只不过直接的交往大概就很难再有了。

海外学者，主要是日本学者，也有慕名向赵万里请教版本学问题者。大约在1960年，水泽利忠写信给赵万里，讨论北京图书馆藏宋刊《史记》的版本问题。这部书《铁琴铜剑楼书目》著录为北宋刻本，但1955年北京文学古籍刊行社影印北图藏本改为南宋绍兴初杭州刻本，赵万里在回信中阐述了这一改订的三点理由：一是据卷一百十七《司马相如列传》第七、八叶刻工可确定为浙刻本；二是北宋浙刻本经过靖康建炎的兵燹留存于世的可能性很小；三是战乱之后的南宋初期刻本，往往据北宋本重刻，仅避北宋帝讳而不避高宗讳的情况比较常见。水泽利忠在他的著作中引用了这一观点③，并为尾崎康所赞同④。

---

① 见于西泠印社拍卖有限公司2011春季拍卖会。

② 丁瑜：《郇斋携港藏书回归知见杂记》，载丁瑜《延年集》，第170—171页。

③ 〔日〕水泽利忠：《史记会注考证校补》第9册，日本：史记会注考证校补刊行会，1957—1965年，第11—12页。

④ 〔日〕尾崎康著，陈捷译：《以正史为中心的宋元版本研究》，北京：北京大学出版社，1993年7月，第34页。

友人们的著作，往往请赵万里审读修改。比如1961年他参加了中国书店王雨《古籍版本学》书稿的校订征求意见会①。又如1966年2月初，周叔弢将所撰《善本书讲稿》寄给赵万里，"请他改正"②。半个月后收到赵万里回复，"增改不多"③，并提议"公之《文物》"④。

各类机构常常邀请赵万里鉴定藏书。如1949年6月14日与马衡等检视东北运来杜聿明书籍80箱，"皆普通书籍"⑤。同年9月，又与郭沫若、郑振铎、马衡等共同鉴定华北人民政府在土改期间所获文物88箱⑥。11月14日，应陈梦家、潘光旦之邀赴清华大学图书馆，鉴定该馆所藏善本书⑦。1960年，南京图书馆沈燮元在上海征集到一卷辽代重熙四年（1035）写本《大方广佛花严经》，辽写本举世罕见，于是南图汪长炳馆长给赵万里写信请求鉴定，同时挂号将辽写本卷子寄到北京。不久，赵万里寄回原卷，同时覆信称："《花严经》尾题大契丹国，此事《辽史》失载。与《东都事略》自圣宗初立至道宗咸雍，大辽改称大契丹国，后又复称大辽，时代正合。燕京宝塔寺系辽时建，见《永乐大典》天字引《元一统志》。而沙门琼煦，与辽太康三年京西戒坛寺陀罗尼经幢见《金石萃编》僧人题名有琼滋、琼积、琼般、琼白、琼勖、琼行，均以琼字排行，亦合。此经纸墨俱古，定为辽时物，想无多大问题。"并谦虚地表示："以上意见，仅供参考，不敢自以为是，敬请贵馆各位同志共同鉴定。"⑧

赵万里的交往网络中，书是恒定不变的主题。友人们与赵万里的通信中，

---

① 王雨著，王书燕编纂：《王子霖古籍版本学文集》第1册，第200页。

② 周启乾：《〈周叔弢日记〉中的祖父及其友人》，《文汇报》2015年4月10日第21版。

③ 周启乾：《〈周叔弢日记〉中的祖父及其友人》，《文汇报》2015年4月10日第21版。

④ 1966年2月中旬周叔弢致赵万里函。原函存赵府。

⑤ 马衡著，施安昌、华宁释注：《马衡日记——一九四九年前后的故宫》，第59页。

⑥ 《大批文化古物自石庄运北平》，上海《大公报》1949年9月12日第1版。

⑦ 潘光旦著，潘乃穆、潘乃和编：《潘光旦文集》第十一卷，北京：北京大学出版社，2000年12月，第315页。

⑧ 沈燮元：《深切怀念赵万里先生》，载《版本目录学研究》第七辑，第45页。

常常介绍各地古旧书行业的情况，或各馆新购善本的概况。比如1952年底刘纪泽来信中便谈到东北的情况：

> 长市伪满"新京"，光复之后大部虽已转手，然残玑断璧，仍是充斥市面，宋元椠本常有发现，钞校之书无肆无之，此中情况不能一言罄也。三反长地有数家捐献书画，据个中人言，尚非精品，第若干种之一二耳。……然环顾肆中，裹油条者或为精本，包花生者或为明刊，视之惊心，徒叹奈何。一般大学讳言线装，如东北师大、人大即各有十数万册，一任虫蛀鼠啮，风打雨吹。弟谓数年之后，东北将不易见线装书矣。[①]

又如1958年春夏之交，瞿凤起来信介绍上海图书馆该年入藏的稀见善本：

> 此间市上好书亦不甚多。五八年入藏比较少见者有宋余仁仲刻残本《礼记》一至九卷、万历本《黔记》《启祯遗诗》、明正德钞残本《北堂书钞》、嘉庆钞本洪武十年谢应芳纂十九卷本《常州府志》、崇祯刻残本《挂枝儿》（现在西谛处）、黄丕烈批《读书敏求记》、嘉靖本《山阴县志》、正德本《松江府志》、宋刻本《唐鉴》，刊工容另钞。[②]

赵万里的研究所需的资料，也往往有赖于学界友人们的帮助。如1957年1月19日沈宗威来函，应赵万里要求提供上海市文物保管委员会、上海图书馆所藏佛经8种的尺寸[③]。又如1958年5月18日瞿凤起来函告知："《徐节孝集》吾馆所藏本书上并无刊书年号，亦无刘佑序跋……原书每半页十行行二十字。"这些对赵万里的研究、工作，都是必要的信息。

---

① 1952年12月10日刘纪泽致赵万里函。原函存赵府。
② 1958年5月18日瞿凤起致赵万里函。原函存赵府。
③ 原函存赵府。

第十章

病榻岁月：
1966—1980

风暴来了

1949至1966年的17年，赵万里经历过政治运动的挫折与困顿，也获得过崇高的荣誉与奖励。国家的和平稳定，创造了发展事业、研究学问的良好环境，他取得了丰硕的成绩，主要部分已具见上文。

这一时期，赵万里的家庭生活也发生了一些变化。1955年，父亲赵宗孟逝世。1958年，迎接母亲张顺媛来京住了将近一年，一家人其乐融融，尽享天伦之乐。1961年1月，母亲因肝硬化病逝。儿孙辈们则迅速茁壮成长起来。长子赵深、女儿赵虹于20世纪50年代初毕业于北京大学化学系，赵深留校任教，赵虹则分配到中国人民解放军后勤学院任教，事业都蒸蒸日上。1957年7月，长孙赵进出生。1962年8月，次孙赵建出生。新生命给赵家带来了希望和欢乐。

与夫人在家中庭院合影（摄于1960年）

在北官场胡同的院子里，赵万里可以避开外面的波澜与喧哗。他像少年时代一样喜爱花木，种植了很多果树盆花，早晨"常哼着吟诵调漫步其间"，假日则"喜欢带家人去公园小坐品茗，观古木名花"；他仍然爱好戏曲，常"抽空去剧场欣赏名角演出"①。不幸的是，平静安详的生活并不长久，在他年届61岁的时候，更大的风暴——"文化大革命"来临了。

在"文革"的汹涌浪涛中，北京图书馆如一叶小舟，随之起伏跌宕。1966年5月11日，北图召开党团员大会，党委副书记韦禾作开展"文革"运动的动员报告②。5月20日，北图召集十七级以上干部学习"五一六通知"③。5月26日，北图将特级、一级善本书全部装箱④。6月15日，文化部通知韦禾、丁志刚、左恭、张申府、顾子刚、赵万里等13人前往社会主义学院参加集训⑤，住到了白石桥。6月16日，中国人民解放军工作队进驻北京图书馆。

9月，解放军工作队撤离，北京图书馆"文化革命"委员会成立，各部门成立"文化革命"小组。北图馆、部两级干部都"靠边站"，由革委会和"文革"小组承担管理工作。当年夏刚刚大学毕业入馆工作的黄润华，从甘肃宁县农村"四清"工作队被召回北京，在善本组平常开会学习的办公室里，见到了正手持毛笔写交代材料的赵万里。领队的人介绍赵万里，用的是"有点不屑的口气"，而赵万里"眼光里似乎有一种惊恐的神色"⑥。对一个历来有些自负的人来说，这一丝惊恐神色的含义非同寻常，它背后是惨无人道的残酷迫害。

那时赵万里被造反派管制起来，不能回家。8月23日，赵家被抄家。去抄家的除了北图的造反派，还有一个学校的学生红卫兵。抄家的人说，赵万

---

① 赵芳瑛、赵深：《赵万里先生传略》，载《赵万里文集》第一卷，第18页。

② 《北京图书馆大事记：1909—1992》，北京图书馆，1992年，第51页；李致忠主编：《中国国家图书馆馆史资料长编：1909—2008》，第572页。

③ 《北京图书馆大事记：1909—1992》，第51页；《中国国家图书馆馆史资料长编：1909—2008》，第572页。

④ 李致忠主编：《中国国家图书馆馆史资料长编：1909—2008》，第577页。

⑤ 李致忠主编：《中国国家图书馆百年纪事：1909—2009》，第69页。

⑥ 黄润华：《赵万里先生二三事》，《藏书报》2017年1月23日。

里私藏有《永乐大典》，把家里的地板、墙壁都撬开，结果什么也没有找到。他们以"破四旧"的名义，把赵万里的结婚照都撕裂了，他们走后家人又捡了起来，拼成完整的一张。在抽屉里发现有银元，那是新中国成立前留下来的，也勒令到银行兑换，不能留在家里。他们动员赵家的保姆黄永立，说她是受剥削的，让她揭发赵万里。保姆拒绝了，她说：他不是你们说的黑帮，我看他是好人。他们还让赵万里的孙子看着赵夫人张劲先，交代他有情况就打电话跟红卫兵报告①。

夫人张劲先也被迫在街道的毛泽东思想学习班反省，在所写材料中表态支持抄家行动："我爱人赵万里，平时没有把毛主席的著作学习好，还存在着严重的资产阶级思想和观点，因此在他的业务工作也研究工作中犯了错误。在这次伟大的无产阶级文化大革命中，与他的腐朽思想进行严肃批判的同时，对他的书籍和其他家中物品，也进行了检查。我认为北京图书（馆）的革命同志和红卫兵，做得好，干得好。"②

赵家的住宅也被挤占，繁盛的花木惨遭摧毁，果树则献给了街道用于烧砖修砌防空洞，居住环境面目全非。更严重的是，多年积累起来的书籍、资料和手稿笔记等，一部分被抄走，其他的杂乱地堆在房子的一角③。

抄家的第二天，即1966年8月24日，赵家斜对门的邻居作家老舍投湖自尽。同一天夜里，关押在科学院考古所的陈梦家服安眠药自杀，因药物剂量不够没有成功，十天后再次自杀，自缢身亡。老友向达、王重民，也在"文革"之初便被打倒，关进"牛棚"，进行"劳改"。这些成就卓著的专家们，一齐落入了命运的深渊。

与全国的运动形势一致，北图的"文化革命"继续如火如荼地进行着。1967年1月16日，北图部分造反派组织成立联合指挥部，他们维持了11个月，

---

① 2017年3月26日赵深口述。

② 此件材料曾于孔夫子旧书网拍卖。网址为:http://www.kongfz.cn/pics.php?imgId=3528573 〔2017.4.21〕

③ 赵芳瑛、赵深:《赵万里先生传略》，载《赵万里文集》第一卷，第21页。

于当年11月18日自行撤销。12月7日，解放军北京卫戍区司令部对北图实行军事管制。次年1月，军管会撤销北图原部处科组所有机构，实行军事化管理，全馆编为四个连队，并成立办事组与第一、第二清查项目组。赵万里等"黑五类"，便在造反派、军管会、项目组的管制下，长期遭到批斗，扣押在"牛棚"中强制劳动，不仅失去了自由，也彻底丧失了人格尊严，受尽了屈辱和折磨。

过往的历史，甚至是早年被视为业绩的事，这时成了沉重的负担。吴晗在清华读书的时候，听过赵万里的课，后来也因借阅图书等事务有过联系，还为北图征集名家手稿提供过帮助，对北图的事业发展有过帮助。"文革"初吴晗被批判，赵万里与他的师生关系也成为问题，屡遭审问，其实他们并没有什么深交，赵万里这样交代他们的关系：以前我讲他听，后来他讲我听。意思是，早年作为老师给吴晗上过的课，后来作为普通职工听过吴晗作的报告，这样才勉强过关。

赵万里编辑《大公报·图书副刊》《民国日报·图书副刊》、参与撰写续修《四库全书》提要、结识桥川时雄、为顾子刚大同书店购书作顾问、带《永乐大典》辑佚稿回家研究使用、与徐森玉书信往来，等等，都被一一挖出，反复检讨。日本藏书机构给他寄来馆藏善本书目，也被揪住，作为里通外国的罪证。他长期领导北图善本部，被批评为搞独立王国，又遭指责迫害贫农子弟、迫害团员。各种罪名层层相加，无由辩白。

惨遭斗争、强制劳动期间，赵万里偶尔还会显露出纯粹学者的本色。某次奉命整理一处书库，看到一部熟悉的书，他顿时忘记了自己的"黑帮"身份，和一起劳动的同仁们讲起那部书的版本源流来了。造反派自然没有兴趣听，还出言讽刺：还以为自己是专家呢！这样"不识时务"，被人们传为笑谈[1]。

---

[1] 此承赵深告知。

卧病十二年

中年以后，赵万里的身体就发生过一些病症。20世纪40年代后期，他患上了高血压。20世纪50年代初，齐燕铭给他送过进口降压药。卫生部副部长傅连暲也在1954年1月14日写信给北京大学医学系主任、第一附属医院院长吴朝仁教授，请他给赵万里看病①。1964年12月，赵万里得了左面部神经麻痹症，"左眼不能紧闭，影响视力；口部也歪斜不正，有异样的感觉；吃东西时也不便"。他非常着急，积极求医问药，"去中医研究院做针灸，又去北京医院进行烤电、照太阳灯、蜡疗、按摩，并吃中药、西药，打维I、维III针"②，同时病休在家，经过两个多月的治疗，终于渐渐恢复。

"文革"初期的残酷迫害，猛烈地冲击着赵万里的身心，迅速摧毁了他的健康。谢国桢曾告诉黄裳，"文革"初期，赵万里被关在潮湿的地下室里，"造反派"知道他最怕蛇，故意藏了一条蛇在他被子里，于是大受惊吓，从此卧床不起③。黄润华则回忆，1968年麦收时节，北图大部分员工下乡收麦，因在"牛棚"的黑帮们也一同前往，某天下工返回路上，看押黑帮的年轻员工挑起一条蛇来玩弄，还强迫非常怕蛇的赵万里拿，他因此受到惊吓，精神恍惚，小便失禁④。他们的回忆虽然细节上有些不同，但造反派用赵万里最怕的蛇来戏弄他，让他受了惊吓，则无疑是事实。

那时还发生了另一件事。当时他们在沙河劳动。看管劳改人员的人，某天捡到了一个发霉的窝头。黑帮浪费粮食，当然是严重的错误。于是严厉盘

---

① 傅连暲致吴朝仁函。图版见"何稼男：民国警察史博物馆"微博。

② 1965年农历二月二十九日赵万里致徐森玉函。柳向春：《赵斐云先生致徐森玉先生函》，《文津流觞》第35期。

③ 黄裳：《忆赵斐云》，载《黄裳文集》（一），第489页；黄裳：《太和正音谱跋》，载《来燕榭书跋》（增订本），北京：中华书局，2011年6月，第123页；黄裳：《太和正音谱》，载《黄裳文集》（六），第143—144页。

④ 黄润华：《赵万里先生二三事》，《藏书报》2017年1月23日。

查扔窝头的人，并且威胁说如果查不出来，他们便不再有窝头吃了。窝头虽然难以下咽，但也是一个星期才有一顿的宝贵粮食，如果取消了，大家的营养和健康就更成问题了。为了不连累其他人，赵万里站了出来，承认窝头是他吃不下扔掉的。

随后就召开赵万里的批斗会，要求他当众吃掉那个发霉的窝头，而且要一边吃一边喊："窝头好吃！窝头好吃！"又干又硬的窝头无法下咽，有人从旁边递了一杯水，他才吃了下去。很快他就得了急性肠炎，腹泻严重，最后昏迷。同在牛棚的一位大约三四十岁的同志，把赵万里背到村里的卫生所，医生给他打针，才缓过来。如果没有这位好心的同志帮忙，后果可能更加严重。

从这之后，赵万里就有些神志不清。到食堂打饭的时候，已经不会数饭票了，他只会抓一把饭票，让打饭的人自己从里面拿。小便失禁，经常尿裤子。造反派通知家属准备尿布，却不说什么原因，赵家人觉得很奇怪，后来才知道是小便失禁。最后长时间昏迷不醒，才通知家人去医院看望。赵夫人去医院的时候，见他黑瘦得脱了人形，毫无知觉地卧倒在病床上，造反派还批评说他是在装病。医生检查，已经没有神经反射，诊断为深度昏迷。

造反派通知医院，"此人有政治问题"，并把这句话写在病历上。在那个人人自危的年代，医生都不敢正眼看他这个病人，自然也谈不上妥善的治疗。苏醒之后，没有做更多的康复治疗，便被迫出院。他的肢体功能、语言能力因此始终没能恢复，此后只能长期卧床。

开始造反派仍想扣押赵万里，要求家属前去照顾。赵夫人坚决不同意前去，声明自己要照管一大家子人，不能前去陪同照顾，如果要扣留批斗，就由造反派们照看。就这样，才获得同意，让他回家养病。造反派把赵家里里外外都贴上大字报，所有的书柜也都贴了封条，他们还跟街道办事处的工作人员说，"此人有政治问题"，让街道办事处加以监视。为此街道办事处主任还特意到赵家了解赵万里所犯的"错误"，以便实施监管。

到家之后，家属问赵万里是怎样得病的，他只是艰难地断断续续念道："窝头好吃，窝头好吃。"家属不明所以，直到后来有了解情况的同事来访，才知道原委①。从那以后，赵万里便瘫痪在床，生活起居不能自理，全靠家人照顾。二弟赵万鹏从上海来京，照料了一年。为此，张劲先还在街道的毛泽东思想学习班上做过检讨：

> 我爱人赵万里，1968年8月初，得脑病瘫痪在床上，大小便、吃饭、翻身都要人照顾，直到现在还是这样。家里病人多，人力很缺乏。赵万里的弟弟赵万鹏，自己有肺病，一向在上海家中休养，没有工作，他得知他哥哥患重病以后，就赶来北京。第一次报了一个月临时户口，以后又续报过两三次。由于我很需要他帮助我护理他哥哥的病，而赵万鹏自己也不放心他哥哥的病，不想回去，一再拖延，竟在北京住了一年之久。在这件事上，我犯了很大错误，为了自己的困难，竟让赵万鹏在此住了一年。伟大领袖毛主席教导我们："加强纪律性，革命无不胜。"我为了资产阶级的"私"字，破坏了革命的纪律，违反了户口制度。以后一定要深刻领会毛主席教导，不再犯类似的错误。今后我要加强学习，读毛主席的书，听毛主席的话，要彻底地挖去我头脑里的"私"字，坚决改正我的资产阶级世界观，接受工人阶级和革命群众的再教育。②

赵家的保姆黄永立，出身京郊三代雇农家庭，成分很好。她利用这个有利条件给了赵家很多帮助。赵万里病危回家后，她设法通过副食店的朋友，在商品奇缺的日子里每天买到一条黄鱼，给病人增加营养。在医院工

---

① 2015年9月16日、2017年3月26日赵深口述。

② 此件材料曾于孔夫子旧书网拍卖，拍卖消息附有图片。网址为：http://www.kongfz.cn/pics. php?imgId=3528573〔2017.4.21〕

作的亲友，也悄悄地送药物过来①。夫人张劲先还学了针灸，为赵万里施治，并与汪庆正等懂得针灸的访客切磋过针法②。经过家人的精心照顾，他的病情有所缓解。

北图的军事管制委员会于1968年12月22日撤离。第二天，首都工人毛泽东思想宣传队进驻北图。又过了大半年，北京图书馆革命委员会于1969年9月29日成立。就在这个月，北图第一批63名职工下放五七干校。1970年5月17日，第二批260名职工下放向阳湖干校。次日，留京163位职工编为4个排10个班及1个直属班，革命委员会设政工组、办事组、业务组。

文化部五七干校位于湖北咸宁向阳湖，距离北京将近1300公里。病情稍有缓解的赵万里，也被安排去干校，北图多次派人去赵家动员。当时赵家其他人大多都被打倒，不便出面，于是赵万里的大儿媳宋瑞兰和女婿，特意去找王冶秋反映情况。王冶秋了解赵万里的病情，表示干校就不要去了。有了王冶秋的这个意见，他才免去了颠簸之苦，也避免了病情恶化的危险。

1971年9月13日，林彪在蒙古温都尔汗坠机身亡，"文革"发生大转折，工作和生活秩序随后都得到一定程度的恢复。这年的12月30日，北图调整机构设置，分设办公室、政工组、阅览部、采访部、报刊部、总务科。次年2月初再次进行调整，设采编部、阅览部、善本部、报刊部及政治处、办公室、行政管理处等机构，逐步恢复"文革"以前的行政体制。5月，向阳湖干校的职工陆续分批回京工作。1973年4月，新任馆长刘季平就职。

赵万里的"帽子"仍然没有摘掉，不过也不再有人不停地到家里滋扰。经历过几年的劫难，身体尚好的老朋友和学生、同事们都纷纷前去探望，或者写信问候。

---

① 2017年3月26日赵深口述。
② 1972年11月17日汪庆正致赵万里函。原函存赵府。

卧病期间，赵万里仍然关心古籍事业，文博行业的学生、后辈们也常把各地新出古籍的消息带给他，或者与他讨论某些问题。1970年山东省博物馆发掘了邹城的鲁荒王朱檀墓，出土元刻本《春秋胡氏传》等古籍7种22册。当时远在咸宁向阳湖干校的史树青获悉后，将7种古籍的书名册数抄了一份，于1971年2月28日寄给赵万里①。

1967年，上海嘉定县（今嘉定区，下同）农民在平整土地时发掘了一处古墓群，发现了一批古书。这批书后来被上海古籍书店收购，1972年经上海文物保管委员会鉴定，入藏上海博物馆。经专家鉴定整理，它们是明成化间刊刻的《花关索传》《薛仁贵跨海征辽故事》等说唱词话13种和《白兔记》传奇1种，在戏曲史研究上非常重要。当时在上海文物保管委员会工作的汪庆正参与了整理工作，1972年9月赴京出差时看望赵万里，便谈过这批书。汪庆正回上海后于10月23日修书问候，再次谈到"明成化说唱本是一大发现，昔整理乏人"②。11月17日又一次致函，请教这批书的学术史定位问题：

> 最近晚在整理成化说唱本，其中一种是《白兔记》传奇，其余看来均为"词话"。而成化《白兔记》准备提它为"最早的传奇刻本"（现存），是否有当，要向先生请教。关于"词话"的刻本，也以这些成化本为最早。再进一步说，以唱文为主的说唱本，除敦煌说唱本外，也以这批说唱本为最早。这些提法是否妥当，均盼有便示知。③

这次整理的结果，是1973年文物出版社影印出版的《明成化说唱词话丛刊十六种附白兔记传奇》一书。

----

① 原函存赵府。
② 原函存赵府。
③ 原函存赵府。

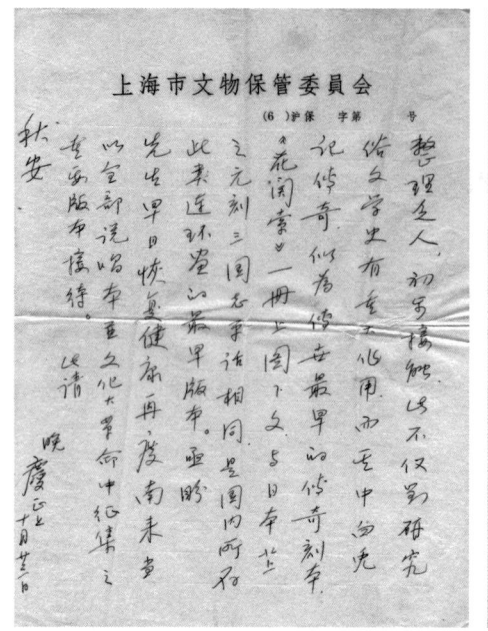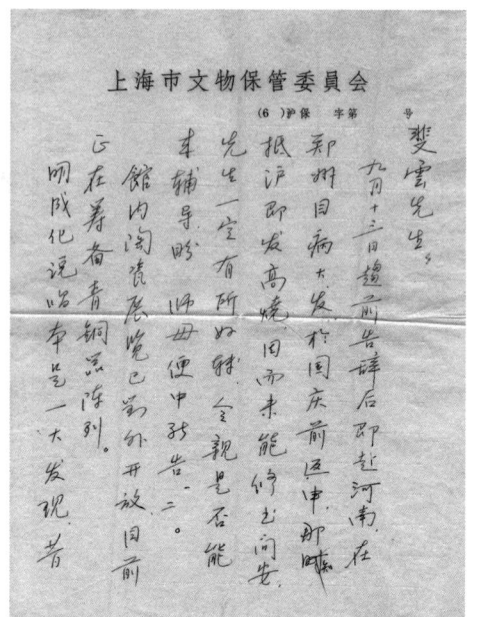

汪庆正致赵万里函

漫长的卧病期间，赵万里只要看见书，就异常兴奋。有的图书馆曾专程派人带书请他鉴定。有一次，南京图书馆的同仁带去一个长卷，大概是准备征集的文物，在病床两侧撑开，请赵万里躺着看。他用比平常大好几倍的声音说，这件东西好，让南图一定要拿下[1]。

在病榻上，赵万里还接待了一些咨询，比如唐弢曾函询鲁迅书信注释中的一个问题。唐弢与赵万里结识于1944年，那时鲁迅藏书出售的消息传到上海，郑振铎等极感惋惜，希望阻止其流散。在那之前，对于《鲁迅全集》出版过程中的周折，鲁迅在平家属也有些误会，需要加以解释。为了这两件事情，朋友们推举唐弢前往北平。他带着许广平的信到北平图书馆访宋紫佩，由宋介绍去见鲁迅家属。又到北官场胡同访赵万里，"谈的都是鲁迅藏书出售的问题"，"大概还向他了解过一些上海尚不十分详细的事情"。郑振铎给赵万里写了封信，因赵万里"和旧书铺熟识，委托他向掌柜们打个招呼，防止

①　2016年12月17日赵建口述。

鲁迅藏书流散出去"①，这封信便由唐弢带到北平面交。经过他们的努力，鲁迅的藏书最终没有流散。1971年，人民文学出版社计划出版《鲁迅杂文书信选》及《续编》，收录了几通鲁迅致郑振铎函，其中提到"雕版画集"，注释者没能查出是哪部书。唐弢受托解决注释中的一些疑难问题，对这一条也无法给出详细的说明，于是在这年的12月22日写信向赵万里求助。赵万里在1972年1月6日、8日连续回信两封，指出"雕版画集"即《中国版画史图录》，又详细说明印刷时间和册数，解决了这个问题②。后来这些书信还收入了《鲁迅全集》，相关的注释也吸收了赵万里的意见③。

上海博物馆沈之瑜整理查核哈同戬寿堂旧藏殷墟甲骨，发现王国维《戬寿堂所藏殷虚文字》《戬寿堂所藏殷虚文字考释》疏误很多，"失背拓者四十片，失正拓者四片，正反失联者六片，失臼拓四片，骨臼失联者六片"，因此怀疑"当时哈同藏的实物根本没有给王国维看到，王所依据的只是拓片而已"④。这个推测是不是符合事实，上博方面拿不准，便写信给赵万里请教。

诸如此类的专业事务，对晚年赵万里的生命力有很强的正面刺激。每当有人和他谈书，他都比平常更兴奋，精神更健旺。他的心，仍然放在善本古籍上。当他感到健康恢复无望时，曾向前去探望的北图善本部同仁提议，以善本书目为根据，讲一讲北图的善本古籍。他设想请同事先念书目条目，然后他自己口述，而由同事进行记录。当时"文革"刚刚结束不久，社会氛围仍不正常，这个提议没有得到积极的响应⑤。

---

① 唐弢：《帝城十日》，《万象》第4年第5期（1944年），第16页；唐弢：《〈帝城十日〉解》，《新文学史料》1980年第3期，第101—103页。

② 1971年12月22日、1972年1月8日、1972年1月10日唐弢致赵万里函。原函存赵府。

③ 鲁迅：《鲁迅全集》第十三卷，北京：人民文学出版社，2005年11月，第104、106页。

④ 1975年4月26日汪庆正致赵万里函。原函存赵府。

⑤ 2015年9月16日、2017年3月26日赵深口述。

拨乱反正

北京图书馆临时党委在 1973 年 7 月决定复查 "文化大革命" 期间被审查对象和重要事件，这一过程持续了很长时间。当时北图领导层对赵万里的情况，大概并不十分清楚。1975 年春，上海市文化局副局长方行曾提出，由他出面与北图馆长刘季平谈谈赵万里的近况，而委托汪庆正向赵家了解[①]。此事一则说明文化界对赵万里的尊重，二则也可见北图领导层当时仍有顾忌，不然何须千里之外的同行迂回提醒。

1976 年 "文革" 结束。两年之后，1978 年 9 月 9 日，北京图书馆召开落实政策大会，宣布部分职工的复查和平反结论。在 "拨乱反正" 的过程中，赵万里得到平反，在政治上和学术上都恢复了名誉，被挤占的房屋也退还了。赵家提出两个要求：一是病历上的 "此人有政治问题" 要改掉，经协调在病历上加了一句话，"属于人民内部矛盾"；二是街道方面要消除影响，北图派善本部副主任任金城找到东华门街道办事处主任，声明赵万里的问题属于人民内部矛盾[②]。

"文革" 初期抄家带走的书籍，这时也发还了。早在 1971 年 4 月，北图特藏组便整理过抄没的赵万里藏书，列出一份书单，分为两类：一类是拟留下补充馆藏的，共 22 种 131 册；另一类是拟进行处理的，共 48 种 140 册 10 轴 69 张。

这份清单中，拟留下补充馆藏的是：明万历刻本《藏说小萃十一种》、明末刻本《霜镜集》等、清同治十年（1871）刻本《历代地理沿革图》、清顺治刻本《海昌初政录》、抄本《余姚海堤集》、明刻本《说苑》（傅增湘以宋咸淳刻本校）、清乾隆五十九年（1794）刻本《容斋随笔五集》（赵临王国维校本）、明蓝格抄本《北曲拾遗》、景印王国维抄本《唐写本切韵残

---

① 1975 年 4 月 26 日汪庆正致赵万里函。原函存赵府。
② 2017 年 3 月 26 日赵深口述。

卷》（王国维亲笔校跋）、明正德十三年（1518）刻本《鹤庵乐府》、清康熙二十三年（1684）刻本《永庵诗选》、清康熙刻本《瘗鹤铭考》、清抄本《毕自严本传注》、明嘉靖二年（1523）刻本《后鉴录三卷》、清道光二十六年（1846）刻本《海昌备志》、明刻本《水经注笺》（赵万里临王国维校本）、传抄本《永乐大典》卷四千九百二十三至四千九百四十、1926年傅增湘影印本《永乐大典》卷二千六百十至二千六百十一、1959年中华书局影印本《永乐大典》卷二千三百四十五至二千三百四十七、明刻本《革朝志》（存卷一至卷三）、清道光刻本《漱玉词汇钞》、清刻本《钦定蒙文汇书》[①]。

落实政策时，北图提出，以上20余种书籍希望捐献，当时赵万里还能说话，用了比平时大好几倍的力气，对前来接洽此事的同事说：《水经注笺》等一定要归还，其他的没有意见。赵万里提出必须要归还的几部书，包括赵万里临王国维校本《水经注笺》《容斋随笔》等，这些书是师生情谊的见证，对他而言有特别的纪念意义。第二天，北图就派人把《水经注笺》归还了赵家[②]。后来又还回一批。这份书单上的书，基本都归还了赵家。

1979年7月，中国图书馆学会在山西太原成立，学会聘请13位老专家为名誉理事，赵万里名列其中。1980年5月，中国古籍善本书总目编辑委员会聘请赵万里担任顾问，聘书由老友顾廷龙亲手送达，让他大为兴奋。这些事情说明，赵万里对古籍善本事业和文史研究的贡献，已经重新得到全面肯定。

哲人其萎，风范长存

经过长达十余年的卧病生涯，赵万里的身体状况越来越差。老友周叔

---

① 中国国家图书馆档案。
② 2016年4月30日赵深口述，2016年12月17日赵建口述。

戋去赵家看望过两次，第一次去时，赵万里"尚有知觉，能进饮食，不能发言"，第二次见到时已经"昏睡不醒"了①。1980年6月25日，赵万里在北大医院辞世，20世纪中国杰出的版本目录学家永远地离开了他钟爱的古籍事业。

7月2日，赵万里追悼会在北京八宝山革命公墓举行。追悼会极尽哀荣，国家文物事业管理局、中国图书馆学会、北京图书馆、中国历史博物馆、故宫博物院、文物出版社、北京大学图书馆、中国科学院图书馆、北京师范大学图书馆、南京图书馆、北京大学图书馆学系、中华书局、中国书店、北京市文物局等单位及周叔弢等友人送了花圈，王冶秋、齐光、金紫光、彭则放、刘季平、丁志刚、谭祥金、李家荣、郭林军、李长路、胡耀辉、夏鼐、邓广铭、周祖谟、谢国桢、顾廷龙、汪长炳、梁思庄、周一良、单士元、徐邦达、王世襄、史树青、张宗旭等官员、友人和同事参会。当时全国文物工作会议正在北京召开，中国古籍善本书总目编辑委员会正集中在北京审校各馆提交的书目卡片，参会图书馆界代表和编委会全体成员，也都参加了追悼会。加上北京图书馆及有关单位的代表，到会者共300余人。

北京图书馆馆长刘季平主持追悼会，副馆长丁志刚致悼词。悼词回顾了赵万里对北图古籍善本事业的卓越贡献和学术成就，并特别提到"他在病中还一再关怀遵照周总理遗愿进行的全国古籍善本书总目的编辑工作"，最后总结："赵万里先生的逝世使我们失去了一位长期从事于图书馆工作、热爱图书馆事业的杰出的版本目录学专家，这是图书馆界和学术界的一个重大损失，使我们感到万分痛惜和无限怀念！"②赵万里的骨灰安放在八宝山革命公墓。

7月14日，《光明日报》刊登报导《赵万里先生追悼会在京举行》。7月

① 周叔弢1981年12月致黄裳函，《黄裳文集》（六），第146页；李国庆编著，周景良校定：《弢翁藏书题跋·年谱》，第322页。

② 《我国著名版本目录学家赵万里先生逝世》，《图书馆学通讯》1980年第3期。

19日,《人民日报》援引新华社北京7月18日电,报导了赵万里逝世的消息①。在这前后,生前友好纷纷撰文追忆,或作诗悼念。云南省图书馆的古籍专家于乃义,作《望远行》一首:

博访周谘大宇行,善本白眉英。昔因范老识兰馨,书简寄嘤鸣。

莞圃笔,艺风晴,缥缃万轴充盈。方期聚首,为神州四化,文献倚干城。惊悉远游讯,怅望启明星。②

书画篆刻名家曹大铁作《石州慢》一阕:

沧海之隅,观潮胜处,偏多宏硕。几家载籍高标,一帜殷虚间出。雕龙后起,言泉腹笥充盈,一编词苑咸凭式。博览旷蟫林,树丹铅新格。　　身历、九州岛离乱,狼藉巾箱,起罗亡佚。抉别精微,继武刘班鸿烈。访遍郡国,更求海外遗珠,心事明公迹。逝者辱垂青,展瑶函凄恻。③

谢国桢、李芳馥等旧友,冀淑英、朱家濂、张守常、丁瑜等同事与学生,都撰写了纪念文章。远在台湾的平馆老同事严文郁,特撰写《记赵万里和王重民:两个被迫害的

赵万里铜像(安放于中国国家
图书馆善本特藏阅览室)

---

① 《著名版本目录学家赵万里在京逝世》,《人民日报》1980年7月19日第4版。

② 于乃义:《望远行·悼赵万里同志》,《文献》1980年第3期。

③ 曹大铁:《石州慢·悼赵斐云即书于其手札之末》,载曹大铁《梓人韵语:曹大铁先生诗词残稿》,第354页。

版本目录学家》一文表达纪念，刊载于《传记文学》第49卷第5期（1986年）。哲人已逝，后来者想要追寻前辈的智慧与风采，只有研读其著作一途。

20世纪80年代以来，先经冀淑英、冯宝琳、沈燮元等不断努力，后由张志清主持，终于在2011至2012年出版了三卷本《赵万里文集》，分类汇编了他一生撰写的大部分文章、古籍经眼录和现存的讲义。2016年10月，《赵万里文存》作为"清华国学书系"之一，由江苏人民出版社出版。他组织校辑的《析津志辑佚》，经北图善本组进一步整理，也在1983年由北京古籍出版社出版。中华书局影印了一些赵万里的校本，其一是2014年9月出版的《王国维批校〈水经注笺〉》，底本便是赵万里临王国维校本；其二为2017年1月出版的《赵万里抄校本选编》，收抄本17种、临王国维校本4种、手校本2种。

他的早年著作纷纷重印或影印。1933年版《北平图书馆善本书目》，2008年收入《明清以来公藏书目汇刊》，由北京图书馆出版社影印出版；2011年，人民文学出版社又将之与仓石武四郎编拍的《旧京书影》合璧影印。《中国版刻图录》重版三次，第一次是1983年9月日本京都朋友书店影印，第二次是1990年5月文物出版社发行的第三次印本，第三次是2015年1月文物出版社印行的修订本。2008年8月广西师范大学出版社影印了《汉魏南北朝墓志集释》，2013年8月国家图书馆出版社影印了《校辑宋金元人词》。

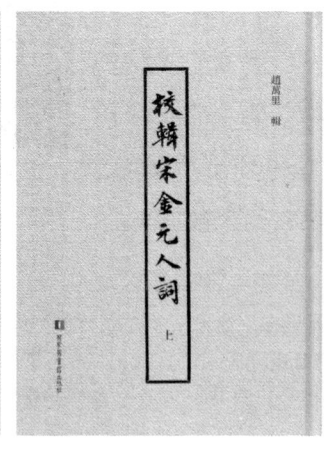

近年出版或重印的赵万里著作

　　台湾地区也翻印了多种赵万里著作。1972年，台北鼎文书局将《汉魏南北朝墓志集释》收入"国学名著珍本汇刊"影印出版。同年3月，中研院史语所员工福利委员会影印《校辑宋金元人词》，由台联国风出版社发行。1976年10月，台北艺文印书馆影印1959年版《北京图书馆善本书目》，将书名改为《北平图书馆善本书目》。1986年7月，台北新文丰出版公司将《汉魏南北朝墓志集释》收入《石刻史料新编》三编影印出版。

　　单篇文章收入各种文集、汇编的，为数更多。如1982年2月中华书局出版李希泌、张椒华主编《中国古代藏书与近代图书馆史料（春秋至五四前后）》由，收录《重整范氏天一阁藏书记略》《从天一阁说到东方图书馆》二文。1995年4月，中华书局出版北京图书馆善本组编《影印善本书序跋集录：一九一一——一九八四》，收录赵万里所撰《宋椠〈周礼郑注〉跋》《宋龙舒本〈王文公文集〉题记》等14篇。1995年10月紫禁城出版社出版《故宫博物院七十年论文选》，收录《古刻名钞待访记》。1998年4月北京大学出版社出版《北京大学百年国学文粹·史学卷》，收录《两宋诸史监本存佚考》；这篇文章还收入云南人民出版社2001年12月出版的《二十世纪中国文史考据文录》。

此类事例甚多，兹不备举。

赵万里先生虽然已经走远，他的著作仍在不断地重版，继续启迪滋养着后来者。这应当是对赵万里先生最好的纪念了。

参考文献

说明：

1. 档案与报告，先以机构、再以时间排序；

2. 论著以著者姓名音序排列；无著者或著者无考者列于各类之末，以文献名音序排列。

档案类

北京大学档案馆所藏档案：

《国立北京大学中国文学系课程指导书（民国二十年九月订）》，1931年。（档号BD1930014）

《国立北京大学史学系课程指导书（民国二十年九月至二十一年六月）》，1931年。（档号BD1930014）

《北京大学文理法学院教员全名册》，1932年。（档号BD1932004）

《国立北京大学中国文学系课程指导书（民国二十一年九月订）》，1932年。（档号BD1932012）

《国立北京大学文学院课程一览（民国二十一年至二十二年度）》，1933年。（档号BD1932009）

《国立北京大学文学院课程一览（民国二十二年至二十三年度）》，1934年。（档号BD1933014）

《国立北京大学文学院课程一览（民国二十三年至二十四年度）》，1935年。（档号BD1934009）

《国立北京大学文学院课程一览（民国二十四年至二十五年度）》，1936年。（档号BD1935008）

《国立北京大学文学院课程一览（民国二十五年至二十六年度）》，1937年。（档号BD1936015）

《北平临时大学补习班第二分班各学系课程一览》，1946年。（档号BD1946184）

《国立北京大学文学院三十五年度聘任人员薪额单》，1946年。（档号BD1946194）

《国立北京大学现在在职教授名单（卅五年十二月十五日编制）》。（档号1946071）

《国立北京大学在校教员名册（截至三十五年十二月底）》，1946年12月。（档号1946071）

《国立北京大学文学院各学系课程一览》，1947年12月。（档号BD1947502）

《国立北京大学各院系必修选修科目表（1948学年度）》，1948年。（档号BD19481619）

《1948年度与1949年度文学院各系所开课程对照表》。（档号BD1948582）

《国立北京大学文学院名册》，1949年。（档号BD1949113）

北京师范大学档案馆所存辅仁大学档案：

《私立辅仁大学教职员名册》（1949年12月）

《辅仁大学教员名册》（1950年12月）

《教职工评薪办法、评议结果及向教育部的报告》，1950年

《私立辅仁大学教职员名册》，1950年

《全校教职员工名册》（1951.7）

《全校教职员名册》（1951.10.11）

《辅仁大学教职工名册》（1951年12月）

中国国家图书馆档案室所藏档案：

《刘承幹致赵万里的信》，1947年

《中采股关于赵万里送善本书补登情况的报告》，1952年

《送赵万里善本书目序文修正本付印事》，1959年

《历史博物馆商借敦煌卷子》，1959年

《谢冰岩、赵万里等赠书》，1964年

《没收赵万里图书简目》，1977年

《赵万里先生追悼会在京举行》，1980年

海宁市档案馆所藏档案：

《陈乃乾日记》

清华大学档案馆所藏档案：

《推荐赵万里为中文系讲师》（档号1-2:1-108:1-004）

《请续聘中国文学系讲师赵万里、唐兰》（1-2:1-111:4-011）

《请续聘讲师唐兰先生、赵万里先生》（1-2:1-111:1-003）

"中央研究院"傅斯年图书馆藏史语所档案：

《赵万里致傅先生信》（档号Ⅰ:488）

《赵万里致孟真函》（Ⅲ:843）

《万里致孟真函》（Ⅲ:1113，以上出自傅斯年档案）

《赵万里致函傅孟真》（元13-1）

《赵万里致函傅孟真》（元13-21）

《［赵万里］致函傅孟真》（元13-22）

《赵万里致函傅孟真》（元116-1）

《赵万里致函傅孟真》（元116-2）

《蒋梦麟致傅孟真》（元116-3）

《傅斯年致函蒋梦麟》（元116-4）

《赵万里致函傅孟真》（元116-7）

《赵万里致函傅孟真》（元116-9）

《赵万里致函傅孟真》（元116-10）

《赵万里致函傅孟真》（元116-11）

《罗常培致函傅孟真》（元122-10）

《萧纶徽致函傅斯年》（元220-21）

《赵万里致函傅斯年》（元328-21）

《□吉羊致函陈钝》（元330-1）

《赵万里致函陈钝》（元330-6）

《赵万里致函傅斯年》（元393-9）

《赵万里致函傅斯年》（元393-15）

《傅斯年致函赵万里》（元393-16）

《傅斯年致函赵万里》（元465-5）

《名片一张》（元540-16）

《总办事处来函》（昆4-7）

《傅斯年呈蔡元培院长》（杂23-7-21）

《傅斯年函赵万里》（杂36-69-25）

《赵万里函傅斯年》（杂36-69-26）

《北平图书史料整理处函本所出纳室》（杂36-69-27）

《本所函总办事处》（李4-1-19）

《总办事处来函》（李4-1-20a）

《总办事处来函》（李4-1-20b）

《李伯嘉函傅斯年》（李7-2-7）

《商务印书馆总管理处驻港办事处来函》（李7-11-2）

《□载万函赵万里》（李7-11-3）

《商务印书馆总管理处驻港办事处来函》（李7-21-8）

《本院聘书/赵万里》（李25-1-4）

《历史语言所提案》（考28-54）

《杨时逢函夏鼐》（京8-18-19）

《杨时逢函夏鼐》（京8-18-20）

《本所函北平图书史料整理处》（京14-30）

《本所函总办事处》（京28-10-1）

《总办事处来函》（京28-10-2a）

《总办事处来函》（京28-10-2b）

《傅斯年致函赵斐云（万里）》（元116-5）

《傅斯年致函赵斐云（万里）》（元116-6）

《傅斯年致函赵斐云（万里）》（元116-8）

《罗常培致函傅孟真》（元122-26）

《王志维函那廉君》（杂36-69-22）

《本所函陈钝》（杂36-69-29）

《本所函向达》（李9-5-62）

《向达函那廉君》（李9-5-63）

《傅斯年函赵元任李方桂》（考2-92）

《余逊函傅斯年》（京4-1-10-8）

《余逊函夏鼐》（京4-1-11-10）

《余逊函那廉君》（京8-27-1）

《余逊函夏鼐》（京8-27-2）

《余逊、劳榦致函傅孟真》（元6-4）

《余逊致函傅孟真》（元37-1）

《余逊致函傅孟真》（元37-2）

《余逊致函傅孟真》（元37-3）

《余逊致函傅孟真》（元37-4）

《余逊致函傅孟真》（元37-5）

《余逊致函傅孟真》（元37-6）

《余逊致函傅孟真》（元37-7）

《余逊致函傅孟真》（元37-8）

《余逊致函傅孟真》（元37-9）

《余逊致函傅孟真》（元37-10）

《余逊致函傅孟真》（元37–11）

《余逊致函傅孟真》（元37–12）

《余逊致函傅孟真》（元37–13）

《余逊致函傅孟真》（元37–14）

《余逊致函傅孟真》（元37–15）

《余逊致函傅孟真》（元37–16）

《余逊致函傅孟真》（元37–18）

《余逊致函傅孟真》（元37–20，以上出自史语所档案）

报告类

《北京图书馆第二年度报告（十六年七月至十七年六月）》，1928年。

《北京图书馆大事记：1909—1992》，北京：北京图书馆，1992年。

《北平北海图书馆第三年度报告（十七年七月至十八年六月）》，1929年。

《国立北平图书馆馆务报告（民国十八年七月至十九年六月）》，1930年。

《国立北平图书馆馆务报告（民国十九年七月至二十年六月）》，1931年。

《国立北平图书馆馆务报告（民国二十年七月至二十一年六月）》，1932年。

《国立北平图书馆馆务报告（民国二十一年七月至二十二年六月）》，
　　1933年。

《国立北平图书馆馆务报告（民国二十二年七月至二十三年六月）》，
　　1934年。

《国立北平图书馆馆务报告（民国二十三年七月至二十四年六月）》，
　　1935年。

《国立北平图书馆馆务报告（民国二十四年七月至二十五年六月）》，
　　1936年。

《国立北平图书馆馆务报告（民国二十五年七月至二十六年六月）》，
　　1937年。

《国立北平图书馆馆务报告（民国二十六年七月至二十七年六月）》，
　　1938年。

《国立北京图书馆馆务报告（三十二年度）》，1944年。

《国立清华大学一览（民国廿一年十二月）》，1932年12月。

《国立清华大学一览（二十四年十月）》，1935年10月。

《国立清华大学一览（民国三十五年度）》，1946年。

《国立清华大学一览》，1947年6月。

《国立清华大学二十一年度教职员录》，1932年。

《国立清华大学教职员录（民国廿二年十月）》，1933年10月。

《国立清华大学教职员录（民国廿三年十月）》，1934年10月。

《国立清华大学教职员录（民国二十五年十月）》，1936年10月。

《国立北京大学民国二十一年毕业同学纪念册》，1932年7月。

《国立北京大学史学系课程指导书（民国二十一年八月至二十二年七月
　　适用）》，1933年。

《国立北京大学教员支薪表（民国二四年四月份）》，1935年4月。

《国立北京大学职教员录（二十五年十一月编印）》，1936年11月。

《国立北京大学三十六年度教职员录（卅七年五月）》，1948年5月。

《国立北京大学历届同学录》，国立北京大学出版部，1948年12月。

《辅仁大学文学院中国文学系组织大纲（民国二十一年度）》，1932年。

《辅仁大学文学院史学系课程组织及说明（民国二十二年度）》，1933年。

《北平辅仁大学文学院概况（民国二十四年度）》，1935年。

《北平辅仁大学民二五级毕业纪念刊》，1936年。

《私立北平辅仁大学一览（民国二十六年）》，1938年。

《私立北平辅仁大学一览（民国二十七年度）》，1939年。

《私立北平辅仁大学一览（民国二十八年度）》，1940年。

《私立辅仁大学一览（民国三十年度）》，1942年。

《私立辅仁大学一览（民国三十一年度）》，1943年。

《私立辅仁大学一览（民国三十二年度）》，1944年。

《私立北平辅仁大学一览（民国三十六年度）》，1948年。

《私立北平辅仁大学历届毕业生名册》，1948年6月。

《辅仁大学年刊》，1937年—1947年。

《私立中法大学职教员同学录（中华民国二十三年一月）》，1934年1月。

《中法大学毕业同学录（中华民国二十三年）》，1934年。

《私立中法大学教职员同学录（中华民国二十五年五月）》，1936年5月。

《私立中法大学教职员录（中华民国二十五年五月）》，1936年5月。

《私立中法大学教职员录（中华民国二十六年五月）》，1937年5月。

《中法大学一览（民国三十一年四月）》，1942年4月。

《北平中国大学教职员录（民国十九年十二月编印）》，1930年12月。

《中国大学概览》，1944年。

《江苏省立国学图书馆第四年刊》，1931年10月。

《中国学会会员录》，1929年。

图书类

安可荇、王书林手稿整理，杜泽逊编校整理：《王献唐师友书札》，青岛：
    青岛出版社，2009年1月。

北京图书馆编：《北京图书馆善本书目》，北京：中华书局，1959年9月。

北京图书馆编：《中国版刻图录》，北京：文物出版社，1959年10月、
    1961年3月、1990年5月、2015年1月。

北京图书馆编著：《西谛书目》，北京：文物出版社，1963年10月。

北京图书馆善本组编：《影印善本书序跋集录：一九一一—一九八四》，
    北京：中华书局，1995年4月。

北京图书馆业务研究委员会编：《北京图书馆馆史资料汇编：1909—
    1949》，北京：书目文献出版社，1992年10月。

北京图书馆业务研究委员会编：《北京图书馆馆史资料汇编（二）：
    1949—1966》，北京：北京图书馆出版社，1997年8月。

卞僧慧纂，卞学洛整理：《陈寅恪先生年谱长编》，北京：中华书局，
    2010年4月。

〔元〕孛兰肹等著，赵万里校辑：《元一统志》，北京：中华书局，1966
　　年3月。

〔日〕仓石武四郎著，荣新江、朱玉麒辑注：《仓石武四郎中国留学记》，
　　北京：中华书局，2002年4月。

常任侠著，沈宁整理：《春城纪事（1949—1952）》，郑州：大象出版社，
　　2006年5月。

曹大铁：《梓人韵语：曹大铁先生诗词残稿》，南京：南京出版社，1993
　　年7月。

陈福康：《郑振铎年谱》，太原：三晋出版社，2008年10月。

陈鸿祥：《王国维年谱》，济南：齐鲁书社，1991年12月。

陈乃乾著，虞坤林整理：《陈乃乾文集》，北京：国家图书馆出版社，
　　2009年4月。

陈平原、王枫编：《追忆王国维》，北京：中国广播电视出版社，1997年
　　1月。

陈寅恪：《陈寅恪集·书信集》，北京：三联书店，2001年6月。

陈垣著，吴泽主编：《陈垣史学论著选》，上海：上海人民出版社，1981
　　年5月。

陈源蒸等编：《中国图书馆百年纪事》，北京：北京图书馆出版社，2004
　　年1月。

陈智超编注：《陈垣来往书信集》，上海：上海古籍出版社，1990年6月。

陈智超编注：《陈垣来往书信集》（增订本），北京：三联书店，2010年
　　11月。

崔建英：《崔建英版本目录学文集》，南京：凤凰出版社，2012年1月。

戴家祥著，王文耀整理：《戴家祥学述》，杭州：浙江人民出版社，1999
　　年3月。

戴家祥：《戴家祥集》，杭州：浙江古籍出版社，2010年12月。

邓广铭：《邓广铭全集》，石家庄：河北教育出版社，2005年7月。

邓广铭：《辛稼轩诗文钞存》，上海：古典文学出版社，1957年5月。

邓云乡：《文化古城旧事》，北京：中华书局，2004年3月。

邓云乡：《云乡话书》，石家庄：河北教育出版社，2004年11月。

邓之诚著，邓瑞整理：《邓之诚文史札记》，南京：凤凰出版社，2012年4月。

邓之诚著，邓瑞整理：《邓之诚日记》，北京：北京图书馆出版社，2007年7月。

丁瑜：《延年集》，北京：国家图书馆出版社，2016年6月。

东南大学、南京高师国学研究会编：《国学研究会演讲录》第一集，上海：商务印书馆，1923年8月。

董毅著，王金昌整理：《北平日记》，北京：人民出版社，2015年8月。

敦煌研究院编，樊锦诗、蔡伟堂、黄文昆编著：《敦煌石窟全集》第一卷《莫高窟第266~275窟考古报告》第一分册，北京：文物出版社，2011年8月。

冯乃恩主编：《故宫博物院档案汇编·工作报告（一九二八至一九四九年）》，北京：故宫出版社，2015年5月。

傅斯年：《傅斯年全集》，长沙：湖南教育出版社，2003年9月。

傅增湘：《藏园群书题记》，上海：上海古籍出版社，1989年6月。

傅增湘：《藏园游记》，北京：印刷工业出版社，1995年8月。

傅增湘撰：《藏园群书经眼录》，北京：中华书局，2009年4月。

傅增湘撰，王菡整理：《藏园群书校勘跋识录》，北京：中华书局，2012年12月。

顾颉刚：《顾颉刚日记》，台北：联经出版事业股份有限公司，2007年5月。

顾颉刚著，钱谷融主编：《顾颉刚书话》，杭州：浙江人民出版社，1998年11月。

顾随：《顾随全集》，石家庄：河北教育出版社，2000年5月。

顾廷龙：《顾廷龙文集》，上海：上海科学技术文献出版社，2002年7月。

广东省立中山图书馆编：《广东省立中山图书馆馆藏名人手札选萃》，北京：商务印书馆，2002年11月。

国家人事部专家司编，庄毅主编：《中华人民共和国享受政府特殊津贴专家、学者、技术人员名录（1992年卷）》第1分册，北京：中国国际广播出版社，1995年12月。

国家图书馆编：《袁同礼纪念文集》，北京：国家图书馆出版社，2012年6月。

国家图书馆古籍馆编：《国家图书馆藏王国维往还书信集》，北京：中华书局，2017年10月。

《海宁市教育志》编纂委员会编：《海宁市教育志》，杭州：浙江教育出版社，1995年11月。

胡厚宣：《五十年甲骨文发现的总结》，上海：商务印书馆，1951年3月。

胡士莹：《宛春杂著》（增订本），杭州：浙江文艺出版社，1984年8月。

胡适：《胡适的日记》，北京：中华书局，1985年1月。

胡适著，曹伯言整理：《胡适日记全编》，合肥：安徽教育出版社，2001年10月。

胡适著，曹伯言整理：《胡适日记全集》，台北：联经出版公司，2004年5月。

胡适、蔡元培、王云五编：《张菊生先生七十生日纪念论文集》，上海：商务印书馆，1937年1月。

〔清〕黄丕烈撰，王大隆辑：《荛圃藏书题识再续录》，1940年刻本；上海：上海古籍书店，1962年。

黄裳：《来燕榭读书记》，沈阳：辽宁教育出版社，2001年3月。

黄裳：《来燕榭书跋》（增订本），北京：中华书局，2011年6月。

黄裳：《来燕榭文存》，北京：三联书店，2009年1月。

黄裳：《梦雨斋读书记》，长沙：岳麓书社，2005年3月。

黄裳：《书之归去来》，北京：中华书局，2008年1月。

黄裳：《寻找自我》，青岛：青岛出版社，2009年7月。

黄裳：《黄裳文集》，上海：上海书店出版社，1998年4月。

黄裳：《故人书简》，北京：海豚出版社，2012年8月。

黄延复：《水木清华：二三十年代的清华校园文化》，桂林：广西师范大
　　学出版社，2001年5月。

黄永年：《文史存稿》，陕西：三秦出版社，2004年5月。

季羡林：《清华园日记》，沈阳：辽宁美术出版社，2003年1月。

季羡林：《此心安处是吾乡：季羡林归国日记1946—1947》，重庆：重庆
　　出版社，2015年6月。

冀亚平辑：《国家图书馆章钰藏拓题跋集录》，北京：国家图书馆出版
　　社，2008年11月。

贾俊学：《衣带书香：藏书票与版权票收藏》，杭州：浙江大学出版社，
　　2004年5月。

江澄波：《古刻名抄经眼录》，南京：江苏人民出版社，1997年11月。

姜亮夫：《姜亮夫全集》，昆明：云南人民出版社，2003年1月。

姜寻编：《中国古籍文献拍卖图录年鉴》（2004年卷），北京：中华书局，
　　2005年12月。

蒋复璁等口述，黄克武编撰：《蒋复璁口述回忆录》，台北："中央研究
　　院"近代史研究所，2000年5月。

金毓黻：《静晤室日记》，沈阳：辽沈书社，1993年10月。

考古学社：《考古学社社刊》第一期，1934年12月。

考古学社：《考古学社社刊》第二期，1935年6月。

考古学社：《考古》第三期，1935年。

考古学社：《考古》第四期，1936年6月。

考古学社：《考古》第五期，1936年12月。

考古学社：《考古》第六期，1937年。

蓝弧、曹公度：《曹大铁传》，上海：上海文化出版社，2016年8月。

雷梦水：《书林琐记》，北京：人民日报出版社，1988年1月。

李光谟编：《李济与清华》，北京：清华大学出版社，1994年11月。

李国庆编著，周景良校定：《弢翁藏书题跋·年谱》，北京：紫禁城出版社，2007年11月。

〔清〕李圭修，〔清〕许传霈纂；刘蔚仁续修，朱锡恩续纂：［民国］《海宁州志稿》四十一卷首一卷末一卷，民国十一年铅印本；《中国地方志集成·浙江府县志辑》第22册，上海：上海书店，1993年6月影印本。

李剑亮：《夏承焘年谱》，北京：光明日报出版社，2012年4月。

李娟：《党化教育、大学自治与人事纠葛——1925年东南大学易长风潮研究》，华东师范大学硕士论文，2009年5月。

李森编：《民国时期高等教育史料汇编》，北京：国家图书馆出版社，2014年12月。

李希泌、张椒华主编：《中国古代藏书与近代图书馆史料（春秋至五四前后）》，北京：中华书局，1982年2月。

李又宁主编：《回忆胡适之先生文集》，纽约：纽约天外出版社，1997年5月。

李致忠主编：《中国国家图书馆馆史：1909—2009》，北京：国家图书馆出版社，2009年8月。

李致忠主编：《中国国家图书馆馆史资料长编：1909—2008》，北京：国家图书馆出版社，2009年8月。

李致忠主编：《中国国家图书馆百年纪事：1909—2009》，北京：国家图书馆出版社，2009年8月。

刘承幹：《求恕斋日记》，稿本（上海图书馆藏，索书号862624-862674）。

刘承幹：《求恕斋日记》，北京：国家图书馆出版社，2016年8月。

刘承幹：《求恕斋信稿》，稿本（上海图书馆藏，索书号862675-862768）。

刘乃和、周少川等著：《陈垣年谱配图长编》，沈阳：辽海出版社，2000年10月。

刘师培：《刘申叔遗书》，南京：江苏古籍出版社，1997年11月。

林昌建主编：《浙江民国人物大辞典》，杭州：浙江大学出版社，2013年3月。

卢前：《卢前笔记杂钞》，北京：中华书局，2006年4月。

卢前：《卢冀野少作》，民国间自印本。

陆维钊：《陆维钊诗词选》，杭州：西泠印社出版社，2005年6月。

陆昭徽、陆昭怀：《书如其人——回忆父亲陆维钊》，上海：上海书画出版社，2013年11月。

伦明著，雷梦水校补：《辛亥以来藏书纪事诗》，上海：上海古籍出版社，1990年9月。

骆兆平：《天一阁丛谈》，宁波：宁波出版社，2012年12月。

马承源主编：《上海文物博物馆志》，上海：上海社会科学院出版社，1997年6月。

马楚坚主编：《罗香林论学书札》，广州：广东人民出版社，2009年1月。

马衡著，施安昌、华宁释注：《马衡日记——一九四九年前后的故宫》，北京：紫禁城出版社，2006年3月。

梅冷生著，潘国存编：《梅冷生集》，上海：上海社会科学院出版社，2006年12月。

《南大百年实录》编辑组编：《南大百年实录》，南京：南京大学出版社，2002年5月。

潘光旦著，潘乃穆、潘乃和编：《潘光旦文集》，北京：北京大学出版社，2000年12月。

潘亦孚编：《百年文人墨迹——亦孚藏品》，上海：复旦大学出版社，2001年5月。

浦江清：《浦江清文录》，北京：人民文学出版社，1989年12月。

浦江清：《清华园日记　西行日记》，北京：三联书店，1987年6月。

浦江清：《清华园日记　西行日记》（增补本），北京：三联书店，1999年11月。

浦江清：《生命无涯：浦江清随笔》，北京：北京大学出版社，2009年1月。

浦江清著，浦汉明、彭书麟编选：《无涯集》，天津：百花文艺出版社，2005年5月。

齐家莹编撰：《清华人文学科年谱》，北京：清华大学出版社，1999年1月。

钱南扬：《汉上宧文存续编》，北京：中华书局，2009年11月。

钱玄同：《钱玄同文集》，北京：中国人民大学出版社，2000年8月。

钱玄同著，杨天石主编，阎彤等整理：《钱玄同日记》（整理本），北京：北京大学出版社，2014年8月。

秦观著，王辉曾笺注：《淮海词笺注》，北京：中国书店，1985年6月。

上海图书馆：《上海图书馆善本题跋真迹》，上海：上海辞书出版社，2013年11月。

尚小明：《北大史学系早期发展史研究：1899—1937》，北京：北京大学出版社，2010年3月。

沈津编著：《顾廷龙年谱》，上海：上海古籍出版社，2004年10月。

沈曾植笺证，张尔田校补：《蒙古源流笺证》，民国二十一年（1932）姚家埭沈氏刻《海日楼遗书》本。

施蛰存主编：《词籍序跋萃编》，北京：中国社会科学出版社，1994年12月。

史春风：《商务印书馆与中国近代文化》，北京：北京大学出版社，2006年1月。

〔日〕水泽利忠：《史记会注考证校补》，日本：史记会注考证校补刊行会，1957—1965年。

宋云彬著:《红尘冷眼——一个文化名人笔下的中国三十年》,太原:山西人民出版社,2002年3月。

苏同炳:《手植桢楠已成荫——傅斯年与中研院史语所》,台北:学生书局,2012年10月。

苏云峰:《从清华学堂到清华大学:1911—1929》,北京:三联书店,2001年4月。

苏云峰:《从清华学堂到清华大学:1929—1937》,北京:三联书店,2001年8月。

孙殿起:《贩书偶记》,北京:中华书局,1959年8月。

孙殿起辑:《琉璃厂小志》,北京:北京古籍出版社,1982年9月。

孙敦恒:《王国维年谱新编》,北京:中国文史出版社,1991年6月。

谭其骧著,葛剑雄编:《谭其骧日记》,上海:文汇出版社,1998年9月。

唐圭璋编:《全宋词》,国立编译馆,1940年5月。

唐兰:《唐兰全集》,上海:上海古籍出版社,2015年11月。

万俊人主编:《清华大学文史哲谱系》,北京:清华大学出版社,2012年4月。

王伯祥:《王伯祥日记》,北京:国家图书馆出版社,2011年8月。

王德毅:《王国维年谱》(增订版),台北:兰台出版社,2013年1月。

王东明著,李秋月整理:《王国维家事》,合肥:安徽人民出版社,2013年3月。

王汎森、潘光哲、吴政上主编:《傅斯年遗札》,台北:"中央研究院"历史语言研究所,2011年10月。

王国维著,谢维扬、房鑫亮主编:《王国维全集》,杭州:浙江教育出版社;广州:广东教育出版社,2009年12月。

王謇著,李希泌点注:《续补藏书纪事诗》,北京:书目文献出版社,1987年1月。

王可:《王冶秋传》,北京:文物出版社,2007年9月。

王湜华：《王伯祥传》，北京：中华书局，2008年1月。

王世民：《商周铜器与考古学史论集》，台北：艺文印书馆股份有限公司，2008年3月。

王卫民编：《吴梅和他的世界》，石家庄：河北教育出版社，2002年10月。

王学珍、郭建荣主编：《北京大学史料》第二卷（1912—1937），北京：北京大学出版社，2000年12月。

王学珍、郭建荣主编：《北京大学史料》第四卷（1946—1948），北京：北京大学出版社，2000年12月。

王庸著，赵中亚选编：《王庸文存》，南京：江苏人民出版社，2014年1月。

王永兴编：《纪念陈寅恪先生百年诞辰学术论文集》，南昌：江西教育出版社，1994年8月。

王雨著，王书燕编纂：《王子霖古籍版本学文集》，上海：上海古籍出版社，2006年10月。

王余光主编，范凡等选辑：《清末民国图书馆史料汇编》，北京：国家图书馆出版社，2014年4月。

王壮弘：《增补校碑随笔》，上海：上海书画出版社，1981年6月。

〔日〕尾崎康著，陈捷译：《以正史为中心的宋元版本研究》，北京：北京大学出版社，1993年7月。

魏桥主编：《浙江省人物志》，杭州：浙江人民出版社，2005年5月。

闻一多著，孙党伯、袁謇正主编：《闻一多全集》，武汉：湖北人民出版社，1993年12月。

吴晗著，常君实编：《吴晗全集》第十卷，北京：中国人民大学出版社，2009年3月。

吴湖帆著，吴元京审定，梁颖编校：《吴湖帆文稿》，杭州：中国美术学院出版社，2004年9月。

吴梅著，王卫民编校：《吴梅全集》，石家庄：河北教育出版社，2002年7月。

吴宓：《吴宓日记：1925—1927》，北京：三联书店，1998年3月。

吴宓：《吴宓日记：1928—1929》，北京：三联书店，1998年3月。

吴宓：《吴宓日记：1930—1933》，北京：三联书店，1998年3月。

吴宓：《吴宓日记：1934—1935》，北京：三联书店，1998年3月。

吴宓：《吴宓日记：1936—1938》，北京：三联书店，1998年3月。

吴宓著，吴学昭整理：《吴宓诗话》，北京：商务印书馆，2005年5月。

吴相湘：《三生有幸》，台北：东南大学图书股份有限公司，1985年8月。

夏承焘：《夏承焘集》，杭州：浙江古籍出版社、浙江教育出版社，1997年。

夏承焘校笺，牟家宽注：《龙川词校笺》，上海：上海古籍出版社，1962年4月。

夏鼐：《夏鼐日记》，上海：华东师范大学出版社，2011年8月。

谢国桢著，谢小彬、杨璐主编：《谢国桢全集》，北京：北京出版社，2013年12月。

许睢宁、张文大、端木美：《历史上的中法大学（1920—1950）》，北京：华文出版社，2015年1月。

徐乃昌撰，西南大学图书馆整理：《徐乃昌日记》，北京：国家图书馆出版社，2015年6月。

徐乃乾主编：《北京辅仁大学校史（一九二五——一九五二）》，北京：中国社会出版社，2005年8月。

许宝蘅著，许恪儒整理：《许宝蘅日记》，北京：中华书局，2010年1月。

许小青：《从东南大学到中央大学：以国家、政党与社会为视角的考察（1919—1937）》，华中师范大学博士论文，2004年5月。

杨树达：《积微翁回忆录》，上海：上海古籍出版社，2013年9月。

叶嘉莹：《王国维及其文学批评》，石家庄：河北教育出版社，1997年。

叶圣陶著，乐齐编：《叶圣陶日记》，太原：山西教育出版社，1997年
　　11月。

叶圣陶著，叶至善、叶至美、叶至诚编：《叶圣陶集》，南京：江苏教育
　　出版社，2004年。

叶笑雪：《〈徐森玉年谱〉手稿》，北京：中华书局，2015年5月。

〔南朝梁〕佚名撰：《慈悲道场忏法》，法成影印，1936年。

俞平伯：《俞平伯全集》，石家庄：花山文艺出版社，1997年11月。

袁同礼：《袁同礼文集》，北京：国家图书馆出版社，2010年6月。

袁英光、刘寅生：《王国维年谱长编：1877—1927》，天津：天津人民出
　　版社，1996年10月。

袁咏秋、曾季光主编：《中国历代国家藏书机构及名家藏读叙传选》，北
　　京：北京大学出版社，1997年12月。

〔宋〕张邦基：《墨庄漫录》，北京：中华书局，2002年8月。

张珩：《张葱玉日记·诗稿》，上海：上海书画出版社，2011年7月。

张书学、李勇慧：《王献唐年谱长编》，上海：华东师范大学出版社，
　　2017年7月。

张人凤、柳和城编著：《张元济年谱长编》，上海：上海交通大学出版
　　社，2011年1月。

张元济：《张元济全集》，北京：商务印书馆，2007年9月。

张元济著，张人凤整理：《张元济日记》，石家庄：河北教育出版社，
　　2001年1月。

张元济、傅增湘：《张元济傅增湘论书尺牍》，北京：商务印书馆，1983
　　年10月。

赵建坤：《关汉卿研究学术史》，广州：中山大学出版社，2008年12月。

赵深编：《赵万里抄校本选编》，北京：中华书局，2017年1月。

赵万里辑：《校辑宋金元人词》，北平：国立中央研究院历史语言研究
　　所，1931年2月。

赵万里撰集：《国立北平图书馆善本书目》，北平：国立北平图书馆，1933年10月。

赵万里撰：《汉魏南北朝墓志集释》，北京：科学出版社，1956年1月。

赵万里编注：《薛仁贵征辽事略》，北京：古典文学出版社，1957年12月。

赵万里著，冀淑英、张志清、刘波主编：《赵万里文集》第一卷，上海：上海科学技术文献出版社，北京：国家图书馆出版社，2011年12月。

赵万里著，冀淑英、张志清、刘波主编：《赵万里文集》第二卷，上海：上海科学技术文献出版社，北京：国家图书馆出版社，2012年9月。

赵万里著，冀淑英、张志清、刘波主编：《赵万里文集》第三卷，上海：上海科学技术文献出版社，北京：国家图书馆出版社，2012年9月。

赵万里著，付佳选编：《赵万里文存》，南京：江苏人民出版社，2016年10月。

赵万里编，〔日〕仓石武四郎摄影：《旧京书影·（1933年）北平图书馆善本书目》，北京：人民文学出版社，2011年1月。

赵尊岳辑：《明词汇刊》，上海：上海古籍出版社，1992年7月。

郑小明、郑造桓主编：《杭州大学教授志》，杭州：杭州大学出版社，1997年4月。

郑振铎：《西谛书话》，北京：三联书店，1983年10月。

郑振铎：《郑振铎全集》，石家庄：花山文艺出版社，1998年11月。

郑振铎著，刘哲民、陈政文编：《抢救祖国文献的珍贵记录——郑振铎先生书信集》，上海：学林出版社，1992年8月。

郑振铎著，陈福康整理：《郑振铎日记全编》，太原：山西古籍出版社，2006年1月。

郑振铎撰，吴晓铃整理：《西谛书跋》，北京：文物出版社，1998年12月。

郑重：《谢稚柳》，北京：文物出版社，2004年12月。

郑重：《徐森玉》，北京：文物出版社，2007年3月。

郑重：《张珩》，北京：文物出版社，2011年7月。

郑重编著：《谢稚柳系年录》，上海：上海书店出版社，1991年8月。

中国第二历史档案馆编：《中华民国史档案资料汇编》第五辑第三编
　　《文化》，南京：江苏古籍出版社，1999年9月。

周景良：《丁亥观书杂记：回忆我的父亲周叔弢》，北京：国家图书馆出
　　版社，2012年5月。

周珏良：《周珏良文集》，北京：外语教学与研究出版社，1994年5月。

周汝昌：《我与胡适先生》，桂林：漓江出版社，2005年8月。

周汝昌著，周丽苓、周伦苓编：《周汝昌与胡适》，天津：百花文艺出版
　　社，2013年。

周叔弢：《周叔弢古书经眼录》，北京：国家图书馆出版社，2009年7月。

周越然：《言言斋古籍丛谈》，沈阳：辽宁教育出版社，2001年2月。

周祖谟：《文字音韵训诂论集》，北京：北京大学出版社，2000年12月。

周作人：《周作人日记（影印本）》，郑州：大象出版社，1996年12月。

周作人著，钟叔和编订：《周作人散文全集》，桂林：广西师范大学出版
　　社，2009年4月。

朱希祖：《朱希祖日记》，北京：中华书局，2012年9月。

朱掌兴主编：《海宁年鉴2006》，北京：方志出版社，2006年10月。

朱自清著，朱乔森编：《朱自清全集》，南京：江苏教育出版社，1988—
　　1997年。

竺可桢著，樊洪业主编：《竺可桢全集》第14卷，上海：上海科技教育
　　出版社，2008年12月。

《北京大学图书馆藏李氏书目》，北京大学图书馆，1956年。

《北京大学日刊》，北京：人民出版社，1981年。

《国立北平图书馆水灾筹赈图书展览会目录（二十年九月十九日）》，
　　1931年9月。

《国立北平图书馆图书展览会陈列目录》，1929年10月。

《国立北平图书馆图书展览会目录》，1930年10月。

《国立北平图书馆戏曲音乐展览会目录》，1934年2月。

《国立北平图书馆舆图版画展览目录》，1933年10月。

文章类

白前：《版本目录学家赵万里的信札》，《海宁日报》2013年5月18日第
5版。

陈东辉、严一枫：《赵万里先生研究文献目录》，载陈东辉主编《民国学
者研究论著目录初编》，台北：经学文化事业有限公司，2013年；又
载《文津学志》第八辑，北京：国家图书馆出版社，2015年8月。

陈福康：《〈郑振铎致蒋复璁信札〉整理中的错误》，《学术月刊》2002年
第7期。

陈福康：《郑振铎等人致旧中央图书馆的秘密报告》，《出版史料》2001
年第1期。

陈福康：《郑振铎等人致旧中央图书馆的秘密报告（续）》，《出版史料》
2004年第1期。

陈廖安：《鲁实先先生论著与徐复观先生的翰墨缘》，载《徐复观全
集·追怀》，北京：九州出版社，2014年。

陈麦青：《赵万里：一生为书》，《东方早报》2013年6月2日B09版
《书评》。

陈乃乾：《关于王静庵先生逝世的史料》，《文学周报》第五卷第一、二
期合刊，1927年8月7日；《文学周报》第5卷，上海：上海书店，
1984年影印。

陈载阳：《一个访书团在皖南访书：了解古籍情况和宣传保护古籍意
义》，1957年4月10日《光明日报》第2版。

程有庆：《说说一部经典〈中国版刻图录〉》，《藏书报》2017年1月23日
第12版。

戴尊德：《忆第一届全国考古训练班》，《文物世界》2004年第3期。

戴逸：《初进北大》，《光明日报》1998年2月4日第7版。

丁延峰：《胡适、赵万里佚文两则》，载丁延峰《古籍文献丛考》，合肥：黄山书社，2012年9月。

丁瑜：《悼念赵万里先生》，《北图通讯》1980年第3期；又载丁瑜《延年集》，北京：国家图书馆出版社，2016年6月。

丁瑜：《缅怀赵万里先生》，载《文津学志》第八辑，北京：国家图书馆出版社，2015年8月；又载丁瑜《延年集》，北京：国家图书馆出版社，2016年6月。

丁瑜：《郇斋携港藏书回归知见杂记》，载丁瑜《延年集》，北京：国家图书馆出版社，2016年6月。

杜洁祥：《评介赵万里〈汉魏南北朝墓志集释〉》，《出版与研究》第55期（1979年）。

杜伟生：《〈赵城金藏〉修复工作始末》，《国家图书馆学刊》2003年第2期，第55页。

樊长远：《赵万里先生著述目录》，《文津流觞》2011年第4期。

方竟成：《吴晗致赵万里信及〈李朝实录〉》，载王宏志、闻立树主编《怀念吴晗：百年诞辰纪念》，北京：中国社会科学出版社，2009年10月。

冯象：《赵万里：其志甚壮，其言甚哀》，《东方早报》2010年11月28日。

付佳：《赵万里生平与学术》，载《赵万里文存》，南京：江苏人民出版社，2016年10月。

付佳：《赵万里集外文考述》，载《版本目录学研究》第七辑，北京：北京大学出版社，2016年12月。

傅惜华：《平妖堂所藏明代善本戏曲》，《文史杂志》第六卷第一期（1938）。

傅增湘著，傅熹年整理：《〈藏园日记钞〉摘录》，《文献》2004年第2期。

谷秀洁：《文明的守望者：赵万里先生》，《图书馆论坛》2007年第6期。

关国煊编著：《赵万里（1905—1980）》，《传记文学》第51卷第2期

（1987年）。

郭蕾：《赵万里先生佚文〈王静安遗著目录〉》，载《版本目录学研究》第七辑，北京：北京大学出版社，2016年12月。

韩旭：《赵万里金石学成就述评》，载《文津学志》第八辑，北京：国家图书馆出版社，2015年8月。

黄裳：《忆赵斐云》，载《黄裳文集》（一），上海：上海书店出版社，1998年4月。

黄润华：《赵万里先生二三事》，《藏书报》2017年1月23日第10版。

冀淑英：《保护古籍，继往开来——记著名版本目录学家赵万里先生》，载《学林往事》，北京：朝华出版社，2000年；收入《冀淑英文集》，北京：北京图书馆出版社，2004年；转载于《文津学志》第八辑，北京：国家图书馆出版社，2015年8月。

冀淑英：《忆念赵万里先生》，《文献》1982年第2期。

江澄波：《怀念赵万里先生与我的古籍书缘》，载《文津学志》第八辑，北京：国家图书馆出版社，2015年8月。

姜庆刚：《李小缘先生与友人书信数则》，《书品》2007年第5辑。

劲风：《公共图书馆工作人员训练班首届学员结业》，《光明日报》1954年10月23日第2版。

赖荣幸：《新中国第一次海外艺术展的模式与意义——1950年苏联"中国艺术展"》，《艺术探索》2014年第2期，第28—35页。

李芳馥：《悼念赵万里同志》，《图书馆学研究》第2期（1980年8月）。

李际宁：《国图善本组后学追思赵万里先生》，《藏书报》2017年1月23日第10—11版。

李坚：《1959年版〈北京图书馆善本书目〉赵万里批注辑录》，载《文津学志》第八辑，北京：国家图书馆出版社，2015年8月。

李景文、展鹏飞：《评〈中国版刻图录〉》，《河南大学学报》（哲学社会科学版）1991年第4期。

李俊：《巾帼义举助消防　奇思妙想为平安（上）》，《安徽消防》2002年第8期。

李小文整理：《冯宝琳先生访谈录》，《文津流觞》第2期（2001年12月）。

李雅：《王伯祥与〈二十五史〉及〈二十五史补编〉》，《山东图书馆学刊》2010年第1期。

李永宁：《敦煌文物研究所藏〈说苑·反质篇〉残卷校勘》，载《敦煌研究文集·敦煌研究院藏敦煌文献研究篇》，兰州：甘肃民族出版社，2000年9月。

李宗焜：《容庚与刘体智往来函札》，《古今论衡》第13期。

梁全水：《当代著名的图书馆学家赵万里先生》，《江西图书馆学刊》1992年第2期。

梁颖整理：《藏园遗札附题跋二则》，载《历史文献》第十五辑，上海古籍出版社，2011年5月。

刘半农：《刘半农日记》，载刘小惠著《父亲刘半农》，上海：上海人民出版社，2000年9月。

刘波：《赵万里先生版本目录学思想的特点与实践》，载《2014年中文古籍与版本目录学国际学术研讨会论文集》，桂林：广西师范大学出版社，2015年10月。

刘明：《郑振铎编〈玄览堂丛书〉的底本及入藏国家图书馆始末探略》，《新世纪图书馆》2014年第7期。

刘晓立：《赵万里学术著作受出版者青睐》，《藏书报》2017年1月23日第12版。

林玫仪：《〈支机集〉完帙之发现及其相关问题》，《中国文哲研究所集刊》第二十期（2002年3月）。

林世田、刘波：《编印〈国藏善本丛刊〉史事勾沉》，载《袁同礼纪念文集》，北京：国家图书馆出版社，2012年6月。

刘浦江：《邓广铭与二十世纪的宋代史学》，《历史研究》1999年5期。

柳向春:《赵斐云先生致徐森玉先生函》,《文津流觞》第35期,2011年。

柳向春:《赵斐云先生致徐森玉先生函一通诠解》,《中国典籍与文化》2011年第3期。

柳向春整理:《郑振铎致徐森玉函札》,《历史文献》第十六辑,上海古籍出版社,2012年4月。

柳向春:《赵万里与徐森玉两先生交游述略》,载《版本目录学研究》第七辑,北京:北京大学出版社,2016年12月。

柳向春:《余嘉锡致赵万里、王重民两君函一通诠解》,《文献》2017年第3期。

路璐:《赵万里版本学校勘学成就研究》,河北大学硕士学位论文,2015年。

陆扬:《从墓志的史料分析走向墓志的史学分析——以〈新出魏晋南北朝墓志疏证〉为中心》,《中华文史论丛》2006年第4辑。

马强才:《清华国学院助教的聘用机制及其双重身份——以赵万里、浦江清为重心》,《杭州师范大学学报(社会科学版)》2014年第1期。

马腾:《中国目录版本学家赵万里》,《今日浙江》2003年第1期。

毛本栋:《周叔弢与赵万里》,《今晚报》2016年2月1日第16版。

孟繁之:《可居室藏周叔弢致周一良函笺注》,《中国文化》2016年第1期。

孟繁之整理,周景良审定:《可居室藏周叔弢致周一良函笺注》,《东方早报》2016年5月22日A04版《上海书评》。

孟向荣:《社科院文学所的六位学者》,《中华读书报》2016年9月18日第5版。

南宫恪:《宋云彬与赵万里》,《东方早报》2013年6月9日。

宁可:《"北京图书馆"是我的习惯语》,《光明日报》2009年12月29日第6版。

牛建强:《谢国桢先生年谱》,载《明史研究》第十一辑,合肥:黄山书社,2010年9月。

齐浣心：《赵万里与古籍整理出版》，《中华读书报》2020年6月17日第
　　7版。

乔秀岩、叶纯芳：《学〈中国版刻图录〉记》，载《版本目录学研究》第
　　七辑，北京：北京大学出版社，2016年12月。

乔秀岩：《从赵万里出发，重新审查宋元版本》，《藏书报》2017年1月
　　23日第10—11版。

邱晓刚：《张士达与〈蟠室老人文集〉》，《国家图书馆学刊》2007年第
　　4期。

饶国庆：《赵万里与冯孟颛》，载《天一阁文丛》第11辑，杭州：浙江古
　　籍出版社，2013年12月。

萨仁高娃：《赵万里先生遗札一通》，北京：国家图书馆出版社，2015年
　　8月。

山羽：《"文化汉奸"》，《工商日报》1937年6月2日第5版。

沈津整理：《郑振铎致蒋复璁信札》（上），《文献》2001年第3期。

沈津整理：《郑振铎致蒋复璁信札》（下），《文献》2002年第1期。

沈津：《版本学家赵万里先生》，收入沈津《书城风弦录：沈津学术笔
　　记》，桂林：广西师范大学出版社，2006年1月。

沈津：《关于〈善本组周记〉》，《南方都市报》2015年9月20日A09版。

沈乃文：《赵万里先生之版本学》，载《版本目录学研究》第七辑，北京：
　　北京大学出版社，2016年12月。

沈乃文：《从三个阶段看赵万里的版本学研究》，《藏书报》2017年1月
　　23日第11版。

沈燮元：《顾氏过云楼藏书之过去与现在》，载《2014年中文古籍与版本
　　目录学国际学术研讨会论文集》，桂林：广西师范大学出版社，2015
　　年10月。

沈燮元：《深切怀念赵万里先生》，载《版本目录学研究》第七辑，北京：
　　北京大学出版社，2016年12月。

沈燮元：《〈赵万里文集〉补遗》，载《版本目录学研究》第七辑，北京：北京大学出版社，2016年12月。

盛巽昌：《赵万里：当之无愧的善本目录学大师》，《出版人：图书馆与阅读》2011年第7期。

师有宽：《在北图学习的回顾——追忆恩师张士达先生》，载《古籍保护研究》第一辑，郑州：大象出版社，2015年11月。

师有宽：《我的古籍修复生涯》，载《书卷多情似故人："我与中华古籍"优秀征文作品选》，北京：国家图书馆出版社，2016年1月。

石祥：《"机械法"与"比较版本学"：民国时代赵万里版本学的两个侧面》，载《版本目录学研究》第七辑，北京：北京大学出版社，2016年12月。

史言：《1960年的北京市文教群英会》，《工运博览》2003年第17期。

宋文燕：《赵万里的版本目录学成就》，《学理论》2013年第2期。

宋希于：《也谈康生同文化人的交往》，《南方都市报》2012年4月27日RB22版。

苏晓君、石光明：《郑振铎藏"文献保存同志会"购书单据概述》，《文津学志》第六辑，北京：国家图书馆出版社，2013年8月。

孙世恺：《书海珍宝——访北京图书馆善本部》，《人民日报》1961年8月10日第4版。

孙秀丽：《考古的"黄埔四期"——记1950年代考古工作人员训练班》，《中国文化遗产》2005年第3期。

孙洵：《"郑龙赵虎"的赵万里》，《东南文化》1986年第1期。

孙作云笔记，张玉范、刘波、张丽娟整理：《赵万里"应用目录学"授课笔记》，载《版本目录学研究》第七辑，北京：北京大学出版社，2016年12月。

唐圭璋：《读词三记·赵万里对词学之贡献》，《南京师院学报》（社会科学版）1982年第4期。

唐弢：《帝城十日》，《万象》第4年第5期（1944年11月）。

唐弢：《〈帝城十日〉解》，《新文学史料》1980年第3期。

王鸷嘉：《〈中国版刻图录〉初版、修订版对照表》，载《版本目录学研究》第五辑，北京：北京大学出版社，2014年6月。

王庆山：《追忆父亲王仲闻》，《博览群书》2011年第5期。

王世民：《所谓黄文弼先生藏唐写本〈文心雕龙〉究竟是怎么一回事》，《文物天地》1990年第5期。

王世伟：《常熟翁氏六世藏书及其文献学术价值》，《新华文摘》2000年第8期。

王玉良：《也谈"善本"以及加强善本书的保护》，载《书卷多情似故人："我与中华古籍"优秀征文作品选》，北京：国家图书馆出版社，2016年1月。

王致翔：《国家图书馆早期（1929—1936）举办的文献展览》，《国家图书馆学刊》2005年第2期。

魏广洲：《胡适买书》，《光明日报》1993年1月29日第5版。

文华：《"装修古旧线装书技术人员训练班"胜利结业》，《图书馆》1963年第3期。

邬旭东、赵睿：《1954年"〈红楼梦〉研究批判运动"始末》，《北京党史》2007年第1期。

吴格：《东洋文库藏〈续修四库全书总目提要〉资料随录》，载张本义主编《大连图书馆百年纪念学术论文集》，沈阳：万卷出版公司，2007年11月。

吴格：《惜阴堂汇刻明词跋（附校跋）》（上），《中国文哲研究通讯》第二十二卷第一期（2012年3月）。

吴格：《惜阴堂汇刻明词跋（附校跋）》（下），《中国文哲研究通讯》第二十二卷第四期（2012年12月）。

吴格：《陈乃乾与中华书局影印本〈永乐大典〉》，载《海峡两岸古典文献学学术研讨会论文集》，上海：上海古籍出版社，2002年。

吴晓梅：《1954年〈红楼梦〉研究如何激起政治风波》，《炎黄春秋》1994年第4期。

夕羊：《对书关怀备至的赵万里》，《图书馆界》1997年第1期。

夏岩：《关于北大的两个青年教师》，《大学新闻周报》第2卷第18期，1935年1月14日。

校史编委会：《校史札记》（二），《清华校友通讯》复五期。

谢国桢：《怀念版本学家赵万里先生》，《文献》第12辑（1982年6月）；收入《谢国桢全集》第七册，北京：北京出版社，2013年12月。

徐铁猊：《赵万里和国家图书馆的善本特藏》，《人民政协报》2015年7月23日第11版。

徐衔：《百年风雅见斯文——致赵万里学人书札小考》，《中国书画》2012年第12期。

徐昕：《国学图书馆住馆读书制度述略》，《图书馆杂志》2003年第9期。

许京生、李际宁整理，姚伯岳审校：《王重民致袁同礼信函（1938年6月至1940年8月）》，《信息与管理研究》2017年第1—2期。

许小青：《从"国学研究会"到"国学院"——东南大学与20年代早期南北学术的地缘与派分》，《江苏社会科学》2006年第2期。

严文郁：《记赵万里和王重民：两个被迫害的版本目录学家》，《传记文学》第49卷第5期（1986年）。

杨印民：《赵万里〈元一统志〉失收条目补辑》，《元史论丛》第十四辑《元代国家与社会国际学术研讨会论文集》，天津：天津古籍出版社，2014年1月。

泳德：《北京图书馆举行〈红楼梦〉研究问题讨论会》，《光明日报》1954年11月20日第2版。

虞浩旭：《赵万里与天一阁》，载虞浩旭《历代名人与天一阁》，宁波：宁波出版社，2012年12月。

虞坤林：《赵万里先生活动简表》，《出版史料》2006年第1期；又载《版本目录学研究》第七辑，北京：北京大学出版社，2016年12月。

虞坤林：《郑振铎致赵万里遗札一封半》，《出版史料》2004年第4期。

于坚：《回忆接管南京国民党中央政府档案始末》，《文物天地》2000年第4期。

于乃义：《望远行·悼赵万里同志》，《文献》1980年第3期。

臧其猛：《论赵万里的辑佚学成就》，《徐州师范大学学报》（哲学社会科学版）2009年第2期。

翟艳芳：《赵万里过录王国维批校之〈湛然居士文集〉》，《图书馆学刊》2014年第6期。

湛庐：《赵万里跋〈王官谷集〉》，《文学遗产》2006年第5期。

张劲先：《赵万里》，载海宁县政协文史资料委员会、海宁县文学艺术界联合会编《海宁人物资料》第1辑，1985年。

张劲先：《著名版本目录学家赵万里小传》，载《中国当代社会科学家》第九辑，北京：书目文献出版社，1986年12月。

张守常：《回忆赵万里先生二三事》，《读书》1980年第12期。

张书学、李勇慧辑：《新发现的傅斯年书札辑录》，载庄建平主编《近代史资料文库》第9卷，上海书店出版社，2009年1月。

张贻文：《七十年的情谊 四代人的交往》，《东方早报》2013年5月6日。

张志清：《赵万里与〈永乐大典〉》，《中国文物报》2002年5月10日；又载《〈永乐大典〉编纂600周年国际研讨会论文集》，北京：北京图书馆出版社，2003年7月。

赵芳瑛、赵深：《赵万里先生传略》，载《赵万里文集》第一卷，北京：国家图书馆出版社，2011年12月。

赵深：《著名版本目录学家赵万里小传》，《文献》1985年第4期。

赵深口述，张志清整理：《周恩来总理关心陈清华藏书的一段轶事》，《文津流觞》第12期（2005年3月）。

赵万里：《王静安先生年谱》，《国学论丛》第一卷第三号（1928年4月）。

赵万里、李家瑞：《两封讨论吴歌的信》，《歌谣》（周刊）二卷第28期，1936年12月12日；收入顾颉刚著、钱小柏编：《顾颉刚民俗学论集》，上海：上海文艺出版社，1998年10月。

郑炳纯：《忆赵万里先生》，《文汇读书周报》1993年12月25日第3版。

郑欣淼：《故宫博物院学术史的一条线索——以民国时期专门委员会为中心的考察》，载《故宫博物院学术史研讨会论文集》，故宫博物院故宫学研究所，2014年编印；《故宫博物院院刊》2015年第4期。

郑重：《回眸"兰亭论辨"》，《光明日报》1998年12月3日。

郑重：《王安石两种遗作的回归》，《文汇报》2000年5月18日。

周启乾：《〈周叔弢日记〉中的祖父及其友人》，《文汇报》2015年4月10日第20—23版。

周叔弢著，周一良整理：《弢翁遗札》，载张舜徽主编《中国历史文献研究》（一），武汉：华中师范大学出版社，1986年。

朱海涛：《北大与北大人——课程与图书》，《东方杂志》第40卷第23号，1944年12月。

朱家濂：《忆赵万里先生》，《北图通讯》1982年第3期。

朱振彬：《妙手修书，丹心护宝——纪念一代古籍修复大家张士达》，《北京青年报》2014年5月23日C06版。

朱正娴：《赵万里：发掘中华文化瑰宝的人》，载陈燮君、盛巽昌主编《二十世纪图书馆与文化名人》，上海：上海社会科学院出版社，2004年7月。

朱自清：《朱自清日记（1932—1934年）》，《新文学史料》1981年第4期。

《北大二教授遗书之归宿》，《浙江图书馆馆刊》第4卷第2号（1935年4月）。

《北大国文系毕业论文题目公布导师聘就发表》，《华北日报》1936年11月26日第9版。

《北京图书馆抗议美帝阴谋劫夺我国珍贵文物》,《图书馆工作》1960年第3期;《图书馆学通讯》1960年第3期。

《本馆善本书目新旧二目异同表》,《国立北平图书馆馆刊》第八卷(1934)第一至第四号。

《悼惜》,《文字同盟》第四号(1927年7月)。

《"敦煌图录"明年开始出版:"敦煌"编辑委员会通过七年选题计划》,《光明日报》1959年10月30日第3版。

《各图书馆代表的发言·倡议书》,《图书馆学通讯》1958年第2期。

《国立北平图书馆工作近况》,《图书季刊》新第2卷(1940年)第2期。

《国学研究会记事》,《国学丛刊》第一卷第一期(1923年)。

《满足人民的文化需要,赶上世界先进水平:记政协全国委员会全体会议一个文学艺术家小组的座谈会》,《光明日报》1956年2月9日第2版。

《七七事变后平市图书馆状况调查》,《中华图书馆协会会报》第16卷(1941年)第1、2期合刊。

《谴责美国图谋劫夺我国文物的罪行　首都文化界五百四十多人发表抗议书》,《考古》1960年第3期;《文物》1960年第3期;《人民日报》1960年2月23日第4版;《光明日报》1960年2月23日第2版。

《强烈抗议美帝劫夺我文物阴谋》,《光明日报》1960年2月23日第1版。

《首都文化界谴责美国图谋劫夺我国文物的抗议书》,《图书馆学通讯》1960年第3期。

《首都文教界著名人士集会　反对美国从台湾劫夺我国的文物》,《人民日报》1959年4月8日第2版;《光明日报》1959年4月8日第3版。

《首都文艺界人士提出大跃进倡议:加速自我改造　力争又红又专》,《光明日报》1958年3月19日第2版。

《〈图书馆〉杂志编辑委员会、图书馆专业书籍编辑委员会举行联席会议》,《图书馆》1963年第2期。

《我国著名版本目录学家赵万里先生逝世》,《图书馆学通讯》1980年第3期。

《〈赵城金藏〉展览座谈会纪要》,《文津流觞》第6期,2002年7月。

《赵万里》,《海宁日报》2009年7月31日第7版。

《赵万里读书》,载常万里主编《名人的读书生活》,北京:中国华侨出版社,2002年。

《赵万里先生追悼会在京举行》,《光明日报》1980年7月14日第3版;《北图通讯》1980年第3期。

《赵万里与常熟藏书》,载戈炳根主编《常熟国家历史文化名城词典》,上海:上海辞书出版社,2003年10月。

《〈中国版刻图录〉增订本出版》,《人民日报》1961年7月13日第7版。

《著名版本目录学家赵万里在京逝世》,《人民日报》1980年7月19日第4版。

《著名文献学家赵万里铜像在国图安放》,《藏书报》2017年1月23日第10—12版。

人名索引

说明:

1. 本索引以本书提及的人物姓名为主标目,字号等别名以参见形式标注;

2. 因赵万里先生姓名几乎出现于本书每个页面,本索引不再列出"赵万里"条目;

3. 本索引以汉语拼音为序编排。

字母

后　记

　　自1909年京师图书馆草创，国家图书馆历史已逾一百一十年。百多年来，馆舍几经变迁，业务不断拓展，服务范围扩大，服务手段推陈出新。一代代国图学人沉潜笃实，孜孜以求，国家图书馆遂成中国近代学术重镇之一，在思想、学术和文化等领域涌现出一批专家学者，影响既深且广，泽被后人。

　　国家图书馆历来重视总结与回顾自身建设与业务发展历史。1992年和1997年分别对1909—1949、1949—1966年间的档案资料爬梳整理，出版4册《北京图书馆馆史资料汇编》。2009年建馆百年之际，国家图书馆编修《中国国家图书馆馆史》，并将1909—2008年的馆史资料编纂成《中国国家图书馆馆史资料长编》出版。上述资料，采摭繁富，寻绎检录，卓然可传，治馆史者可谓得津逮也。然挂一漏万，遗珠殊多，仍有部分档案资料未尽搜罗。不少馆史资料因种种原因，尚分散于馆内各个部门，甚至馆外有关机构和个人手中，没而不著，亟待整理，不容泯灭。已经整理汇编之馆史资料，亦尚待开展专题性研究。

　　有鉴于此，2014年国家图书馆研究院策划启动了"国家图书馆馆史资料征集、整理与研究项目"并获得馆方专项经费支持。该项目主要包括两个方面内容：

　　一是馆史资料征集与整理。项目所涉及的"馆史资料"是指国家图书馆建立以来所形成的与本馆建设发展、业务活动等相关的各类历史资料。二是馆史专题研究。旨在对各类馆史资料进行搜集和整理的基础上，按照专题的方式开展研究，总结经验教训，为未来事业发展提供借鉴。主要包括以下六个专题：1.国家图书馆历史变迁；2.馆藏文献的构成、保护与利用；3.重要机构的沿革及其职能；4.重要业务工作及其制度的形成与施行；5.人物研究；6.重大工程与重点项目。

经过各课题组的不懈努力，截至2019年底，共有14个课题申请结项。鉴定专家组一致认为，"国家图书馆馆史资料征集、整理与研究项目"整理出一批珍贵档案资料，获得一系列较高水平的研究成果，其优秀成果值得出版。为此，经课题组进一步补充完善，有四项优秀研究成果获得国家图书馆出版资助，遂有此编。

百余年来，赖几代国图先贤披榛得路之功、励精图治之力，国家图书馆取得举世瞩目之巨大成就。习近平总书记在给国家图书馆老专家回信中指出："110年来，国家图书馆在传承中华文明、提高国民素质、推动经济社会发展等方面发挥了积极作用。一代代国图人为此付出了智慧和力量。"馆史是国图一笔极为丰富而珍贵的精神财富，值得一代代国图人学习继承和弘扬光大。读史使人明智。鉴古知今，兴废得失，于是可稽。"国家图书馆馆史资料征集、整理与研究项目"之实施，对于继承发扬国图之优良传统，推进馆史研究的深入开展，其重要意义不待多言，洵足以有力推动我国图书馆史之研究。回眸历史是为了不忘初心，砥砺前行，秉承"传承文明，服务社会"的宗旨，为建设社会主义文化强国再立新功。

国家图书馆研究院

2021年7月